权利丛编

欧诺弥亚译丛

在自由与自然之间：
晚期经院主义思想中的个人权利

Liberty, Right and Nature:
Individual Rights in Later Scholastic Thought

［英］布蕾特（Annabel S. Brett） 著
杨天江 译
王 涛 校

华东师范大学出版社

华东师范大学出版社六点分社　策划

本书为国家社会科学基金青年项目"法治评估体系的中国应用研究"（项目编号：15CFX001）阶段性成果

欧诺弥亚译丛编委会成员（以姓氏笔画为序）

马华灵　王　涛　杨天江

吴　彦　徐震宇　黄　涛

欧诺弥亚译丛·总序

近十余年来,汉语学界政治法律哲学蔚然成风,学人开始崇尚对政治法律生活的理性思辨,以探究其内在机理与现实可能。迄今为止,著译繁多,意见与思想纷呈,学术积累逐渐呈现初步气象。然而,无论在政治学抑或法学研究界,崇尚实用实证,喜好技术建设之风气亦悄然流传,并有大占上风之势。

本译丛之发起,旨在为突破此等侧重技术与实用学问取向的重围贡献绵薄力量。本译丛发起者皆为立志探究政法之理的青年学人,我们认为当下的政法建设,关键处仍在于塑造根本原则之共识。若无此共识,则实用技术之构想便似空中楼阁。此处所谓根本原则,乃现代政法之道理。

现代政法之道理源于对现代人与社会之深入认识,而不单限于制度之塑造、技术之完美。现代政法世界之塑造,仍需重视现代人性之涵养、政道原则之普及。若要探究现代政法之道,勾画现代人性之轮廓,需依傍塑造现代政法思想之巨擘,阅读现代政法之经典。只有认真体察领悟这些经典,才能知晓现代政法原则之源流,了悟现代政法建设之内在机理。

欧诺弥亚(Εὐνομία)一词,系古希腊政治家梭伦用于描述理想政制的代名词,其着眼于整体福祉,而非个体利益。本译丛取其古意中关切整体命运之意，彰显发起者们探究良好秩序、美好生活之要旨。我们认为，对现代政治法律道理的探究，仍然不可放弃关照整体秩序，在整体秩序之下看待个体的命运，将个体命运同整体之存续勾连起来，是现代政法道理之要害。本译丛对现代政治法律之道保持乐观心态，但同样尊重对古典政法之道的探究。我们愿意怀抱对古典政法之道的崇敬，来沉思现代政法之理，展示与探究现代政法之理的过去与未来。

本译丛计划系统迻译、引介西方理性时代以降求索政法道理的经典作家、作品。考虑到目前已有不少经典作家之著述迻译为中文，我们在选题方面以解读类著作为主，辅以部分尚未译为中文的经典文本。如此设计的用意在于，我们希望借此倡导一种系统、细致解读经典政法思想之风气，反对仅停留在只言片语引用的层面，以期在当下政治法律论辩中，为健康之政法思想奠定良好基础。

译丛不受过于专门的政法学问所缚，无论历史、文学与哲学，抑或经济、地理及至其他，只要能为思考现代政法之道理提供启示的、能为思考现代人与现代社会命运有所启发的，皆可纳入选目。

本译丛诚挚邀请一切有志青年同我们一道沉思与实践。

欧诺弥亚译丛编委会
二零一八年元月

目　录

致谢 /1
文本说明 /3
导言 /5

第一章　权利与自由："dominium"与"ius"等值 /16
第二章　人性自然正义：14世纪的主观权利论 /67
第三章　客观权利与托马斯主义传统 /118
第四章　自由与自然：主观权利与16世纪西班牙托马斯主义 /163
第五章　自然自由的语言：费尔南多·瓦兹奎兹 /214
第六章　下一世纪的自然自由：以霍布斯为例 /264

参考文献 /304
索引 /321

译后记 /334

致　谢

　　本书已写作多年，其间亏欠外界甚多，无论是个人抑或机构，这里都难以一一尽表。我想先从对我物质帮助的感谢说起。首先必须感谢英国国家学术院，感谢剑桥大学冈维尔与凯斯学院，它为我这个非正式研究员提供了一个理想的工作环境，而且在时间上整整持续了三年！同时还要感谢剑桥大学图书馆善本室全体馆员的帮助。

　　很高兴有机会在这里再次感谢我的导师斯金纳（Quentin Skinner）先生，没有他不遗余力的鼓励和始终如一的关爱，我或许永远都无法完成这项研究。同时也对帕戈顿（Anthony Pagden）感激不尽，他对这个项目的关心自始至终未减分毫。还要特别感谢加内特（George Garnett），是他首先把我引向了政治思想史，而且也正是他从那时起直到现在都不时地提出敏锐的评论。当然还要特别感谢雪莉（Shelley Lockwood），她耐心地与我讨论各式各样的论点已有若干年之久，而且总是透着她那特有的清晰。

　　这部著作还从许多学者的评论当中受益匪浅，需要对他们深表感谢，特别是伯恩斯（James Burns）、克洛马蒂（Alan Cromartie）、福特（John Ford）、麦克格雷德（Steve McGrade）和蒂尔尼（Brian Tierney）。他们全都花时间阅读并评论了各个不同的章节，整体上把这部作品从谬误叠出和连贯缺失的状态当中拯救了出来。当然，对于那些残存的错误，他们没有任何责任。还要感谢剑桥大学出版社匿名审稿人所提出的诸多建设性的意见，以及书稿的文字编辑凯伦(Karen Anderson Howes)，正是她细致而又耐心的帮助使得本书变得更加可读。

最后还要再次感谢所有家人和朋友，感谢他们的宽容与爱护，特别是我的父母，他们正是这部著作致献的人。

文本说明

版　本

对于文中所引用的全部中世纪和现代早期作品,只要可以获取,我都会使用现代评注本。如果无法获取,则会尽可能地使用初版;如果无法使用初版,则使用最早出现的再版。

翻　译

除非另有说明,所有译文都是我自己做的:在翻译过程当中,我更关心文字的精准,而不是辞藻的优美。读者需要注意的是以下具体的翻译要点:首先,"ius"这个拉丁词,正如它的那些作者们自身所意识到的,可以涵盖"法"(law)和"权"(right)这两个方面的含义。本书的论证有一部分旨在说明,其实他们在使用它时具有高度的自觉性和精确性。因此,当它被明确地归诸一个主体("主观权利"),或者当它等值于"公正"(iustum)、"正当之事"("the right thing"、"客观权利")时,我都会毫不犹豫地用"权利"加以表达。另外,在它显然以与"法"(law)、"法律"(lex)相同的含义使用时,我就按相应的意思译出。然而,还有少数的情况，"ius"具有"正确的调整"（right ordering）或"正确的安排"（right ordination）这样的客观含义。这种含义处于"公正"（iustum）与"法律"（lex）之间：在这些情况下，尽管其他译者喜欢选择使用"法"，我有时却使之等值于"权利"。其次，对于"私有的"（proprius）这个术语（"个人特有的"、"个人所有的"）：我会使用"特有的"（proper）来翻译，以保留它的"私产"（proprietas）、"财产"（property）等暗含之意。最后，我通常会把"国家"（civitas）这个拉丁词译为"城邦"（city），取其公民性单位或政治性单位（civic or political unit）的含义，接近"共和国"（respublica）的意思（把"respublica"理解为"commonwealth"）。

对于所有引文，无论长短，我都会给出拉丁文原文，而且只要切实可行，就不改变任何拼写和标点。如果原文确有错误，我会指出这个事实，但不予修改。

专有名词

我所使用的都是最常见的名称：例如"托马斯·阿奎那"（Thomas Aquinas）。但是，"让·热尔松"（Jean Gerson）是个例外。倘若拉丁文和本国语难以取舍，那么我一般会选择拉丁文形式，因为那是各位作者自己所使用的称呼。

导　言

最初构思这部著作是想对多米尼克修会"萨拉曼卡学派",或者说"第二经院派"的政治理论进行一项研究:那是16世纪西班牙的一个神学家群体(当然,在某种意义上说也涵盖着他们周围的法学家),他们的作品往往采取评注的形式,而评注的对象则是阿奎那《神学大全》当中论及法律和法学方面的内容。① 尽管这个学派的政治学说纲要被公认为欧洲思想史上的一个片段,②

---

① "萨拉曼卡学派"(School of Salamanca)和"第二经院派"(second scholastic)这样的概念,通常用于指代整个16世纪西班牙经院主义时期,从维多利亚到苏亚雷斯。因此,它们跨越了早期的多米尼克修会时期和稍后的耶稣会主导的阶段,到耶稣会时期这个思想运动就不再以萨拉曼卡大学为中心了。然而,耶稣会士对这个学派的工作的延续,却值得进行独立的研究。笔者在本书中主要关注从16世纪20年代中期到60年代中期这个早期阶段,这里使用"萨拉曼卡学派"指的是萨拉曼卡圣埃斯特万学院的多米尼克修会的神学家,以及在那里工作并受到这些神学家工作影响,或者说回应他们工作的那些法学家。
② 目前有一些极为出色的研究成果,它们把对这个学派的一般性分析置于了对整个欧洲进行讨论的大背景之下,参见Q. R. D. Skinner,《现代政治思想的基础》(*The foundations of modern political thought*, vol. II, Cambridge, 1978),页135—173。关于他们讨论新世界发现的作品,参见A. R. D. Pagden的基础研究,《自然之人的陷落:美洲印第安人与比较民族学的起源》(*The fall of natural man: The American Indian and the origins of comparative ethnology*, Cambridge, 1982)。同样参见, D. Ferraro,《意志论回顾:里昂的路易斯时期的神学与政治学》(*Itinerari del volontarismo. Teologia e politica al tempo di Luis de León*, Milan, 1995),特别是它的第5章,那一章对这个学派思想规划的整体阐述令人耳目一新。

但关于他们的法哲学——他们的权利哲学——以及派生于此的政治哲学的诸多方面,仍然存有争论。笼统地说,这些争论主要存在于两方之间:一方坚信,这个学派回归了真正的亚里士多德—托马斯主义理论。这个理论有赖于自然法以及权利是正义的对象("客观权利")的观念;另一方却辩称,尽管这些西班牙新托马斯主义者表面上似乎忠于亚里士多德和阿奎那,实际上却把权利视为个人的能力(faculty)或自由("主观权利"),而他们的政治理论正是基于这些权利,他们乃是霍布斯的先驱。①

[2] 我们很快就会发现,这些相互冲突的观点其实并非彼此孤立的判断。相反,它们与现代权利观念产生的整体叙事紧密相关。任何试图解决这个难题并打算据此重估萨拉曼卡学派政治理论的努力,都必须从其奠基之处重思那段历史。

主观权利是现代语言用法的一个元素,它以各种不同的方式发挥着作用。其中闻名于世的有霍菲尔德(W. N. Hohfeld),他区分了"权利"这个术语适用于个人时的八种用法。②在道德和哲学讨论中,权利通常要么被视为"自由权"(liberty-rights)(主动权利[active rights]),它们不依赖于对行动的许可;要么被视为"请求权"(claim-rights)(被动权利[passive rights]、领受权利[rights

---

① 这些立场都各有自己的支持者,对此可以参见后文参考文献,第四章脚注2和3([译按]本书涉及的参见脚注,均指原书注释)。在这两种立场之间还有第三种意见,不过它没有那么完备。这种意见坚持认为,尽管那些西班牙人确实具有一种个人权利的观念,但他们把这些权利理解为受到自然法的限制,他们的理论因此也就颇具几分洛克色彩。塔利(James Tully)在分析苏亚雷斯的理论时提出了这种解释,《论财产:洛克及其论敌》(*A discourse on property: John Locke and his adversaries*, Cambridge, 1980),页66—68,以及《政治哲学路径之一:语境中的洛克》(*An approach to political philosophy: Locke in contexts*, Cambridge, 1993),页103—107。然而,塔利并没有把萨拉曼卡学派的早期阶段考虑在内,而这个阶段恰恰是本项研究的对象。
② W. N. Hohfeld,《基本法律概念》(*Fundamental legal conceptions*, New Haven, 1919);还可以参见J. Finnis在《自然法与自然权利》(*Natural law and natural rights*, Oxford, 1980) 当中的讨论,页199—201。

of recipience]），它们的存在取决于他人承担的义务。[1]再一次，前一种权利可以被认为构成了一个领域，个人及其选择在其中具有主宰地位（sovereign）；[2]但是，用这种权利诉求去做我们有义务去做的事情，这也是可以合理设想的。[3]

因此，当下的权利语言是在这个术语的几种不同含义之间流动的。然而，主观权利的历史，并没有被以一种反映[3]这个概念多元性质的方式书写出来。眼下主观权利的多元性业已得到承认，这在很大程度上源于人们关注"权利"——归诸个人——这个术语如何作为法律、道德和政治讨论语言的一个要素发挥作用。虽然诚如蒂尔尼（Brian Tierney）和塔利（James Tully）这样的历史学家把权利的历史书写为一部语言的历史——人们使用拉丁词"ius"的历史——但是，他们处理这个主题主要是为了准确定位与客观权利相对的主观权利观念的起源。

客观权利被视为正义的对象这个意义上的权利，即正义指向的东西，以及正义处理的东西：亚里士多德伦理学中的

---

[1] 参见D. D. Raphael,《论人权》（"Human rights"），载于 *Aristotelian Society Supplements* 39（1965），页205—218，特别是页206—207。Raphael把主观权利区分为"领受权利"和"行动权利"，后者等同于霍布斯的生命权，它是一项自由："行动权本身即自由"（页210，原文为强调；亦可参见同一作者，《霍布斯论权利与义务》（"Obligations and rights in Hobbes"），载于 *Philosophy* 37（1962），页345—352，特别是页348—349）。

[2] 参见H. L. A. Hart,《自然权利存在吗？》（"Are there any natural rights?"），原刊于 *Philosophical Review* 64（1995），页175—191，重印于A. Quinton主编，《政治哲学》（*Political philosophy*, Oxford, 1967），页53—66。

[3] 可以对比D. Lyons,《论权利与义务的相关关系》（"The correlativity of rights and duties"），载于 *Nous* 4（1970），页45—55，此处位于页45："通常假定，'主动的'权利必然包含一个选择的因素，因为一个人不可能享有一项去做某事的权利，却没有不做的权利……（这是错误的，因为）人们有时可以通过表明自己负有一个积极义务的方式，支持自己去做某事的权利诉求。"或许可以争辩说，这项权利不是真正主观的，因为它有客观的内容。但是，一项权利属于一个人的要点不仅仅在于，或者不必然在于，她的行为是中性的；还在于她的行为是可以通过她自身得到证实的，不仅仅是通过她与其他人的关系。因此，一项去做我们有义务去做的事情的权利，在一个很重要的意义上，就是一项主观权利。

"dikaion"（公正），经典时期和拜占庭时期罗马法中的"ius"。① 它是人与人之间各自应得的公正份额，而不是某种属于个人的东西。"ius"的这种客观含义，通过罗马法研究和对亚里士多德伦理学的发现，以及阿奎那拿来作为自己分析之基础的多个正义学说，进入中世纪的讨论中。正是主要依赖阿奎那作为中世纪哲学代表的身份，②客观权利已经被视为中世纪盛期的下述成就的一部分：把古典的和基督教的遗产综合起来，融入一种有关宇宙秩序的理性主义哲学中。因此，主观权利的起源就被顺理成章地归诸托马斯主义的传统敌手，13世纪后期和14世纪的意志论者和唯名论者，他们被广泛地描绘为托马斯主义综合方法的破坏者，一种[4]坚持个人主义和放任精神（esprit laique）的哲学的始作

---

① 笔者追随绝大部分的评论者，以一种客观的含义理解亚里士多德的"公正"。对于认为亚里士多德有时也在一种主观含义上理解"公正"的观点，参见F. D. Miller,《亚里士多德〈政治学〉中的自然、正义与权利》(*Nature, Justice and rights in Aristotle's 'Politics'*, Oxford, 1995)。尽管普遍赞同罗马法的"权利"是客观而不是主观的，但许多人也接受，罗马法的语言在某些地方徘徊于主观含义的边缘。例如，H. Coing,《主观权利概念史》("Zur Geschichte des Begriffs 'subjektives Recht'")，载于Coing, F. H. Lawson和K. Gronfors主编，《主观权利与人格的法律保护》(*Das subjektives Recht und der Rechtsschutz der Persönlichkeit*, Frankfut a. M., 1959)。其他人甚至走得更远，他们断言可以正当地说罗马法具有主观权利的概念，例如，G. Pugliese,《有形物、无形物与主观权利问题》("'Res corporales', 'res incorporales'e il problema del diritto soggettivo"，载于*Studi in onore di V. Arangio-Ruiz*, vol. III (Naples 1953)，页223—260。他的论证在很大程度上依赖以下想法：即使一个概念本身没有得到详尽的解释，我们仍然可以说它是处于使用之中的。这实际上是一种关于未经阐明的权利概念的观念，对这种观念的批判，参见R. Dagger,《论权利》("Rights")，载于T. Ball、J. Farr和R. Hanson主编，《政治革新与概念变迁》(*Political innovation and conceptual change*, Cambridge, 1989)，页292—308，页296—298。

② 参见Brian Tierney,《自然权利语言的起源：文本与语境》("The origins of natural rights language: Texts and contexts, 1150—1250")，载于*History of Political Thought* 10 (1989)，页615—646，此处位于页616，他提到："在那些并非中世纪研究专家的现代法学家和哲学家当中广泛存在着一种误解：如果一种观念不存在于阿奎那的著作之中，那么它就根本不是中世纪的。"

俑者。①这种视角与那种认为晚期经院主义体现着古今之间挣扎的传统叙事紧密相关,又进一步与那种认为"现代性"脱胎于中世纪西方世界公认的"社群主义"或整体主义的宏大叙事密切相连,同时还与这个叙事所激发出来的全部情感息息相关。②

为了支持这种主观权利的一般哲学史或"宗派"史③——仍然生机勃勃——人们还提出了更多的具体论证,证明主观权利与意志论传统之间的联系。首先的一个论证,从主观权利和客观权利与法的关系来看它们之间的差别。④有人论证说,客观权利

---

① 这种概观存在着一个突出的例外,那就是蒂尔尼的近期作品。他通过一系列重要的文章质疑了那种认为主观权利是中世纪晚期(阿奎那之后)发展产物的整个观点,并且拒绝接受"主观"权利与"客观"权利泾渭分明的二元图景。他把现代意义上的自然权利哲学观念的起源置于12世纪圣典学者身上。对于这个论题的讨论参见后文,特别是第二章,页83—87(译注:指原书页码,即本书中括号里的页码。)。

② 当然,在中世纪与现代之间进行截然划分的这个传统图景,正在因为一个更为精微的观点的出现而被逐渐放弃,这个观点在中世纪群体导向的社会之中看到了个人得到承认的元素:参见A. Black, The individual and society,载J. H. Burns主编《剑桥中世纪政治思想史:350年到1450年》(*The Cambridge history of medieval political thought, c. 350—c. 1450*, Cambridge, 1988),页588—606,以及他对中世纪"市民社会"的说明,《从12世纪到现在的欧洲政治思想中的行会与市民社会》(*Guilds and civil society in European political thought from the twelfth century to the present*, London, 1984),页32—43。然而,基尔克式的视角仍然是一股重要的力量,我们在很多作品中都可以看到,例如,L. Dumont,《个人主义散论》(*Essays on individualism*, Chicago, 1986),页62—66,他辩称,奥卡姆的个人权利理论是其拒绝承认群体普遍现实的一个部分(页64,脚注7;参见下文的讨论,页50—51)。

③ 笔者从麦金泰尔(Alasdair MacIntyre)那里借用了这一术语,《三种对立的道德探究观:百科全书派、谱系学与传统》(*Three rival versions of moral enquiry: Encyclopaedia, genealogy and tradition*, London, 1990),页151。与蒂尔尼不同,麦金泰尔想保持主观权利起源于14世纪的传统图景,以此作为他的西方哲学在阿奎那逝世之后出现断裂的论证的一个部分。当然,笔者没有暗示我的论证不是"宗派"的。

④ 这是法国法律史学家维莱的具有高度影响力的观点。参见他的经典论文,《主观权利在奥卡姆作品中的创生》("La genése du droit subjectif chez Guillaume d'Ockham"),载于*Archives de la philosophie du droit N.S.* 9(1964),页97—127;以及《法哲学史讲义》(*Leçons d'histoire de la philosophie du droit*, 2nd edn, Paris, 1962),第十一章,第二节。

的要旨——根据亚里士多德、经典时期的罗马法和阿奎那——在于，它在概念上独立于作为行为规则的法观念。权利是一个客观的物（res, chose），与行动的可能性无关。与之相反，主观权利作为"主体的一项品质、一种能力，更为准确地说，一个豁免、一种自由和一个行动可能性"，[①] 依赖法的观念。这是奥卡姆的发明，因为首次把"ius"描述为单个主体的[5]"potestas"（权力），而且还因为，他只能从个人及其行为以及命令这些行为的法这个角度出发思考法秩序。[②]

与此相关，有人认为，对于权利的主观理解需要意志论传统的法概念为其提供基础。[③] 意志论者把法理解为立法者的意志，它被强加于个人身上，只要这些个人没有被这样的一个立法意志所号令，他们就是自由的或者说享有各种自由。这种立法意志最终溯源至上帝意志。个人脱离于法的自由，一个可以想见的绝对的行动范围，就是个人的主观权利。假如相反，按照一种理智论的法概念，把个人理解为趋向其自身本性的某些行为，那么可以构成主观权利的这个主观行动范围就不存在了。与之相关，正如在意志论传统中，意志高于理智确保了上帝的自由，那么对于人类来说也是如此，正是他们的意志运用使得他们自由。作为个人能力的那些权利提供了这种自由，表达了这种自由。

还存在一种极为不同但仍然相关的脉络，即第三种关于主观

[①] Villey，《主观权利在奥卡姆作品中的创生》，页99—102；引自页101；强调为原文所有。

[②] 可以进一步参见后文第三章。

[③] 参见 M. Bastit,《现代法律的诞生：从托马斯到苏亚雷斯法律思想演变》（*La naissance de la loi moderne. La pensée de la loi de saint Thomas à Suárez*, Paris, 1990），页21。同样可以参见Noel Malcolm的重要作品，《霍布斯与意志论神学》（"Thomas Hobbes and voluntarist theology"），剑桥大学1983年博士学位论文，未刊，第二部分，页139以下。笔者并不想质疑以下论题：霍布斯对法的理解很多都得益于意志论者的神学。但是，笔者会推进以下暗示（后文第六章）：是罗马法的复兴，而不是神学上的意志论传统，为霍布斯的权利观提供了基本素材。

权利起源的论证。这种论证关注的不是法的问题,而是财产这个概念。它有赖于把权利视为个人财产和把财产作为典范性权利这种现代权利语言要素。[①]主观权利这样一种个人主宰领域,在其中,个人意志就是她的权利。据说这种观念的起源可以在早期方济各修士讨论财产的论文和随后的中世纪文献当中找到,因为它们坚持"ius"(权利)与"dominium"(所有权)的等值。在这里,它与早期方济各哲学的主观性联系在一起,后者假定个人主体[6]与事物世界之间存在根本的分离。这当然是与阿奎那的哲学对立的,因为阿奎那认为,个人是"整体的一部分",[②]镶嵌在一个普遍秩序中。

这些论证在一些重要的地方互不相同。但是,当把它们放到一起时就会形成一个令人印象深刻的共识:主观权利,在其真实的或者至少最为重要的意义上,是意志论神学的一个推论;这种神学把主观权利视为一个受到律法限定的领域,在这个领域之内,个人可以依其意志行动,成为一个自由的、具有主宰地位的所有主(proprietor)。据说这种权利观起源于方济各修士的讨论,在菲茨拉尔夫(Fitzralph)、威克里夫(Wyclif)、热尔松(Gerson)和苏门哈特(Summenhart)的著作当中得到了发展,最后在继承了他们神学传统的霍布斯那里被明确地表达出来。正是通过这个概念,萨拉曼卡学派的早期成员,不论是神学家还是法学家,经分

---

① 这是Paolo Grossi的论证,他有两篇基础性的文章,《事实上的使用:新时代早期的财产概念》("Usus facti. La nozione di proprietà nell' inaugurazione dell' età nuova"),载于 *Quaderni fiorentini* I (1972),页287—355和《第二经院派论私有制下的财产》("La proprietà nel sistema privatistico della seconda scolastica"),载于Grossi主编《现代私法形成中的第二经院派:研讨会文集》(*La seconda scolastica nella formazione del diritto privato moderno. Incontro di studi*, Milan, 1973),页117—222。从某种意义来说,它也是塔克的论题,《自然权利诸理论:起源与发展》(*Natural rights theories: Their origin and development*, Cambridge, 1979),第一章和第二章。参见下文,第一章。
② 这是Grossi在《事实上的使用:新时代早期的财产概念》中的术语。

析被认为要么提出了,要么没有提出个人权利理论。

然而,尽管关于主观权利及其起源的这种一般理论,在抽象意义上可能令人信服,但在实践层面上却面临着一些难题。如果我们不想探求一个观念的起源,只想查阅中世纪晚期讨论当中可以获取的具体权利语言,那么我们就必须把前述论证翻译成相应的词汇术语。这样一来,它就变成了下述论题:"ius"作为表达"能力"(facultas)或"权力"(potestas)的语言以及"ius"作为表达"所有权"(dominium)的语言,意味着一种作为中性自由或主宰的权利概念,但问题则在于,这不符合那些它本该适用的文本。

其中最明显的是下述事实:对于几乎所有人在讲述主观权利时通常援引的那些意志论作家来说,"ius"作为"能力"、"权力"或者"所有权",可以指称动物,甚至可以指称无生命的实体,而同样也是这些作家却一致地拒绝赋予它们自由。这个特点要么是被忽视了,要么是被摈弃了,但它显而易见,不应像历史学家们所暗示的那样无关紧要。此外,权利作为一个单个实体(包括人)的能力或权力,会被那些作家视为一种依照律法展开的运行,而不是法授予的自由。苏门哈特是个特例。在他这里,"ius"这个词与《摩西十诫》的十条诫命留给人的自由相连。[7]在苏门哈特看来,这并非权利的一般本质,而是一种非常特殊的权利。因此,把"权利"描述为"能力"、"权力"或者"所有权",并不表明出现了上述那些论证勾画的权利概念;我们也无法言之凿凿地谈论一种中世纪晚期阶段权利作为中性的自由的语言。我们需要一个不同的研究路径。

因此,本书的写作并非试图找出那个(或任何其他)现代主观权利概念的特定起源。相反,笔者想做的是,恢复"ius"这个术语在中世纪晚期和文艺复兴时期经院主义讨论当中,被用来表示个人主体的品质或属性的各种含义。重估主观意义上的"ius",必定要重新思考它与客观权利观念之间的关系:因此,笔者试图评估这一时期的作家对客观权利的确切理解。为了逃脱前面所勾勒的主观权利哲学史的束缚，笔者试着跳出意志论者、唯名论者、唯实论者等诸如此类的范畴，它们往往会遮蔽一些解释因素；转而聚焦那些在主观意义上使用"ius"这个概念的文献的性质，同时也把经院主义学术创作的体裁限制考虑在内。①

总体来看，本书的前三章着重处理的是1250年到1525年这段时期。论证基本上是按照年代顺序展开的，只有当对相关体裁的关注超出对那些时间间隔因素的考虑时，才会脱离这个基本规划。第一章，笔者检视"dominium"与"ius"的等式，试图确定中世纪文献的不同语境中的这种等值关系的含义。第二章讨论14世纪的一些发展，从奥卡姆到热尔松，把权利与自然、自然的行动能力（natural agency）联系起来。此处的权利具有主观意义，它成为一个被自然法统治的宇宙的一部分，有时[8]明确地参照了托马斯主义者。笔者想要表明，对主观权利的这种理解与第一章分析的极其不同。第三章，笔者在中世纪话语中追溯客观权利观念的发展，特别是要记录托马斯主义者立场内部的变化，这些变化拉近了16世纪早期的托马斯主义作家与热尔松式权利立场的距离，例如阿尔曼所坚持的那种立场。

在这个背景准备就绪之后，笔者在第四和第五章接着讨论早

---

① 因此，笔者的关注首先在于，把晚期中世纪和文艺复兴时期讨论之中的权利的不同语言（习语或修辞），与思想史的那个方面等同起来，其中历史学家习惯于变成一位"考古学家"，追踪和挖掘尘封的语言裂缝。对于这种意义上的考古学家，参见J. G. A. Pocock，《语言的概念与历史学职业：对现实的思考》（"The concept of a language and the métier d'historien: Some considerations on practice"），载于A. Pagden主编，《早期现代欧洲的政治理论语言》（*The languages of political theory in early modern Europe*, Cambridge 1987），页19—28。在记录了这些语言的发展或者变异之后，接下来关注的是思想的语境，它为这些作家提供了直接的导向。笔者没有详细讨论政治、经济和社会环境的广泛议题。相反，关注的对象毋宁是文本之间的关系，揭示这些著作"谈论其他著作"的方式和程度，以此确定它们不同的"谈论方式"。

期的萨拉曼卡学派。笔者会论证，一旦我们理解了中世纪晚期和文艺复兴时期经院主义流行的各种不同的主观权利观念，那么这些作家所呈现出来的图景就会变得更加精妙，同时也会变得更加清晰。笔者将表明，由于维多利亚（Vitoria）当时基本上仍在一个中世纪晚期的理解框架内写作，这个理解框架是他从巴黎大学求学岁月当中获取的，所以他才会在两部不同的作品当中徘徊于中世纪晚期的两种主观权利的含义之间。接着笔者会提出，他的学生索托（Soto）的作品实际上尝试把权利的这两种含义作为更大的政治规划的一个部分加以协调，从而调和有机的自然共同体的要求与个人自由的要求。

对索托的主观权利学说有了更为准确的把握之后，我们就可以重估与他同时代的学者法学家瓦兹奎兹（Fernando Vázquez）的作品。瓦兹奎兹通常被认为坚持意志论的主观权利观，至于这种权利观与他同时代的神学家一致，还是与他们相反，则最终取决于历史学家的视角。但是，对中世纪晚期主观权利语言的重估使得我们相信，瓦兹奎兹的权利理论不仅与维多利亚和索托的关系非同一般，不能简单地以相同或者相反定论，而且也不能被等同于中世纪晚期发展起来的任何一种权利的神学传统。瓦兹奎兹的作品，（正如我们将要看到的）在驳斥索托对权利概念的特别政治的运用时，采用了一种立基于法律的而非神学的权利含义，这构成了与神学家的权利观完全不同的一种权利观。

到此关于早期萨拉曼卡学派的故事就告一段落。但是，上述分析足以表明，它不仅仅是关于16世纪经院主义的故事，而且也是关于从方济各修士到霍布斯整个发展轨迹的故事。因此最后一章将讨论，倘若不是把霍布斯的作为自由的自然权利观置于一个神学讨论框架之内，而是置于那个发轫于瓦兹奎兹的法律传统中，将会呈现怎样的效果。

总之，这是一项早期权利语言史的研究。但是，当下的政治理论家们仍然在努力应付这一语言的遗产：他们仍然在权利意指什么、不意指什么上莫衷一是，仍然在诉诸它们的政治意义上各持己见。当前的争论大多都以不同的形式预设着上文勾勒的那种哲学史或宗派史。理解早期权利语言的复杂性，有助于为我们提供一个崭新的视角，以解决它所遭遇到的某些困难。

第一章　权利与自由："dominium"与"ius"等值

　　[10]关于主观权利的历史,近年以来人们已经在某些文本和文本的主体上倾注了大量的心血,它们都假定在拉丁文"dominium"(所有权)和"ius"(权利)之间存在着某种等值。首先,据说我们可以在这个等值中发现最为彻底(因而也是最为强劲和最为重要)形式的现代主观权利的"起源",其中它显著地与自由、财产和某种统治权(sovereignty)观念联系在一起。①其次,

---

① 那么,我们可以找到一些例证,例如塔克的《自然权利诸理论:起源与发展》,特别是它的第一章。塔克采用了"主动权利"与"被动权利"的区分,并把中世纪文本当中"所有权"与"权利"的等值理解为一种"主动权利"理论的标志。这是一种把权利视为自由和统治权的理论,同时也是一种把权利视为财产的强理论。有学者认为这种观点存在着一些问题,参见B. Tierney,《塔克论权利:若干中世纪难题》("Tuck on rights: Some medieval problems"),载于 *History of Political Thought* 4(1983),页429—441,此处位于页431。Paolo Grossi在他的两篇文章《事实上的使用:新时代早期的财产概念》和《第二经院派论私有制下的财产》当中,以稍微不同的方式提出了相同类型的要点。13世纪方济各修会涉及贫洁争论的文本把"所有权"与"权利"等值起来,Grossi在这种做法当中看到的毋宁是一种截然不同的观念的表达。这种观念以一种强调意志至上的意志论神学为基础,而这种神学把主观的人格和主观的自由与因受其宰而相关的客观的外在世界区分开来。Grossi称这是一种把"所有权—权利"当作一个"个体自由的权力机制"("strumento potestativo della libertà del singolo")的意志论观念(《第二经院派论私有制下的财产》,页124),他认为在这个观念之中,"自由和财产相互转换,现代一切个人主义的主旨均已完全提出"　　(转下页)

可以把这个结论推而广之，囊括一大批"现代派"对"ius"的讨论，他们都被视为同一神学思潮的构成部分。这个现象导致几乎所有的中世纪晚期作家，例如在主观意义上看待"ius"的奥卡姆和热尔松，都被纳入使"ius"与"dominium"等值的传统中。①

[11] 本章恰要质疑这些结论。通过对所涉文本的仔细检讨可以发现，把"ius"与"dominium"的等值说成是现代主观权利理论的开端，其实是一种时代误置。而且，"ius"与"dominium"等值似乎远非中世纪晚期道德理论的普遍看法，甚至这种等值在那些被说成持有一种"主观权利"观念的作家之间也不是共识。我们将会看到，最初这种等值是在13世纪关于贫洁的争论的特殊环境中表达出来，之后就局限于一种特定的体裁，即讨论良知案例的文献。

一、托钵僧贫洁和权利与所有权等值

把"ius"与"dominium"作为等值概念予以使用，这种语言用法首次在13世纪中期关于托钵僧贫洁争论的文本当中得到了系

(接上页注①)("l'interscambiabilità tra libertà e proprietà, leit motiv di tutte le correnti individualistiche dell'età moderna, è qui già pienamente posta")(《第二经院派论私有制下的财产》，页135）。笔者无法赞同Grossi对其结论的扩展，但接下来对方济各修会神学的阐释从他对这些文本敏锐、扎实的分析当中受益良多。

① 因此，无论对于塔克还是格罗西，主观权利都是支配性的统治权（dominative sovereignty）。用格罗西的话来说，它构成了"一种在新贵们当中反复出现的解释机制，属于从奥卡姆到菲茨拉尔夫、从威克里夫到热尔松的中世纪晚期的思考"（"uno strumento interpretativo ricorrente nelle mani degli hominess novi della speculazione post-medievale da Occam a Fitzralph, da Wycliff a Gerson"）(《事实上的使用：新时代早期的财产概念》，页313）。这种观点得到了广泛的接受，例如，James Burns在最近的一篇文章《经院主义：幸存与复兴》（"Scholasticism: Survival and revival"）当中就采纳了这种观点，载于Burns主编，《剑桥政治思想史：1450年到1700年》（*The Cambridge history of political thought, 1450—1700*, Cambridge, 1991），他在文章当中提到一种"主观权利的热尔松立场"（即，权利与所有权等值）。

统的阐述。这是一个强化并推进那些潜藏在两个托钵僧宗教修会规则中的预设的过程,其中特别是方济各修会的那些规则。[1]

中世纪晚期坚守贫洁的运动此起彼伏,其中最为成功、最具影响的是阿西西的圣方济(St Francis of Assisi)于1209年创立的小兄弟会(Order of Friars Minor)。[2]作为一个[12]拯救的理想,贫洁的根据主要在于《新约》当中对基督生活的描绘。但是,它作为一个自愿行为具有的意涵,触及到了中世纪已然发展起来的几种贫洁观。"贫洁"不仅被看成包含富庶的匮乏(尽管这当然是它的含义之一),而且还有另外一层含义:作为潜能(potentia)或者权力(potestas)的反义词。[3]穷人(Pauper)是奴仆(servus)或

---

[1] 对托钵僧修会及其由巴黎大学在俗教士所固定下来的贫洁概念的攻击,有学者做出了详细的叙述,参见M. Bierbaum,《托钵僧修会与巴黎大学的世俗精神:13世纪文学中的贫洁和豁免的文本和调查(1255年到1272年)》(*Bettelorden und Weltgeistlichkeit an der Universitat Paris. Texte und Untersuchungen zum literarischen Armuts-und Exemtionsstreit des 13. Jahrhunderts (1255—1272)*, Münster i. W., 1920)。对争议的各种路数的追溯,参见P. Glorieux,《"反杰拉尔德"论争始末:若干文献》"Les polémiques 'contra Geraldinos': Les pièces du dossier",载于*Recherches de théologie ancienne et médiévale* 6(1934):5—41,还有A. Teetaert,《关于杰拉尔德支持世俗教士论的两个新问题》("Deux questions inédites de Gérard d'Abbeville en faveur du clergé séculier"),载于*Mélanges Auguste Pelzer*(Louvain 1947),页347—387。尽管到14世纪伊始,贫洁、所有权和权利这样的经院主义字眼,已经主要成为方济各修会神学家所独享的东西——既被修会内部属灵派与团契之间的争吵所采用,也被一些方济各修会的辩论家用于对抗教皇约翰二十二世的攻击以捍卫托钵僧的贫洁——但是,请切记,直到13世纪末尾,方济各修士仍然具有与多米尼克修士相同的事业:捍卫托钵僧贫洁免遭在俗修士的攻击。尽管随后这两个修会之间出现了神学上的分歧,试图在方济各修会和多米尼克修会的"世界观"之间做出截然划分的想法,仍然是一个不便的分析工具,它会阻碍我们对目前文献和本章将会看到的随后文献体裁的处理(可以对照14世纪早期多米尼克修会的Hervé de Nédellec针对方济各修会的论证:后文,第二章,页54—56)。

[2] 概论宗教贫洁运动和专论圣方济及方济各修会的文献汗牛充栋。简短的便览请参见,J. Coleman,《财产与贫洁》("Property and poverty"),收录于J. H. Burns主编《剑桥中世纪政治思想史:350年到1450年》,页607—648;以及M. D. Lambert,《论方济各修会的贫洁》(*Franciscan poverty*, London, 1961)。

[3] 参见K. Bösl,《权力与贫洁:中世纪早期的社会分化与中世纪盛期贫洁主义的概念史研究》("Potens und pauper. Begriffsgeschichtliche Studien zur (转下页)

属下（subditus），受制于主人（dominus）或主上（potens），即那个具有较高实力的人。穷人也是无力的，在社会上无足轻重或者不那么重要，他需要得到保护，从而免遭主人权力的侵害。①这样的话，贫洁就额外具有缺乏法律身份这个法律维度。它是"所有权"（dominium）的反面，后者意指对其他物和人的权力关系，在法律上可辩护，随之会带来法律上的身份。正是在这个语境中，我们在激进的属灵派人物奥利维（Peter John Olivi）的《关于"权利"与"所有权"问题》（*Quaestio quid ponat ius vel dominium*）中看到，权利开始与所有权等值。②权利或所有权是针对他人或物的权力关系或权威关系，那些是穷人所没有的东西。③

圣方济的规则——它的两个简洁的陈述都——约定了这种最广义上的贫洁或者说所有权的阙如。兄弟们将身处卑微中，一无所有，正如《教宗通谕准则》（*Regula bullata*）第七章所劝勉的：

（接上页注③）gesellschaftlichen Differenzierung im frühen Mittelater und zum Pauperismus des Hochmittelalters"），载于*Alleuropa und die moderne Gesellschaft. Festschrift für Otto Brünner*（Göttingen, 1963），页60—87。

① 参见F. Margiotta Broglio，《14世纪教会的贫洁理想与世俗结构：莱尼亚诺〈小兄弟会篇〉一个版本的记录与标注》（"Ideali pauperistici e strutture temporali nella canonistica del secolo XIV. Notazioni ed appunti per una edizione del 'Liber Minoritarum' di Giovanni da Legnano"），载于*Studia gratiana* 14（1967），页369—436，此处位于页371。

② F. Delorme主编，"Question de P. J. Olivi, Quid ponat ius vel dominium ou encore De signis voluntariis"，*Antonianum* 20（1945），页309—330，此处位于页318。关于奥利维在贫洁争论语境之中的思想，参见D. Burr，《贫洁是奥利维思想的构成要素之一》（"Poverty as a constituent element in Olivi's thought"），载于D. Flood主编，《中世纪思想中的贫洁论》（*Poverty in the middle ages*, Werli. W., 1975），页71—78。

③ 这里应当注意，无论是对于奥利维，还是对于此处正在概括地探讨的方济各修士们的论述，"dominium"以及由此造成的"ius"和"potestas"这些都归诸关系的形式范畴，正如亚里士多德的《范畴篇》所界定的（其中给出的例证是"主人"["dominus"或者"despotes"]）：《亚里士多德：〈范畴篇〉及其解释》（Aristotle, *Categoriae et liber de Interpretatione*, Oxford, 1949），L. Minuo-Paluello主编，页20, 6b28—30。

兄弟们请勿攫取任何东西，房屋、职位或者任何其他东西。而且就像这个现实世界的朝圣者和局外人一样，以贫洁和谦卑服侍上帝，让他们理直气壮地乞求施舍，不应感到羞愧，因为上帝为了我们使他自己成为了这个世界的贫洁者。①

[13] 但是，对于小兄弟会而言，外在贫洁只是更为重要的内在贫洁——"精神贫洁"——的表现。②这两项规则的基本命令是，兄弟们的生活"顺服，贞洁，并且孑然一身"，而且顺服被解释为内在贫洁，弃绝个人的专有意志：那是"孑然一身"的终极形式。

这个特征在方济各修士佩卡姆（John Pecham，逝于1292年）的作品中突显无疑。佩卡姆致力于维护基督教父和波纳文都拉（Bonaventure）的教义，对抗新兴的亚里士多德主义。而且，他还创作了一部《论灵魂》（*Tractatus de anima*），强调意志自由是人生的圆满。③他在1270年的《论贫洁》（*Tractatus pauperis*）当中论证说：

---

① 《方济各修会小兄弟会规则二》（"Regula II Fratrum minorum"或者"Regula bullata"），载于*Opuscula sancti patris Francisci Assisiensi. Edita cura et studio P.P. collegii St. Bonaventurae*, Quaracchi, 1904, 页63—74, 此处位于页68: "Fratres nihi sibi approprient, nec domum ne locum nec aliquam rem. Et tanquam peregrine et advenae in hoc saeculo, vadant pro eleemosyna confidenter, nec oportet eos verecundari, quia dominus pro nobis se fecit pauperem in hoc mundo."。

② K. Eßer敏锐地指出了这一点，《方济各修会的贫洁观》（"Die Armutsauffassung des Hl. Franziskus"），载于Flood主编，《中世纪思想中的贫洁论》，页60—79。

③ 关于佩卡姆对新知的反对，参见E. Gilson，《中世纪哲学》（*La philosophie au moyen age*, 2nd edn, Paris 1944), 页488—489；关于他的《论灵魂》，参见E. Stadter，《人的自由的心理学和形而上学：波那文都拉与司各脱之间的观念史发展》（*Psychologie und Metaphysik der menschlichen Freiheit. Die ideengeschichtliche Entwicklung zwischen Bonaventura und Duns Scotus*, Munich, Paderborn and Vienna, 1971), 页86—143。

第一章　权利与自由："dominium"与"ius"等值　　21

唯有彻底弃绝自身专有意志者方得完美地舍弃自己。因为意志深植于人的权力中，以致它无法被其他任何人强求。因此，人只有从自己身上斩断他极度所有的东西，换言之，放弃对他自己专有意志的所有，才能中悦上帝……这就是顺服，它使一个人完全湮灭，自己不保留任何属人的东西，这样顺服的人就不是自己在生活，而是基督住在他之内。①

一个人对自己意志的所有权是他最初的所有权：这是一个如此内在于任何个人的所有权，以至于除了这个人本人，其他任何人都无法从他那里拿走它。而且，这个所有权恰恰是由人性所构成的；倘若一个人弃绝了它，也就消灭了他自己作为一个人的存在，或者说仅仅作为一个人的存在。对外在物品的所有权是次级的，并且以这个最初的所有权为前提，正如我们在阿奎那为托钵僧辩护的作品［14］《论精神生活的完满》(*De perfectione spiritualis vitae*)中所见。②阿奎那论证说，"要想实现爱的圆满，

---

① John Pecham，《论贫洁》(*Tractatus pauperis*)，A. G. Little编辑，载于C. L. Kingsford，A. G. Little和F. Tocco主编，《佩卡姆论贫洁》(*Pecham de paupertate*，Aberdeen, 1910)，页13—90，第10章，页31："Ille enim solus perfecte se abnegat qui proprie voluntati plene renunciat. Voluntas enim ita in hominis potestate est, quod a nullo extorqueri potest. Nullum igitur tam suave holocaustum potest offeri Deo sicut a se prescindere illud quod summe suum est, dominium scilicet proprie voluntatis... Hec est obedientia, totum hominem adnihilans, nihil sibi de humano resrvans, ut vivat obediens non ipse sed Christus in ipso."。决定性的文本是保罗的《加拉太书》章2节20："vivo autem iam non ego, vivit vero in me Christus."。

② 载于《利奥十三世纪念版全集之阿奎那》(*Sancti Thome de Aquino. Opera omnia iussu Leonis XIII P. M. edita, cura et studio Fratrum Praedicatorum*)，卷91，B—C部分(Rome 1969)，页67—111。这份讲稿是在1269年末创作的。关于阿奎那介入贫洁争议的情况，参见Yves Congar的富有启发性的研究，《13世纪下半叶到14世纪初托钵僧与俗士争论当中的教会方面》("Aspects ecclésiologiques de la querelle entre mendiants et séculiers dans la seconde moitié du XIIIe siècle et le début du XIVe")，载于*Archives d'histoire dotrinale et littéraire du Moyen Age* 36 (1961—1962)，页35—151。

一个人不仅需要拒绝外在物品,而且还须以某种方式放弃自己",他断定:

> 一个东西越是自然地属于欲望的对象,它就越是完全地因基督之故而被鄙视。与自己专有意志的自由相比,没有任何东西更是一个人所欲望的了。因为正是据此他才是一个人,而且是其他东西的主人,正是据此他才能使用和享受它们,甚至只有据此他才能掌控他自己的行为。那么,正如放弃了财富,或者那些与他结合的人,就否定了其存在;摒弃了自身专有意志的权威判断的人,那正是他作为自身主人的凭据,就否定了他自身的存在。①

倘若一个人放弃了对自身意志的所有权,他就不能再"所有"任何其他的东西。

对自身意志的所有权即是自由且包含了人性,这个观念的出现早于亚里士多德《灵魂论》的重新发现。它基于理智和意志这两种精神力量的自反性这个新柏拉图主义观念,而这种新柏拉图主义观念主要通过奥古斯丁的《论三位一体》②和匿名的阿拉伯作品《原因论》③的拉丁文翻译,传递给了中世纪神学。这两份

---

① 《论精神生活之圆满》,第11章,页79:"quanto aliquid magis naturaliter amatur, tanto perfectius contemnitur propter Christum. Nihil enim est homini amabilius libertate propriae voluntatis; per hanc homo est et aliorum dominus, per hanc aliis uti vel frui potest, per hanc etiam suis actibus dominatur. Unde sicut homo dimittens divitias vel personas coniunctas, eas abnegat; ita deserens propriae voluntatis arbitrium, per quod ipse sui dominus est, se ipsum abnegare invenitur."。
② St Augustine,《论三位一体》(*De trinitate libri XV*),卷1,章1—12, W. J. Mountain 编辑(Turnholt 1968),卷9,章2—6,特别是第3章。
③ 《原因论》(*Liber de causis*), A. Pattin编辑,载于*Tijdschrift voor Filosofie* 28 (1966),页90—203,此处位于页162—168。这部作品在中世纪通常归诸亚里士多德,实际上是一部9世纪的阿拉伯作品,在很大程度上以Proclus的《神学原本》(*Elementatio theologica*)为基础,在12世纪被Gerard of Cremona翻译为拉丁文。

第一章 权利与自由:"dominium"与"ius"等值

源材料都在质料的或身体的权力与非质料的或精神的权力之间进行了区分,后者具有反思自身的能力,也就是说能够把它们作为自身的对象,或者说使自身成为自决的。①理性存在物,即一切赋有理性的受造物,都通过[15]对精神权力的占有而卓然于所有其他造物。这些精神权力的自反性特征是自由和所有权的基础。因此,当波那文都拉问"判断的自由仅属于那些赋有理性的受造物,还是亦属于野兽"时,②他自己的回答是:

> 我们应当说,判断的自由无疑仅存在于理性的实体。究其原因则可以从"自由"和"判断"这两个组成部分看出。从"自由"这个组成部分来看,原因如下:自由反对奴役。那么,只有那种针对自己的对象、针对自身专有的行为、享有完全所有权的权力才被认为是自由的权力。但是,倘若一种权力因享有对其对象的自由而享有这种所有权,那么它就不限于某种特定的可欲对象。③

---

① 参见J. Korolec,《自由意志与自由选择》("Free will and free choice"),载于N. Kretzman, A. Kenny和J. Pinborg主编,《剑桥晚期中世纪哲学史:从亚里士多德的重新发现到经院主义的瓦解,1100年到1600》(*The Cambridge history of later medieval philosophy: From the rediscovery of Aristotle to the disintegration of scholasticism, 1100—1600*, Cambridge, 1982),页629—641,此处位于页631,以及那里的注释。
② Jonh of Fidanza, 圣波那文都拉的《〈嘉言录〉第二部评注》(St Bonaventure, *In secundum sententiarum commentarius*),载于*Opera ominia edita cura et studio pp. collegii a S. Bonaventura* (Quaracchi 1882),卷2,段落25,第1部分,单独一小节,问题1:"Utrum liberum arbitrium sit in solis habentibus rationem, an etiam sit in animalibus brutis."。
③ 同上书,结论:"Respondeo: Dicendum, quod absuqe dubio liberum arbitrium reperitur in solis substantiis rationalibus. – Et ratio huius sumitur tum ex parte libertatis, tum ex parte arbitrii. Ex parte libertatis: libertas enim opponitur servituti. Unde illa sola potentia dicitur esse libera, quae dominium habet plenum tam respectu obiecti, quam respectu actus proprii. Illa autem potentia dominium habet ex libertate respectu obiecti, quae non est arctata ad aliquid genus appertibilis."。

波那文都拉认为，理性存在物的意志即属于此类：因为它是自反的，它自由地活动，并且享有所有权。与之相反，那些"紧缚物质"的潜能没有任何自反的可能。①因此，被排除在精神领域之外的野兽没有任何内在自由或者所有权。②

于是，对所有权的取得就与非理性的故而不自由的自然相分离，这里的"不自由"是指"被外在地决定"。波那文都拉把这个区分描述为理性（自由的）自然与非理性（不自由的）自然之间的差别；但是，也有人直接以自然的与自由的之间的对立设定它，例如14世纪早期多米尼克修士圣杜尔善的杜兰杜斯（Durand de Saint-Pourçain）的心理学作品。杜兰杜斯在论证意志与理智之间没有区别时断定："每一个 [16] 非认知的德性都自然地而非自由地被其对象吸引。"对此有以下事实为证：

> 每个自由的行动者都必须能够看清它自己的行为……一个主体是自由的，是因为它享有一种自由的权力。因此，如果对一个人自身行为做出判断就是自由的本质，那么这个人据以自由的权力就必须能够对其自身行为做出判断，它只能是一种认知权力。③

---

① 《〈嘉言录〉第二部评注》："Sed nunquam aliqua potestas... super seipsam reflectiur, quae sit alligata materiae."。
② 同上书，结论："In brutis autem animalibus, etsi aliquo modo sit reperire dominium respectu actus exterioris, quia bene refrenant aliquando, sicut patet in animalibus domesticis; respectu tamen actus proprii interioris, videlicet appetitus, dominium non est."。
③ Durandus a Santo Porciano, In quattuor sententiarum libros questiones (Paris 1508), In primum, Dist. 3, 2a pars, Q. iv, B: "omnis virtus non cognoscens fertur in suum obiectum naturaliter et non libere... patet quia omne agens libere habet videre de actu suo (alioquin non imputaretur ei) et per eandem potentiam per quam est liberum habet huiusmodi iudicium: quia potentia non est libera ex hoc quod est in supposito libero... sed suppositum est liberum quia habet potentiam liberam. Si ergo de ratione libertatis est habere iudicium sui actus necesse est quod illa potentia per quam homo est liber sit iudicativa sui actus quod non potest convenire nisi potentie cognitive."。

第一章　权利与自由："dominium"与"ius"等值　　25

自然以必然的方式运行,没有自反性意识,它与自由对立。

这就是那种隐藏于对彼得·伦巴德《嘉言录》卷二评注的《创世记》的经文——思考上帝对世界的创造,特别是对人的创造——的传统阐释背后的灵魂哲学。按照波那文都拉的解释:

> 一切有感知的动物都是为了人而创造的。而且,这也被大哲学家间接证明。他说"在某种意义上说,我们是所有事物当中最高的目的"。而且《圣经》也以远为卓越的方式传递了这一点,经文写到:我们要照着我们的形像,按着我们的样式造人,使他们管理海里的鱼,等等。因为人具有理性能力,所以他有判断的自由,支配(dominate)鱼类是其自然使然。①

凭借人的精神性,他的自反性(能够支配[dominium]自己的行为),人被按照上帝的形象受造,并且因此享有类似上帝对芸芸众生所享有的那种所有权。

我们现在讨论的那些段落,将内在自由(internal liberty)、自我财产权(property in oneself)、对自我的权力(power over oneself)或对自我的所有权(dominium of oneself)等值。类似地,对外在事物的所有(精神状态的结果)被等值于外在自由、财产和权力。这些等值[17]在佩卡姆的《论贫洁》的第十章一目了然,那里讨论的是"兄弟们不专有任何东西"的外在方面。佩卡姆把奥古斯

---

① St Bonaventure,《〈嘉言录〉第二部评注》,段落15,节2,问题1,页383:"omnia sensibilia animalia facta sunt propter hominem. Et hoc insinuat Philosophus, cum dicit: "Summus finis nos quodam modo omnium eorum quae sunt." Insinuat etiam Scriptura multo excellentius, cum dicit: Faciamus hominem ad imaginem et similitudinem nostram, et praesit piscibus maris etc. Quia enim homo rationis capax est, ideo habet libertatem arbitrii et natus est piscibus dominari."。

丁的一个文本作为立论的起点，认为教会乃至构成教会的世俗教士，确实具有专属于自身的财富——也就是说，教会支配着自身的物品："教会以某种方式支配这些对象，这是被奥古斯丁证实了的，'按照上主对路加所说的话'，他在那里说，能够支配即是享有一种严格意义上的权力。"①佩卡姆在试图阐明小兄弟会的贫洁究竟意味着什么的过程中，权力（power）这个概念不断出现："这就是去占有，将某个东西置于个人的权力之下。"②因此，一个小兄弟会成员能够把东西拿到手，但他却不能以占有的方式掌握：

> 我认为……小兄弟会禁止占有性地接受金钱；［因此］如果，在接受的时候内心觉得，所有权从他人那里转移到自己手中，处于这位兄弟的全权之下，他能以各种方式随心所欲地使用它……任何以这种方式接受的人都不再是小兄弟会成员。任何东西都不能转移进他的所有，即使——毫无可能——被塞进他的裤兜。③

真正的小兄弟会成员处于对外在物品完全无力的状态。而且，在佩卡姆看来（阿奎那也持这个观点），所有权或占有以及权

---

① Pecham，《论贫洁》，第10章，页34："quod horum rerum alico modo habeat ecclesia dominium, probatur, dicente Aug. de Verbis Domini super Luc.: Dominari, inquit, est propria potestate gaudere. Clerici autem habent pro tanto huiusmodi possessions in propria potestate, quod possunt sibi de eis in omnibus suffcienter providere, ablatas repetere, nec multo plus querunt homines secundum seculum prudentes in divitiis."。
② 同上书，页35："Hoc enim est possidere quod est in posse suo tenere."。
③ 同上书，页40—41："Dico ergo quod prohibetur minoribus receptio possessaria pecunie; que tunc recipitur, cum corde sic admittitur, ut dominium ab alio transteratur, ut potestati plene fratris subiciatur, ut ea plene ad libitum... utatur... quicunque sic recipit, frater minor non est, in cuius dominium nulla res transire potest, etiam si, quod absit, gremio infundatur."。

力都与自由相关。佩卡姆强调小兄弟会不同于其他修会组织的特殊之处在于,小兄弟会甚至没有共同财产,他断定:"他们不能……以自己的社群的名义享有共同的动产或者不动产,也不能把那些对象完全置于自己的掌控之下,自由地支配他们。他们所居住的房屋完全属于他们的资助者。"①[18]弃绝了自己意志自由的小兄弟会成员,必然会放弃对其他物的自由。

缺乏支配性意志(dominative will)是托钵僧证明自己没有所有权的关键性证据。但是,除此之外方济各修会神学家还需要说明,他们个人或共同弃绝一切财产或所有权的立场,在法律上也是可能的:倘若小兄弟会对他们为了存活而必须使用的东西不享有任何财产权或所有权,那么他们的使用难道不就是非法的吗?

方济各修会的基本论证是:使用不同于所有权,一个人可以进行使用却没有所有权。某种最低限度的使用对于维持凡俗生活来说是必需的,而自愿的贫洁"不是由他自己的东西,即他专有的东西来维持,而是由他人的东西来维持,这些东西是其他人为了他的生计,正当地、虔诚地交由他处分的",②它不伴随那种他对自己所有的和构成自己外部存在的东西的主人状态。倘若那个东西已经被它的所有人为了让他使用给予某位小兄弟修士,那么这位修士就可以正当地使用,而无须自称获得了这个东西的

---

① 《论贫洁》,页36:"Non ergo possunt habere communia mobilia vel immobilia communitati sue immobiliter intitulata, nec possunt dominari res libere omnino habendo in sua potestate. Domus enim quas inhabitant sunt patronum libere sicut ille quas patroni inhabitant, sicut dicit declaratio regule: salvo locorum dominio illis ad quos noscitur pertinere."。

② St Bonaventure,《贫洁申辩》(Apologia pauperum),载于《全集》(Opera omnia),第7卷,《小品文》(Opusculum),第11章,页272—273。关于世俗的所有权包含着对所主宰的东西的精神状态的观念,参见同上书,页322:"Evangelica vero paupertas, pro eo quod ad aeterna sublevat, tanquam ea quae in caelis totaliter thesaurizat, perfecte ipsam profitenti suadet omnibus temporalibus debere nudari quantum ad affectum atque dominium, et arcta sustentatione necessitatis esse contentum quantum ad usum."。

所有权。

方济各修会可以否认所有权但承认使用权。这一点很重要。然而,方济各修会的神学家却像抵制所有权观念那样,强烈抵制享有对物权(ius in rebus)这个观念:对于他们而言,享有权利就是对此世的东西、世俗的存在和骄傲持相同的私占态度,而按照他们的规则,这些都在禁止之列。无论是权利还是所有权,几乎都涉及在法庭上提出请求的能力:同样赋予法律地位,而这恰恰是真正的卑微的对立面。尽管波那文都拉确实区分了财产权(proprietas)、占有(possesio)和用益权(ususfructus),①但是在他看来,重要的是区分这三者与单纯使用(simplex usus)。他认为权利(ius)、所有权(dominium)和财产权(proprietas)都体现了与外在物品的私占关系。权利或财产权与单纯使用——小兄弟会出于生活必需没有拒绝也无法拒绝——相对。②

[19] 1279年教皇尼古拉三世(Nicholas III)颁布《播种者已出发》(*Exiit qui seminat*)诏书,对持续已久的争论进行调停。③他详细阐述了波那文都拉的声明,区分了人与世俗之物可能出现的五种不同关系:财产权(proprietas)、占有(possesio)、用益权(ususfructus)、使用权(ius utendi)和事实上的单纯使用(simplex usus facti)。④通过把"事实的"这个要素纳入最后一种关系,他把这个争论视为一个分离事实领域与权利领域的问题:方济各修士的活动是事实性的,在法律上为中性,而具有其他四种关系的

---

① 《论贫洁》,页312:"intelligendum est, quod circa res temporales quatuor sit considerare, s. proprietatem, possessionem, usumfructum et simplice usum."。
② 对照同上书,页313:"sic quicquid datur congregationi Minorum Fratrum in ius, dominium et proprietatem summi pontificis et Romanae ecclesiae transit; praecipue cum ipsi Fratres ius seu proprietatem rei alicuius sibi acquirere nulla ratione intendant."。
③ 《教会法》(*Corpus iuris canonici*)的文本,A. Friedberg编辑,第2卷(Leipzig 1897;重印于Graz 1959),Liber sextus decretatum, V. 12. 3, cols. 1109—1121。
④ 同上书, col. 1113。

人员的活动则是法律性的，具有重要的法律意义。为了避免把所有权作为一种关系，他隐晦地承认，就两者都意指一种与纯粹事实关系相对的状态而言，权利与所有权之间可以等值。

然而，下述这点并不清楚，尼古拉三世对等值的理解是否与波那文都拉和佩卡姆等人对这个等值的理解相同。在他们看来，就其对此世之物的私占立场而言，权利与所有权是相同的：都是一种自由，一种自由权力，一种财产。与之不同，《播种者已出发》诏书仅仅是在两者都不同于事实将权利和所有权等同起来。尽管《播种者已出发》暗示，占有、用益权和使用权都是所有权（dominium），都背离了小兄弟会的贫洁，但它却没有断定它们都是财产权（proprietas）的例子，而是明确把它们与财产权区分开来。而且，在《播种者已出发》颁布之后的方济各修会讨论当中，"权利或财产权"（ius seu proprietas）这样的字眼似乎鲜有提及。在奥瑞奥尔（Peter Aureol）看来，与权利等值的所有权只是"作为一个种类的所有权"，即"某种所有权"（dominium aliquod）。[①]无独有偶，我们发现波纳格拉提亚（Bonagratia of Bergamo）在澄清方济各修会立场时说，小兄弟会享有事实的使用，"正如一匹马对它吃的燕麦享有事实的使用，但不享有任何类型的所有权……[小兄弟会]既不享有任何类型的所有权，也不享有任何财产

---

① Peter Aureol,《贫洁之使用问题》(*Quaestio De usu paupere*), E. Longpré 编辑,《小兄弟会的里拉的尼古拉斯的争论》("Le Quolibet de Nicholas a Lyre, OFM"), 载于 *Archivum Franciscanum Historicum* 23 (1930), 页42—56, 此处位于页53: "Licet habens usum in rehabet dominium aliquod, quia habet ius in usu, tamen utens rebus nullum ius habet, sed habet usum qui dicitur tantum simplicis facti usus." 这份讲稿创作于1311年到1312年之间。把它归到 Nicholas of Lyra 的名下是错误的：详情参见 A. Teetaert,《奥瑞奥尔》("Pierre Auriol"), 载于《天主教神学词典》(*Dictionnaire de théologie catholique*, 12, Paris, 1933), 页1809—1881; M. Damiata,《奥卡姆：贫洁与权力》(Guglielmo d'Ockham. Povertà e potere), 卷1, 收录于 *Il problema della povertà evangelica e francescana nel secolo XIII e XIV. Origine del pensiero politico di Guglielmo d'Ockham* (Florence 1978), 页215。

权,只有事实的使用,[20]不产生任何使用权"。[①]这些文本的隐含之意是,与权利等值的所有权被化约为一种宽泛的对物的法律掌控——与事实掌控相反——概念。这个所有权违背小兄弟会的贫洁,但是不具有财产权的含义。

二、罗马法传统中"权利"与"所有权"的等值

就其被等值于权利(ius)而言,在所有权(dominium)造成的冲击得到一定缓和后,《播种者已出发》诏书颁布后的方济各修会讨论,似乎紧跟着同时代罗马法评注的发展。13世纪伊始,《国法大全》的评注者开始把某种所有权归给那些此前只是土地单纯使用者的人,只要这块土地专属某个主人但却被使用者长期或者永久使用。[②]换言之,之前仅仅享有对物权(ius in re)的人,现在被视为享有某种所有权。这被视为现代主观权利的一个"起源",而且是在它的激进或"主动"意义上。[③]这个观点的背后存

[①] Bonagratia of Bergamo是William of Ockham和Michael of Cesena的同侪,在14世纪30年代与教皇约翰二十二世的斗争中共事于王室。参见Bonagratia de Bergamo,《论基督和使徒的贫洁》(*Tractatus de paupertate Christi et apostolorum*), L. Oliger编辑,载于*Archivum Franciscanum Historicum* 22(1929),页292—335以及页487—511,此处位于页511:"sicut equus habet usum facti avene quam comedit, nec habet aliquod dominium... nec ad momentum habet dominium aliquod, nec aliquam proprietatem, nec ius utendi, sed simplicem facti usum, qui nichil iuris tribuit in utendo."

[②] 对这个主题的经典探讨,参见E. Meynial,《评12至14世纪罗马法学家划分所有权(直接所有权和用益所有权)的理论的形成》("Note sur la formation de la théorie du domaine divisé(domaine direct et domaine utile)du XIIe au XIVe siècles dans les romanistes"),载于*Mélanges Fitting* (Montpellier 1908),页409—461。同样参见Coleman,《财产与贫洁》("Property and poverty"),页611—616。

[③] Tuck,《自然权利诸理论:起源与发展》,页15—17。Grossi(《事实上的使用:新时代早期的财产概念》,页318)提出了相反的论证,他认为中世纪法学家的"dominia"的增加意味着"财产的禁欲——所有权和机构财产从属于外部现象"("mortificazione della proprietà-appartenenza e subordinamento dell' istituto proprietà ai fenomeni esterni")。针对用益所有权之于"主观权利起源"问题的关联性的质疑,参见Tierney,《塔克论权利》,页40。

第一章　权利与自由:"dominium"与"ius"等值　　*31*

在一个预设:因为一个使用者被授予了"对于使用"的所有权,即"用益所有权"(dominium utile),那么他就因此被视为享有与"本主"(principal dominus)相同意义上的所有权,后者是直接所有权(dominium directum)的持有者,具有终极上位和权威之意。

然而,没有证据可以证实这种观点。尽管用益所有权和"自然占有"(natural possession)(对土地的物质保有)的持有人,通常会被视为享有更强的所有权,意思是说在发生争议时,他的所有权优于直接所有权的持有者,尽管直接所有权的持有者[21]才是更高的主人(dominus)并享有最终权威。13世纪的法学家马里诺(Marino da Caramanico)为西西里国王的至高权威辩护,尽管这个王国事实上只是一个教皇采邑。虽然他论证说,国王作为用益所有权的持有者享有优先地位,但是他证明国王统治西西里的至上地位的主要策略仍是论证国王既享有用益所有权,也享有直接所有权,而传达出优越性(superiority)和统治权(sovereignty)的正是直接所有权。①

与直接所有权和用益所有权之分紧密相关的另一项区分是

---

① Marino da Caramanico, Proem to the Liber constitutionum of Frederick II, 作为附录编进了F. Calasso的*I glossatori e la teoria della sovranità*(Milan, 1957), 第3版, 页175—205, 此处位于页192—194: "Posito tamen quod diceretur ecclesiam temporalem iurisdictionem non sic a se totaliter abdicasse, cum directum dominium et civilis possessio regni apud eam remanserit, non estius quia rex, qui est feudatarius, est utiliter dominus et naturaliter possidet et sic sive de dominio sive de possessione agatur rex est potior et prefertur... habendo respectum ad universitatem regni, sine dubio papa est superior dominus, et quando de toto regno seu quota pars eius controversia fieret, ad ipsum cognitio pertinet. In singulis vero regni corporibus apud ecclesiam nichil prorsus remansit, sed totum et integrum dominium et possessio sunt translata in dominum regem... In his ergo corporibus singulis solus rex est dominus superior et supremus et omnia iura maioris dominii pertinent sibi soli."。关于"superior"这个术语从作为一个等级结构中"上位的"、"在上的"这个基本含义转变为"最高统治者"的含义变迁,参见Calasso的同一作品, 页44, 注释11。

将所有权划分为广义上的所有权和狭义上的所有权。[1]在13世纪,用益权(usufruct)与所有权(dominium)之间的关系问题就被讨论过,特别是顺着《学说汇纂》的两处相互矛盾的地方,讨论用益权是否可以被视为"所有权的部分"(pars dominii)。[2]人们做出的解释是:用益权确实是所有权的一个部分,但这是作为后者的一个元素,而不是作为所有权这个属的一个种。然而,后注释法学派最为重要的人物,巴托鲁斯(Bartolus of Sassoferrato)进行了一次革新。他提出,用益权确实是所有权这个属的一个种。但是在他看来,广义的作为属的所有权概念包含了一个狭义的所有权概念,即,"完全所有权"(dominium plenum或full dominium),都是[22]所有权这个属的一个种。[3]他认为,作为属的所有权视为可以等值于任何非实体权利:"广义来说,它可以指任何非实体权利,正如我可以对一个义务享有所有权,例如用益权。"[4]这

---

[1] 参见H. Coing的基础性研究文章,《巴托鲁斯的财产理论》("Zur Eigentumslehre des Bartolus"),载于 Zeitschrift der Savigny Stiftung für Rechtsgeschichte (Römische Abteilung) 70 (1953),页348—371。较近的更为概括的讨论,参见K. Seelmann,《论费尔南多·瓦兹奎兹的"所有权"学说》(Die Lehre des Fernando Vázquez de Menchaca vom "dominium", Cologne and Graz, 1979),页39—43,以及R. Feenstra的评论,《基于中世纪和晚期经院主义视角的格劳秀斯的财产概念》("Der Eigentumsbegriff bei Hugo Grotius im Licht einiger mittelaterlicher und spätscholastiker Quellen"),载于O. Behrends主编,《弗朗兹·维耶克七十寿辰庆贺文集》(Festschrift für Franz Wieacker zum 70. Geburtstag, Göttingen, 1978),页209—234,页211—212,他暗示Bartolus的至关重要的文本可能都是存在讹误的。

[2] 两处分别在《学说汇纂》7, 1, 4:"在许多情况下用益权是所有权的一部分,它既可立刻让与亦可从特定之日让与"(Usus fructus in multis casibus pars dominii est, et exstat, quod vel praesens vel ex die dari potest);以及《学说汇纂》50, 16, 25:"可以正确地认为,即使用益权属于他人,整个地产还是我们的,因为用益权不是所有权的一部分,而是像道路和交通一样的役权"(Recte dicimus eum fundum totum nostrum esse, etiam cum usus fructus alienus est, quia usus fructus non dominii pars, sed servitutis sit ut via et iter) (Seelmann在《论费尔南多·瓦兹奎兹的"dominium"学说》当中援引过,页40,注释12)。

[3] Seelmann,《论费尔南多·瓦兹奎兹的"dominium"学说》,页39—40。

[4] 被Coing所援引,《巴托鲁斯的财产理论》,页349:"et potest appellari largissime pro omni iure incorporali: ut habeo dominium obligationis ut puta (转下页)

种广义的所有权与狭义的所有权针锋相对,后者被界定为"除非法律禁止,完整地处置实体对象的权利"。①因此,在巴托鲁斯看来,显然正是所有权的狭义概念,即完全所有权——不等值于权利——具有自由和主宰的含义。

然而,巴托鲁斯的构想带来了一个有趣的问题。他似乎是说,广义上作为一种(任何类型的)无形权利的所有权等值于对某项无形权利的所有权。(实际上,一项无形权利能否成为所有权的对象,以及所有权与权利之间的具体关系,这些问题都是人们必须重新界定所有权使之具有更广泛含义的部分原因:因为虽然罗马法通常暗示,"dominium"仅指有形物,(例如《学说汇纂》7,1,4),但也有一处文本暗示"dominium"仍然可以指无形物。)②但是,这种人们可以对其享有权利的"dominium"似乎不是"完整处置"这个狭义上的"dominium",因为后一个含义被明确限于有形物。因此,尽管人们或许可以认为巴托鲁斯在这里提出了某种具有现代外观的关于权利属性的概念,但实际上并不是那么回事。对于巴托鲁斯而言,"对权利的所有权"(dominium of rights)中的所有权,似乎仍然只是广义上"作为所有权的权利"(rights as dominium)这个意义上的所有权。

(接上页注④)ususfructus",以及"omnis enim qui habet aliquod ius in re potest recte dicere ego habeo dominium illius iuris"。

① 同上书,页352:"ius de re corporali perfecte disponendi nisi lege prohibeatur."。
② 《学说汇纂》7,6,3:"某人基于遗产信托通过转让而获得一项设定的用益权,但却长时间不行使该项用益权,以致在民法设定上已失去了该用益权,则他不享有返还占有之诉权。因为假如说有的人有多项权利,但他们只单纯地占有用益权而不取得实际持有的地位,那就荒唐了。"(Qui usumfructum traditum sibi ex causa fideicommissi desiit in usu habere tantotempore, quanto, si legitime eius factus esset, amissurus rem fuerit, actionem ad restituendam eam habere non debet: est enim absurdum plus iuris habere eos, qui possessionem dumtaxat usus fructus, non etiam dominium adepti sunt.)

三、良心决疑法中的"所有权"与"权利"

将所有权(Dominium)理解为广义上的权利,并采纳"对权利的所有权"这个用法,是讨论良心案例的文献论述所有权问题时的典型特征。

12世纪早期以降,随着告解做法的[23]改革及其被提升为一种强制要求,一种特别的手册文献发展起来,提供着有关罪的日常评价所必需的知识。这些手册从最简单的形式到篇幅庞大、法理精微的大卷不等,明显更像是为饱学之士而非粗鄙无知的地方教士创作的。①它们无一例外地都或详或略地讨论着所有权的性质及其对象,要么(在按照字母顺序编写的大全中)置于"所有权"的标题之下,要么放在对人际道德规范和契约的讨论中。然而,对于这些专门设计出来的《告解大全》(*Summae confessorum*)或者《良心决疑法大全》(*Summae de casibus conscientiae*),还可

---

① 对这种文献的纵览,从其12世纪起源于人文主义者对忏悔作为一个私人而非公共的向善行为(要求告解牧师能够评估恶性的个人品质)的重新定义,到16世纪早期此类风格的庞大而又在权利上高度精微的最终作品的产生,参见P. Michaud-Quantin,《中世纪的告解手册和决疑法概论:12世纪到16世纪》(*Sommes de casuistique et Manuels de confession au moyen âge (XIIème XVIème siècles)*, Louvain, 1962)。进一步参见Johannes Dietterle的系列基础性文章,《告解大全与良心决疑法:从起源到普列利亚》("Die Summae confessorum (sive de casibus conscientiae) von ihren Anfängen bis zu Silvester Prierias"),载于*Zeitschrift für Kirchengeschichte* 24(1903),页353—374,页520—548;25(1904),页248—272;26(1905),页59—81;27(1906),页70—83;28(1907),页401—431;以及Leonard E. Boyle的文章,《告解大全》("Summae confessorum"),载于*Les genres littéraires dans les sources théologique et philosophiques médiévales. Actes du Colloque international de Louvain-la-Neuve, 25—7 mai 1981* (Louvain-la-Neuve 1982),页227—237。C. Bergfeld的文章当中有一些有趣的暗示,《自然法学与天主教道德神学》("Katholische Moraltheologie und Naturrechtslehre"),载于H. Coing主编,《新编欧洲私法史文献资料与原始材料手册》(*Handbuch der Quellen und Literatur der neueren europäischen Privatrechtsgeschichte*, vol. II/1, Munich, 1977),页999—1033,可以看出此类告解文献之于自然权利发展的重要性。然而,Bergfeld并不认为这种风格与契约文献和《嘉言录》卷4节15的评注相关。

以添加另外两种同源的体裁。其中之一可以宽泛地称为"契约论"(*De contractibus*)的文献,以学术的和实务的形式,发挥对商业和交往活动当中的道德规范进行检视和指引的作用。另一种是对彼得·伦巴德《嘉言录》第4卷第15章评注当中的忏悔圣礼的检讨。此处,针对"除非返还所夺之物,便不宽恕罪孽"的格言,人们得以有机会讨论有关返还的问题,从而间接讨论盗窃和欺诈问题。①所有这些[24]文献都具有一种强烈的法学味道,使用采自教会法和罗马法的学说。

《告解大全》专属于多米尼克和方济各这两个托钵僧讲道修会,都具有精致的形式,特别是后者。这与他们在中世纪晚期的欧洲,特别是意大利,在快速发展的城市经济背景之下,作为布道者和告解者所从事的活动相关。②与之截然相反,讨论契约的

---

① 《嘉言录》第4卷是对教会圣礼的讨论,其中之一便是忏悔(第14节处理),提出的问题是"一个人为他的罪向上帝清偿是否可能"(第15节)。伦巴德文本的措辞带来了一个直接的争议"返还不当占有的物品是否是清偿的一个部分"。阿奎那的回答是否定的,他认为返还与清偿截然不同,它是清偿的一个预备。在对第4卷第15节评注中,什么是决定性的,这个问题把托马斯主义者与司各脱主义者和唯名论者区分开来,直至这种体裁的尾声。新托马斯主义者Domingo de Soto的观点掷地有声:"其实,我们补充这第三个结论[返还不是清偿的一个部分],不仅仅是为了澄清清偿的性质,而且还要证明任何对返还的思考或争论之于目前处理的争议多么无关。因此,即使写作《嘉言录》的导师[伦巴德]未充分关注事物之理,可能混淆了返还与清偿,虽然为他的阐释者提供了一个创作长篇专论返还文章的契机,我们却不打算对它有丝毫提及。因为它是一个事关正义主题的问题,对此我们已经在'论正义与权利'的第4卷中讨论得足够多了。"参见Domingo de Soto,《四部嘉言录评注》(*In quartum sententiarum librum commentarii*, Salamanca 1566—1579),卷1,节19,问题1:"De quidditate, et necessitate satisfactionis"。

② 关于这个关联存在着大量的文献。参见其中之一,L. K. Little,《修会贫洁与中世纪利润经济》(*Religious poverty and the profit economy in medieval Europe*, London, 1978)。对于把这些文本置于其社会经济背景之下阅读,参见G. Todeschini,《"方济各修会的经济学":中世纪经济伦理渊源新解》("'Oeconomica franciscana'. Proposte di una nuova lettura delle fonti dell' etica economica medievale"),载于*Rivista di storia e letteratura religiosa* 12(1976),页15—77和13(1977),页461—494; Todeschini,《方济各修会的政治经济学:奥利维的〈论买卖、使用与返还〉》(*Un trattato di economia politica* (转下页)

文献被世俗大学的导师主导。那些被遴选出来写作《嘉言录》第4卷第15节的返还主题的人,要么是追随(我们后面将会看到)司各脱的方济各修士,要么是在世俗大学任教的导师,他们通常具有宽泛的"唯名论"的哲学倾向,在这一点上遵从司各脱传统:那些具有"唯实论"派性的人则追随阿奎那,把返还与清偿区分开来,并且只处理后者。有关作者身份的这些事实助了这样一些人一臂之力,他们试图证明,"所有权"与"权利"之间的这种可转换性,即是权利作为自由和财产的现代主观权利观念。而且,这种可转换性恰恰是由唯名论和意志论神学家提出并推进的,对于他们来说,主观权利是一种意志和自由神学的必然结果。

然而,我们应当更为谨慎对待这些事实。首先,关于整个14和15世纪多米尼克修士或者更为广泛地"唯实论者"圈子的道德神学,我们所掌握的文本证据实在少得可怜。我们几乎不知道多米尼克修会的讲习所都在教什么,也不知道那些从事实际布道工作的多米尼克修士教了些什么。这个修会的各种法令表明,阿奎那的《神学大全》很早就被广泛用作神学教科书,而且他也很早就被当作教义问题上的权威推荐给了修会成员。遵循阿奎那《神学大全》[25]或《嘉言录》评注的多米尼克修士,不可能设定"所有权"与"权利"之间存在某种等值,因为他们挑选的所有权威著作家都不这么认为。然而,多米尼克修会的学术活动没有涉及"所有权"与"权利"等值问题的讨论这个事实并未排除下述可能性,即这个问题或许在更具实践导向的布道活动当中普遍存在。当然,在这一点上具体的文本证据微乎其微。但是,至于多米尼克修会的告解文献对等值问题的讨论,我们可以找到一

(接上页注②)*francescana: Il "De emptionibus et venditionibus, de usuris, de restituionibus" di Pietro di Giovanni Olivi*, Rome, 1980); 以及O. Capitani所编的文集,《中世纪的政治经济学》(*Una economia politica nel medioevo*, Bologan, 1987)。然而,此处与别处一样,笔者的关注主要是互文性的。

个直接表示拒绝的例子(安东尼诺［Antoninus］阐述了一种主观权利概念,尽管有些不同),也有一个表示接受的例子(马佐里尼［Mazzolini da Prierio］)。倘若(据此)认为马佐里尼是中世纪晚期唯名论和意志论"思潮"的一部分,则言之过甚了。实际上,我们没有任何证据证明,"所有权"与"权利"的等值是神学意志论或唯名论的一个说法。这个观念仅仅是为了在权利史上推崇有关"个体主义"或"主观主义"问题的"现代"和"古代"二分法,而晚近的经院主义研究整体上旨在推翻这个做法。

然而,决疑式道德体系有什么独特之处呢?是什么使它(我们将会看到)不仅区别于阿奎那的道德神学,也区别于方济各修士、司各脱主义者和"唯名论者"的道德神学呢?答案在于从一系列"所有权—权利"(dominium-ius)关系的角度分析世俗社会,并且直接导致这样一种看法,即市民法(无论是作为理性自然法的推演,还是作为君主的意志)在世俗道德中发挥着极为单薄的作用。社会交往的法律——市民法——不外乎确立了差异所有权的规则,而正义则是归给每个人其所应得。这种法律并不发挥指引个人行为的功能,但它却要在相互的所有权与役权关系中确定人和物。合法性在于尊重什么是自有的(suum)与什么是他有的(alienum)这种划分。相应地,一切不合法都归诸"盗窃"这个宽泛的标题之下。

鉴于在这些文献中,对社会行为道德规范的分析范畴仅限所有权问题,那么它们显然必须使所有权涵盖某人与其他物和其他人的广泛关系。正是在这里,我们发现了决疑论学理接纳"所有权"与"权利"等值的源头。它也受到了道德实践作家的下述担忧的激发,即:不要过分加重［26］普通信徒的良心负担,以至于让他们觉得基督教让人难以承受,甚至可能完全予以放弃。这就导致所有权出现在此前不被承认的地方:其中最重要的就是无形权利。正如我们在讨论罗马法时看到的,权利的所有权(dominium of rights)这个概念与作为所有权的权利(rights as dominia)这个概念密切相关。在决疑法当中,它们都是理解社会和交往的元素(与阿奎那的理解迥然相异),不再聚焦行为和调整这些行为的法律,而是把这些行为具体化为"所有权—权利"的对象。但是,这不是一种托马斯主义的理解,这个事实并不意味着,强调上帝意志(而非理性)与把"所有权"与"权利"等值之间存在任何必然联系,也不意味着,可以据此把外在的"所有权—权利"解释为主体意志和自由的表达。下文将会尽力更加全面地证成这些结论。

(一)到1460年左右关于良心的文献对"所有权"和"权利"的讨论

《告解大全》在处理盗窃的性质时考虑到了所有权(dominium)问题。首份这种类型的大全是13世纪加泰罗尼亚多米尼克修士雷蒙德(Raymund of Peñafort)的《忏悔与婚姻大全》(*Summa de poenitentia et matrimonio*),(它的第二版,也是更为完整的版本)创作于1234年。① 雷蒙德在思考"论盗窃"的主题时稍微改动了罗马法原文。他把盗窃定义为"为了牟利的目的,违背主人的意志,不当夺取属于他人的可移动物和有形物"。② 雷蒙德的源文本并没有具体说"物"(res)应当是"他人的"。他接

---

① 把雷蒙德的作品描述为首份决疑法大全可能会引发争议:Leonard Boyle论证说,无论是在大全与早期的告解手册,还是在大全与16世纪晚期和17世纪的决疑法作品之间进行截然的划分,都是错误的。然而,笔者与Michaud-Quantin及其他论者观点相同:大全在文体上极为相似,足以构成自成一体的风格。参见Boyle与Thomas Tentler的观点交锋,载于C. Trinkaus和H. A. Oberman主编,《中世纪晚期的圣洁追求与文艺复兴时期的宗教》(*The pursuit of holiness in later medieval and renaissance religion*, Leiden, 1974),页103—137。

② Raymund of Peñafort,《忏悔与婚姻大全及弗莱堡的约翰的集注》(*Summa de poenitentia et matrimonio cum glossis Ioannis de Friburgo*, Farnborough, Hants. 1967; fascimile of Rome 1603 edn),卷2,标题6,页219:"Furtum est contrectatio rei alienae, mobilis, corporalis, fraudulosa, invito domino, lucrifaciendi gratia vel ipsius rei, vel etiam usus eius, possessionisve."。

着[27]解释说,"增加'属于他人的物'是因为,针对一个完全属于自己的物不可能犯下盗窃。我说'完全'是因为倘若他人对这个物享有权利,例如一个债权人……一个出借人,一个生意伙伴,或者其他诸如此类的人,那么主人从这类人处暗中取回此物就会犯下盗窃。"①雷蒙德暗示,一个除主人(dominus)之外的其他人也对它享有某种"权利"(ius)的物,在这个意义上就是"他人的",即另一个主人的物。这就意味着,原来的主人取回此物就构成盗窃。因此,那位权利享有者持有某种"所有权"。

然而,雷蒙德的作品对于"对权利的所有权"(dominium of rights)能否存在犹疑不决。这个立场对于14世纪的巴托鲁斯来说只是"所有权"与"权利"在广义上重合这个看法的一个推论。雷蒙德从他的罗马法源文本推导出盗窃不能在无形物上发生的结论。但是,他也认同源文本的说法,即:不仅物本身而且它的占有或使用也可能成为盗窃的对象。正如我们在讨论巴托鲁斯时所见,②至少罗马法中有一处——而且也是使中世纪法学家印象特别深刻的一处,恰恰导致了巴托鲁斯的宽泛的所有权理论——把用益权至少视为一项无形权利,视为所有权的对象。多米尼克修会的弗莱堡的约翰(John of Freiburg)在注释时,把雷蒙德的"无形"(incorporalia)解为"行为和役权"(actions and servitudes),但并没有将其解为"权利"或"无形权利"(iura incorporalia)。因此,雷蒙德或者说至少是他的注释者可能有想法认为,存在"对使用的所有权"。

---

① 《忏悔与婚姻大全及弗莱堡的约翰的集注》,卷2,标题6,页219:"Rei alienae ideo apponitur, quia non comremittitur furtum in re plenissime propria. plenissime dico, quia si alius haberet in re illa ius, puta creditor... vel commodatarius, vel socius, vel similia alia persona, dominus furtive surripiens alicui tali personae committeret furtum."
② 前揭书,页20—22和后文注释54。

这种意见一直在意大利的决疑法大全(Summae de casibus)传统中延续，起点可以追溯到1317年的方济各修士阿斯特萨努斯(Astesanus d'Asti)(《阿斯特努斯大全》[*Summa astesana*])。阿斯特萨努斯在第一卷思考《十诫》的第七诫"毋偷盗"时讨论了盗窃。他在众多的决疑论作者当中非比寻常，因为他分析的基础主要不是雷蒙德，而是13世纪方济各修士黑尔斯的亚历山大(Alexander of Hales)的讨论。黑尔斯的亚历山大提出，"盗窃"这个术语可有三种理解方式：严格地理解，一般地理解，解释地理解。"严格地说，它指的是夺走另一个人的物，不问是否违背主人(dominus)的意志[28]：我们也不需要(像有些人想的那样)说此物是'他人的动产'，因为这点可以通过'夺取'这个术语理解到，不动产是无法夺取的。"然而，"在一般意义上，盗窃这个术语是指对属于他人的物进行任何非法篡夺。"①可以把阿斯特萨努斯的广义和狭义的盗窃视为与罗马法学家所区分并最终由巴托鲁斯所完成的广义和狭义的所有权相对应。

决疑法大全的风格在14世纪末经历了一段停滞期，大约持续了一个世纪。然而，15世纪末和16世纪初又迎来了这种文献的最后绽放，分别产生了两部高度精妙和影响巨大的作品。这两部作品都是意大利人创作的，而且都采取了按字母排序的格式。第一部是方济各修士盎格鲁斯·卡雷图斯·德·克拉瓦西奥(Angelus Carletus de Clavasio)的《天使大全》(*Summa angelica*)，它创作于

---

① Astesanus de Asti,《良心决疑法大全》(*Summa de casibus conscientiae*, Nuremberg, 1482)，卷1，标题32: "Proprie dicitur contrectatio rei aliene ignorante domino contra suam voluntatem: ncc oportet aliud addere ut dicatur (sicut quidam volunt) rei aliene mobilis. quia intelligitur nomine contrectationis... Communiter dicitur furtum omnis illicita usurpatio rei aliene." 名词从"contrectatio"(具有物理操控的含义)变化为"usurpatio"，意义重大。

第一章　权利与自由:"dominium"与"ius"等值　　*41*

1462年,但到1486年才在基瓦索(Chiavasso)首次出版。①我们在"盗窃"的词条之下看到:"盗窃是指以获益的目的违背主人的意志暗中夺取他人可移动和有形的物:要么是物本身,要么是物的使用,要么是[对它的]占有。"②盎格鲁斯肯定,对于行为和役权之类的不动产和无形物不构成盗窃。他这是在追随雷蒙德。

然而,他接着说,"如果问只是篡夺了物的使用或占有是否是贼?我的回答是肯定的……例如,他使用一个信托的物,或者一个为其他使用贷出的物,诸如此类的情形;而且,他必须返还那种使用的估计价值。"③这里再次出现了一个强烈的暗示:可能存在对使用和占有的所有权。但是,当盎格鲁斯写作"dominium"这个词条时,他所采纳的定义却非常接近巴托鲁斯的狭义上的所有权,"所有权是听凭某个意志的喜好或根据某种上位(superiority)或权威确定的特定模式,所有、占有、使用、享受和处分特定物的权利。"④

《天使大全》因其在所有权问题上的混乱受到了这种体裁的最后一部伟大作品的诘难,这部作品就是多米尼克修会的马佐里尼(Sylvester Mazzolini da Prierio)创作的按照字母排序的《诸大全

---

① 与Michaud-Quantin、Dietterle和Bergfeld站在一边,参见Mario Viora,《论〈天使大全〉》("La 'Summa angelica'"),载于 *Bollettino storico-bibliografico subalpino* 38(1936),页443—451,可以找到对Clavasius生平、职业以及大全的创作背景的介绍。Clavasius也是《契约论》(*De contractibus*)和《返还论》(*De restitutionibus*)的作者,分别首印于1768年和1771年。笔者未能翻阅这些作品,但是它们的存在本身就是刚才所提到的那些风格联系的标志。

② Angelus de Clavasio,《天使大全》(*Summa angelica*, Nuremberg, 1488),页115v:"Furtum proprie est contractio rei aliene mobilis corporalis fraudulosa invito domino facta animo lucrandi: sive ipsius rei: sive usus rei: sive possessionis."。

③ 同上书,页116r:"Utrum ille qui solum usum vel possessionem usurpat sit fur? Respondeo quod sic... sicut utens re deposita vel commodata ad alium usum et huiusmodi. et tenetur ad restutionem estimationis ipsius usus."。

④ 同上书,页87v:"Dominium est ius habendi possidendi. fruendi et utendi ac disponendi de aliqua re pro libito voluntatis. vel secundum aliquem determinatum modum a quadam superioritate vel auctoritate diffinitum."。

之大全》(*Summa summarum*),可称之为《西尔维斯特大全》,首次出版于1515年。然而,在分析这部著作之前,我们需要先看看14世纪晚期和15世纪北部大学讨论契约和良心的文献。

(二)北部大学论契约和返还文献中的"所有权"、"权利"与奥古斯丁主义

能够反映论契约文献对世俗社会的形成及其性质的理解的关键文本,是方济各修士司各脱(1265—1308)讨论返还的论文,它出现在他的《嘉言录》牛津评注本第4卷第15节。司各脱无疑是首位另辟蹊径单独写作返还专论的思想家,而且他的分析后来成为了采取这种讨论模式的文献的基础文本。他在这一节的第二个问题探问,"无论谁拿走或者扣留了某个属于其他人的东西,是否务必以这种方式返还它,从而使他不能在没有这种返还的情况下得到补赎"。[1]司各脱在这里辩驳说,如果不肯定这一点就无法回答这个问题:"对物(res)的所有与众不同,以至于这被称为我的,那被称为你的,因为这是一切夺走另一个人对物的掌控所导致的伤害的基础,以及随之而来的一切归还它的正义的基础。"

[30]司各脱处理这个问题的方式是引入对人类发展过程的思考。起点是一个不存在个体对特定对象有任何控制的原初状态,终点是当前状况,个人控制成为规范。但是,真正重要的是司各脱对这个过程的独特表述。他坚信,一开始基于自然法或神圣法,所有东西都是共有的。[2]但是,他接着说,"我的第二个结

---

[1] Johannes Duns Scotus, *Opera omnia editio nova. Juxta editionem Waddingi... a patribus franciscanis de observantia recognita*, 卷18, Quaestiones in quartum librum sententiarum a d. 14a usque ad 22am (Paris 1894), Dist. 15, Q. 2, 页255: "Utrum quicunque iniuste abstulit, vel detinet rem alienam, teneatur illam restituere ita quod non possit vere poenitere absque tali restitutione."

[2] 同上书,页256: "lege naturae vel divina, non sunt rerum distincta dominia pro statu innocentiae, imo tunc omnia sunt communia";司各脱诉诸格兰西　　(转下页)

第一章　权利与自由:"dominium"与"ius"等值

论是,自然法关于一切东西都共有的诫命,在人类堕落之后被取消了,而且是有理由的"——理由在于,强者开始压迫弱者以满足自身的贪婪。①"第三个结论是,在这条诫命取消之后……随之做出让步,允许对共有物的私占和区分,实际的区分既不是通过神圣法,也不是通过自然法……因此,划分所有权的第一步是通过某条实在法。"②司各脱接着论证说,倘若划分的法是公正的,那么划分就是公正的;他又详细地阐明了构成正义之法的诸项条件,即:它是理性的,并且由某个具有正当权威的人颁布。他把正当权威区分为父权的和政治的:父权的权威是正当的,因为它是一条从未被取消的自然法诫命;政治的权威是正当的,因为它来自于构成一个共同体的人民的同意。

尽管司各脱并未使用"所有权"与"权利"等值的语言,但是这里形成的政治观念却构成了这种等值传统的主题。司各脱没有设想各种不同性质的法直接相继,而是设想两个相分离的所有权状态:一个是一切共有,另一个是有差异的所有权,它们分

(接上页注②)《教会法汇要》D. 8, c. 1的权威,以及包含在那里的对奥古斯丁的引证:"Quo iure defendis villas ecclesiae divino an humano?... iure divino dei est terra et plenitudo eius. Jure ergo humano dicitur haec domus mea est: haec villa mea est. hic servus meus est";以及"Tolle iura imperatorum: quis audet dicere: haec villa mea est?"(原是在super Iohannem的评注当中);以及canon Dilectissimis,一封来自托名克莱蒙特四世(Ps.-Clement IV)的书信,信中断定:对一切东西的共用应当在人类当中实现,在纯洁状态确实如此,每个人只占有为他的存活和保持所需的:"Communis enim usus omnium, quae sunt in hoc mundo, omnibus hominibus esse debuit. Sed per iniquitatem alius hoc dixit esse suum, et alius istud, et sic inter mortales facta est divisio."。

① 通过这个主张他使自己彻底疏远了阿奎那及其追随者,因为在他们看来个人的所有权是自然法的一个推演,它在构成上帝创造的秩序上保持着存在、不变(它作为神圣意志和理智的对象即是上帝自身的部分)。

② 同上书,页265:"Tertia conclusio, quod revocato isto praecepto legis naturae de habendo omnia communia, et per consequens concessa licentia appropriandi et distinguendi communia, non fiebat actualis distinctio per legem naturae, nec per divinam... Ex hoc sequitur quod aliqua lege positiva fiebat prima distinctio dominiorum."。

别处于自然法和实在法之下。两种命令都依赖体现在法律中的立法者的意志。反过来,全部法律就是对差异所有权[dominia distincta]的界定。①二者之间存在一个法律真空,其中没有物的分类,只有事实占用的流动情形。在这种情形之下,弱者满带危险和悲伤。正是人类行动能力(human agency)施加并捍卫着新秩序。世俗环境,即城邦,就是差异所有权的状态,而且世俗权力正是为了维持那一状态。笔者后面称这些观念为"新奥古斯丁主义":司各脱对《嘉言录》第4卷第15节的处理是它的一部分以及(正如我们将要看到的)研究返还的其他体裁阐释这种奥古斯丁主义政治理论的中心之处。这种理论主要的政治关切是正义,即公正地安排差异所有权。

在14世纪晚期俗界导师亨利·陶庭(Henry Totting of Oyta)的作品《论契约》(*Tractatus de contractibus*)当中,这种奥古斯丁主义一览无余。这部作品可能创作于亨利在维也纳大学期间,大概处于1384年到1390年之间。②它所讨论的问题绝大多数都在关

---

① 参见13世纪晚期Johannes Gallensis的Communiloquium sive summa collationum,他与Scotus一样也是牛津的方济各修士。第二部分讨论了各种不同的"相互约束"(*colligationes*),它们确保了共同体凝聚为一个整体。在作品开篇的目录当中 我们看到:"Secunde partis que est de colligatione multiplici membrorum ad invicem sunt distinctiones novem. quarum prima est de colligatione ordinali vel legali que est dominorum ad servos et econverso."(这一点在第二部分的序言当中得到重复)。换言之,法律秩序除了所有权不包含任何其他的东西(尽管约翰没有提到对物的所有权)。参见Johannes Gallensis, *Communiloquium sive summa collationum*(Wakefield 1964;首印Jordanns de Quedlinburg, Strasburg 1489)。关于Gallensis本人,参见A. G. Little,《牛津的灰衣托钵僧》(*The grey friars at Oxford*, Oxford, 1892),页143—151。
② Henricus de Oyta [Hernry Totting of Oyta],《论契约》(*Tractatus de contractibus*, Paris, 1506), Dubium secundum: "Utrum redditus pecuniarum vel aliarum rerum sc. bladi vini sc. Rationabiliter constitutos in aliqua re vel persona aliquis emere possit licite pro pecunia vel pro pecuniis."。关于Henry Totting生平著作的详细内容,参见A. Lang,《海因里希·陶庭:关于德国最初大学的起源史与晚期经院派的问题史的论文》(*Heinrich Totting von Oyta. Ein Beitrag zur Entstehungsgeschichte der ersten deutschen Universitäten und zur Problemgeschichte der Spätscholastik*, Münster i. W. 1937)。

注，从财产或人员中获得收益——即一项来自原初的物资材料的固定收入——这种做法正义与否。亨利以《智慧篇》开篇经文开始自己的论文："统治世界的人，你们应爱正义"，①而且，《序言》将正义视为首要德性，正义是有用的，能带来[32]拯救，是必要的，"正如奥古斯丁所表明的……正义之不存，国家就是大的匪帮"。②

然而，亨利的目标是要确立一个理想典范以便更好地哀叹所处时代的堕落，当统治者不再正直，人民随之陷入罪恶的状态：

> 《诗篇》说到，"欺压和诡诈不离街市"……的确，这些恶在基督徒中增长了，得势了，甚至到了这个程度，因其过分生长和繁殖，直至被许多人认为是公正的、合法的。而那些不敢公开说高利贷和欺诈合法的人，则粉饰它们，假以契约和交易之名，在合法、公正的名目之下进行篡改。③

为了终结这个令人遗憾的局面，亨利打算探讨普通契约的正义问题。"在这些契约当中，隐藏着疑问，甚至连智慧者都难以弄清，还有对人的灵魂来说的许多危险……只要力所能及就尽力探寻……在这些事务中，什么应当遵循，以及什么应当避免。"④

---

① 《智慧篇》，章1，节1。
② Hernry Totting of Oyta,《论契约》，序言，sig. aii r。
③ 同上书,《序言》, sig. aiii v: "et in psalms 24. non deficit de platheis eius usura et dolus... et revera hec mala in christiano populo adeo creverunt/et sic invaluerunt ut ex nimia eorum assiduatione et multiplicatione quasi iusta/et licita a multis reputentur. Et qui usuram et dolum dicere manifeste non audent esse licita multiplici fuco ea colorant prout in variis commutationibus et contractibus quos sub titulo licite. et iuste emptionis et venditionis contingunt."。
④ 同上书: "De quibusdam contractibus communiter homines usitatis et currentibus quibus latent dubia etiam apud sapientes. et multa animarum pericula videamus investigando ut poterimus quid... in eis sit observandum quidve fugiendum seu vitandum."。

在这里，论契约的文献无疑与告解者所用的简明决疑法紧密相连：二者都关心如何在实际生活中关照灵魂。

亨利的作品表明，这种奥古斯丁主义的政治学（正义调整着大量环环紧扣的所有权）与那种认为人可以享有"对权利的所有权"（dominium of rights）的观念之间存在着某种关联。有一个自13世纪后期以来就一直困扰着人们的问题：不仅仅创设，而且还购买收益，这是否合法？我们可以把这个争论追溯至巴黎大学的比利时籍导师古德斐尔（Godfrey of Fontaines）的作品。他在15个辩论中的第14个详细讨论了以下问题："购买一些终生的收益以及（超过原初资本）从购买的收益中受益是否合法？"① 在古德斐尔看来，[33]问题在于，这似乎不是一桩合法买卖，主要原因在于，它看起来并非以物易物。他对这个难题的回答体现了这部文献的实践倾向：谴责这种做法将"背离任何地方共同习惯，因此，我不敢断言这些契约非法。而且，要证明这里所说的契约在什么意义上是合法的，就必须说明，在这种情况下，实际上存在买卖契约。"②

这就要求古德斐尔重新界定可以买卖的对象，而这正是难题的症结所在。按照亚里士多德的经济伦理学，人为了一些身体方面的便利需要获得某些对象。原初的交易模式是用外在的物质材料交换同类的其他商品。货币作为一个方便交易的手段被引入进来，但它只是交易的中介，并不能自然地、合法地构成一个

---

① Godfrey of Fontaines, Quodlibet V, 编进M. de Wulf和J. Hoffmans, *Les quodlibets cinq, six et sept de Godefroid de Fontaines* (Louvain 1914), Q. 14, 页63: "Utrum licitum sit emere redditus ad vitam et recipere de redditibus emptis ultra sortem."。
② 同上书，页65: "quod est contra communem usum ubique terrarum; ideo non audeo iudicare illicitos contractos predictos. Et ideo ad ostendendum quomodo possit esse licitus dictus contractus, declarandum est quomodo est ibi vere contractus emptionis."。

物(即是说,买卖合同的一个终点,或一个边界)。①购买收益似乎是在购买货币,因此是非法的贸易。为了提出论证反驳这个结论,古德斐尔采取了双重策略。首先,他证明无形物"按照法律来说"与有形物一样都是物。二者都可以被售卖(隐含地表明,二者都同样是所有权的对象)。②其次,他认为权利与权利指向的东西之间存在着差别:

> 因此,对于所讨论的问题来说,似乎可以这么说,终生的收益,不论是货币还是任何其他的物,都是取得货币或其他物的权利;此外,它是某种不同于有形物本身的无形物。因此,尽管货币本身不是一种可以买卖的物,但取得货币的权利可以被售卖。正因如此,对特定数量的货币提起诉讼的权利可以被售卖。因为尽管为特定数量的货币提起诉讼的权利,除非因那笔货币之故是不能购买的,[34]然而,因为这一权利在形式上并非那笔货币(虽然可能转变成这笔货币),所以是可以购买的。③

古德斐尔的解决方法被亨利全盘照搬。通过对物的概念的改进,无形物被织进那张构成世俗社会的所有权之网,这就使得这些作者能够说明,更为广泛的经济活动不受高利贷禁令的限

---

① Aristotle,《政治学》(*Politica*, Oxford, 1957), W. D. Ross编译, 1258a 38f。
② 他在"无形物"标题之下提到继承权、诉权(法庭),以及役权,既包括人的,也包括不动产的;他已经含蓄地把用益权包括在内了。
③ 同上书,页65:"Ergo videtur quod possit dici in proposito quod redditus ad vitam, sive in pecunia sive in quocunque re alia, sit ius quoddam percipiendi pecuniam vel talem rem; et est quid incorporale aliud ab ipsa re corporali. Quamvis ergo pecunia secundum se non sit emibilis, tamen ius percipiendi pecuniam vendi potest; sic etiam ius agendi ad certam pecunie quantitatem vendi potest. Quamvis enim ius agendi ad certam quantitatem pecunie non ematur nisi propter ipsam pecuniam, tamen quia non est ipsa pecunia formaliter, licet in virtute, ideo emi potest."

制,故而可以使人在良心上保持安宁。

(三)15世纪晚期:苏门哈特的作品

到目前为止我们已经看到的讨论契约和良心案例的文献的全部特征,都统统被一位15世纪的图宾根神学家苏门哈特在其不朽杰作《遵照良知和神学立场的契约七论》(*Septipertitum opus de contractibus pro foro conscientiae atque theologico*)中吸收并系统化了。这部作品恰恰被视为把"所有权"与"权利"等值起来的文献的高峰。① 据此,人们也把苏门哈特看作中世纪晚期哲学家中把权利视为自由的佼佼者。② 笔者本节将会表明,《遵照良知和神学立场的契约七论》有关所有权和权利的阐述,如何偏离先前方济各修会把权利与对自由和精神性(spirituality)的所有权的等值;并且表明,只有当苏门哈特走出自己的所有权和权利的分析框架时,他才能得出法律不做规定的地方即为自由这种自由观。

苏门哈特的论文采取了契约文献的传统立场,它不愿在人类事务的道德规范上过于严厉。他的序言遵循与亨利的《序言》几乎相同的模式,首先思考正义之理想,接着过渡到作者在这类情况下的目的:

> 所以……我们必须走出一条坦途:这样我们就不会向右转弯,以免过于细微和急剧,我们流血,并穿透[35]软弱的兄弟们的良心;也不向左传,以至于为不法辩护。热尔松……说,他的导师[阿伊的皮埃尔]曾经说过,就人类契约

---

① 关于经院主义晚期神学语境中的苏门哈特及对所有权的讨论,参见Burns,《经院主义:幸存与复兴》,页138和页145—146。
② 例如,Grossi,《第二经院派论私有制下的财产》,页123:"il teologo tubigense, educato a Parigi... traduce in termini più rigorosamente tecnici le premesse generali delle volontaristiche";Tuck,《自然权利诸理论:起源与发展》,页27—28。

(以罪为前提)是自然的和必要的而言,人们不应轻易地非难和限制它们,或者把它们降为堕落(如高利贷)。①

苏门哈特强调他作品的功利一面,他的目标是帮助普通基督徒过上好生活;他不断地重复15世纪巴黎大学校长热尔松反对神学家的人文主义的辩论,后者不适当地遁入逻辑、形而上学,甚至数学,忽视了他们在面对怎样的听众。他们简直配得上"智者、饶舌大王和空想家"的称号。②

那么,苏门哈特几乎可以说是热尔松的实践道德神学路径及其追求好生活的个人基督教伦理的人文主义视角的继承者。然而,我们发现苏门哈特与热尔松之所以齐名原因并不在此,无论这种齐名是出现在其他中世纪晚期作家那里,还是出现在现代政治思想史之中。对于源自16世纪多米尼克修会萨拉曼卡学派作家的新托马斯传统来说,热尔松和苏门哈特总是被作为"现代派"(疑似具有唯名论哲学倾向的作家)等量齐观,认为他们都同等地提出了"所有权"与"权利"的等值;而且,这个判断也在

---

① Conradus [Conrad] Summenhart,《遵照良知和神学立场的契约七论》,(*Septipertitum opus de contractibus pro foro conscientiae atque theologico*, Hagenau, 1515),序言, Sig. Eiii r: "Regia itaque via in primis eundum est: ut non declinetur ad dexteram: ne nimis emungendo: sanguinem eliciamus: et conscientias infirmorum fratrum percutiamus. neque ad sinistram: ita ut iniquum iustificemus. Refer Joa.Gerson cancell. parisiensis preceptorem suum cardinalem cameracensem dixisse: quod super contractibus humanis que presupposito peccato sunt naturales atque necessarii: non debet leviter reprobatio fieri seu restrictio vel ad usurariam pravitatem reductio."。

② 同上书, sig. Eiii v: "Horum theologorum cancell. Paris. in sermone domenic. xix. Post Pentec. dicit verbosam sophisticam et loquitatem esse et ad chimericam inquit mathematicam esse redactam. Cur insuper (inquit) ob aliud appellantur theologi nostri temporis sophist et verbosi: imo et phantastici? nisi quia relictis utilibus intellegibilibus pro auditorum qualitate: transferunt se ad nudam logicam et metaphysicam/ aut etiam mathematica ubi er quando non oportet."。

现代权利理论史上得到了证实。^①后面这些解释者举出了热尔松令人不安的文本,他的《论灵魂的精神生活》(*De vita spirituali animae*)的第三讲:然而,正如我们将要看到的,^②这不是一部实践性作品,而是一部思辨和学术性的神学作品;而且[36]热尔松也没有在它的任何地方假定"所有权"与"权利"等值。毋容置疑,苏门哈特为了在《遵照良知和神学立场的契约七论》第一部分提出他自己将"所有权"定义为"权利"做法,主要使用的正是热尔松的这个文本。然而令人吃惊的是,苏门哈特在整个第一部分引用热尔松时,频繁地感到必须批评热尔松的主张,以及他需要做多么大的工作才能使《论灵魂的精神生活》的理论与他自己的立场一致:一切权利皆是所有权,因为盗窃的概念对二者都同等适用。

《遵照良知和神学立场的契约七论》第一部分第一个"问题"探问:

> 导师对权利所做出的两种说明以及对所有权的一个说明,是否正确和精准?在导师看来:权利是一项根据首要正义的指令,产生某个东西的近似权力或能力。还有,权利是一项根据正确理性,产生某个东西的近似权力或能力。然而,所有权则是一项根据理性制定的法律或条例,把其他东西纳入自己的能力或者予以合法使用的近似权力或能力。^③

---

① 因此,塔克在《自然权利诸理论:起源与发展》页27—28当中写到,苏门哈特"认为热尔松暗示了一切权利都是所有权,权利与所有权范畴统一,这是相当正确的"。
② 后文,第2章,页81—86。
③ Summenhart,《遵照良知和神学立场的契约七论》,第1讲,问题1, sig. Eiv v:
"Utrum due descriptiones iuris et una descriptio domini sint a magistri bene ac magistraliter posite: quibus dicitur. Ius est potestas vel facultas proprinqua conveniens alicui secundum dictamen prime iustitie. Et item. Ius est potestas vel facultas propinqua conveniens alicui secundum dictament recte rationis.　　(转下页)

第一章　权利与自由："dominium"与"ius"等值

首先，苏门哈特把权利的两种说明与"ius"的第二种常规含义(第一种含义是"法律"(lex, law)等值："就第二种含义而言，"ius"被视为与权力相同，当我们说父亲对儿子有权或者国王对臣民有权，以及人们对物及其占有有权，甚至有时对人，例如对奴隶的占有有权时，我们所指的就是它的这个意思。"①苏门哈特从罗马法的一个地方得出这第二种含义，在那里，对人权(right of persons)被划分为(按照苏门哈特的术语)"父权之权利"(right of paternal power)和"对自我的所有权之权利"(right of dominium with respect to one's own)。②我们可以看出，这是多么契合苏门哈特的[37]目标，因为罗马法的这个做法产生了一种专门针对或指向其他物或其他人的"权力"和"权利"，使得他既可以把权利描述为一个关系，又可以把热尔松有关权利是一项权力的说法融入他自己有关权利是一种关系的描述中：

> 第二种含义上的权利是一种关系，即关于某物的一个习惯性条件[habitudo: habitude]：奠基于享有权利的人，终止于他对之享有权利的物(在远处的终点)以及他能够对那个东

(接上页注③)Dominium autem est potestas vel facultas propinqua assumendi res alias in suam facultatem vel usum licitum secundum iura vel secundum leges rationabiliter institutas."。后来苏门哈特给出的权利的定义分别来自热尔松的《论教权》的第13个要素和他自己的《论灵魂的精神生活》的第3讲。这些文本将在后文予以讨论，第2章，页81—87。

① Summenhart,《遵照良知和神学立场的契约七论》，第1讲，问题1, sig. Eiv v：
"Alio modo accipitur ius ut idem est quod potestas quo modo accipitur cum dicimus patrem habere ius in filium/regem in subditos. et homines habere ius in rebus et possessionibus suis. et etiam in personis aliquando. puta in servis."。

② 这一处是I. 1,8, 苏门哈特进行了典型、扩展的解释："Sequitur de iure personarum alia divisio. nam quaedam personae sui iuris sunt, quaedam alieno iuri subiectae sunt: rursus earum, quae alieno iuris subiecto sunt, aliae in potestate parentum aliae in potestate dominorum sunt."。

西实施的行为(在近处的终点)。①

苏门哈特想要证明,权利是一种关系,因为这有利于将权利与所有权同化。他对契约和良心文献的这些体裁贡献良多,他的整个目标是为权利与所有权之间的基本等值提供一个坚实的理论基础。

> "第二个假设:采取权利的第二种含义,它与所有权相同,并且可以用所有权正确和普遍地指称,这样,一切所有权都是第二种含义上的权利……因为某人要是某物的主人(dominus)的话,形式上他就对那个物享有权利。"②

苏门哈特承认,如果有人采用严格意义上的所有权(在他看来,这种含义为市民法特有),这个等式就不能反过来说,因为我们不能说一切权利都是所有权:

> 狭义地理解所有权,它既不在于解释权利,也不在于解释上位(superiority)……倘若据此严格地理解所有权:那么它们就是相同的,但是不可互换,因为权利适用范围更广;结果并非所有权利都是所有权。因为一个下位者可以对上位者享有某种权利,因为上位者常常会受制于下位者……但

---

① Summenhart,《遵照良知和神学立场的契约七论》,第1讲,问题1, sig. Eiv v:"Ius secundo modo est relatio. s. habitudo fundata in illo qui dicitur habere ius. et terminata in rem in quam vel in qua habet ius tanquam ad terminum remotum: et ad actionem. quam habet exercere in talem rem vel circa eam tanquam ad terminum proprinquum."

② 同上书:"Secunda suppositio: capiendo ius secundo modo idem est quod dominium. et vere et universaliter predicatur de dominio. sic quod omne dominium est ius secundo modo... quia aliquem esse dominus alicuius rei est formaliter eum habere ius in illa re. vel in illam rem."

第一章 权利与自由:"dominium"与"ius"等值　　53

是,我们不能说一个下位者对一个上位者享有所有权,那是不正确的。①

[38] 然而,苏门哈特得出结论:在更宽泛的意义上,所有权与权利的互换是有效的:

> 因为不管是谁对一个物享有权利:倘若这个物被以违背他的意志的偷的方式从他那里夺走或抢走,这个人都会被说成构成盗窃。如果是这样的话,这个人违背主人(dominus)的意志夺走另一个人对物的占有——根据盗窃的定义可以得出这个结论。那么,对那个物享有权利的人,可以在某种意义上被说成是那个物的主人。②

我们在这里可以看出,苏门哈特清楚地呈现了决疑论文献在盗窃问题上的预设:权利持有者是一个主人,因为夺走他享有权利的物构成盗窃。但是,我们同样可以看出,这项被等值于所有权的权利与"上位"毫不相干,那是他的现代阐释者想要的"道德

---

① Summenhart,《遵照良知和神学立场的契约七论》,第1讲,问题1, sig. Eiv v: "Nam appropriate capiendo dominium: connotat ultra rationem iuris etiam superoritatem... Si igitur ita stricte accipiatur dominium: tunc essent idem: sed non convertibiliter: quia ius esset in plus. et per consequens non omne ius esset dominium. Nam inferior habet ius in superiorem: quia superior tenetur inferiori in multis... Et tamen proprie non concederemus inferiorem habere dominium in superiorem."。苏门哈特受惠于15世纪中期的安东尼诺·弗洛伦提楚斯(Sant' Antonino; Antoninus Florentinus)的大全,因为他已经描述了较为严格意义上的所有权。然而,这后一种含义是安东尼诺打算承认的唯一含义,他直接拒绝了任何意义上的所有权与权利的等值。有鉴于此,也是因为托马斯主义对他的的大全的影响,后文将会对他进行研究,第3章,页107—111。

② 同上书, sig. Eiv v: "quia quicunque habet ius in re: si ei surriperetur vel subtraheretur res illa eo invito surripiens diceretur furtum commississe. et si sic. Ergo surripiens contrectavit rem alienam invito domino. tenet consequentia per diffinitionem furti. Et per consequens ille qui habuit ius in ea re: poterit aliquo modo dici dominus illius rei."。

主宰"。

因此，苏门哈特对热尔松定义的思考带给他了一个三重等值，即"ius"、"dominium"和"potestas"的等值，三者都属于关系范畴。正如我们一开始就看到的，在早期方济各修会的讨论中，"权力"(potestas)这个术语往往是在非技术性意义上使用，与权利和所有权相连。然而，在15世纪后期，随着亚里士多德主义科学的发展和行动能力(agency)的专门语言的使用(特别是在对亚里士多德的《灵魂论》的评注中)，权力与关系(relatio)这个联系在语言上是成问题的——至少对于渴望像苏门哈特那样创作提要式作品的作者来说如此。他接下来的举动证实了这点：他援引有关《灵魂论》的主流理论，用专门术语证明权力和能力(posse)是关系：

> 请注意……正如关于《灵魂论》这部著作，通常可以说，可以有两种方式理解灵魂的潜能［potentia］或权力［potestas］：首先，从质料上看或者在根本上，灵魂的一个现实引发行为，在这种意义上，灵魂的潜能是一个独立的实体，［39］而不是一个关系……其次，在形式上……并且，因此它是灵魂基于这样一个现实的习性［habitus］；灵魂具有这个趋向其目标和行动的"习性"，这些行动是它能够在目标方面造就的；这样的话，潜能即是关系。相似地，在这里，权力或能力都不应被理解为……任何绝对的实体……因为权利和所有权在形式上是关系；但是是作为一个"习性"。①

---

① 同上书，"Nota tamen quod sicut circa librum de anima/dici solet. Potentia seu potestas anime capitur dupficiter. Uno modo materialiter seu fundamentaliter pro realitate anime elicitiva actuum quomodo potentia anime est res absoluta et non relatio... Alio modo formaliter... et sic est habitus anime fundata in tali realitate quam habitudinem habet anima ad obiectum et ad actus producibiles a　　　（转下页）

苏门哈特的这个"通常可以说"的说辞,并不会给当时的有识之士留下深刻印象,因为他提到的论题实际上是讨论《灵魂论》的文献激烈争论的主题。① 然而,我们可以找到与苏门哈特的阐释接近的文本。例如,约翰(John of Jandun)证明:"关于这个问题,我们应当简单地理解,潜能这个名称有时可以被理解为有潜能的主体,有时指代(被动的或主动的)直接作用原则,有时涉及或趋向一个行为。"② 约翰[40]据此认为潜能可以定义为:(1)灵魂,(2)不同于灵魂的一项作用原则,(3)与某个行为的一

(接上页注①) se circa obiectum et sic potentia est relatio. Ita hic non debet capi potestas vel facultas... pro aliqua entitate absoluta... quia ius et dominium formaliter sunt relationes; sed debet capi pro habitudine ut dictum est."。

① 我们可以在两个问题之中找到这个讨论,这两个问题是所有的评注一定会提出的:第1卷第1章,灵魂的潜能是否由它们的对象和实现所界定;第2卷第2章,灵魂是否不同于其潜能。对于第1个问题,司各脱主义者质疑:托马斯主义者事实上是在说一个潜能即是一个关系。参见17世纪早期方济各修士Hugo Cavellus的 Supplementum ad quaestiones Io. Duns Scoti... in libros de anima, 节19, "潜能是否被对象或实现所区分?"载于Scotus, Quaestiones super libris Aristotelis de anima, Cavellus编辑(Lyons 1625):"我们应当说潜能并非本质上被实现和对象所区分,因此司各脱……原因在于,每个作为活动原则的存在都是这样的一个原则,因为它本身即是那种自然所属的存在……否则潜能将是关系,因为这些只是被它们趋向另一个东西的习性所界定的。"
第二个问题也涉及到唯名论者,它是那个主要产生苏门哈特发现如此方便的论题的难题。托马斯主义者认为灵魂的潜能其实不同于灵魂本身,司各脱主义者认为形式上如此,而奥卡姆等唯名论者却表示灵魂即是其潜能,没有实体与形式之分。然而,还存在着第四种意见,它坚持在某种意义上潜能即是灵魂,但它们是不同的"因为潜能在它[灵魂]之上添加某个模式,或者某种对一个实现的关系:因为灵魂是智能的,据说具有一个对智力的关系,那么,由于它是意志的,具有对意志的一个关系"。参见Michael Zanardus O. P., Commentaria cum quaestionibus in tres libros Aristotelis de anima (Venice 1616), 卷3, 问题39 "理智魂的潜能是否真正不同于灵魂",列举了根特的亨利和圣杜尔善的杜兰杜斯的意见。苏门哈特的解释属于后一传统。

② Ioannes de Ianduno [John of Jandun],《亚里士多德灵魂论讲解》(*Super libros Aristotelis de anima*, Venice, 1561), 卷2, 问题9: "An potentiae animae sint realiter idem cum ipsa anima: Ad quaestionem intelligendum est breviter, quod hoc nomen potentia aliquando sumitur pro subiecto potente, aliquando sumitur pro principio immediato operationis activo vel passivo, aliquando pro respectu et ordine ad actum."。

个关系。显而易见，苏门哈特采取的正是这种"中庸之道"（via media），因为在《灵魂论》评注文献的其他任何地方我们都没有发现把关系概念应用于潜能的情况——事实上，我们能找到的都是恰恰相反的理解。但是，他在此之外还引入了自己特有的对关系的远端终点和近端终点的重要区分，使他可以把潜能与行为的关系理论转化为一个潜能与目标之间关系的理论。

通过这种方式，苏门哈特能够把热尔松那里作为行动权力的权利（ius），同化为对人或物之间的关系，即所有权（dominium）。但是，通过把所有权同化为评注《灵魂论》的文献当中的潜能（某种含义上），他将作为理性自然之标志的所有权转化为一个中性的品质，能够指称一切受造的存在物，只要这些存在物能够产生影响其他造物的行动。① 在早期托钵僧的讨论当中，所有权预设为一种强意义上的独立和意欲的行动。现在，它变成了一个能够解释那些在使徒贫洁讨论中被视为纯粹动作的范畴，例如马吃草的动作——从而完全失去了与自由的联系。在苏门哈特看来，"所有权—权利"差不多既是一个人文范畴和市民行为能力范畴，也是一个自然科学的范畴。因此，苏门哈特提出了所有权的23个细分，以解释整个创造世界，从无生命体到动物，再到理性存在物。② 显然，苏门哈特的所有权就其与权利互换而言，并不包括一种与自由和"独立性"的关系，这种关系是人们后来提出的。

我们现在转向苏门哈特的理论立场的政治结论，首先是他对所有权划分的传统观点的批判。他在回答"最初是否没有物的所有权的划分"这个问题时指出，某些所有权确实一度没有

---

① 热尔松在"权利"问题上态度相同：他论证说每一受造之自然所享有的权利与其存在等同。但是，热尔松并未使权利与所有权等同。他在《论灵魂的精神生活》当中太多地讨论阿奎那和波那文都拉的旧传统，把所有权从它作为一个仅仅指称理性之自然的状态解脱出来。

② Summenhart,《遵照良知和神学立场的契约七论》，第1讲，问题1, sig. Gii r—Giii v.

[41] 划分(即个人专有),这些所有甚至在今天也未划分,倘若它们仍然存在的话;但是,某些所有从未划分,今天却不是这样。"可以证明:因为被认为涉及私占的市民法所有权(civil dominia)……从来都不是未划分的;因为不可能某人对某物享有市民法所有权,而其他所有人也同时对此物享有所有权……因为这是自相矛盾的。"① 市民法所有权——市民法规定的所有权——恰恰是有划分的所有权;问它们是否未划分,是没有意义的,因为未划分的所有权不是市民法所有权。如果市民法所有权未划分,那么它们就不是市民法所有权。这个问题"应当理解为有关所有权的不同种,它们共享着所有权的属的根据,因此,曾经一度不存在任何涉及私占的对物的市民法所有权;但是后来,在人类安排中,开始出现涉及私占的市民法所有权"。② 市民法体系完全与差异所有权重合,而且市民法就是确定所有权的私占的法律。③

然而,当苏门哈特开始通过下述问题考察人类自由活动的性质时,他把市民状态内的活动简化为不同种类的"所有权—权

---

① 同上书,问题8, Gviii v: "Probatur. quia civilia dominia accepta cum appropriatione... nunquam fuerint indistincta. quia nunquam sic fuit/quod quis haberet tale dominium civile unius rei/quod illius eiusdem rei omnes alii haberent dominium... quia hoc implicit contradictionem."。
② 同上书,Corollarium: "sed debet intelligi de dominiis diversis in specie, eisdem tamen in ratione generica dominii. quia s. cum ut olim nulla erant dominia rerum civilia existentia cum appropriationd: postea ceperunt humana ordinatione ordinari civilia dominia existentia cum appropriatione."。
③ 对照第1讲,问题10: "Utrum distinctio dominiorum fuerit facta per legem naturalem vel humanam":"只要对问题的标题予以正确的理解,这个问题就不难;因为所有权的差别只依据市民法和人为法,这是确定的。据证明,因为对问题标题的正确理解,通过何种法律,市民法所有权得以制定或确立。但这个问题并不难:因为答案从问题的词义清晰可见。问题的标题涉及市民法所有权,正是基于这个事实,从对市民法所有权的描述和真正根据可以明显看出,如果它们的得出不是根据人为法,那么就不是根据任何法了,那么它们就成了自然法所有权;而且也不是根据神圣法,因为那样它们将成为神圣的所有权。"

利"之网的做法发生了动摇,这个问题就是:"任何个人……为他自己或他的人格创立一个有关某个有用物的收益的做法是否合法"。①这就为全面处理一个人对自己享有权利和所有权这个观念提供了契机。苏门哈特承认,在自己身上创立一个收益就使自己对他人负有义务。[42]这样一来,苏门哈特就不得不面对来自法律和神学论证的反驳:在法律上,一个自由人不能被强制,而且特别是不能被买卖(因为他处于人类贸易之外),所以不能强制或处分他自己;神学上,人不是自己的主人,所以不能处分他自己,或者让任何人成为他的主人。苏门哈特的答复是:确实,没有任何人是他自己的主人,但这是说他不能在没有任何正当理由的情况下毁损自己的肢体,而不是说他不能为了诚实工作或对他人有用而强制自己和自己的肢体。"倘若一个人不能以这种方式享有对自己或自己的身体的权利,那么《法学阶梯》的'关于那些享有自己权利的人',即关于那些自由的人,这个标题就没有意义了。上帝赋予人对自己身体和人格的权力,正如《德训篇》(Ecclesiasticus 15)所言:赋给他自决的能力"②苏门哈特还举出了司各脱对《嘉言录》的评注:"尽管人在其创造上完全归因于上帝,包括人能够做的所有事,但上帝没有强求人很多:相反,只要人遵守十诫,上帝就放任人的自由。"③

---

① 第4讲,问题54, sig. Kkiv v: "Utrum licet alicui homini singulari: et etiam communitati hominum: in se vel sua persona constiture alteri redditum alicuius rei utilis."。
② 同上书, sig. Kkvi r: "Unde si homo non haberet ius super se/vel suum corpus modo dicto: tunc inanis esset titulus in inst.: de his qui sunt sui iuris: cuiusmodi sunt liberi. Unde et homini dat deus potestatem super se et persona sua. prout dicit Eccl. xv. Reliquit illum. s. hominem. in manu consilii sui."。
③ 同上书: "et Sco. in iv. d. 26. q. i. invalidando quandam rationem cuiusdam doctoris: qui volebat ponere quod mutuam translationem corporum/que fit in contractu matrimoniali: congruum fuit a deo approbari: eo quod corpora illa sunt dei: et sic non deberent contrahentes ea sic transferre sine approbatione domini: dicit quod licet homo ex creatione teneatur deo in omnibus que potest: tamen deus non tantum exigit ab homine: immo dimittit eum libertati sue/solummodo ut servet precepta decalogi."。

苏门哈特在这里引入了一个消极自由概念，非常接近现代权利语言的元素。这种自由并不与权利和所有权等值：自由是人对自身所享有的权利和所有权。这种自由存在于法律不做要求的地方，正如苏门哈特通过引入罗马法的自由定义进一步澄清说："因为倘若[人]是自由的，那么他就具有做任何他喜欢的事情的自然能力，除非被外力或权利所禁止：这从自由的定义可窥一斑"（《学说汇纂》1, 5, 4："自由即是每个人可以行其喜欢之事的自然能力，外力或者法所禁止者除外。"）。① 但是，这个概念扭曲了他的权利作为关系的整体分析：因为如此定义的自由也许是一种人对自己的关系，[43]但是就外部世界而言，它其实是一项行动的能力，而不是一个关系；而且它受到法律的限定，这些法律不是在分配所有权，而是在命令某些行动。因此，苏门哈特一方面把对自我的所有权视为一个差异所有权，构成市民制度的一部分，它与差异所有权（dominia distincta）是同时发生的；另一方面，他将其视为一种行动的权力，在某种意义上处于有关所有权划分的市民法之外，因为他接着论及这样一些实践，做（fieri）它们是法律所禁止的，但是一旦被做成（factum）就是许可的。② 苏门哈特未能把自由完全融入他的物对人和人对人的多重安排图示中，这多种形式的安排恰恰构成着所有权和权利，以至于他最终被迫暗示自由与事实活动之间存在关联。

---

① 参见第1讲，问题1, 5a conc.，苏门哈特在那里论证说，就灵魂是意志而论，它具有对自己较低潜能的主宰，而且"类似地，自由是权利的某个种，自由人享有对自我的这种权利，亦即，做他想做的事情的权利。这样在《法学阶梯》的'论人的权利'之中，权利就被定义为'使任何人去做他想做的事情的自然能力，除非他被强力或权利所禁止'。"

② 第4讲，问题54, sig. Lli r: "Unde notandum quod multa disponuntur in legibus: in quibus dicitur hoc vel hoc non posse fieri: que tamen non disponunt nisi super invaliditate illius facti: sed non propter hoc prohibent illud factum. immo quod plus est econtra nonnulla prohibentur in iure humano: que tamen facta tenent/licet feri non debuerint."

(四)尾声:16世纪早期"所有权"与"权利"的等值

苏门哈特的《遵照良知和神学立场的契约七论》刚一出版就产生了巨大的影响,这种影响可以从16世纪早期的两个重要文本当中看出。第一个是梅尔(John Mair)对《嘉言录》的评注。梅尔是巴黎蒙泰居学院(Collège de Montaigu)的导师。正如苏门哈特把司各脱在《嘉言录》第4章第15节评论有关所有权划分的历史叙述,带进了将"权利"与"所有权"等值的契约文献,梅尔把这个等值带进了关于返还的《嘉言录》评注传统中。梅尔以一种平谈无奇的方式开启他的讨论:返还预设着有所有权的划分,因此我们必须询问这个划分是怎样产生的(梅尔并不接受苏门哈特的认为这个问题荒谬的观点)。① 他继续使用自己的唯名论形而上学证明"权利"与"所有权"等值的命题,这段语言更配得上拉伯雷式的讽刺:

> 按照唯名论者的观点,我们可以说,一个物的所有权要么是指这个物本身,要么是指这个物的占有者……因此,以下命题:"我[44]享有这匹马的所有权",等于"我是这匹马的主人"……同样的道理也适用于使用者或者用益权人。据此可以得出,某个物的直接所有权是另一个物的用益所有权。其次,还可以得出,用益即是使用,相似地,一个物的使用即是对这个物的私有(propriety)。这些命题可以通过解释的方式轻易推导出来:那么,它或许是可以被证实的。这是这匹马的私有,这是这座花园的使用,从这些前提可以推导

---

① Johannes Major [John Mair],《四部嘉言录评注》(*In quartum Sententiarum*, Paris, 1519),节15,问题10,页109v。

第一章 权利与自由:"dominium"与"ius"等值

出以下结论:使用即是私有。①

重点似乎是,因为对于唯名论者来说,关系无外乎相关联的人或物,②那么权利和所有权在终点(terminius)的存在上是一致的,而按照司各脱主义的关系形而上学(例如苏门哈特所声称的),终点(termini)被说成具有两种不同的关系。梅尔似乎意识到,这点并不是没有问题,因为他在这个"问题"的最后重提此事,"在某种程度上"搁置了抽象的形而上学,并且肯定:

> 对某物享有权利的人可以称为那个物的主人(dominus)……同样,使用人享有使用的所有权,用益人享有用益的所有权。下述情况可以清楚地看出这点:假设我从一个使用人那里拿走他使用的那个物,那么我就会被说成犯了盗窃,伤害的行为就是盗窃。因此,我所做的是违背主人的意志拿走他的物;因此,在某种程度上,此人可以被称为广

---

① Mair,《四部嘉言录评注》,节15,问题10a,页109v—110r: "Nominales insectando dicere oportebit: quod dominium rei, vel est res ipsa vel rem ipsam possidens... Et sic ista propositio: ego habeo dominium huius equi: valebit hanc: ego sum dominus huius equi... Eodem modo de usuario et usufructuario dicatur. Ex quo sequitur quod dominium directum alicuius rei est dominium utile alterius. Secundo sequitur. quod usufructus est usus: similiter usus rei est proprietas eiusdem. quae propositiones facile deduci possunt expositorie: ut forte demonstrato: hic est proprietas huis equi: et hic est usus huius horti conclusio inferenda ex illis praemissis hanc infert. usus est proprietas."。
② 参见奥卡姆在他讨论上帝与其造物之间关系问题上对关系的看法,见Guillelmus de Ockham [William of Ockham], *Quaestiones in II librum Sententiarum I—XX*, 载于*Opera philosophica et theologica. Opera theologica V* (St Bonaventure, N. Y. 1981),问题1,页9:"relatio realis nihil aliud positivum dicit reale nisi extrema relata et non aliquam habitudinem vel rem mediam inter correlativa... Eodem modo relatio rationis nihil dicit nisi ipsa extrema relata praecise et nihil quomodocunque medium inter extrema."。

义上的主人。①

这个说法几乎是从苏门哈特那里逐字逐句照搬过来。②它清楚的表明,"对某项权利的所有权"依然与"权利等值于所有权"[45]混为一谈。

还有一份文本对考察16世纪的发展也具有重要意义。它就是马佐里尼的按字母排序的《大全之大全》的"dominium"词条。《大全之大全》是马佐里尼自己起的题目:他试图把写成一部包罗万象的实践道德神学手册,而且他开篇就列举了自己引以为傲的权威,其中包括48位神学家,113位法学家和18位集大成者。③ "dominium"的词条不仅是对《天使大全》使用苏门哈特的一个答复,也是对苏门哈特本人使用《天使大全》的一个推进。《天使大全》的"dominium"词条既未涉及一个更狭义的所有权,亦未提到一个更宽泛的所有权。马佐里尼在"dominium"的词条中,直接对比了广义上的所有权与《天使大全》界定的所有权。在广义上,"所有权……与权利相同。因此,对某物享有权利的人,就对此物享有所有权;对某物的使用享有权利的人,就

---

① 同上书,页103v: "Quicunque habet ius in re potest dici dominus illius rei... ut usuarius habet dominium usus. et usufructurarius habet dominium ususfructus. quod patet a signo. si ab usuario rem auferam, dicor facere furtum, et iniuriam furti. ergo tollo alienum invito domino. ergo aliquo modo vocatur dominus extenso vocabulo."。
② 参见前文,注释83。正如Seelmann提示的,这不太可能是梅尔作为一名神学家对巴托鲁斯本人的误述, *Vázquez*,页85。
③ Michaud-Quantin, Sommes de casuistique,页103。Michaud-Quantin点出了多位他认为与他的写作传统相关的作家,并且评论说,"Il semble difficile d'en donner une description plus précise que cell-ci: Un sommiste est pour Sylvestre de Prierio (ou tout autre de ses contemporains) un auteur chez qui il rencontre la solution de problèmes de morale pratique tels que ceux qu'il se pose, et auquel il prête des intentions analogues aux siennes... Il se confirme par là que cette science de la morale pratique apparait à ceux qui l enseignent et en écrivent les traités comme une discipline à part qui possède ses spécialistes."。我们正在追踪的这些风格构成了一种专家文献,他们以所有权—权利的形式对道德规范的分析是特有的。

对那种使用享有所有权,反之亦然"。但是,马佐里尼不仅假定广义即是一种对市民法有效的含义,还拒绝承认狭义的含义:

> 我是这么看的:按照托马斯[阿奎那]的理论,[①]所有权……总是意味着潜能,那么所有权就与能力相同,并且像能力那样具有双重含义:即,[首先]所有权或者权利上可能(posse iuris)……而这其实就是权利,并且[46]不涉及一个下位者:因此,儿子就其对父亲享有权利而言是父亲的上位者,并且可以为了食物而违背他。[②]

儿子不是其父亲的上位者,所以我们不能说他对父亲享有所有权。这是苏门哈特为承认狭义上的所有权所作的论证。马佐里尼则拒绝接受任何享有权利的人在某种程度上是一个上位者这个看法。

然而,这并不意味着权利即是自由。马佐里尼对苏门哈特最

---

① 他所提到的出处在《论上帝的潜能》(De potentia Dei),问题7,节10,答复4,然而阿奎那在那里(讨论Dominus的名时)却没有使"dominium"等值于"potentia"或者任何诸如此类的东西,但却在潜能与因它而生的秩序之间进行了区分。阿奎那的这个段落被Jaime Brufau Prats所援引,"La noción analógica del dominium en Santo Tomás, Francisco de Vitoria y Domingo de Soto", Salmanticensis 4(1957),页96—136(重印于J. Brufau Prats, La escuela de Salamanca ante el descubrimiento del nuevo mundo [Salamanca 1989],页11—47),页107,注释3:"Hoc nomen, Dominus, tria in suo intellectu includit, scilicet potentiam coercendi subditos, et ordinem ad subditos qui consequitur talem potestatem, et terminationem ordinis subditorum ad dominum, in uno enim relativo est intellectus alterius relativi."。对阿奎那的权力和关系概念及其之间联系的观点的深入思考,参见后文第2章注释88。
② Sylvester Mazzolini da Prierio,《诸大全之大全》(*Summa summarum quae sylvestrina nuncupatur*, Strasburg 1518),页127v:"Ego vero dico quod dominium secundum Thomam... semper Importat potentiam. unde dominium est idem quod posse: et est duplex sicut et posse. sc. dominium: vel posse iuris... et est idem quod ius: nec inferiori convenit: ut sic imo filius ut habet ius in patrem est superior: et agit contra eum ad alimenta."。"superior"这个术语在此处似乎具有等级的含义,而不是"sovereignty"的含义:参见前文注释37,可见差别。

为重要的推进是明确地把自由移出权利的领域,坚决将自由设定在事实(de facto)之内。在马佐里尼看来,在所有权或权利上可能(posse iuris)之外,还存在着"所有权或事实上可能(posse facti),它包括两个部分:一是自由,在这个意义上,在较低者当中只有人才对自己的行为享有所有权;二是不自由,因此各个元素依次支配彼此"。①人对自己行为的控制不是权利,因为它不是权利意义上的所有权(dominium iuris);它是事实上的控制。马佐里尼明确地把对行为的这种人为的控制视为自由,这一点从他对盎格鲁斯所书写的词条(以及他自己的完全相同的词条)"Liber"(自由)的间接引用当中可以清晰地看出来,其中包含着这样的措辞:"当有人希望作出行为但却受到某种阻碍时,他对自己的行为就不享有自由所有权(free dominium)。"②苏门哈特所言的自由是一种自然权利或所有权,他被迫暗示它在市民权利方面在事实层面上发挥作用,这就破坏了他的认为它是一种市民法权利或者市民法所有权的论证,打乱了他精心构筑的[47]权利层级结构;而马佐里尼却把自由整个地从权利(包括自然权利)领域移出了,并将其置于了事实领域,与那种针对奴隶的所有权并列。③它们的

---

① 同上书:"dominium vel posse facti: et hoc est duplex. Scil. liberum: et sic solus homo inter inferiora habet dominium sui actus et non liberum: et sic elementa invicem dominantur vicissim."。
② Summa angelica,页181v:"liberum dominium non habet quis super actum qui quando vult illum exercere impeditur aliqualiter."。对于"自由的"作为"不受阻碍的"这种含义,《天使大全》引导读者关注两处文本,它们是17世纪早期著名的教会法学家Nicolaus de Tudeschis(Panormitanus)对《教会法汇要》第3卷的评注。这两处都明确把"自由的"解释为"无须他人同意",其中有一处隐含着"不受阻碍的"具体含义。相关的出处是对《教会法汇要》3,18,2的评注:"'自由的'这个词的含义是,不需要他人的同意";以及3,28,6:"即使是被暂时地阻碍,也不能称其为一个自由的葬礼。因为'自由的'这个词的含义即是不需要任何人的同意。"参见Nicolaus de Tudeschis, Super tertio decretalium(Lyons 1534),页135 v和页86v。
③ Mazzolini,《诸大全之大全》,页127v:"主人……即是享有所有权并凭借权利被划分为主人的人,亦即他在权利上握有所有权,在事实上也如此;　　(转下页)

运行都无法被阻止，就此而论二者都是自由的：悖论的是，它们却与那种完全必需的所有权共享着事实领域。

马佐里尼的作品实际上成了终结一切大全的大全。当然还有一个突出的例外。1520年路德在维滕堡把《天使大全》付之一炬，大公教会反宗教改革的风格没有复活相同的形式，毋宁更多地关注篇幅简短、愈益人文主义的个人忏悔手册。尽管论契约的文献一直延续到16世纪，但对《嘉言录》的评注却在很大程度上终止了。除了一个极为醒目的例外，"所有权"与"权利"之间的形式等值，从经院主义道德神学的讨论中随着它的通常位置的消失而消失了。①这个例外就是我们在第4章将要讨论的西班牙的维多利亚。

正如我们所见，方济各修会论述贫洁的文献，在"所有权"与"权利"之间所做的最初的等值，实际上把财产、自由与权利联系在一起，作为理性主体的一个特质。自由即是那种所有权，通过它人按照上帝的形象受造出来，并在新柏拉图主义的所有权等级中被置于非理性存在物之上。自由不是消极的、中性的。相反，它是人作为一种精神存在物而非自然存在物的积极尊严。然而，"所有权"与"权利"的等值在决疑法中的发展，在当时罗马法研究的巨大影响下，产生了两个结果。首先，与权利等值的所有权被弱化为表示对另一个人或物的法律掌控，失去了与自由和财产的联系。这种联系留给了狭义上的所有权，这个所有权并不等值于权利。其次，与此同时，所有权变成了一个 [48] 不仅可以分析精神存在物，也可以分析一切自然（它们同样也被视为一连

(接上页注③)而且后者还划分为自由的主人——亦即，他是一个奴隶的主人，与不自由的主人——亦即，针对受到他的行为影响的东西。"

① 还有一些孤立的幸存文献：例如，Martin Ledesma的《嘉言录评注》，他认为卷4段落15这个传统的出处存在着所有权与权利的形式等值：Martin Ledesma，《卷四第二部分》(*Secunda quartae*, Coimbra, 1560)。

串的所有权)的分析范畴。于是,"所有权—权利"与任何意义上的自由概念拉开了距离。

这就带来了一个有关人的自由之性质的难题。人的自由无法契合"所有权—权利"的层级体系。在这个层级中,所有权或权利不是消极的行动自由:它们是一个以上帝为起点的宇宙体系的积极安排。苏门哈特是这类文献的一个异类。如果他想引入一个消极自由概念,就必须突破他的"所有权—权利"的框架;马佐里尼则直接把自由移出权利领域。严格来说,自由并不是像那些人所想象的那样是一种权利,虽然——像苏门哈特那样,把自由视为法律不做规定的地方的行动自由——自由可能很接近我们或许想称之为权利的东西。

因此,从这份研究可以得出结论:良心案例文献的发展,以及"所有权"与"权利"的等值,并未把一种视权利为主宰或中性选择的自由的话语传递给16世纪的经院主义者。这并不是说它对后者的语言毫无影响。正如我们将要看到的,维多利亚接过了苏门哈特的"所有权—权利"话语,作为分析社会道德规范的工具。但是,他没有在决疑的意义上使用它或者将其理解为一种中性的能力,而是再次把"所有权—权利"的话语与曾出现在早期托钵僧讨论中的精神性、反身性和自由这些古老含义融合起来,而托马斯·阿奎那也是其中一份子。而且,维多利亚明确与决疑文献的下述独特做法保持距离,即把"所有权—权利"扩展至整个自然界。

第二章 人性自然正义：14世纪的主观权利论

上一章探讨了一个特殊的传统，它涉及对"权利"（"ius"或"right"）或者这个术语的讨论，其中"权利"被等值于"所有权"（dominium）。在那种讨论话语当中，权利的所有独立含义都吸收进所有权的含义中，而所有权则被视为一种权力或控制关系。本章将转而思考一个独立于所有权观念的主观权利和主观自然权利概念在14世纪的发展。

人们往往把14世纪与主观权利的"诞生"联系起来，究其原因在于奥卡姆及其唯名论哲学的影响。唯名论与对普遍实在的批判，生产出了诸多既对13世纪的伟大哲学体系又对"社会"和"教会"建制不利的作品，因此可以说在形而上学与道德、政治哲学双线作战。同时，这个观点又被下述图景所强化，即将中世纪晚期哲学描绘为两条道路的叙事，现代与古代，唯名论与唯实论，二者之间持久而必然的对立。后者代表伟大的经院主义传统，前者则代表革新和现代主观主义。①

---

① 参见对这种传统观点的描写，W. J. Courtenay，《唯名论与中世纪晚期的宗教》（"Nominalism and late medieval religion"），载于Trinkaus，《中世纪晚期的圣洁追求与文艺复兴时期的宗教》，页26—59，此处位于页26—31。

这幅传统图景现在遭到了两方面的挑战。首先,针对中世纪晚期唯名论所做的研究工作表明,它并非通常所认为的那样是一场单一的、彻头彻尾的破坏性运动。①这个结论主要适用于15世纪,但对14世纪也具有参照意义。其次,道路之争[50]的想法与14世纪的关联也业已受到质疑。②有人证明,执着于厘清14世纪的道路之争,掩盖了其他哲学学派的存在,尤其是奥古斯丁主义的存在,从而扭曲了那一阶段的经院主义历史。③最后,人们不再将14世纪和15世纪早期的作家界定为要么是唯名论者,要么是唯实论者的做法,而是承认在他们的作品从多种思想观点汲取营养。④所有这些看法在一般的经院主义哲学史中颇为流行。接下来的分析将尝试把其中的某些见解应用于主观权利史。

---

① 尤其值得注意的是,Heiko Oberman的研究已经有效地改变了这一图景,特别是他的基础研究,《中世纪神学的收获》(*The harvest of medieval theology*, Cambridge, Mass., 1963)。当然,Oberman只是这个视角总校正当中的一员;参见W. J. Courtenay,《唯名论与中世纪晚期的宗教》,页32及以下。
② 参见Neal Ward Gilbert,《奥卡姆、威克里夫与"现代道路"》("Ockham, Wyclif and the 'Via moderna'"),载于*Antiqui et moderni. Traditionsbewußtstein und Fortschrittsbewußtstein im spaten Mittelalter* (Berlin and New York 1974),页85—125。
③ 同上,页120—121。1925年,Franz Ehrle对奥古斯丁主义学派似乎坚持的那个关键立场进行了探讨,指出这点正是我们评价14世纪经院主义最需要进一步阐释的地方:《彼得·伦巴德、教皇比萨的亚历山大五世嘉言录评注》(*Der Sentenzenkommentar Peters von Candia, des Pisaner Papstes Alexander V*, Münster i. W., 1925),页265。但是,尽管存在着A. Zumkeller的重要作品,《中世纪奥古斯丁学派:辩护士与神哲学教义》("Die Augustinerschule des Mittelaters: Vertreter und philosophisch-theologische Lehre"),载于*Analecta augustiniana* 27—28(1964—5),页167—262,以及W. J. Courtenay详细列举的其他作品,《唯名论与中世纪晚期思想》("Nominalism and late medieval thought: A bibliographical essay"),重印于Courtenay主编,*Covenant and causality in medieval thought*(London 1984),第11篇论文,哲学上的奥古斯丁主义在14世纪的性质与范围仍未得到充分的研究。
④ 对于Jean Gerson来说尤其如此,参见后文页77。

一、奥卡姆与方济各修会讨论的转变

奥卡姆曾一度被视为主观自然权利学说的出处,因为正是他把"ius"明确解释为个体的一种"权力"(potestas)。① 他对个体作为权利源头的强调被说成是他的形而上学唯名论在道德和政治领域的推论。② 然而,最近,随着早期方济各修会手册当中"ius"

---

① 参见Geirges de Lagarde,《中世纪衰退期世俗精神的发端》(*La naissance de l'esprit laïque au déclin du moyen âge*),卷六,《奥卡姆论道德与法》(*Ockham: La morale et le droit*),第1版(Paris 1946),页164;Villey,《主观权利在奥卡姆作品中的创生》。

② 这个论题虽然得到Lagarde和Villey的支持却受到了广泛的批判。例如J. B. Morrall,《对奥卡姆政治哲学近期解释的笺注》("Some notes on a recent interpretation of William of Ockham's political philosophy"),载于*Franciscan Studies* 9(1949),页335—369,他提出奥卡姆的政治学与一般哲学之间的联系是新托马斯主义复兴的一个产物(页338)。这个批判导致Lagarde在1962年的第二版中修正了自己的立场,只保留了奥卡姆的政治和教会学立场受到他的逻辑理论的实质性影响的观点。尽管如此,Michael Wilks在《中世纪晚期的统治权难题:特里温福的奥古斯丁与论战家的教皇君主制》(*The problem of sovereignty in the later middle ages: The papal monarchy with Augustinus Triumphus and the publicists*,Cambridge,1963)有意识地采纳了Lagard的先前观点,把它们作为对Morrall立场的一个"修正"(页88—96,特别是页88,注释1)。对于这个观念的总的命运参见H. Junghans,《奥卡姆新探》(*Ockham im Lichte der neueren Forschung*,Berlin and Hamburg,1968),页262—275;对整个工程的正式批判参见C. Zuckerman,《中世纪教会治理理论与共相理论之关系:对此前观点的批判》("The relationship of theories of universals to the theories of church government in the middle ages: A critique of previous views"),载于*Journal of the History of Ideas* 36(1975),页579—594。然而,认为在奥卡姆的主观权利观与他的逻辑学之间存在一个契合的观点最近得到了A. S. McGrade的捍卫,《奥卡姆与个人权利的诞生》("Ockham and the birth of individual rights"),载于P. Linehan和B. Tierney主编,《权威与权力:献给沃尔特·厄尔曼七十寿辰的中世纪法律与思想研究论文集》(*Authority and power:Studies in medieval law and thought presented to Walter Ullmann on his seventieth birthday*,Cambridge 1950),页149—160。而且,现在还有许多学者仍然同情奥卡姆的哲学和论辩活动之间存在某种联系的观点,例如,H. S. Offler,他写道:"认为1328年左右奥卡姆经历了某种严重的前额脑白质切除手术,这愚蠢至极"(《奥卡姆政治思想的影响》[The influence of Ockhams political thinking],载于W. Vossenkuhl和R. Schönberger主编,*Die Gegenwart Ockhams*[Weinheim]1990),页338—365,此处位于页345。采取这一研究路径的研究包括,J. Miethke的对奥卡姆思想的解释学研究,《奥卡姆的社会哲学方法》(*Ockhams*　(转下页)

作为"potestas"的语言用法的发现,①以及对教会法学家在使用"ius"这个术语时的主观用法的越来越多的关注,②奥卡姆已经不再被视为这个方面的革新者,目前也没有在主观权利史中占据特殊的位置。

本节笔者将为以下观点辩护:奥卡姆对权利概念的使用具有原创性。笔者将证明他把权利理解为一种权力,这与较早的方济各修会文献并不一样。奥卡姆把权利整合进了一个极为不同的行为主体哲学中,这既是一种没有采用自然与精神二分法的哲学,也因此是一种无须将权利与自由或者强语义上的所有权等同起来的哲学。他发展出了一种与客观理性秩序或自然法(客观的自然法)相连并建立在亚里士多德的潜能与实现范畴之上的主观自然权利观。正如麦克格雷德(A.S. McGrade)所言,在这种语境下,奥卡姆主义的自然是否独立于上帝的意志其实无关紧要。③理性自然,事实上在发挥作用时无须不断参照上帝的自由;而

(接上页注②)*Weg Zur Sozialphilosophie*, Berlin, 1969),以及A. S. McGrade的早期作品,《奥卡姆的政治思想》(*The political thought of William of Ockham*, Cambridge, 1974)。

① 参见前文,第1章。Grossi的作品使得Villey不得不修正自己的早期论题:参见M. Villey,《第二经院派期间法律与主观权利的理论发展》("La promotion de la loi et du droit subjectif dans la seconde scolastique"),载于Grossi,《第二经院派论私有制下的财产》,页53—71,此处位于页54。

② Brian Tierney在一系列近期文章当中都在论证,主观权利起源于12世纪的教会法学家。把这个观点置于对Villey论题的批判的语境之中,参见Brian Tierney,《维莱、奥卡姆与个人权利的起源》("Villey, Ockham and the origin of individual rights"),载于J. Witte和F. S. Alexander主编,《法律之重器:法律与宗教论文集》(*The weightier matters of the law: Essays on law and religion*, Atlanta, 1988),页1—31,以及《自然权利语言之发端》("Origin of natural rights language")。对后一篇文章的立场的详细思考参见后文注释142。同样参见塔克,《自然权利诸理论:起源与发展》,页23。

③ McGrade,《奥卡姆的政治思想》,页175—176:"上帝的任意之于自然法的问题在奥卡姆的政治思想中仅具有边缘关系,因为奥卡姆在其政治作品中对自然法的诉诸是建立在它的理性化(与实在法直接相对)基础之上的。因此,自然法在某个更高的层面上是实在的,这种可能性并非我们所直接关心的。"

且，自然的道德规范与自然权利都是同样独立的概念。不能因为奥卡姆在某个层面上是意志论者，[52]就认为这点影响了他的主观权利观。

随着1279年《播种者已出发》诏书的颁布，方济各修会似乎已经赢得了对抗世俗主义者战役的胜利。在随后的若干年内，方济各修会内部在"贫洁使用"(*usus pauper*)问题上出现了分裂的阵营。① 对于方济各团契来说，如果一个人一无所有，那么他就是一个贫洁者：他是否使用他人的东西，富裕或者悲惨，则在所不论。相反，属灵派(Spiritual wing)论证说，最低限度地使用他人的东西是贫洁的一部分。正如格罗西(Grossi)所指出的，属灵派的立场完全颠覆了传统方济各修会贫洁观念的形而上学。② 但是，这么做并未创造一种新型权利语言，而且团契对属灵派的胜利实际上确保了对前一种语言的绝对接受。

然而，方济各修会刚刚平稳地渡过了属灵派刮起的风暴，就立刻面临一个新的挑战。这个挑战恰恰来自它曾经寻求过庇护的教皇。③ 1322年，教皇约翰二十二世以《因为有时》(*Quia nonnunquam*)诏书重启了针对方济各修会贫洁的争论，接着以一系列诏书的形式谴责了小兄弟会的立场，并在1328年的《那奸诈之徒》(*Quia vir reprobus*)当中达到顶点。这份诏书公开谴责方济各修会总理事切塞纳的迈克尔(Michael of Cesena)的《申诉》(*Appellatio*)(1328年，他逃离阿维尼翁之后写作于帝国法院，直

---

① 许多作品都详细探讨过这个争议，但较为简明的概括，参见Gordon Leff，《中世纪晚期的异端》(*Heresy in the late middle ages*, 2 vol., Manchester, 1967)，卷1，页51—166；Marino Damiata，《贫洁难题》(*Problema della povertà*)，特别是第8章，阐述了属灵派的观点及其论证。

② Grossi论证，方济各修会的学说的全部要点在于，在主体与客观的、物质的世界之间做一个绝对的划分。提出贫洁包含着一个物质的方面，正如属灵派所做的，这会再次混淆主体与客体这两个世界：《事实上的使用：新时代早期的财产概念》，页345；亦可参见前文，第1章，注释1。

③ 对相关人物和文本的阐述，Damiata，《贫困难题》，第9章和第10章。

接针对所有教皇诏书)。正是这份诏书激怒了奥卡姆,他接着就与迈克尔一起在帝国法院,迅速写就了他的第一份反教皇的论战作品,1332年的《九十日作品》(Opus nonaginata dierum)。这部作品逐字逐句地驳斥了令人厌恶的《那奸诈之徒》。

《那奸诈之徒》的文本充满辱骂、杂乱无章而又重复啰嗦的攻击,它包含着三个主要[53]论证。①第一个论证旨在攻击方济各修会的立场,即小兄弟会处于绝对贫洁状态是因为他们没有所有权:他们没有任何可以称之为自身所有的东西,私有的(proprium)或者自有的(suum)。教皇约翰二十二世却借用罗马法反驳,对于在使用中消耗的东西而言——例如食物、饮品和衣服——使用无法独立于所有权。因此,倘若方济各修士在使用东西——并且他们几乎无法否认自己得吃、喝和穿衣——那么他们至少对这些必需品享有所有权。所以,他们并非绝对贫洁。

教皇约翰二十二世攻击的第二个要点是否定方济各修会的下述主张:因为他们在世俗之物上绝对贫洁——他们一无所有——所以他们就处于圆满状态,那是使徒们才具有的状态,他们放弃一切,追随基督。相反,教皇坚持认为"福音式贫洁的圆满更多地在于灵魂,灵魂不贪恋那些世俗之物,而不在于世俗之物的匮乏"。②强调贫洁更多是一个精神的而非世俗的事情,这常常可以把多米尼克修会为贫洁所做的辩护与方济各修会的辩护区分开来。正是在这个问题上教皇——更像是一位法学家而非神学家——倒向了以阿奎那为权威的多米尼克派神学。教皇

---

① 《那奸诈之徒》的文本在《九十日作品》每章的前面分段列出,J.G. Sikes和H.S. Offler编,《奥卡姆政治文集》(Guillelmi de Ockham. Opera politica, vols. I and II, 2nd edn, Manchester, 1963),页292—858。后面所有对《那奸诈之徒》的援引用的都是这个版本的文本。

② 《九十日作品》,第22章,页467,2—4:"Perfectio siquidem paupertatis evangelicae plus consistit in animo, ut scilicet amore istis temporalibus non adhaereat, quam in carentia temporalium rerum."。

并不介意在这个要点上长篇累牍。

第三方面,教皇约翰二十二世的论证聚焦"使用"这个概念。迈克尔已经区分了使用许可(a licence of using)与使用权(a right of using)——方济各修士享有前者而不享有后者。教皇认为这个区分是不可能的:

> 那个异端[迈克尔]会承认,即便获得了使用某个特定的东西的许可,他对那个东西的使用,要么是公正的,要么是不公正的,要么就是既非公正亦非不公正。假如他说,他的使用是不公正的,那么他就是在赞同这里所讨论的诏书[教皇约翰的《因为有时》诏书],它意味着无权使用即是不公正地使用。假如他说,他的使用是公正的,那么就可以相应地推导出他有权使用:因为公正地发生的事情,也就是有权发生的事情……但是,假如他说他……使用时既非公正亦非不公正,这就是一个错误。因为任何单个的人类行为都不可能是中性的,亦即,既不好也不坏,既非公正亦非不公正。原因在于,由于一个行为被说成是人类的行为,它源于意志的慎思,[54]因此是为了某个特定目的而发生,被认为是意志的对象,因此倘若行为的目的是好的,那么行为本身也是好的;倘若目的确实是坏的,那么行为本身也就是坏的。①

---

① 《九十日作品》,第65章,页573,1—13:"iste hareticus dicet quod iste, cui utendi re aliqua licentia est concessa, iuste re illa utitur, aut quod iniuste, aut quod nec iuste re illa utitur nec iniuste. Si dicat quod iniuste, concordat utique cum constitution praedicta, quae vult quod qui sine iure utitur, utatur iniuste. Si dicat quod iuste utitur, sequitur per consequens quod et lure: quia quod iuste fit, et fit iure... Si autem dicat quod ille, cui est licentia utendi concessa, nec iuste utatur nec iniuste, hoc falsum est. Impossibile est enim actum humanum individualem indifferentem esse, id est nec bonum nec malum, nec iustum nec iniustum. Cum enim actus humanus dicatur, qui ex deliberata voluntate procedit, et per consequens qui fit propter　　(转下页)

之所以大段援引这段文字是因为它在争论的发展过程中至关重要。对于迈克尔来说，证明方济各修士不享有权利是为了证明方济各修士没有所有权，他们一无所有——按照方济各会的立场所有权与权利是合一的。教皇约翰二十二世知道，倘若他能证明方济各修士其实有一项权利，那么他就可以推翻"他们一无所有"这个命题。但是，这次他并未把火力直接集中在享有一项权利这个概念上，而是后退了一步，从行为的道德属性出发进行论证。首要的焦点不是享有什么(having)而是做了什么(doing)——特别是"使用"这个行为。问题不再是某人与一个外物或人的关系，而是主观行为(subjective action)这个问题：在回答这个问题的过程中，教皇约翰二十二世利用了教会法的材料，提出了"公正与否"等于"有权与否"这个命题。①然后他将这点扩展为更一般的道德论证：'公正'和"不公正"之间的对立与"好"和"坏"的对立是一致的，所有人类行为都包括在内。这样一来，有关方济各修会贫洁的争论就变成了有关人类行动能力(human agency)的争论。

教皇约翰二十二世对专属于人类的行动能力的关注具有鲜明的针对性。这个攻击点很可能得之于多米尼克修士奈德莱克(Hervé de Nédellec)对《因为有时》诏书所提出的下述问题的正式

(接上页注①) aliquem finem, qui quidem obiectum noscitur voluntatis, oportet quod si finis actus sit bonus, quod et ipse actus sit bonus, si vero finis sit malus, oportet quod actus sit malus."。

① Brian Tierney在最近的一篇文章当中探讨了教皇约翰二十二世声明的教令集作家起源问题。源头即是《教令集》，第5，40，12: "Ius dictum est a iure possidendo. Hoc enim Iure possidetur quod iuste."。他主张：教皇约翰二十二世的创新之处在于，为了质疑方济各修会的证据，他在"一项权利"这个主观意义上解释一个"ius"在其中具有"法"的客观意义的文本。参见B. Tierney, " 'Ius dictum est a iure possidendo': Law and rights in Decretales, 5. 40. 12"，载于D. Wood编，《教会与统治权(590年到1918年)：纪念迈克尔·威尔金斯》(The church and sovereignty, c. 590—1918: Essays in honour of Michael Wilks, Oxford, 1991)，页457—466。

答复［55］：说基督和使徒既不单独占有任何东西也不共同占有任何东西，是否属于异端邪说？奈德莱克既是多米尼克修会的总理事，也是教皇约翰二十二世的顾问和朋友。①他的文本在很多方面都与教皇约翰二十二世形成有趣的对照，并且体现出教皇约翰二十二世在多大程度上利用了教会法的论证策略来推进这场争论。奈德莱克的攻击仍然牢牢限于第一章所详述的那种13世纪的贫洁语言，将所有权作为核心范畴。但是，他在道德哲学方面提出的一个论点后来被教皇约翰二十二世采纳，而奥卡姆也无法对其置之不理。奈德莱克的策略是接受所有权与贫洁的方济各修会的古老二分法，然后论证，人作为理性造物不可能绝对贫洁。

奈德莱克首先忠实地揭示了方济各修会关于绝对贫洁的立场。但是，他接着说：

> 反之则是这个论证：无论谁使用一个物，都是要么把它作为自己所有的东西来使用，要么把它作为属于他人的东西来使用。假如他把它作为自己所有的东西来使用，那么他对它就享有某种权利，因为我们说"这是我的"，"那是你的"，是就你和我对那个物享有某种权利而言的。但是，假如他把它作为属于他人的东西来使用，那么他的行为就是不公正的，因此公正或合法的使用与所有权不可分割。②

---

① Damiata，《贫洁难题》，页325。
② Hervaeus Natalis [Hervé de Nédellec]，《论基督和使徒的贫洁》(*De paupertate Christi et apostolorum*)，J. G. Sikes编，*Archives d'histoire doctrinale et littérare du moyen âge* 11(1937—8)，页209—297，此处位于页235："In contrarium est quod omnis qui utitur re aliqua, aut utitur illa ut sua aut ut aliena. Si utitur ea ut sua, ergo aliquod ius habet in ea, quia sic dicimus: 'Hoc est meum', 'Hoc est tuum', in quantum ego et tu habemus aliquod ius in tali re. Si autem utitur ea ut aliena, tunc iniuste agit, et per consequens usus iustus vel licitus est inseparabilis a dominio."。Nédellec实际上证明的是与教皇约翰二十二世在前文所引段落相同的问题，页53。但其中的基本差别耐人寻味，因为Nédellec仍然在用所有权分析正确行为(right action)。

奈德莱克的攻击有的放矢，针对的是方济各团契（以及迈克尔）1309年或1310年左右在他们《使用贫洁宣言》(Declaration on the subject of poverty in use)中提出的立场的基础，矛头直指尤博迪诺(Ubertino of Casale)和属灵派。①团契在这里宣称：誓言贫洁的人"[无论使用什么物]都不是作为他自己所有的东西来使用，而是作为属于他人的东西来使用"。对于团契而言，"作为他人所有的"东西既非[56]公正亦非不公正，因为这种使用完全超出法律(extra-juridical)。奈德莱克把他们的观点总结如下：

> 对于能够使用却不能所有的人来说，使用独立于所有权；然而人们能够仅仅使用而不所有，因此他的使用就独立于所有权。大前提是不证自明的。小前提的证据不仅包括儿童和动物，甚至包括其他一些人，能运用理性的人，因为一个人可以通过一项誓言使自己不再能所有一个物，但是，任何人都无法使自己无力使用，因为否则他将死于饥饿和寒冷。②

但是，他在回应这个观点时指出：能够运用理性的人不可能超出法律。一个能够实施合法与非法、公正与不公正的人的行为，永远无法规避"公正"或"不公正"的限制，"对我而言，任何

---

① A. Heysse编辑了《使用贫洁宣言》(Declaratio Communitatis super materiam de usu paupere)，置于《优博迪诺小品文"论三亵渎"》("Ubertini de Casali opusculum 'super tribus sceleribus'")，载于 Archivum Franciscanum Historicum 10(1917), 103—174, 页116—122。

② Natalis [Nédellec],《论基督和使徒的贫洁》，页235："in eo, qui est capax usus et non domini separatur usus a dominio, sed aliquis potest esse capax usus et non dominii, ergo etc. Maior patet. Probatio minoris non solum de pueris et brutis, sed etiam de aliis, s. de hominibus habentibus usum rationis, quia homo per votum potest se facere non capacem dominii in rebus, sed nullus non potest se facere non capacem usus, alioquin moreretur fame et frigore, ergo etc."。

人都不应通过任何誓言使自己不能［公正或不公正］。"理性造物使自己像非理性造物一样是不道德的。①

《论基督和使徒的贫洁》篇章当中所展现出来的争论，包含了关于贫洁的传统讨论的若干经典特征：把所有权直接等值于权利；"自有的"（suum）与"他有的"（alienum）的划分具有重要的分量；把无所有权的人比作动物。教皇约翰二十二世在《那奸诈之徒》中从个人权利而非所有权的角度重新设计了奈德莱克的攻击策略。将事实上的使用——小兄弟会的行为超出法律之外的这个命题——作为一种行为模式（而非人与外在物品的关系模式）予以攻击。人不可能中性地行为。

面对这个攻击，《九十日作品》的作者②有两个选择。[57]

---

① Natalis [Nédellec]，《论基督和使徒的贫洁》，页244："nec videtur mihi quod aliquis talis debeat se facere non capacem per quodcunque votum iuris."。参照Bonagratia在小兄弟会使用外在物品与马吃燕麦之间所作的对比，页20，注释34。

② 奥卡姆在多大程度上可以被确定为《九十日作品》的"作者"，这是当前争论不休的问题。在《九十日作品》的序言当中，奥卡姆直截了当地断定："由于相当多的人按照自己理解的方式攻击《那奸诈之徒》诏书当中所宣布的许多东西……我认为应当把他们的理由插入当前的作品之中，这样一旦我们理解了双方的陈述，那么真相本身也就水落石出了。"这就导致了学者们争论在多大程度上可以把任何一个论证归诸奥卡姆本人。一方面是坚持作者必然具有他想要在一部特定的作品之中表达的观点的一派，Lagarde和Villey毫不犹豫地标明"奥卡姆"，并把《九十日作品》的论证归诸他这个作者名下。Marino Damiata在他的最近的研究奥卡姆重要作品当中辩称，尽管《九十日作品》无疑提出了身处帝国法院的意见不同的小兄弟会成员的整体观点，但那个文本反映的却是奥卡姆的思想，他甚至在一部可以说是那个群体的共同意见（opinio communis）的作品上留下了自己的个性的"印迹"（《贫洁难题》，页397）。但是另一方面却存在着一个事实：奥卡姆从未偏离一个固定的表达"他［教皇约翰二十二］的对手说……" Sten Gágner在最近的一篇文章当中拒绝把奥卡姆视为某些命题的"作者"，却提出了认真对待他的理由：S. Gágner，《奥卡姆"所有权"论题绪论》（"Vorbemerkungen zum Thema 'dominium' bei Ockham"），载于Antiqui et moderni，页293—327。Gágner把蒂尔尼的《奥卡姆、公会议理论与教会法学家》（"Ockham, the conciliar theory and the canonists'"，载于 *Journal of the History of Ideas* 15 [1954]，40—70）这篇文章的方法作为范本。蒂尔尼在这篇文章当中揭示了先前若干无疑归诸奥卡姆本人的论断的教会法学家起源。Gágner辩称，除非像蒂尔尼这样的研究覆盖整个奥卡姆的论战作品，否则我们将永远不知道"奥卡姆想什么"。　（转下页）

他可以坚持权利与所有权的同义,为方济各派之前的立场辩护。他也可以试着以自己的理由回答教皇,提出一个人类行为领域,其中的行为既非犯罪行为亦非严格的"正当"行为。如果他选择前一路线,那么他就无法充分地答复教皇有关行为的核心论点:因为方济各体系的二元性没有给他留下一个中间立场,可以为脱离所有权的人类行动能力辩护。但是,如果他选择后一路线,他又不得不推翻方济各修会立场的一个基本要素:因为小兄弟会认为,严格来说,方济各修士涉及世俗之物的行为并非专属于人类。

《九十日作品》的许多难题其实都来自一个事实:奥卡姆试图兼顾这两个路线。从理想的角度来说,他必须提出一个人类行动能力理论,不去破坏古老的方济各语言表述的有效性,但同时又可以回答教皇约翰关于道德行为的要点。有时,《九十日作品》似乎完全在讲述古老的托钵僧小册子上的语言。[①]然而,笔者认为,尽管古老的方济各语言策略仍然出现在《九十日作品》中,[58]但是关键在于奥卡姆如何回应,教皇约翰二十二世把好坏等值于公正与否这个做法——即教皇约翰二十二世的人类行动能力理论——提出的挑战。在《九十日作品》的行文当中,

---

(接上页注②)笔者自己的立场是,正如《那奸诈之徒》使用了许多不同的反方济各修会贫洁的论证,那么奥卡姆在《九十日作品》当中也采取了一系列不同的论辩策略以驳斥教皇。我们没有任何理由假定所有这些策略都是相容的,并且形成了一个融贯的"思想"或"理论"——我们甚至也无须说《那奸诈之徒》构成了一个理论单元。可以合理地假定它们具有不同的渊源。然而,笔者主张,正如《那奸诈之徒》在不计其数不同的法律阐述之中把人类行动能力视为重中之重,那么,《九十日作品》在无数为方济各修会贫洁辩护的老套的论证当中,作出了一个极为重要的回答。可以证明这个回答从其他中世纪经院主义思想流派当中汲取养分,而且它们无疑比这里所确认的还要多得多。但是,答复的策略显然属于创作《九十日作品》的人——奥卡姆,可以认为他就是那里所包含的权利语言的作者。

[①] 例如,第61章,页562,第156—159行,那里把"权利"说成是"自有的",因为它可以被盗窃,并通过法院追回。

奥卡姆不断地对教皇约翰二十二世作为一名法学家——一位纯粹的立法科学家——却提出了实际上属于一般人类行为理论的鲁莽佯装惊讶。但是,他的文本还是承认争论焦点的这个转变。① 正如我们将要看到的,奥卡姆利用了他作为一位哲学家的资源优势,以说明权利与亚里士多德主义科学上的自然行动能力,以及受司各脱主义影响的道德哲学上的道德行动能力之间的关系。

为了既保护古老的方济各修会的论证,又提出一种新型行动能力理论,奥卡姆通过一系列术语定义开启他的第二章,首个举动实际上是重新定义"事实上的使用"(usus facti)。它在这里被定义为"使用一个外在对象的行为,例如住、吃、喝、骑、穿,等等";② "每个行为,每个无论谁都会对一个外在之物所实施的东西,例如吃、喝、骑、写、读,等等,都会被称为事实上的使用(use of fact)。"③(需要强调的是:当"usus"这个拉丁词单独出现时,它也指单纯的使用行为。)奥卡姆这样定义"使用"是为了得出某种纯粹的活动,(亚里士多德式的)自然科学上的"行为"。但是,根据"使用上的贫洁"争议解决之后的方济各修会的官方话语,他的这个举动算是一个重新定义:因为按照团契的理论,这个中性行为恰恰是不可能的。倘若再去看看团契的《使用贫洁宣言》,我们会发现,他们面临这样一个诘难:贫洁不可能是

---

① 其他一些学者把《九十日作品》的这个特征评价为整体上令人印象不深的一个辩护的基本缺陷:"奥卡姆是在教皇的地盘上战斗"(Tuck,援引Gordon Leff,《自然权利诸理论:起源与发展》,页23)。更为贴切地说,奥卡姆试图再造教皇的论证,并且表明那个基础没有证成教皇预设的人类行动能力的绝对二分法。它不是一个缺陷,而是《九十日作品》哲学价值的源头。
② 《九十日作品》,第2章,页300,此处位于99—100:"actus utendi re aliqua exteriori, sicut inhabitare, comedere, bibere, equitare, vestem induere et huiusmodi."。
③ 同上注,页301, 122—125:"ominis actus, quem exercet aliquis circa rem extrinsecam, sicut comedendo, bibendo, vestiendo, scribendo, legendo in libro, equitandi et huiusmodi, vocatur usus facti."。

一个纯粹消极的东西,它必然具有"一个使用和一个行为(usus et actus)";而且,就像属灵派一直强调的那样,如果贫洁的使用和行为不是"使用上的贫洁",它又能是什么呢?团契的答复是,[59]贫洁的"积极的外在行为"是将某物作为他人的东西而非自己的东西使用。①使用行为对于东西的主人和贫洁之人来说都不是中性的,因为前者以他自有的方式使用,后者则将其当作他人的东西使用。正如我们在第一章所见,对于方济各修士来说,把物当作自己的东西对待就等于具有支配这些东西的意志:小兄弟会成员已经放弃了他自己的意志,必须脱离任何意志行为而使用东西。后一种行为与事实上的使用一致:没有任何法律身份的人的超法律行为。事实上的使用排除了所有权和权利。

通过把事实上的使用中性化,奥卡姆与方济各修会的命题保持了外在的连续性。他可以与他们一样说,事实上的使用独立于所有权,因为它作为纯粹的外在使用行为,独立于主体的任何个人属性。②再者,奥卡姆维持与方济各传统似是而非的连续性,也把这种既非公正亦非不公正的纯粹外在行为归诸动物、疯子和孩童;换言之,归诸非理性者。③

奥卡姆没有马上运用这个中性的使用。他的目标并不是,将纯粹的外在行为等值于小兄弟会使用外在物品的行为。在从理论上分离出这种行为后,他关心的是如何证明方济各修士的事实上的使用是合法的事实上的使用。奥卡姆实际上接受教皇约翰

---

① Declatio Communitatis, 载Heysse, "Ubertini de Casali opusculum 'super tribus sceleribus'", 页119: "Contra predicta sic obicitur: Sicut frater Minor vovet castitatem, sic et paupertatem; set non est castitas sine usu et actu, set usus paupertatis non potest esse nisi pauper usus..."。

"Dicendum, quod... actus voventis paupertatem est nolle in effectu proprium... Et ad hoc sequitur actus extrinsecus positivus quem habet vovens paupertatem circa quamlibet rem qua utitur, quia utitur re ut non sua set ut alterius."。
② 《九十日作品》,第58章,页551, 114—120。
③ 同上注,第41章,页524, 65及以下。

第二章 人性自然正义：14世纪的主观权利论

二十二世的说法：一个理性存在物实施的行为一定存在某些特别之处，任何运用理性的理性存在物都不可能实施道德上不合格的行为。就理性存在物而言，他接受合法(道德上好的)行为与不合法(道德上坏的)行为的二分法。如果奥卡姆想要挽救方济各修会的立场，他就必须证明，在合法行为的范围内，既存在公正的行为，也存在不是公正的但也不是不公正的行为。他从道德哲学角度给出的答复包括两个脉络。

第一个脉络聚焦行为本身，把亚里士多德在《尼各马可伦理学》第5卷中对公正行为的分析，与一种从根本上来说司各脱主义的、对道德上好的行为的分析结合起来，否定将公正行为与好的行为简单重合的做法。奥卡姆在第60章这样提出他的理由：

> [60]第四，争论者展现出了公正使用与合法使用之间的差别。要想使得这种差别变得清晰，就需要知道"公正"这个名词可以通过三种方式加以理解。第一种方式，它可以被理解为某种不同于其余三种枢德的特殊德性……据此，一个人对另一个人公正地行为。第二种方式，公正被理解为某种一般德性，可以称之为法律公正，它指示(ordain)所有德性行为趋向共同善。第三种方式，公正被理解为一个行为之于理性或另一个活动的应当的安排(due ordination)，有人认为，在这个意义上，它被称为比喻意义上的公正。①

---

① 《九十日作品》，第60章，页556—557，119—129："Quarto isti impugnatores ostendunt differentiam inter usum iustum et usum licitum. Ad cuius evidentiam est sciendum quod nomen "iustitiae" tripliciter accipi potest. Uno modo accipitur pro quadam virtute particulari distincta ab aliis tribus virtutibus cardinalibus... secundum quam homo iuste operatur ad alterum. Secundo accipitur iustitia pro quadam virtute generali, quae vocatur iustitia legalis, quae omnes actus virtutum ordinat ad bonum commune. Tertio accipitur: ustitia pro debita ordinatione actus ad rationem vel aliam operationem, et ita secundum quosdam vocatur iustitia metaphorice sumpta."

如果在第一种意义上理解公正（教皇约翰二十二世理解公正的方式），那么"有许多人类行为，它们是合法的且值得称赞的，但却不是公正的，例如贞洁、勇敢、怜悯、慷慨，以及许多其他类似的行为"。相似的情况也出现在第二种意义上：因为并非所有德性行为都被指向共同善的法律所覆盖。只有在公正的第三种意义上（明显不是教皇约翰二十二世怀揣的想法），公正的行为与合法的或者道德上好的行为相重合："在这种意义上，每个合法行为都是公正的，因为它是好的，与真正的理性相合。"因此，奥卡姆就捍卫了迈克尔的下述观点：就教皇约翰二十二世把"公正"理解为世俗法律性（civil juridicality）来说，有些行为既非公正亦非不公正，但与此同时，我们又无需将这类行为约等于非理性存在物的行为。

在前面的段落中，奥卡姆把道德上好的（合法的）行为界定为指向"理性或另一个活动"以及"与真正的理性相合"的行为。这些评论尽管言简意赅，但却暗示了对于行为道德性的一个立场，更接近司各脱的立场，而非奥卡姆自己在这个主题上的结论，或者至少可以说它只符合奥卡姆理论的一个方面。司各脱断定："行为与正确理性的会聚在于设定何者可以确定行为是好的"；[1] "[61]就一个道德行为的善来说，正确理性的完整指示必须先于这个行为存在：行为应当符合正确理性就像被衡量者符合尺度一样"。[2]行为在道德上的善是一个偶性，"它就像行为上

---

[1] Johannes Duns Scotus,《全集》，卷10,《〈嘉言录〉第一卷研究》(a d. 14 a usque ad 48am, Paris, 1893), 节17, 问题3, 页55: "convenientia actus ad rationem rectam, est qua posita, actus est bonus."。司各脱的行为道德性的理论在Etienne Gilson那里得到了讨论,《司各脱的基本观点导读》(*Jean Duns Scot. Introduction à ses positions fondamentales*, Paris, 1952), 第9章, 第3部分, "意志与道德规范"(Volonté et moralité)。

[2] Scotus,《全集》，卷10,《〈嘉言录〉第一卷研究》，页67: "est necessarium ad bonitatem actus moralis, quod eam praecedat dictamen completum rationis rectae, cui recto dictamini contormetur tanquam mensuratum mensurae."。

第二章　人性自然正义:14世纪的主观权利论

的某种饰品,由行为与所有那些东西的适当比例的总和构成,而这些东西则是一个行为应与之相称的……根据正确理性的指示,它们应当伴随这个行为"。① 它是某种处于实体行为本身之外且高于它的东西。②

奥卡姆曾批判司各脱,说他过分强调把与正确理性的关系作为道德上善的行为的根本特征。③ 他自己的分析则强调,意志本身必须包含正确,将正确理性作为自己的对象,并且运用自己对关系概念的批判来驳斥司各脱所讲的"理性正确性"的现实性。④ 他

---

① Scotus,《全集》,卷10,《〈嘉言录〉第一卷研究》,页55:"ita bonitas moralis actus est quasi quidam decor illius actus includens aggregationem debitae proportionis ad omnia, ad quae debet actus proportionari... ut ista dicantur a recta ratione debere convenire actui."。
"si ille [actus] non est secundum rectam rationem in operante, puta si ille non habeat rectam rationem in operando, non est bonus actus."(同上)。

② 参见司各脱在同一评注的第2卷当中对意志行为的分析,《全集》,卷11,《〈嘉言录〉第一卷研究》(a d. 3a usque ad 14am, Paris, 1893),节7,单独一个问题,"Utrum mali angeli necessarie volunt male",页386。司各脱在一个意志行为的自然的善与它的道德的善之间进行了区分,后者包含三个层面:"dico quod ultra bonitatem naturalem volitionis, quae competit sibi inquantum est ens positivum, quae etiam competit cuicumque enti positivo, secundum gradum suae entitatis magis et minus, praeter illam est triplex bonitas moralis, secundum ordinem se habens, prima dicitur bonitas ex genere, secunda potest dici bonitas virtuosa sive ex circumstantia; tertia bonitas meritoria, sive bonitas gratuita, sive bonitas ex acceptatione divina in ordine ad praemium."。一个意志行为的自类的善导致 "ex hoc quod ipsa transit super objectum conveniens tali actui secundum dictamen rectae rationis, et non solum quia est conveniens tali actui naturaliter ut Sol visioni."(同上),德性上的善属于一个意志行为 "ex hoc, quod ipsa elicitur a voluntate cum omnibus circumstantiis dictatis a recta ratione, debere sibi competere in eliciendo ipsam."(同上注)那么,1,17,3所说的行为的善就既包含这里列举的第一种善,也包括第二种,从而可以表明基本的实体行为被视为自然的善,它所具有的善属于任意一个东西,只要它存在。同样可以参见A. Wolter的讨论,《司各脱论意志与道德规范》(Duns Scotus on the will and morality, Washing, D. C., 1986),页48—51。

③ 参见Miethke,《奥卡姆路线》(Ockhams Weg),页308。

④ 奥卡姆关于关系的论点参见前文页44,注释99。对司各脱的公正作为一个关系的概念的批判,主要的地方在Quodlibet III,问题15,"Utrum rectitudo actus et deformitas differant a substantia actus"(编进《辩难》,卷9,《神学文集》[St Bonaventure, N. Y. 1980],页257—262),关于意志必须有正确　　　　(转下页)

并未完全放弃司各脱主义的"符合论"(conformity)的术语,但是他坚称,道德上好的行为是一种依照正确理性实施的中性行为,[62] 而非一个中性行为外加符合正确理性。① 然而,在《九十日作品》当中,奥卡姆却像司各脱一样,侧重强调行为与正确理性的简单符合。他把作为一个行为实际存在的纯粹的行为重新定义为"事实上的使用",这符合于中性行为(因此,修正对这个术语的古老的方济各式理解对他具有重要意义);合法的事实上的使用(licitus usus facti)就是这种与正确理性一致的基本行为,即道德上好的行为。因此,就其答复的这个脉络而言,奥卡姆利用基本上属于司各脱主义的道德哲学回应教皇有关好的和坏的人类行为的论证。

然而,在他的另一个脉络上,奥卡姆提出,将权利理解为人类行为的主观潜能。正是在此处,他的原创性才体现得淋漓尽致。在集中讨论了合法行为之后,他引入了合法的潜能(a licit potential)这个概念。正如第一个脉络中的合法行为以亚里士多德的行为概念为基础,限定为与正确理性相合的行为,奥卡姆在第二个脉络上使用了亚里士多德的行为的潜能这个概念,作为合法的权力这个概念的基础。奥卡姆要证明,权利就是这种合法的权力。

倘若我们回溯这部著作开篇的那一系列定义,我们可以发现,在定义了"事实上的使用"后,奥卡姆的第二个定义是"法律

(接上页注④)理性作为自己的目标,参见页260。这个学说在McGrade那里得到了分析,《奥卡姆的政治思想》,页189—196。

① 参见William of Ockham,《〈嘉言录〉第一卷研究》,《神学文集》(*Opera theologica*, vol. vi, St Bonaventure, N. Y. 1982),问题11,页386—388,以及《辩难》,卷3,问题15,页261:"rectitudo actus non est aliud quam ipse actus qui debuit elici secundum rectam rationem."。奥卡姆在必然是德性的行为与偶然是德性的行为之间进行了区分,后者可能最初是正直的或者善良的,然后是道德上恶的,或者相反,这取决于它们是否一个遵从正确理性的意志行为(页259—260)。

上的使用"(usus iuris),其准确外延具有多种含义。然而,"无论以何种方式使用'法律上的使用'这个术语,它总是某种类型的权利,而非一个使用行为……增加'法律上的'[这个术语]是为了把它与'事实上的使用'区分开来,后者是一个行为。"①因此,权利并不是一个行为或一个实现的东西(actuality)。当奥卡姆接着讲他的第四个定义"使用权"(ius utendi)时,这一点得到了证实。"第四,他们解释了什么是使用权,说使用权是使用一个外在物的合法权力,对此任何人都不得被以违背自己意志的方式剥夺,只要他没有过错或者没有合理的理由;而且倘若他被[这么]剥夺了,他可以在法庭上对剥夺的人提起诉讼。"②[63]权利在亚里士多德行动的潜能这个意义上是一种权力。奥卡姆反对法学家论证说,只要某人对某个东西享有某项权利,那么他就享有使用权:"使用权……属于享有纯粹使用的人,③也属于享有用益的人,而且不仅属于他们,往往也属于享有对某物所有权和财产权的人。"④因此,使用权是证明个人行为正当的基本法律性质。

那么,正如维莱在其早期论文当中正确强调的,使用权就是

---

① 《九十日作品》,第2章,页302,149—154:"Qualitercunque ergo accipiatur usus iuris, semper est ius quoddam, et non est actus utendi... additur autem "iuris" ad differentiam usus facti, qui est actus."。
② 同上注,页302,155—157:"Quarto exponunt quid est ius utendi, dicentes quod ius utendi est potestas licita utendi re aliqua extrinseca, qua quis sine culpa sua et absque causa rationabili privari non debet invitus; et si privatus fuerit, privantem poterit in iudicio convenire."。
③ 此处用的术语是"usus nudus",它指的是纯粹的使用权,即,区别于用益(usufruct),后者是使用权,并且享受由此而获得的成果。"纯粹的使用权"是被享用者(usuarius)所占有的东西,而用益则属于收益权人(usufructuarius)。重要的是要弄清,纯粹的使用权作为一个法律实体,并且由此作为一项权利或权力,它是区别于事实上的使用的,后者是纯粹的使用行为。
④ 《九十日作品》,页174—176:"Ius ergo utendi competit habenti usum nudum et etiam habenti ususfructum, et non solum illis, sed saepe competit habenti dominium et proprietatem rei."。

一种主观的行为权力。它不是针对东西的控制关系，像早期的方济各修士对权利的理解那样。而且，指向行为的合法权力这个范畴给奥卡姆的两个所有权定义提供了一个属。奥卡姆以权利替换掉所有权，作为中轴分析范畴："所有权是在一个人间法庭上证明和捍卫一个世俗之物的最为重要的人类权力"；或者更准确地说，"所有权是在法庭上证明一个世俗之物，并且以任何一种不被自然法所禁止的方式处分它的最为重要的人类权力。"①

奥卡姆这样就把"ius"或主观权利描述为"合法的权力"（potesta licita），而不是"公正的权力"（potesta iusta）。正如我们已经看到的，他在处理行为时极为谨慎地区分公正的与合法的——这是他的要点所在。一个并非完全公正的行为可以的合法的。但是，在处理"权力"时，公正的与合法的完全被混为一

---

① 《九十日作品》，第2章，页306，页320—321："Dominium est potestas humana principalis vendicandi et defendendi in iudicio rem aliquam temporalem"；以及页308，页391—393："Dominium est potestas humana principalis rem temporalem in iudicio vendicandi, et omni modo, quod non est a iure naturali prohibitus, pertractandi."所有权的一般定义很可能采自Marsilius of Padua的Defensor pacis对话二的第12章："[dominium] significat stricte sumptum potestatem principalem vendicandi rem aliquam... que siquidem ius alicuius dicitur, quoniam iuri primo modo dicto conformis."（Defensor pacis, R. Scholz编辑 [Hanover 1932]，页270，段13）。Marsilius所言的权利的"第一重含义"指的是它等同于立法者的命令（preceptum）这个严格来说属于法律（lex）的含义。按照Marsilius的第二重含义，所有权作为一个与法律一致的权力，是权利的一个种类："Dicitur autem ius secundo modo de omni humano actu, potestate vel habitu acquisito, imperato, interior vel exteriori, tam immanente quam transeunte in rem aliquam aut in rei aliquid, puta usum aut usumfructum, acquisicionem, detencionem seu conservacionem aut mmutacionem... conformiter iuri dicto secundum primam significacionem."（页269，段10）。尽管Marsilius由此似乎是奥卡姆把所有权假定为主观权利的一个种类的源头，然而显然Marsilius是在以一种极为不同的方式思考主观的"ius"。在Marsilius看来，这个"ius"主要是一个行为（他所举的例子都是行动方面的），而对于奥卡姆来说，这将把"ius"的范畴排除在外。Marsilius对"ius"的解释在根本上属于由Gerald Odo和John Buridan推进的亚里士多德的分析（Marsilius与Odo是同时代人，他们在1313到1315年同处巴黎大学），扩展至把作为权力的所有权包括在内，而奥卡姆的是一个全新的策略。关于奥多和布里丹，参见后文，第3章，页97—102。

第二章 人性自然正义：14世纪的主观权利论

谈。这种混淆在他处理自然法时凸显出来。①

奥卡姆在第61章把使用权划分为自然的和实在的。②实在的使用权是我们在前面看到的那种得到界定的使用权。它是一个"合法的权力"，但是它在法律性的意义上显然是完全公正。它正是小兄弟会缺乏的。然而，这种严格的法律性（juridicality）不仅适用于人类的实在权利，也适用于自然使用权，它"是所有人共有的，因为它基于自然，而不是基于任何继之而来的习俗才被拥有"。③没有任何人不享有这种权利："凡人的生活不可能离开自然权利，因为没有人能够放弃这种权利。"④然而，尽管每个人都向来享有这种权利，但是人却并非时时都享有它：人只有在极度缺乏必需品时会运用它，那时他可以根据这种权利使用任何

---

① 参见W. Kölme,《奥卡姆的自然法学》（"Das Naturrecht bei Wihelm Ockham"），载于*Franziskanische Studien* 35（1953），39—85，页43—44。按照Kölme的看法，奥卡姆使用"ius"这个术语既是指"实在的、可争议的法律规定"（positive, streitbare Rechtsatzung），也指单纯的"能力，一种可以使用的消耗品，一种'合法使用的权力'"（Fähigkeit, ein Verzehrgut zu verbrauchen, eine 'potestas licita utendi'）。他接着提出，"potestas"这个术语必须改变其含义，把它的含义从"合法使用的权力"（potestas licita utendi）这个短语的用法转变为（卖物的首要权力）（"potestas principalis vendicandi... rem"）（所有权的定义）这个短语的用法，断定在后者当中它的意思不仅仅是"能力"（Fähigkeit），而且还有"诉讼能力"（Gerichtsfähigkeit）。于是他得出结论认为，奥卡姆把"合法使用的权力"直接称为一项"权利"含糊不清："因此，奥卡姆把'合法使用的权力'定义为'使用上的权利'颇为含糊不清。"（Deshalb bleibt die Definition Ockhams als 'potestas licita utendi' als 'ius aliquod utendi' reichlich verschwommen.）笔者对这个所谓的含糊不清看法稍有不同：奥卡姆不仅在"potestas"这个词上含糊其辞，而且在整个"potestas licita utendi"短语上都模棱两可：根本性的模糊体现在"licit"这个术语上。但是笔者同意，在它的第二种含义上（作为小兄弟会拥有的一项权力），它的含义并非奥卡姆所说的他用"ius"直接指向的。
② 《九十日作品》，第61章，页559, 34—35："ius utendi est duplex. Quoddam enim est ius utendi naturale; aliud est ius utendi positivum."。
③ 同上注，页559, 36—37："Ius utendi naturale commune est omnibus hominibus, quia ex natura．non aliqua constitution supervenient, habetur."。
④ 同上注，第60章，页556, 93—94："iure enim naturali non potest carere vita mortalium, quia tali iuri nullus renuntiare potest."。

他需要以之维持自己生命的东西。①这种自然权利是一种与实在权利同等强意义的权利,对此有以下事实为证:除了一个特殊的情况,奥卡姆认可,小兄弟会的成员因其享有一种自然权利,必须对于他们使用的东西享有某种权利。②他坚持,在极度缺乏必需品时,兄弟们像其他任何人一样享有一种使用权——自然使用权。但是,鉴于小兄弟会并非永远处于极度缺乏必需品的状态,他们对那些他们在其他时候使用的东西没有这种使用权,而只是一种使用许可(licentia utendi),这无论如何都不是权利:"兄弟们在极度缺乏必需品之外的时刻具有使用东西的许可,但是,他们在极度缺乏必需品的时刻之外没有使用任何东西的权利,因此,使用许可不是使用权。"③除了极度缺乏必需品的时候,他们依许可使用东西,不是依权利,更不是依自然权利使用东西。如果不这样认为就会承认教皇的观点。

因此,奥卡姆用"合法的权力"这个术语指严格意义上的权利,不管它是自然的还是实在的(二者都是小兄弟会所缺乏的,除了极度缺乏必需品之时)。但是,显然他也想使用"合法的使用权力"(licita potestas utendi)这个概念指代小兄弟会在极度缺乏必需品之外使用东西的权力。所以,我们本应期待他发展出对这个术语的第二种理解,将其理解为实施一个合法行为(actus licitus)的权力或实施与正确理性一致(consonans rationi rectae)的行为的权力(这是小兄弟会具有的)——这种权力并不是严格意义上公正的权力,而只是合法的权力。这些期待似乎都实现了,因为他在第4章断定:"欲使事实上的使用合法,一般的合法使用权力

---

① 《九十日作品》,第61章,页559,37—44。
② 同上注,页561,116—133。
③ 同上注,130—137: "Fratres habent licentiam utendi rebus pro alio tempore quam pro tempore necessitatis extremae; sed non habent quodcumque ius utendi nisi pro tempore necessitatis extremae; ergo licentia utendi non est ius utendi."

第二章 人性自然正义：14世纪的主观权利论

即已充分……一般的合法使用权力，是上帝在人类堕落前后，通过我们先祖的人格赋予全人类的那种使用权力……有了这种使用权力，事实上的使用就可以是合法的。"① 奥卡姆接着说，"所以，应当存在某些消耗品，它不在任何人的所有权之下，通常的使用权力对此就是充分的，如果没有其他障碍，某个人应当可以合法地使用它。"②

奥卡姆在第14章详述了这个"一般的权力"。根据奥卡姆在这一章的看法，上帝在造人时赋予了人两个东西。第一，祂给了人对[66]世界所有其他造物的所有权。奥卡姆针对教皇约翰二十二世谨慎地强调说，这并非对其余造物的任何类型的产权（proprietorial right），而只是在没有遭遇抗拒的情况下统治和管理它的权力。第二，上帝赋予人和所有其他动物一种使用特定东西的权力。③ 尽管随着人类的堕落，原初所有权丧失了，于是人类必须以武力征服世界，但使用外在物品的权力仍然保留在人的身上。④

正如我们所见，按照奥卡姆在第4章的理解，这种权力使得事实上的使用变得合法。然而，奥卡姆主要关注的不是使用那些无

---

① 《九十日作品》，第4章，页333，197—202："quod usus facti sit licitus, sufficit licita potestas utendi communissima... licita potestas utendi communissima est potestas utendi, quam Deus in primis parentibus post peccatum vel ante toti humano generi dedit... stante tali potestate utendi, potest usus facti esse licitus."。
② 同上注，203—205。
③ 同上注，第14章，页432，92—94："Praeter istud autem dominium, fuit data ipsis [primis parentibus] et animantibus terrae potestas utendi quibusdam rebus determinatis."；页433，125—126："illa enim potestas data fuit aliis animalibus, quibus non fuit datum dominium."。
④ 此处在第14章，这种权力被直接描述为使用权，是所有动物都共有的：通过强调这后一特征，奥卡姆侧重它的自然性以及它不同于其他任何权力的地方，例如统治其余造物的权力，那只属于原初的无罪的精神状态。但是在第4章，这种权力被描述为合法的使用权，只属于人类：此处相反，奥卡姆延续着他答复教皇约翰二十二世的主要策略，正如我们在前文所见，这个策略转而承认人类和动物活动之间的差别。

主物的情形——小兄弟会的成员不是在大地上徘徊,使用不属于任何人的东西——而是关注小兄弟会在法律之下的实际情况,即使用属于他人并且被置于他们处置之下的物品的情形。在他看来,难题在于如何解释小兄弟能够合法地使用属于他人的东西,而一个窃贼却不能。① 奥卡姆的答复是,对于窃贼来说,他在使用这些物品的权力上存在一个障碍——即它们属于另一个人的事实——这使得他的行为不合法。② 然而,他又详细地说,在极度缺乏必需品时,任何人的使用都不存在障碍。

这个回答的问题在于,按照奥卡姆自己的论证,在极度缺乏必需品的情形下使用物品的权力是严格的自然权利。这项权力证成了这种使用,而不是仅仅使得这种使用合法。因此,如果小兄弟会在极度缺乏必需品的情形之外,基于所有者的许可,凭借他们在极度缺乏必需品的情形之下,在没有这种许可时使用这些物品的那种权力,来使用他人的物品,那么这种使用就是基于权利的使用——它是得到证成的——而非单纯的事实上的使用。

同样的问题在第65章也尽显无疑。奥卡姆在那里为了澄清问题,引入了另两个范畴"天国的权利"(ius poli)和"尘世的权利"(ius fori)。③ [67] 在奥卡姆看来,这些都是既属于客观权利又属于主观权利的范畴。在客观的意义上,"尘世的权利"是"公正的东西,它由一个明确的人类或神圣契约或条例构成",而"天国的权利"是"自然的衡平,它在没有任何人类的或者甚至纯粹实在的神圣条例的情况下与正确理性相合,不论是与纯粹的自然正

---

① 《九十日作品》,第4章,页334。
② 同上注。
③ 这是奥古斯丁所作的区分,被格兰西吸纳进《教会法汇要》(C. 17, Q. 4, c. 43)之中。在《出埃及记》和Ubertino of Casale答复Quia nonunquam的文本之中,"ius poli"的概念都被提及,其中断定基督和使徒"因自然权利而享有世俗之物,它被一些人称为'ius poli',因为它维持着自然"。这个段落被Miethke援引,《奥卡姆路线》,页369,注释83。

确的理性相合,还是与从那些上帝启示给我们的事物加以理解的正确理性相合"。①在主观意义上,"天国的权利不过是一种与正确理性相符的权力;天国的权利是产生于一个协定的能力,有时与正确理性相符,有时不符"。②天国的权利——客观的或者主观的——既包括自然法(ius naturale,"每种与天国的权利相关的自然权利"),又包括神法(ius divinum,因为它进一步包括所有与启示的正确理性相合的东西)。③

因此,主观的天国权利是合法的权力(对应奥卡姆回应教皇的第一个脉络中的"合法行为"):一种与正确理性一致的权力(*potestas consonans rationi rectae*)。但是,这些段落也清楚地表明,奥卡姆把天国的权利吸纳进自然权利,是所有个人都可以在极度缺乏必需品的情形下使用东西的权力。④它通过[68]主人

---

① 《九十日作品》,第65章,页573—574,40—41:"iustum, quod ex pactione seu ordinatione humana vel divina explicita constituitur";页574,76—79:"aequitas naturalis, quae absque omni ordinatione humana et etiam divina pure positiva est consona rationi rectae, sive sit consona rationi rectae pure naturali, sive sit consona rationi rectae acceptae ex illis, quae sunt nobis divinitus revelata." "天国的权利"与"自然的衡平"之间的等值出现在《标准集注》的C. 17, Q. 4, c. 43(Miethke, Ockhams Weg,页480,注释182),它的作者是Johannes Teutonicus。他也把"自然的衡平"与"自然法"联系起来(参见后文,页86,注释142)。在Dialogus的III, II, iii, 6(文本得到了重新编订,H.S. Offler,《奥卡姆理论中的三种自然法模式:修订版》("The three modes of natural law in Ockham: A revision of the text",载于 *Francican Studies* 37[1977],页207—218)当中,"自然的衡平"被暗指构成着客观的自然法的第二种模式:"Aliter dicitur ius naturale, quod servandum est ab illis, qui sola equitate naturali absque omni consuetudine et constitution humana utuntur." 这就是那种在堕落之后但仍处于政治状态之前使得人类行为有序的自然法,它显然是OND所需的含义。参见McGrade的《奥卡姆的政治思想》(页177—185)对《对话》文本的精妙分析。
② 同上注,第65章,页579,273—276:"Ius autem poli non est aliud quam potestas conformis rationi rectae absque pactione; ius fori est potestas ex pactione aliquando conformi rationi rectae, et aliquando discordanti."。
③ 同上注,页575,80—81。
④ 奥卡姆在第65章把天国的权利与自然法合二为一,这从他所使用的"自然的与天国的"(naturale et poli)(第229行),"天国的与自然的法"(第231)这些短语可窥一斑。参见Miethke在《奥卡姆路线》当中的讨论,页491—413和注释221。

的许可,通过使用行为实现,消除了在极度缺乏必需品的情形之外使用属于他人的东西的禁令。①

因此,奥卡姆最终也没有给教皇一个明确的答复,因为他未能分离出一种合法的权力,那是一种实施这样一种行为的能力,这种行为与正确理性相合这个意义上使合法的行为,但是并非严格意义上公正的行为。然而,尽管把与正确理性相合的权力理解为(自然的)权利,并不十分切合奥卡姆在《九十日作品》的目标,但是这个概念却在新世纪开始之际被法国神学家热尔松(Jean Gerson)在定义一般意义上的权利时热情地采纳。他这么做的靶子是那些利用奥卡姆的主观权利概念支持所有权基于恩典这一恶名昭著命题的人:菲茨拉尔夫(Richard Fitzralph)和威克里夫(John Wyclif)。

二、主观权利与本体论地位:菲茨拉尔夫与威克里夫的奥古斯丁主义中的"正义存在"

随着菲茨拉尔夫这位北爱尔兰阿马的主教于1351年至1356年间创作的《论救主之贫洁》(*De pauperie salvatoris*)的出现,关于托钵僧贫洁的争论达到了顶点。②他原本是一位具有温和奥古斯丁主义倾向的牛津神学家,③1337年迁居至阿维尼翁,进入

---

① 《九十日作品》,页578,218—227。
② 参见James Doyne Dawson,《理查德·菲茨拉尔夫与14世纪的贫洁争论》("Richard Fitzraph and the fourteenth-century poverty controversies"),载于*Journal of Ecclesiastical History* 34(1983),页315—344,可以看到14世纪中叶英格兰和阿维尼翁反托钵僧的情感,以及奥卡姆1349年去世之后出现的关于修士的教会地位——特别是特权——的持续争论的详细情况。关于菲茨拉尔夫的生平和著作的详细说明,参见K. Walsh,《一位14世纪的学者和大主教:理查德·菲茨拉尔夫在牛津、阿维尼翁和阿玛》(*A fourteenth-century scholar and primate: Richard Fitzralph in Oxford, Avignon and Armagh*, Oxford, 1981)。
③ 参见Leff,《作为〈嘉言录〉评注者的菲茨拉尔夫:一项 (转下页)

第二章 人性自然正义:14世纪的主观权利论

了教皇区的圈子,当时那里反托钵僧的情感仍然炽烈。他可能在那里遇到了《九十日作品》,把它当作了一个现成的批判的靶子。① 在这个地方他一定会接触到教皇全权(plenitude of power)理论。这个理论基于"所有权(dominium)旨在证成恩典"这个命题,它在信奉奥古斯丁主义的[69]贾尔斯(Giles of Rome)手中最为闻名。② 这个学说在1325年曾被克雷莫纳的威廉(William of Cremona)再次使用,攻击对象是马西利乌斯(Marsilius of Padua)。③ 威廉的作品或许是菲茨拉尔夫的思想的直接来源。

《论救主之贫洁》包含七卷,前五卷坚持所有权依赖恩典的命题,后两卷攻击托钵僧修士的特权。这两个部分之间是怎样一种联系一直聚讼纷纭。④ 然而,似乎可以确定,这个对话直接针

(接上页注③)神学正统研究》(Richard Fitzralph, Commentator of the Sentences: A study in theological orthodoxy [Manchester 1963]),以及Walsh, Fitzralph,页51及以下,可以对菲茨拉尔夫的神学成就予以更为正面的评价。

① 例如,库里亚主义者Lawrence of Arezzo在14世纪40年代可能知道它:参见Offler,《奥卡姆政治思想的影响》,注释96。

② 参见Walter Ullmann,《中世纪教皇至上主义:中世纪教会法学家的政治理论》(Mediaeval papalism: The political theories of the mediaeval canonists, London, 1949),第4章和第5章,可以读到这个学说的起源;Wilks,《中世纪晚期的统治权难题:特里温福的奥古斯丁与政论家的教皇君主制》,可以读到罗马的贾尔斯和教皇政论家。A. Gwynn,《威克里夫时代的英格兰奥斯丁修士》(The English Austin friars in the time of Wycliff, Oxford, 1940),第二部分,第4章,暗示了菲茨拉尔夫停留在阿维尼翁对于他的思想的发展的重要意义。

③ Refutation或者Reprobatio errorum, Wilks追溯到1327年(《中世纪晚期的统治权难题:特里温福的奥古斯丁与政论家的教皇君主制》,页558),Gwynn追溯到1325年(《威克里夫时代的英格兰奥斯丁修士》,第二部分,第4章)。

④ Aubrey Gwynn(在《威克里夫时代的英格兰奥斯丁修士》中)暗示,这两个讨论被以下命题联系在一起:由于对自己特权的滥用,托钵僧已经在上帝面前丧失了任何权利。沃尔什(菲茨拉尔夫)认为这部作品部分是澄清作者自己思想的一次运用(页388),并且主张,菲茨拉尔夫在阿维尼翁作为一位教皇政论家谱写的前五章,后五章的谱写是在他阿玛的教区作为一位实际的管理者。然而,Dawson却认为,写作的目标旨在调和贫洁争论的两方。他发现菲茨拉尔夫接受小兄弟会的自然的所有权不同于市民法所有权命题,以及所有权依赖恩典的命题,这与菲茨拉尔夫的主要论证无关。但是,这并没有解释菲茨拉尔夫为何在发展那个命题时不惜笔墨。

对《九十日作品》，批评后者把原初所有权与自然使用权区分开来。接着，这部对话把原初所有权从而也把使用权植根于恩典。

菲茨拉尔夫以下述论点开始：要想把贫洁视为一个被剥夺了某物的状态，那么我们就必须首先讨论被剥夺的东西，即财富或者所有权。① 第一所有权是上帝的所有权，所有其他的所有权都从此降下。上帝是主人（dominus）是因为他创造、统治并保存所有东西："所有东西都属于他，通过他，并在他之中。"② 作上帝为万物的所有权人，对于其造物来说处于给予者的地位：上帝给予他们的本质，造物才可能存在；给予他的善良，他们才可能好；给予他的力量，他们才可能有力；给予他的美，他们才可能美丽；给予他的生命，或者他本身即是生命——"immo se vitam"——他们才可能生。对于有感知的生物体，他以感觉相通，对于理性造物，他以理性相通；对于有所有权的理性造物，他以所有权相通。③

菲茨拉尔夫在第二卷中思考了人类的所有权这个问题。他把《创世记》第一卷作为自己的出发点，那里上帝给予[70]人类对世上万物的所有权，而且他的分析回应了奥卡姆《九十日作品》第14章的相关讨论。菲茨拉尔夫把亚当的所有权定义为"根据理性自然拥有生来就从属他的东西，以及完全使用或处置它们的凡人权利或者原初权威"。④ 他延续了奥卡姆将权利作为所有权的属以及权利与理性相合这两个立场，但是与奥卡姆不同，他把使

---

① Fitzralph,《论救主之贫洁》(*pauperie salvatoris I—IV*)，R. Lane Poole 把它作为一个附录添加在 Wyclif 的《论上帝的所有权》(*De dominio divino*, London, 1890)，第1卷，第1章之上。
② 同上注，第4章。
③ 同上注，第20章，页309—310。
④ 同上注，第2卷，第11章，页335："Videtur ita posse describi, quod Ade dominium fuit racionalis creature mortale ius sive auctoritas originalis possidendi naturaliter res sibi natura subiectas conformiter racioni, et eis plene utendi sive eis tractandi."

用权视为原初所有权的一个部分。人类使用其余造物的自然能力不能与他作为理性造物的优越性——他凭借这点成为一个主人并被以上帝的形象创造——分开。

菲茨拉尔夫通过阐明定义中的术语展开他的批判。当教皇约翰二十二世接着问为何他使用"权威"或"权利"这个词汇时,菲茨拉尔夫回答说:

> 权威或权利只属于理性造物;权力或能力(faculty)属于非理性造物,是它们的第一构成;因为按照前引《创世记》的话语,"都赐给你们,这些都可作食物,有生命的动物,我把绿色植物赐给它们作食物",地上的动物……它们自然地具有天生的、不受指责的能力。①

这是奥卡姆在《九十日作品》第14章区分自然的使用权力(potestas utendi)与亚当的原初所有权(dominium originale)时使用的一个段落。在这个段落中,奥卡姆仅仅谈及"权力",而没有谈及"权利",并且指出,人类和其他动物都享有这项权力(即使在谈及堕落后的情形时,他依然谈及人类使用其余造物的自然权利,而且从未把与单纯的权力相对的权利归诸动物)。②菲茨拉尔夫在回应时,从一开始就把人类的使用与动物的使用区分开来。人类有权威或权利去做动物只是有权力去做的事。

动物的权力是"天生的",并且"属于它们的构成":没有这

---

① Fitzralph,《论救主之贫洁》,第4章,页338:"Auctoritas seu ius soli racionali convenit creature; potestas sive facultas irracionabilibus competit ex sua institucione primaria; quoniam iuxta supra posita verba de Genese, Ut sint vobis in escam, et cunctis animantibus, animalia terre... suo naturali modo habent congenitum irreprehensibilem facultatem."。

② 参见前文,页66和注释54。

种力量它们就不可能是动物。与此类似,作为原初所有权的那个权利,被说成大体上随"人性的自然正义"而来。① 人的自然仅仅由上帝创造,也就是说,在一个[71]证成恩典的状态。② 菲茨拉尔夫援引《创世记》第1章第26—28节,大意是说,上帝按照自己的形象创造了人类,他区分了"ymago",即人"与自然相合",以及"similitudo",表明人在"德性上相似",而且后来还包括了正义(恩典意义上的正义)。他论证说,上帝看到他的造物非常好:"如果没有慈爱,这是圆满的纽带……又有谁能说一个人极好和圆满呢?"③ 初看之下,这似乎是一个托马斯主义者的观点:恩典是人之自然的成全。但是,菲茨拉尔夫的论证实际上是倒过来的:人的自然有待成全,即有待在恩典的状态下成全。不处在恩典或慈爱状态下的人,由于死罪(mortal sin),不可能真正拥有人的自然:"亚当由于违反了上帝的命令丧失了自己具有的全部德性,甚至丧失了他的理性灵魂,注定死亡,这才叫真正的毁灭……在犯罪中,他招致了肉体的先死,同样还有灵魂的死亡,他的生命是上帝。"④ 人性是正义的自然,或者根本不是;这种内在正义性是所有人类所有权的根据(title)。

菲茨拉尔夫的总体立场很清楚,但是他关于正义和权利的语言有点混乱。他通常认为所有权是权利的一个种,因此权利

---

① Fitzralph,《论救主之贫洁》,第2卷,第5章,页340。
② 同上注,第6章。
③ 同上注,第7章,页346:"Si enim cuncta opera Dei in suis gradibus fuerunt valde bona, sic homo erat valde bonus in sua specie, ut in suis speciebus cetere creature: set quis potest dicere hominem valde bonum aut perfectum, qui non possidet caritatem, que est vinculum perfectionis...?"。
④ 同上注,第11章,页353:"Adam omnes virtutes quas habuit perdidit delinquentdo, et animam racionalem similiter, quam obligavit ad mortem eternam, que veraciter perdicio appellatur... eciam peccando incurrebat mortem primam corporis et anime similiter, cuius vita est Deus."。

本身就不可能是权利或所有权的根据:①原初所有权的根据毋宁是原初的正义。然而,他还将权利视为所有权的一个原因,②并将复数的权利和所有权说成是"通过权利或根据的外加"累积而来。③如此一来,权利就是所有权的根基,并且倾向于与正义本身重合。菲茨拉尔夫恶名昭著的继承者威克里夫,在论述所有权和恩典时采纳了后面这个观点④

[72] 威克里夫在他的《论上帝的所有权》(*De dominio divino*)和《论市民法所有权》(*De dominio civili*)中详细阐述了自己的观点。这两个部分构成了他创作于13世纪70年代末的神学之《大全》的第三卷。《论上帝的所有权》在界定所有权时,威克里夫与菲茨拉尔夫不同,他认为所有权至少有一层含义可以用来指非理性存在物和无生命存在:"按照自然哲学家的说法,自然界的每一有形行动者都拥有对相关受动者的所有权。"⑤然而,"对于政治理论家来说,更严格地也更相关的理解在于,只要一个理性造物具有对某种从属之物的卓越地位,就会被认为是它的

---

① Fitzralph,《论救主之贫洁》,第3卷,第3章,页384。
② 同上注,第1卷,第27章,页321。
③ 同上注,第2卷,第5章,页340。
④ 关于威克里夫职业的简介,参见Leff,《中世纪晚期的异端》,卷2,页494—500; A. Kenny,《威克里夫》(*Wyclif*, Oxford, 1985),页1—5。所有权基于恩典的学说之于威克里夫整个权威理论的意义,以及他的作品与菲茨拉尔夫之间关系的准确性质,都饱受争议:参见M. Wilks,《预定、财产与权力:威克里夫的所有权和恩典理论》("Predestination, property and power: Wyclif's theory of dominion and grace"),载于G. J. Cuming主编, *Studies in church history*, 卷2(London and Edinburgh 1965),页220—236; Leff,《中世纪晚期的异端》,卷2,页548,他认为威克里夫不同于菲茨拉尔夫,把整个所有权问题都作为一个正义的道德问题来对待。然而,正如我们所见,正义与道德生活之于菲茨拉尔夫的论证也具有核心意义。
⑤ 《论上帝的所有权》(*De dominio divino libri tres*, London, 1890), R. Lane Poole编辑,第1卷,第1章,页2: "Sic enim secundum naturales omne agens phisicum se habet in dominio ad suum passum."

主人(dominus)"。①因此,所有权被正式定义为:"一种支配自由行为的卓越地位",故而只属于理性存在物:"非理性存在物使用食物的事实推导不出它们对食物享有所有权"。②

这个所有权属于关系范畴:"因为'主人'和'奴隶'(来自《范畴篇》和《形而上学》)是就某种东西而言的,因此通过它们被正式地说成是处于某个关系中的某些东西。"③威克里夫强调,这样的话,所有权就有别于权利。"因为,一个人可以在没有对某物的所有权的情况下,也可以对其享有占有的权利,就像他已经取得了所有权那样。"④所有权不是权利,而是把权利预设为自己的基础。威克里夫接着说,据此可以得出结论,"权力"不是所有权的属。因为权力独立于另一个存在物的存在,但是所有权的存在依赖一个被所有者(a dominated)的存在。[73]权利被同化为权力,成为所有权的基础。⑤

---

① 《论上帝的所有权》(*De dominio divino libri tres*, London, 1890), R. Lane Poole编辑, 第1卷, 第1章, 页4: "Strictius tamen et magis pertinenter menti politici dicitur natura racionalis que preest sibi subdito, eius dominus."。
② 同上注。
③ 同上注: "quoad genus dominii, patet quod sit relacio... nam dominus et sevus(ex Predicamentis et quinto Metaphisice) dicuntur ad aliquid, et per consequens illud quo formaliter dicuntur huiusmodi est relacio."。
④ 同上注, 第2章, 页8: "Ex istis patet error quorundam putancium quod dominium dictum formaliter sit ius aliquod vel potestas. Nam homo potest habere idem luis ad rem possidendam curn privacione eius dominii; quod ius habebit nacto dominio."。威克里夫痛斥那些混淆这二者的人所犯下的错误,但他承认"所有权有时是在形式上理解的,例如在前面……描述之中;有时是在因果上或实质上理解的,基于形式所有权的主体、基础或终点……因为每个讨论所有权的人都会说,它一般指以下四者之一: 关系、支配的主体、所有权所基于的基础或者被占有的东西"。第1章, 页6。
⑤ 同上注, 页8—9: 这完全是一个托马斯主义者的关系范畴解释。每个关系都建立在一个潜能的基础之上,这个潜能不同于那个关系。潜能或权力是一个实体的实质的一个部分,它是每个关系都预设的;参见阿奎那,《神学大全》,第1集,问题13,节7,正解: "所有权预设着权力,它是上帝的实质"。威克里夫所使用的说明一个关系是建立在一个潜能基础之上的经典例证是父权(paternitas);参见阿奎那在《神学大全》第1集问题16节5的讨论: "Utrum potentia (转下页)

在《论市民法所有权》的开篇,①威克里夫首先考虑的事情是"看看市民法所有权是否预设基于恩典的自然法所有权"。他的答案是确实如此:"处于死罪状态的人,没有哪个直接对上帝的恩典具有正义……最终以一种证成恩典状态存在的人,都并非只是对上帝的一切恩赐享有权利,而是实质拥有了上帝的一切恩赐。"②实质拥有或所有权的状态,预设了对被拥有之物的权利或正义。

正义就在恩典中,处于恩典中才是真正的存在,"因为既然[人类]具有出于纯粹恩典的存在,在这种存在当中,自然法约束他延续恩典的状态,当他脱离这种法的统治,他就不再是一个受造物,或者说不再占有任何东西,除非基于一种含混的说法"。③一个人存在的模式决定了他占有的模式:"罪人只能以那种方式占有东西,基于这种方式他是存在的,但是无论他怎样存在,他都是不正义地存在着,所以不论他以何种方式占有,他都是不正义地占有。"④原因在于,罪感染了自然:倘若一个人的生命以及他的存在是不正义的,那么他的任何其他动作,甚至吃饭睡觉都是不正义的。甚至他具有身体、灵魂、器官以及所有他的

(接上页注⑤) generandi signifacet relationem, et non essentiam."。关于阿奎那及之后的托马斯主义者的关系概念的详尽解释,参见A. Krempel,《圣托马斯的关系学说》(*La doctrine de la relation chez Saint Thomas*, Paris, 1952)。

① 《论上帝的所有权》,R. Lane Poole编辑,第1章。
② 同上注,第1章,页1: "oportet in primo videre si civile dominium presupponat dominium naturale fundatum in gracia... Intendo itaque pro dicendis ostendere duas veritates...prima, quod nemo ut est in peccato mortali habet iusticiam simpliciter ad donum Dei; secunda, quod quilibet existens in gracia gratificante finaliter nedum habet ius, sed in re habet omnia bona dei."。
③ 同上注,页3: "quia cum habet esse ex pura gracia, quo esse tenetur ex lege naturae continuare in gracia, dum perdit regulam huius iuris non manet creatura vel quidquam possidens nisi equivoce."。
④ 同上注,页2: "Peccator solum illo modo quo est possidet, sed qualitercunque est, iniuste est ergo qualitercunque possidet, iniuste possidet."。

其他自然资产都是不正义的，按照奥古斯丁的原则"罪是空无，当人类犯罪时，他们变成了空无"。①

恩典或者正义——证成恩典——因此就成了[74]所有权的基础。这个所有权就是向物权(ius ad rem)，作为随后的所有权的必要条件优先处置(prior disposition)。凭借这个价值或正义，一个受造物应得"恒心至死的恩典和国度"：因为"没有任何人应得任何东西，倘若他不享有对它的权利"。②因此，威克里夫的"权利"的完整含义是功德、诉求、价值或根据：权利与恩典重合，是受造物的存在模式或本体论地位。在恩典之外，只有唯一的首要存在(esse primum)以及自然善(bonum naturae)。正义只有次级的圆满(perfecctio secunda)和恩典之善(bonum gracie)。③

威克里夫在《论上帝的所有权》当中讨论了价值和功德的主题。他在那里论证说，由于上帝赐予受造物的每个恩赐都是可收回的，故而实际上都是暂借。④这个暂借使得受造物可能做出有价值的行为。由于这个可能性依赖于上帝，所以功德从来都不是应得的，而只能是相合的。一个受造物通过服侍上帝才应得合宜的功德：

> 而且，不是通过任何自然地想要得到单纯好的东西的方式，而是通过一个意志的思考行为……因为一块石头和任何受造的物质都自然地欲求它自己的存在，并且因此是好的；也不是说基于这种喜爱，它就是道德上值得褒扬或谴责的，

---

① 《论上帝的所有权》(*De dominio divino libri tres*, London, 1890)，R. Lane Poole 编辑，第1卷，第1章，页3："Et inter alia hoc movet Augustinus, super Ioannem omelia prima, quod "Peccatum nihil est et nihil fiunt homines cum peccant.""。
② 同上注，第2章，页15："nemo meretur aliquid, nisi habuerit ius ad illud.""。
③ 同上注，页11。
④ 同上注，第3卷，第4章，页225—226。

因为它纯粹是自然的。但是,假定基于自然善的自然褒扬,一个自由的受造物,引出了一个意志的行为,必须提升首要正义中的愉悦,然后功德和道德善随自然善而来。①

这些基本的术语取自司各脱,他在思考邪恶天使是否必然邪恶地意欲时,分析了意志行为的道德性。②在那里,这种行为的自然善区别于它的道德善。但是,司各脱接着对道德善的意志行为做出了区分:自然善的、有德性的行为和值得褒扬的行为,而威克里夫则认为道德善的行为与值得褒扬的行为一致。

自然道德性领域的缺失与自然正义的缺失是一致的。威克里夫在《论市民法所有权》中回应了下述论点:只要上帝愿意,罪人也可以与义人具有同等的存在,[75]并且因此可以类推,只要上帝愿意,他们亦可像义人那样以同等的正义拥有外在物品。③他回应的方式是进一步区分正义的不同含义:"主动地正义是一回事,非固有地或者被动地正义是另一回事。"④第一种方式,只有当形式上正义之德性居于其中时才是正义的。一个东西可能出于本质(唯有上帝属于此类)具有这个形式,也可能出于偶然具有这个形式,就像处于恩典状态中的理性造物那样。但是,就被动的正义模式而言,一切受造物都是正义的,"因为存在、正义和

---

① 《论上帝的所有权》(*De dominio divino libri tres*, London, 1890), R. Lane Poole编辑,第3卷,第4章,页234: "nec quomodolibet naturaliter volendo bonum simpliciter, sed volicione deliberativa... Nam lapis et omnis creata substancia appetit naturaliter suum esse, et per consequens esse bonum; nec ex affeccione huiusmodi, cum sit pure naturalis, est laudanda moraliter nec culpanda. Sed presupposita laude naturali ex bono nature debet creatura libera, acto voluntatis elicito, insurgere prima iusticia delectando, et tunc sequitur meritum ac moralis bonitas naturalem."。
② 参见前文,注释35。
③ 《论市民所有权》,第3章,页16。
④ 同上注,页17: "aliquid enim est iustum active, et aliquid ab extrinseco vel passive."。

善可以直接转化"。①

存在与善可以转化是亚里士多德和奥古斯丁都接受的理论，也是经院主义中司空见惯的东西。但是，威克里夫需要解释，为什么这两个东西也可以与公正相互转化："正义自然地以及本质上随一个受造物[的实存]而来，是一个受造物据以遵循首要原则的意志的那种善。"既然每个受造物的存在是首要原则——上帝——的意志(否则就不会存在)，"每个由上帝命定的存在都是正义的存在"；"首要正义的每个作品——上帝持续地根据他的意愿的范例塑造——都将是正义的"。②一个正义的存在即是正义地所是；因此，每个受造物都是正义的。在这个层面上，正义的和不正义的都同样是人，都同样正义。但是，它仅仅是石头的那种自然正义。这个正义也不构成作为所有权基础的向物权：因为"树木、石头和其他无知觉的东西的"所处的模式仅仅是一种自然地拥有(naturalis habicio)，不是某种所有权。③

威克里夫的作品就这样通过把正义理解为恩典和本体论地位，详述并发展了菲茨拉尔夫[76]有关专属人类的行为的独特品质的观点。尽管把贫洁争论及使用权的背景抛诸脑后，但是威克里夫藏的(可能是扭曲的)司各脱主义及他(在界定人的时候)

---

① 《论市民法所有权》，页18："Secundo modo est omnis creatura iusta, cum ens iustum et bonum simpliciter convertuntur."。
② 同上注，页18。威克里夫此时正在运用奥古斯丁主义原则：恶是可以与完全不恶的东西转化的，以任何方式存在的东西必然是善的。"那么，正如每个坏掉的自然都是善的(《指南》9说得清清楚楚[奥古斯丁，《指南》, 11, 第4段])，那么每个不公正的自然也是如此；因为就其是首要正义的作品而言，主动地不公正亦是被动地公正：因此我们尽可以承认，公正的与不公正的所有相同，根据一个造物的首要实存，显然身体与灵魂所有相同，还有任何其他的自然的[存在]"，页19。
③ 同上注，页20—21："Cum enim quelibet creatura racionalis habet potestatem datam sibi ad habendum, optimo modo habendi in genere, quidquid habet; patet quod est multum culpandus si abutiur sua potestate, quiescendo in habicione pure naturali, ut habent ligna vel lapides aut alie creature insensibiles bona sua."。

对生命的其他层次的地位的思考,完全属于奥古斯丁主义的话语传统:在这里,不是《创世记》的动物,而是木头和石块才是自然生命的最低层次,相较于真正的存在,它们是真正的无。对于菲茨拉尔夫来说,真正地存在是存在于恩典中,而恩典即是权利。

三、主观权利与自然存在的复位:
热尔松理论中的奥古斯丁、亚里士多德和奥卡姆

上一节探讨了将奥卡姆的主观权利术语带入奥古斯丁主义的个人正义语言的做法。那是一个论战语境,相关立场都较为极端。然而,我们在大学当中发现了一个能够与政论家和辩论家的激烈对话相提并论的奥古斯丁主义的传统。它基本上与贾尔斯关于所有权和恩典的恶名昭著的观点无关,而是更多得益于贾尔斯作为阿奎那的学生和批判者所写的理论作品。这种弥散的、温和的奥古斯丁主义,在与阿奎那、司各脱和奥卡姆的观点结合后——14和15世纪的"折中主义"——最终在热尔松的道德神学中,从自己的角度回应了菲茨拉尔夫和威克里夫的极端奥古斯丁主义。

热尔松生于1363年,1387年求学于纳瓦拉学院(College of Navarre),师承阿伊的皮埃尔(Pierre d'Ailly),1395年接替他做了校长。[①]他一直与皮埃尔保持紧密的联系,与他一道在初期公会议运动当中十分活跃,在比萨和康士坦茨公会议中发挥了重要的作用。其实,他在巴黎圣母院做牧师时也十分活跃,创作了大量

---

① 关于热尔松生平的详细介绍,参见Johann Baptist Schwab,《热尔松:巴黎大学神学教授及校长》(*Johannes Gerson, Professor der Theologie und Kanzler der Universität Paris*, Würzburg, 1858)。Schwab的这部作品仍是热尔松生平和著作的基础研究文献。同样可以参见J. B. Morrall,《热尔松与教会大分裂》(*Gerson and the great schism*, Manchester, 1960),页1—16。

的布道词,并热心于教牧关怀。他在发挥这些才能时,都奋力反抗威克里夫和胡斯的学说。①

[77]对于书写主观权利的史学家而言,热尔松是他们叙事的重头戏,这一点毋庸置疑。这种确信部分由晚期经院派本身造成。例如,在索托看来,他在批判那些错误的权利学说时,热尔松是他的首要目标。②无论认为晚期经院派重造了一个本质上托马斯主义的客观权利学说,还是与之相反,认为这个学派维持一种主观权利概念,焦点都集中于热尔松在主观权利发展中扮演的关键角色。

这些解读——16世纪和现代的——大部分是曲解苏门哈特及其《遵照良知和神学立场的契约七论》造成的结果。它们基于热尔松(就像苏门哈特声称自己这样做了)将权利同化为所有权这个观点。它们基于一种熟悉的做法,即将晚期唯名论描述为一种主观主义,破坏了理性秩序。然而,我们业已看到,不仅最近的学术研究已经将这幅图景替换为一幅更为微妙的图景,而且把热尔松刻画为一位"唯名论者"——无论怎样定义——的做法也已经不再可靠。人们现在通常认为,热尔松利用了14世纪神学传统若干不同的思想脉络。③

---

① 热尔松对威克里夫的反对被蒂尔尼认为是其在《论灵魂的精神生活》当中提出权利学说的一个原动力,参见《公会议主义、社团主义与个人主义:热尔松的个人权利学说》("Conciliarism, corporatism and individualism: the doctrine of individual rights in Gerson"),载于 *Cristianesimo nella storia* 9(1988),页81—111,此处位于页102—105和页107。
② 参见下文,页149。笔者将要论证,这个批判更适合指向苏门哈特。
③ 参见D. Catherine Brown贴切的评价,《热尔松神学中的牧师与俗士》(*Pastor and laity in the thology of Jean Gerson*, Cambridge, 1987),页79:"尽管常常被作为一个唯名论者援引,既是在较古的意义上,也是在较新的意义上,热尔松也被称为反奥卡姆主义者、唯实论者、意志论者、波那文都拉主义者、奥古斯丁主义者、具有托马斯主义倾向者和折中主义者,但也有一位评论者把他的神秘主义直接称为热尔松主义。"她建议我们像莱夫(Gordon Leff)那样把14、15世纪描绘为以"异质性伴随折中主义"为标志的时代——这可以使得我们接受热尔松的文本似乎具有不同甚至相对立的学说渊源的各种相异的特征。参见G. Leff,《中世纪外观的消解:泛论14世纪的思想和精神变迁》(*The dissolution of*　　(转下页)

第二章 人性自然正义:14世纪的主观权利论

对折中主义的这种承认与如何解释《论灵魂的精神生活》高度相关。《论灵魂的精神生活》是热尔松最为彻底地阐述他的权利理论的作品,被解读为一部唯名论(属于阿伊的皮埃尔的传统)、托马斯主义以及神秘神学作品——与他的《论神秘思辨神学》(*De mystica theologia speculativa*)和[78]《评狄奥尼修斯〈论天国的等级〉的文辞》(*Notulae super quaedam verba Dionysii de caelesti hierarchia*)同属一个学术计划。在思考这个问题时,库姆斯(André Combes)关于热尔松神秘主义的准确性质的细致作品颇具启发性。[1]他坚持认为,热尔松的神秘神学不同于荷兰的吕斯布鲁克(Ruysbroeck)的神秘主义及其作品《论婚姻的精神装备》(*De ornatu spiritualium nuptiarum*),甚至是对后者的含蓄批判。[2]吕斯布鲁克提出,与神合一(返回上帝)——这是人类的圆

(接上页注③)*the medieval outlook: An essay on intellectual and spiritual change in the fourteeth century*, New York, 1976),页12—13;同样可以参见Morrall, *Gerson and the great schism*,页20,他把热尔松的体系描述为"一个大杂烩",因为他希望教导他的时代"基督教信仰和实习的基本真理",并且反对把好奇的虚幻(*vana curiositas*)引入神圣之事。

[1] André Combes,《热尔松评狄奥尼修斯〈论天国的等级〉的文辞》(*Jean Gerson commentateur dionysien. Les "Notulae super quaedam verba dionysii de Caelesti hierarchia."*, *Texte inédit*, Paris, 1940)。库姆斯认为阿伊的皮埃尔和奥卡姆主义对热尔松的影响从一开始就微乎其微。虽然James L. Connolly在《热尔松:改革者与神秘主义者》(*Jean Gerson: Reformer and mystic*, Louvain, 1928)当中强调,神秘主义是热尔松中后期神学活动的主基调,库姆斯(页427)却反驳热尔松到1400年就已经放弃了对奥卡姆主义命题的任何直接的关注。库姆斯既是一名多米尼克修士,也是热尔松的崇拜者,他的作品具有一种把一个英雄从唯名论者污点当中洗脱出来的特点。参见Christoph Burger的贴切的评价,《建造、收益与功用:作为巴黎大学教授和校长的热尔松》(*Aedificatio, fructus, utiliats: Johannes Gerson als Professor und Kanzler der Universitat Paris*, Tübingen, 1986),第1部分,"研究现状",一般性讨论热尔松主义的学术研究,特别讨论库姆斯。尽管必须对库姆斯的结论施加限制,但它们似乎更好地启明了《论灵魂的精神生活》的事业,而不是Oberman在《中世纪神学的收获》页331—340所给出的早期热尔松作为唯名论者和神秘主义者的叙述。

[2] 库姆斯争论说,热尔松是在接触到吕斯布鲁克的神秘主义之后才开始建构自己的神秘神学体系。

满,也是神秘冥想的目标——就是人消失并被神圣本质吸收。在库姆斯看来,热尔松反而认为,受造物通过现实化而非自身存在的湮灭重返上帝(尽管严格来说,只有人才通过知和爱其余受造物实现这种返回)。① 库姆斯强调内在于热尔松解释狄奥尼修斯中的亚里士多德主义。② 热尔松对《论天国的等级》(*De Caelesti hierarchia*)的评注以大阿尔伯特对同一文本的评注为起点。这个文本通过亚里士多德的存在类比(analogy of being)这个概念解释狄奥尼修斯的流溢说,中和了狄奥尼修斯的下降和下等概念。这样融合托名狄奥尼修斯(Pseudo-Denys)与 [79] 亚里士多德,对于热尔松的主观权利观极为重要。尽管根本上仍处于奥古斯丁式新柏拉图主义本体论框架内,但是逍遥传统——强调自然的真正稳定性,并从权力和行为的角度分析这个自然——为热尔松提供了他需要的要素,使他能够驳斥菲茨拉尔夫和威克里夫的消极性,并将奥卡姆的分析重新纳入权利讨论之中。

《论灵魂的精神生活》是热尔松的一部早期作品,写于1402年,由六讲组成,以《马可福音》的一段文字开始。③ 在第一讲中,

---

① "L'homme, par ses opérations naturelles de connaissance et d'amour, est chargé de consommer le retour universal": Combes,《热尔松评狄奥尼修斯〈论天国的等级〉的文辞》,页438,相应地援引了热尔松1402年3月23日的布道词(Sermo de die Jovis sancta)的一段: "Ab hoc igitur esse ydeali illud recte perhibetur egredi quidquid fit extrinsecus in esse suo reali, regredi autem non nisi creature rationali proprie datum est, quamquam velit Boecius omnia in suum regredi principium... Hoc fit dum motus inditos naturae suae custodiunt dumque vices indultas peragunt agendo paciendo movendoque."。参见S. Ozment对热尔松神秘主义和布道词("A deo exivit")的讨论,《通神者:陶勒、热尔松和路德的比较人类学研究》(*Homo spiritualis: A comparative study of the anthropology of Johannes Tauler, Jean Gerson and Martin Luther*, Leiden, 1969),页49—58。

② 参见Combes, Gerson,页437: "sa métaphysique comporte un physicisme aristotélicien où les natures sont conçues comme douées d'une permanence de soi indestructible."。

③ 笔者整个采用Palémon Glorieus版本:《热尔松全集》(*Jean Gerson. Oeuvres complètes*, Paris, 1961—),卷3,《训导集》(*L'oeuvre magistrale*), (转下页)

热尔松考察菲茨拉尔夫和威克里夫熟知的奥古斯丁主义的罪和死的主题。他假定灵魂的四生及其对应的死(恩典中的生的三个自然阶段)。他说:"我们将灵魂中的自然的生称为本质的纯洁和它的潜能的整全。"① 无偿赠予的上帝的恩赐——即不求报答的——也属于自然的生。但是,"自然的死"的发生是"通过它的全部湮灭,或通过消除那些应归于其自然的东西,或通过注入相反的习性,禁止这种生的自由运用。原罪即属于这个类型,它被称之为死的火引"。②

这段话似乎是纯正的奥古斯丁主义:恩典的缺乏破坏自然。③ 但是,在《论灵魂的精神生活》中,热尔松最终拒绝了极端的奥古斯丁主义,后者否认人具有任何恩典之外的道德德性。"我们可以补充说……仅仅具有自然生命的灵魂不可能带来拯救……但是,我不愿否认,灵魂可能基于其自然生命作出道德良好的行为,而且,做[80]处于它的权力之中的事,使自己愿意接

(接上页注③)页113—202。对Glorieus版本的批判,参见Burger,《建造、收益与功用:作为巴黎大学教授和校长的热尔松》,页7—9。

① 《论灵魂的精神生活》,页115:"Vitam naturae in anima dicimus puritatem suae essentiae cum integritate suarum potentiarum."。

② 同上注,页116:"Nam est mors naturae quae fit seu per annihilationem ejus totalem, seu per immissionem contrariorum habituum prohibentium liberum exercitium hujus vitae, quemadmodum est peccatum originale quod fomes mortis dicitur."。

③ 这与热尔松的其他作品同步,特别是在布道词中。他特别喜欢的一个段落是《诗篇》49:13:"人在富贵中绝不能久长,将与牲畜无异,同样死亡。"(Et homo, cum in honore erat, non intellexit: comparatus est iumentis insipientibus, et similis factus est eis) 人性已降至动物性,灵魂已变得扭曲,失去了它原本的正确。参见Louis B. Pascoe,《热尔松:教会改革之首》(*Jean Gerson: Principles of church reform*, Leiden, 1973),第6章,第3节,"罪与形象";Ozment,《通神者:陶勒、热尔松和路德的比较人类学研究》,页67—68。在近期的一部作品当中,Mark S. Burrows争辩说,奥古斯丁主义在热尔松康斯坦斯公会议之后的著作当中印记日重:参见Mark S. Burrows,《热尔松与〈神学的慰藉〉》(*Jean Gerson and "De consolatione theologiae"* [1418], Tübingen, 1991),特别是第5章。

受恩典的生命。"①尽管热尔松的神学采用了奥古斯丁的语言，并且在相同的话语之内变化，但是他在自然和恩典关系上的立场表明，他确信世界具有肯定的本体论稳定性。这给他的解释打上了狄奥尼修斯的印记。

随着第一讲的深入，热尔松离开了对圣经和奥古斯丁修辞的讨论，回到外在行为和意志行为的道德性的司各脱分析模式。"可能没有哪个受造物的行为，在道德或功德的善性上，在本质上或者是内在的就是好的或坏的，除非是就神的理性和意志而言"；②"那种意志的所有道德正确性都源自这个意志或这个意志的为与不为与神法及其正确理性的相符"。③然而，司各脱认为相应的正确理性内在于行动主体中，而奥卡姆在分析行为时没有具体说明这个问题，热尔松则认为这里的正确理性是上帝的正确理性。这个立场有可能使得所有受造物——不论是理性的，还是非理性的——都可以通过"相符"(conformity)具备行为的道德善性。但是，热尔松却通过区分"相符"这个概念避免了这一后果："一个行为可能同时带来多个正确性和善性：一个属于自然，一个属于道德，还有一个属于恩典，最后一个属于荣耀；取决于以各种方式理解行为如何以多种方式符合神法或善性。"④道

---

① 《论灵魂的精神生活》，页116—117："Addamus rursus dicentes quod impossibile est animam sola vita naturali viventem, operari salutem suam... Nolo tamen negare quin anima possit ex sua vita naturali bene moraliter agere et, faciendo quod in se est, se ad vitam gratiae disponere."。

② 同上注，页123—124："Probabile est nullum actum creaturae de per se et intrinsece, esse bonum bonitate mori aut meriti, aut similiter malum, nisi per respectum ad divinam rationem et voluntatem."。

③ 同上注，页124："Omnis rectitudo moralis ipsius voluntatis resultat ex conformitate ejus aut suorum actuum vel omissionum ad divinam legem et ejus rectam rationem."。

④ 同上注，页125："In eodem actu possunt concurrere multiplices rectitudines atque bonitates: una naturae, alia moris de genere, altera gratiae, altera gloriae; et hoc est secundum diversas habitudines considerandi eundem actum （转下页）

德行为的特性并不仅仅是与神的意志和理性相符。尽管(在第三讲将变得清晰可见)热尔松这里仅仅在考察人类行为,但是他把"符合正确理性"与格外道德的行为分离开,有助于他把权利赋予一切受造物。①

[81]在考察了行为的道德属性和法的性质后,热尔松在第三讲开始思考权利这个主题。"我们在解释了这些术语之后,需要尽快通过一个结论回答这个首要议题;但是,一个与我们正在探讨的主题十分接近的主题引起了我们的关注,转移了我们的视线。"②这个主题即"权利是什么?",而且这个主题与法律这个主题的紧密关系在热尔松对这个术语的定义中一览无余:"权利是一项根据正确理性的指示与某个事物相关的直接能力或者权力。因此,我们的主题最终的完整解决结束于正确理性的指示。"③如我们所见,对热尔松来说,正确理性对于阐释法律来说极为重要。在热尔松看来,个体权利是调整这些个体的法律带来的后果。

热尔松接着继续阐释各个定义项,他确认,正确理性是自己的核心概念:权利被视为"符合正确理性之指示的相关事物"的一个子集:"能力或权力出现[在定义中],是因为许多根据正确

(接上页注④)conformari multipliciter divinae legi seu bonitati."。热尔松证明了奥卡姆主义者的一个论点:上帝与其立法之间没有歧义,仅仅是我们根据上帝与其造物的不同关系分别思考神法。

① 通常热尔松也以菲茨拉尔夫和威克里夫的奥古斯丁式的新柏拉图主义措辞表达自己的论点。因为符合"神法及其正确理性"产生一致的正确性,那么"没有什么是真实的,没有什么是美丽的,没有什么是有力的,没有什么是可取的,除非它们符合首要的真实、美丽、权力和美妙……造物之善及其真和美,以及类似的东西,在强度上并不比上帝更大……显然,我们在他之中生、动和在":同上注,页124—125。

② 同上注,页141。

③ 同上注:"jus est facultas seu potestas propinqua conveniens alicui secundum dictamen rectae rationis. Itaque totalis et finalis resolutio materiae nostrae ad dictamen rectae rationis terminatur."。

理性与个体相关的事物并不被说成是他们的权利,例如应遭天谴者接受的刑罚以及对那些人间圣者的惩罚;因为我们不会说某个人对自己受到的伤害享有权利。"① 刑罚通常在讨论恶的问题时被提及,正如热尔松的《评狄奥尼修斯〈论天国的等级〉的文辞》中的:"恶在整个宇宙秩序中得到调和。此处请注意:惩罚是公正的,就像恶是公正的。"② 在宇宙整体秩序中,惩罚(恶也一样)是公正的——一件公正的事——但是它不是一项权利。"然而,上帝智慧的统治所指定的东西被称为权利,这并不违背《圣经》,正如《列王纪上》记载这是王的权利,诸如此类的。[82]那么,我们可以说魔鬼享有权利惩罚应遭天谴者。"③ 热尔松显然对以下观点感到不安:魔鬼——无可救药地恶,并且之于他们没有什么是善的——居然被说成具有能力或权力这个严格意义上的权利。对应遭天谴者的惩罚绝非为了魔鬼的利益,后者同样受谴责。这种惩罚更类似于上帝的指令,即公正的事物,而非实在权利。

　　热尔松接下来说的一点也指向同一个潜在问题。"'直接'出现在定义当中,是因为许多事物可以根据正确理性的指示与某个个体相关,但是按照相同的指示,事实上与这个个体不相关,例如,一个实际上犯下死罪的人具有应得永生的权力或能力,但却不是直接的权力或能力。"④ "直接"(propinqua)这个词恰恰

---

① 《论灵魂的精神生活》,页141:"facultas seu potestas, quoniam multa conveniunt secundum dictamen rectae rationis aliquibus quae non dicuntur jura eorum, ut poena damnatorum, et punitiones viatorum; non enim dicimus aliquem jus habere ad ejus nocumentum."。
② 热尔松, Commentateur dionysien, 库姆斯编辑,页31:"malum contemperatur in ordine tocius universi. Hic nota quomodo malum iustum est pena est iusta."。
③ DVSA:"Tamen non est penitus alienum a Scriptura Sacra quod ea dicantur jura quae divina providentia sapienter ordinat, sicut I Reg. dicitur quod hoc erit jus regis, etc. Et daemones dicimus habere jus ad punitionem damnatorum."
④ 同上注,页141—142:"Ponitur 'propinqua' quoniam multa possunt　　(转下页)

因为司各脱有关受天谴的天使是否具有意欲善的权力的讨论而为人熟知。①根据司各脱的观点：

> 假设这个问题涉及那种权力，这项权力是存在上的分殊(differentiation of beings)——也就是指向实现——那么，我们就可以承认，在一个遥远的权力的意义上，[它们确实具有这种权力]……但不是在一个直接的权力的意义上：因为除非一切障碍都以及被消除，否则前者无法导致一个行为。②

魔鬼是存在，③而且它们因此具有某种存在上的分殊：但是那种存在为恶所累，实现他们的善的积极权力已被减弱。

热尔松接着解释定义中的"正确理性"这个术语。他先前强调了"正确理性及其指示首先在根源和本质上属于上帝"，④但仅仅"通过分有的方式"存在于理性造物中。这种措辞非常接近阿奎那在讨论法律时的用法。他在那里提及 [83] 理性造物对永恒法的分有是自然法。⑤热尔松接着把人身上较高部分的理性称

(接上页注④) alicui competere secundum dictamen rectae rationis que secundum idem dictamen de facto ei nequaquam conveniunt, ut existens actualiter in peccato mortali habet potestatem seu facultatem merendi vitam aeternam, non tamen proprinquam."。

① 参见前文，页61，注释35，以及页74，威克里夫对司各脱的使用。
② Scotus,《全集》(*Opera ominia*)，卷11，《〈嘉言录〉第二部分研究》(*Quaestiones in secundum librum sententiarum*)，节7，只有一个问题，页393："Si autem intelligitur de potentia quae est differentia entis, quae scilicet ordinatur ad actum, concedi potest de potentia remota... non tamen potest concedi de potentia propinqua, quia illa non exit in actum nisi amotis omnibus impedimentis."。
③ 这是整个经院主义都坚持的一个信条，来自托名狄奥尼修斯《〈论神名〉，第2章）：manent naturalia, 对于魔鬼来说自然的东西仍然存在。
④ 《论灵魂的精神生活》，页141。
⑤ 阿奎那，《神学大全》，第二集第一部分，问题91，节2。但是，最接近的源头可能是Henry of Langenstein, 他是Henry of Oyta的一个挚友："lex (转下页)

为良知,它往往被等同于自然法或自然权利,特别是在早期教会法文献中。后来出现的这种等同为近来出现的下述说法提供了基础,即应当把热尔松的权利理论置于12世纪的教会法学家传统中。这些教会法学家受那个世纪的人文主义复兴的激发,把主观的自然权利视为灵魂据以省察何为正当(right)的能力。[①]

不论热尔松的自然权利概念是什么——下文将考察——把他的一般权利概念完全置于这个传统中会面临许多困难:

> 我们可以据此说,每个实在的存在物因其具有存在以及善性,而享有一般定义的权利。这样说来,天空有下雨的权利,太阳有照射的权利,火有温暖的权利,燕有筑巢的权利,任何受造物都是如此,只要它能好好利用自己的自然能力。理由显而易见:所有这些东西都是根据上帝的正确理性与它们相关,否则它们就无法存活。因此,即是一个罪人也对很多事情享有权利,而且其他受造物在它们的自然上都是有缺

(接上页注⑤)naturalis racionis volens perfectum dictamen est quodammodo exemplum vel transcriptio divine legis rationali creature participative communicata."(引自 W. Kölmel,《从奥卡姆到加布里埃尔·比尔:14、15世纪的自然法学》["Von Ockham zu Gabriel Biel. Zur Naturrechtslehre des 14. und 15. Jhdts"],载于 *Franziskanische Studien* 37 [1955],219—259,页236,注释79)。Kölmel 争辩说,我们应当解读为"追求圆满指令的自然理性的法律"而非"追求圆满理性指令的自然法"——那么,我们这里讨论的就不是自然法本身——根据的是 Langenstein 的另一个公式:"dictamen recte rationis naturalis vel legi naturaliter ei indite, et illa lex est ymago vel transcriptio quedam illius legis eterne."。这并不是很讲得通。可能的情况是,与格的"legi"是属格"legis"的一个误读,产生了"自然的正确理性的指令或者自然地内在于它[正确理性]的法律的指令",按照同一篇来自 Henry of Oyta 的文章的权威引注,"quedam sunt leges naturaliter rationem indite, que sunt regula et mensura prima omnium actuum humanorum. Et hec dicuntur ius naturale que nunquam deficinut"(页232,注释67)。无论如何,Oyta、Langenestein 和热尔松的紧密组合似乎都把自然的人类正确理性的指令视为自然法和人类认知能力的一个部分。

① Tierney,"自然权利语言的发端"。

陷的。①

权利就其本质而言，不仅属于理性存在物，而且也属于每个受造物，因为它们也是存在着的。权利不是一项认知能力，而是一个具体行为的潜能，[84]而且，正是因为他如此定义权利，热尔松才能既反驳菲茨拉尔夫也反驳威克里夫。②正如我们所见，菲茨拉尔夫通过区分"权利或权威"与"能力或权力"（动物只具有后者）修正奥卡姆的理论。热尔松接着修正了菲茨拉尔夫的理论：能力或权力就是权利。威克里夫曾说过：存在、公正和善可以相互转换，但仅就正义的第二种模式即被动模式而言。每个东西都是公正的——拥有正义——因为单就存在而论无疑都符合上帝的意志；但只有预定的(the predestined)才在主动模式上是公正的——拥有正义——这是对地上所有东西的权利和资格。在把权利定义为一个行动的潜能时，热尔松回应说，所有受造物就其自然而言都是主动意义的公正或享有积极权利。

因此，威克里夫结合了善、存在和正义的语言，但废弃了"权力"这个术语。热尔松则重新恢复了"权力"这个元素。奥卡姆

---

① 《论灵魂的精神生活》，页142："Dicamus ergo quod omne ens positivum quantum habet de entitate et ex consequenti de bonitate, tantundem habet de jure sic generaliter definito. In hunc modum coelum jus habet ad infuendum, sol ad illuminandum, ignis ad calefaciendum, hirundo ad nidificandum, immo et quaelibet creatura in omni eo quod bene agere naturali potest facultate. Cujus ratio perspicua est: quoniam omnia talia conveniunt eis secundum dictamen rectae rationis divinae, alioquin nunquam perstiterent. Sic homo etiam peccator jus habet ad multa sicut et aliae creaturae naturis suis derelictae."。
② Brian Tierney，《卢菲努斯论权利与转喻》("Ius and metonymy in Rufinus")，载于R. Castillo Lara编辑，*Studia in honorem eminentissimi Cardinalis Alphonsi M. Stickler*(Rome 1992)，页549—558，他强调中世纪作家在他们写作过程当中可能会从某个词的一种含义滑向另一种含义，并且希望他们的读者做相同的联想；因此，在"ius"作为一个智力能力与作为行动能力之间存在着简单的联系。然而，笔者以为，热尔松故意选择"ius"的一个特别的含义，以便能够回应菲茨拉尔夫和威克里夫对这个术语的理解。

显然是热尔松的理论来源。然而，正如我们所见，热尔松对权利的根本性质的阐释远远超出了奥卡姆。奥卡姆把权利语言与亚里士多德意义上的权力（意指行动的潜能）语言结合在一起，但是他没有将存在联系进来。这种联系的源头是热尔松身在其中但奥卡姆和阿伊的皮埃尔不在其中的一个传统，即菲茨拉尔夫和威克里夫都有的奥古斯丁式新柏拉图主义，再加上热尔松得自大阿尔伯特的特别亚里士多德化的神秘主义。库姆斯所援引的大阿尔伯特另一个语境中的一个段落有力地印证了这点：

> 仍待解的问题：灵魂类型的多样性——植物的、感知的和理智的——是如何产生的？……倘若细致地思考自然的赠与以何种方式起因于第一因，这个问题就可以得到轻而易举的解决。因为所有的形式都是他赠与的，他是整个宇宙的自然：但是，那些离他较远的，相应地就被剥夺了它们的高贵和善性，它们跌落的越少，它们就越高贵，具有越多的善性的权力(powers of goodness [bonitatum potestates])和德性……这个本质随着下降越来越被剥夺了[85]单纯性和权力……直到最远的存在物，它获得的是存在和权力上最少的分殊。①

---

① Albert the Great,《论智性与可理智理解的》(De intellectu et intelligibili, I, i, 5)，被库姆斯所援引，Commentateur dionysien, 附录5, 页490—491: "Remanet ergo quaestio unde provenit animae generum diversitas, vegetabile, sensibile, et intelligible?... quaestio haec citius solvitur, si consideretur subtiliter secundum quem modum largitiones naturarum a prima causa procedunt. Omnes enim formae ab ipso(!) [sic] totius universitatis natura largiuntur: quae autem magis ab ea elongantur, eo magis nobilitatibus suis et bonitatibus privantur: et quominus recedunt, eo magis nobiles sunt et plures habent bonitatum potestates et virtutes... Haec autem essentia descendens privatur simplicitate et potestate plus et in plus, sicut dicimus usque ad ultimum ens quod minimum accipit entis differentiam et potestatem."

正如我们在司各脱对邪恶天使的思考中所见,存在的分殊是趋向行动的潜能;但是,这个权力并非道德中立。每个存在,就其流溢自第一原则而言,都是高贵和善的,而且由于那个存在获得了它的权力分殊,因此这个权力就获得了它的善性。当热尔松说一个存在获得多少存在和善性,就享有多少权利(即行动的权力)时,他是在将大阿尔伯特的逍遥学派的狄奥尼修斯主义拿来为14世纪的权利话语所用。

热尔松在其后期作品中都或多或少重复了自己对于权利的一般定义。① 然而,他在《论灵魂的精神生活》中强调,尽管这是权利的基本定义,"这个术语在政治之事中被理解得较为狭义,其结果是权利仅仅指向理性造物者,因为他们可以运用理性"。② 法律通常是正确理性或者首要的正义指令(dictamen primae iustitiae);权利通常是根据这个指示属于某个实体的能力。③ 但是,这两个术语在狭义上都与正义相关,故而与理性造物分有的正确理性相关。④ 正是就其与正义或理性造物的正确理性的关系而言,存在着多重法律、多重权利和多重所有权:"我们可以说,有多少权利根据被分有的正义的指示发生变化的模式,就有多少种法律[86]。因此,有些法律完全是神圣的,有些完全是自然的,而有些则是实在的或人类的;其中有些是教规的或教

---

① 《论教会权力》(*De potestate ecclesiastica*,载于《热尔松全集》,Glorieus编辑[Paris 1965],卷6,页210—250),页242:"权利是根据正确理性的指令而与一个东西相关的能力或权力。而且,这一指令被称为法律,因为法律是一种与正确理性的指令相符的规则;正确理性的指令与首要正义的指令在上帝那里含义相同";Definitiones terminorum theologiae moralis(载于*Oeuvres complètes*, Glorieus编辑,第9卷,页133—142),页134:"权利是根据正确理性的指令与某人相关的能力或权力。"
② 《论灵魂的精神生活》,页142:"contraction tamen est ejus acceptio apud politizantes, ut jus dicatur solum de illis quae competunt creaturis rationalibus ut utuntur ratione."
③ 同上注,页242。
④ 同上注,页243。

会的，其他的是市民的或政治的"；① "仍有待证明的是，从这样的权利中，如何产生出多种……政体、多种管辖和各种所有权、王国或帝国"。② 自然法以及随之而来的自然权利仅仅属于理性存在物。③

---

① 《论灵魂的精神生活》，页243："Dicamus praeterea tot esse legum varietates quot modis jura variantur secundum dictamen participatae justitiae. Propterea sunt quaedam leges proprie divinae, quedam proprie naturales, quaedam positivae vel humanae; quarum aliquae sunt canonicae vel ecclesiasticae aliae sunt civiles vel politicae."。
② 同上注，页143："Nunc superest ostendere qualiter ex jure sic descripto multiplices, saltem secundum rationem, oriuntur politiae et multiplices jurisdictiones et diversae dominatones, regna vel imperia."。
③ 因此，蒂尔尼（前文，注释132）在论证热尔松所言的自然权利是按照分有正义或良知而行为的一个能力时是正确的。但是，这并非教会法学家的学说，因为与他们不同，热尔松明确地区分了自然权利与良知。根据热尔松的另一个文本，似乎可以看出，热尔松把教会法学家的良知解释为等值于法律或规则意义上的自然法（ius naturale），而不是主观权利意义上的权利（ius）：Jean Gerson，《论灵魂之欲情》（De passionibus animae），载于《全集》，Glorieus编辑，卷9, 1—25，页2："因此，自然的存在物都有自身特定的倾向……上帝在任一事物身上都投注了情感，它或者是一个同化、接合或关联，或者是一个向着他的趋势或倾向……但是，这个一般的倾向……被称为自然的嗜欲或喜爱，有时是事物的重量，有时是拉力或趋势，有时是天然的热爱，有时是法律，有时是规则，有时是本能，有时是自然的衡平，有时是事物稳定的约定，有时是自然感。" "instinctus"、"aequitas naturalis" 和 "sensus naturae" 这些术语都具有教会法学家的起源，而且指向人的天然的理性，对于他们即是自然法。参见Gilles Couvreur，《穷人也有权利吗？——从格兰西的〈不和谐教规之整合〉（1140年）到欧塞尔的威廉（?1231）极度缺乏必需品的情形下的盗窃研究》（"Les pauvres ont-ils des droits? Recherches sur le vol en cas d'extrême nécessité depuis la Concordia de Gratien [1140] jusqu'à Guillaume d'Auxerre [?1231]"），载于 Analecta gregoriana 111（Rome 1961），他援引了Huguccio: "ratio vel sensualitas scilicet ordo et instinctus nature"（页143，注释453），以及Johannes Teutonicus: "ius ex tali natura proveniens dicitur naturalis equitas"（页151，注释490）。当热尔松说 "有时" 是本能、自然的衡平和自然感时，这里的 "有时" 似乎具有 "之于理性存在物" 的含义：热尔松在他的列举当中从描述非理性存在物指向它们的目的的正确指令的术语转向了描述人趋向他的目的的正确指令的术语。但是，理性存在物的这个指令——教会法学家的自然法——等值于 "lex" 或 "regula"：意味着热尔松把教会法学家的 "自然权利" 理解为与阿奎那的 "自然法" 重合，作为一个理性存在物的主观能力，通过这种能力它自然地省察和遵循正确的路线，正如非理性存在物毫无省察地遵循正确路径。热尔松极为谨慎地避免在任何其他含义上使用 "ius" （转下页）

因此,热尔松的理论与第一章所考察的那些作者的理论判然有别,后者将权利与所有权等值。他不属于那个产生了苏门哈特和马佐里尼的传统。他也没有将权利视为一种自由。对于热尔松以及整个经院主义学派来说,自由是所有权的一个种类,[87]仅仅属于有能力控制自身行为的理性存在物。[①]非理性存在物没有这样的能力,这并不影响它们享有权利,这些权利是法律之下的公正权力(just powers)。自由的所有权(dominium libertatis)与人类原始制度带来的、作为一种能力的自然法所有权相关:但是,自由的所有权既不是自然法所有权,也不是自然权利。自然权利与任何权利一样,都是具体行动的权力。因此,我们既不能以任何方式把热尔松视为"作为自由的自然权利理论"(a theory of natural rights as liberties)的先驱,也不能认为他提出了这样一个权利理论,其中权利与法律相对。权利从法律的实存中推演而来,法律决定着一切存在着的事物的积极行为。正是这种聚焦法律和存在的做法——在亚里士多德的意义上被理解为潜能和行为——使得热尔松观点的某些要素在15世纪被吸收进有关法律和权利之性质的托马斯主义论证思潮当中。

(接上页注③)这个术语,除非他自己的符合正确理性的主动权力的含义。在热尔松看来,主观的自然权利是一项符合自然的正确理性或自然法的权力,这种自然法是人的自然正义——教会法学家,而不是他,称之为自然权利。
① 《论灵魂的精神生活》,页146。

第三章　客观权利与托马斯主义传统

[88]我们将在本章关注客观权利观念在中世纪晚期的发展。这种发展既体现在托马斯主义道德哲学作品里，也体现在对亚里士多德的评述中。托马斯主义传统的权利观念主要由阿奎那在《神学大全》第二集第二部分给出的论述确立。这个论述根据亚里士多德《尼各马可伦理学》第5卷的论点改编而成，将客观的"ius"或者说权利视为特定情形下的"公正"或"正确之事"(right thing)。因此，托马斯主义权利传统的历史在某种程度上与整个客观权利传统吻合。然而，必须强调，这二者并不一致。除了浸润于《神学大全》评注的这个传统之外，《尼各马可伦理学》的各种评注文献也兴盛起来，在晚期经院主义的各个阶段都方兴未艾。方济各修会的评论者和具有世俗背景的人士都给出了自己的解释，这些解释从根本上来说与阿奎那不同，而且可以把它们理解为对托马斯主义分析的批判。本章第一部分旨在分析关于客观权利的那些假定，它们既隐含在托马斯主义者的解释当中，也隐含在非托马斯主义者的解释当中。

非托马斯主义者与托马斯主义者在理解上存在着一些分歧。弄清这些分歧意义重大，因为它们既凸显了原初托马斯主义观点的问题，也有助于解释这种观点在托马斯主义传统自身内部

第三章 客观权利与托马斯主义传统

逐步细化的过程。对此我们不是要讨论多米尼克修会的作家对主观主义阵营的那些被信以为真的背叛。整个15世纪，多米尼克修会作家在回应当时思想争议的过程中，从明确的托马斯主义前提出发，探索了那种分析的边界。本章的第二部分思考15世纪托马斯主义传统客观权利的发展，它就呈现在那一时期杰出的托马斯主义者的作品中：[89]亨利(Henry of Gorkum)、丹尼斯(Denis the Carthusian)、圣安东尼诺(Sant' Antonio of Florence)、枢机主教卡耶旦(Cardinal Cajetan)和库林(Konrad Köllin)。我们将会看到，尽管托马斯主义道德神学起初与一种客观权利观紧密相连，但它仍然向主观权利话语的第二个传统（第二章已分析过）开放，体现在《神学大全》第二集第一部分对自然和法律的关注当中。在这种语境下，我们将接着检视阿尔曼(Jacques Almain)的作品。

一、阿奎那论客观权利

权利作为正义的对象这个观念在亚里士多德的《尼各马可伦理学》第5卷中已有呈现。1246—1247年左右，随着格罗斯泰特(Robert Grosseteste)翻译工作的大功告成，《尼各马可伦理学》全文在拉丁语西方世界都变得易于获得。全书十卷迅速融入大学文学院的课程中。① 对整个文本的第一个详细的评论由科隆的大阿尔伯特在1248到1252年之间完成，他采取的方式是首先进行

---

① 关于文本传入说拉丁语的西部世界的简要总结，以及对随后产生的评论文献的简短调查，参见G. Wieland,《亚里士多德〈伦理学〉的接受与阐释》(The reception and interpretation of Aristotle's Ethics)，载于Kretzmann, Kenny和Pinborg主编，《剑桥晚期中世纪哲学史：从亚里士多德的重新发现到经院主义的瓦解，1100到1600年》，页657—672。更多细节参见R. A. Gauthier和J. Y. Jolif,《尼各马可伦理学：导论、翻译与评注》(L' Éthique à Nicomaque. Introduction, traduction et commentaire, vol. 1, Louvain 1958)，页74—85。

文本阐述，然后针对相关主题提出并回答问题（即"问题"*的方式）。大阿尔伯特的评论开创了一个针对《尼各马可伦理学》的评注传统，以实际上未曾更改的形式（除了偶尔去除了阐释性部分）一直保持到17世纪。

《尼各马可伦理学》第5卷论及正义这个德性。这一卷以"关于公正与不公正"开篇，"我们必须先要探究它们涉及何种行为，公正是何种适度的品质，以及它是哪两种极端之间的适度……我们看到，所有人在说公正时都是指一种品质，这种品质使一个人倾向于做正确的事情，使他做事公正，并愿意做公正的事情。"①
[90]中世纪的阐释把"公正的事情（"dikaion"或"iustum"）"作为"正义的对象（obiectum iustitiae）"：也就是正义的目标。②亚里士多德式的分析首先明确指出，正义的对象是一个行为，我们日常活动的一部分。它还明确指出，这个行为关涉或指向另一个行

---

* ［译注］这里的"问题"原文是大写的"Questions"，在下文涉及《神法大全》等作品时也是如此。当"Question(s)"单独出现时，译者将通过加引号的方式来突出这个词的这种特殊含义。

① Aristotle,《尼各马可伦理学》(*Ethica Nicomachea*, Oxford 1894)，I. Bywater编译，1129a3—9，页88。亚里士多德对正义的分析有意识地遵照他分析所有德性的类型：德性一个品质状态，一个习惯或者倾向，它是两个相对立的恶的中间状态，它是这样的一种适度，因为它旨在追求与它相关的特定事物分类的过与不及之间的适度。可以参见第二卷的概括论述，以及第六章的具体论述，从而获得该学说的完整陈述。
翻译成拉丁文是这样的："De iustitia autem et iniustitia intendendum, et circa quales sunt operationes, et qualis est medietas institia, et iustum quorum medium…Videmus utique omnes talem habitum volentes dicere iustitiam, a quo operativi iustorum sunt, et a quo iusta operantur et volunt iusta."。这个翻译是Grosseteste翻译的一个修正版，一份相当破旧的手稿，它被用作阿奎那阐发的底稿。重印于Sententia libri ethicorum, vol. XLVII, Sancti Thomae de Aquin. Opera omnia iussu Leonis XIII P. M. edita cura et studio Fratrum Praedicatorum (Rome 1969)。关于翻译的作者问题，参见Gauthier和Jolif,《尼各马可伦理学》(*L'Ethique à Nicomaque*, vol. 1)，页80—82。

② 参见Aquinas, Sententia libri ethicorum v, Lectio prima, 页265："dicit [Aristotels] Et qualis medietas est iustitia et iustum, quod scilicet est obiectum iustitiae."。

为：公正的运行关涉他者，而不是关于行为的主体，故而为区别于所有其他德性的正义所特有。相应地，正义的第二个独特之处在于，它指向的对象——适度——并不是通过与主体的关系被建构起来，①而是由人类交往的平等要求客观决定。

阿奎那本人对权利的分析出现在《神学大全》第二集第二部分的问题57"论权利"("De iure")与问题58"论正义"("De iustitia")章节。②它在《神学大全》中的位置相当重要。整个第二部分都在处理后来被称为"道德神学"的东西。这种"道德神学"传统上被认为包括 "思辨性"和 "实践性"两个分支。③阿奎那的第二部分通常被认为总体上属于前者。但是，他的同时代的人似乎认为第二集第二部分属于后者：对于多米尼克修士弗莱堡的约翰(John of Freiburg)(13世纪末著有《告解大全》[*Summa confessorum*])来说，第二集第二部分的很大篇幅是关于道德和决疑的。④第二集第二部分的问题57到问题79可以被视为试图利用亚里士多德的"公正的事情"这个范畴，处理一种新的正义决疑术的所有主题。

---

① 例如，节制德性的适度，它与个人品质相关，某种气质要求比别人更多的滋养，并且因此对一个人来说是放纵，对于另一个人来说是节制。参见《尼各马可伦理学》，第2卷第6章，那个运动员Milo的著名例子。
② 阿奎那一直在专心编订他老师大阿尔伯特《尼各马可伦理学》的讲义，并且效仿他对那个文本进行评注。但与他老师不同的是，他只是阐释文本，而未添补任何附随问题。他从文本得出的实质性结论都可以在《神学大全》的这些问题中找到。
③ 参见J. Theiner，《道德神学向独立学科的发展》(*Die Entwicklung der Moraltheologie zur eigenständigen Disziplin*, Regensburg, 1970)，这个区分自从中世纪早期以降都是道德神学传统的一个有用的分析。
④ 参见Michaud-Quantin，《决疑法概论》(*Sommes de casuistique*)，页45；更多细节参见Leonard E. Boyle，《弗莱堡的约翰的〈告解大全〉与圣托马斯及其同时代人的道德教义的普及》("The Summa confessorum of John of Freiburg and the popularization of the moral teaching of St Thomas Aquinas and some of his contemporaries")，载于Armand A. Maurer主编，*St Thomas Aquinas, 1274—1974: Commeorative studies*, 2 vols.(Toronto 1974)，vol. II, 245—268。

[91]以下事实清楚地反映了阿奎那的亚里士多德式意图:阿奎那遵照亚里士多德的一个知识原则,在处理这些主题时,没有首先定义德性本身,而是首先定义德性的对象。这个原则就是明确相关对象在逻辑上先于明确能力(faculty)或习性(habit)。如我们所见,根据《尼各马可伦理学》,正义的对象是"公正的事情(iustum)"或公正之事。阿奎那首先通过使用众人皆知的经院主义权威伊西多尔(St Isidore of Seville)的一个段落,将"公正的事情"纳入更传统的讨论之中。伊西多尔曾说:"'ius(权利)'之所以叫此名,是因为它是'iustum'(公正,或公正之事,正确之事)。"① 这个段落使得阿奎那能够将亚里士多德的"公正之事"等同于"权利",遂得出结论"显而易见,权利是正义的对象"。② 在这个意义上,权利是一个行为:"权利或者公正之事以某种平等的方式与另一个人相称"。③ 阿奎那举了一个例子:为自己接受的服务偿付适当的报酬。④ 公正之事或者权利就是正义在特定

---

① Isidore of Seville,《词源》(*Etymologiarum libri*, Oxford 1911),2 vol. 1, I—X, W. M. Lindasay编译,v, 3。
② 《神学大全》,第二集第二部分,问题57,节1,正解:"unde sive justum est, quod ius est obiectum iustitiae"。[译注]《神学大全》第二集第二部分的问题57至问题62的翻译参考了下述中译本:王江涛,《阿奎那论正义》,商务印书馆,即出。
③ 同上,节2,正解:"jus sive justum est aliquod opus adaequatum alteri secundum aliquem aequalitatis modum."。G. Kalinowski, Le fondement objectif du droit d'après la "Somme théologique" de saint Thomas d'Aquin, Archive de la philosophie du droit 18(1973), 58—75,页64, n. 1,正确地坚持了在阿奎那的理论中"iustum"作为"公正行为"的首要意义。菲尼斯把托马斯主义者的"iustum"翻译和解释为"公平"或者"公平之物",不关心它是一个行为还是一个事物:参见菲尼斯,《自然法与自然权利》,页206。对于Michel Villey来说,"iustum"作为"公正行为"的含义明显是次于它作为"公正之事"的含义的:M. Villey, "Si la théorie générale du droit, pour saint Thomas, est une théorie de la loi",载于 *Archive de la philosophie du droit* 17 (1972),页427—431,页428;这同样是M. Bastit的观点,《现代法律的诞生:从托马斯到苏亚雷斯法律思想演变》,第5章。关于ius在阿奎那理论中的正确含义的所有这些立场,都与它们的作者对阿奎那理论中法律与权利之间关系的观点相关,参见下文,页95,脚注29。
④ 《神学大全》,第二集第二部分,问题57,节1,正解。

情形下要求一个主体对另一个主体做的事。它在某种意义上是那个主体的一项义务或职责：做正确的事情并不是个人选择问题。①

[92]在把"权利"的本质确定为正义的对象后，阿奎那接着在分析下一个"问题"时讨论正义本身。②根据亚里士多德的定义，正义是"使人做事公正"。鉴于"公正"被解释为另一人在某种意义上的应得（due to），阿奎那能够轻松地把《尼各马可伦理学》的定义同化进下述罗马法定义，即"正义乃是一种永恒而持久的意志，使每个人获得他的权利"。但是，他在调和自己的多个理论来源时回避了物主代词"他的"所带来的问题。在亚里士多德的文本中，正确之事是一个正义之人做的正确之事。但是，罗马法的法律定义表明，权利属于行动的接受方。这是"他的权利"（suum ius）：实际上，这是同样较为常见的定义方法，也是阿奎那讨论这个"问题"时使用过的表述，③仅仅说"他的"（suum）。通过充分利用"应得"（due, debere, debitum）这个术语，阿奎那得以调和两种权利语言。④正确之事就是从一

---

① 因此，在阿奎那的理论中，"权利"的基本含义是与"主观的"相对的"客观的"。然而，这并不意味着阿奎那从未在一种主观的意义上使用过这个术语：参见J. -M. Aubert,《圣托马斯作品中的罗马法》（*Le droit romain dans l'oeuvre de saint Thomas*, Paris, 1955），页90—91，那里表明，阿奎那打算在一种主观的意义上使用"ius"，表示做某事：例如，在一个短语之中，"quasi habeat ius possidendi totum thesaurum",《神学大全》，第二集第二部分，问题87，节3。正如作者所评论的，"Il aurait été étonnant que saint Thomas, qui a largement utilisé les sources juridique, n'ait pas été influencé par le langage courant en ces matières"（同上）。然而，"ius"的主观理解的零散使用并不能影响对它的客观的理论阐释，那才是"ius"在阿奎那的文本之中的通常含义。它也不必然意味着一个作为自由的主观权利概念。
② 同上，问题58，节1。
③ 同上注，节11："Utrum actus iustitiae sit reddere cuique quod suum est."。
④ 在把"iustum"解释为"debitum"上，参见Paul. M. Van Overbeke,《圣托马斯论权利：〈神学大全〉第二集第二部分问题57评注》（"Saint Thomas et le droit. Commentaire de IIa—II, Q. 57"），载于*Revue thomiste* 55（1955），519—564，页529。

个正义之人到另一个市民的应得。但是,阿奎那也因此被迫承认,正确之事并非总是一个行为,有时也可能是一个物。^①这就使得他能够从"公正的事情"——被界定为"正义的对象"——这个角度,将"返还"等主题纳入讨论中,这些主题包含所有权(dominium)和自有(suum)这些概念。^②正如我们将要看到的,后来的托马斯主义者更明确地做出了这种转变。

然而,在阿奎那那里,"公正的事情"首要的、最具理论意义的含义仍然是"正义的行为"。在问题57第4节,阿奎那提出了一个针对亚里士多德的反对意见。亚里士多德认为存在一种"父亲的权利"(ius paternum)和一种"主人的权利"(ius dominativum),它们区别于一般意义上的权利,即"政治权利"。阿奎那通过忠实地阐释亚里士多德的文本回应说,权利或正义之事有赖于与他者相合,但是这个"他者"有两层含义:"第一,它可以指纯然别的东西,就像完全不同的东西:比如就像两个人,谁也不属于对方,他们二人都属于国家的统治者:那么,按照亚里士多德在《尼各马可伦理学》第5卷的观点,这两个人之间存在绝对的正义。"^③但是,他接着写道:"第二,[93]一个东西被说成是别的东西而有所不同时,不是纯然的不同,而是以某种方式属于别的东西。"^④后一种方式根据其与自己父亲的关系描述儿子的地位,根据其与自己主人的关系描述奴隶。二者都没有独立的存在,因此他们之间不存在严格意义上的权利或正当。权利是社会

---

① 《神学大全》,第二集第二部分问题58,节2,正解。
② 同上注,问题62,节1,正解与答复1。
③ 同上注,问题57,节1,正解:"Uno modo, quod simpliciter est alterum, sicut quod est omnino distinctum: sicut apparet in duobus hominibus, quorum unus non est sub altero, sed ambo sunt sub uno principe civitatis; et inter tales secundum Phil. In 5. Ethics. est simpliciter justum."。
④ 同上注:"Alio modo dicitur aliquid alterum, non simpliciter, sed quasi aliquid ejus existens."。

性的，权利是正义这个德性要求的那部分社会活动，而且权利在政治社会（人的善的积极实现）之外没有立足之地。做正确的事情是城邦实现的优良生活（而非家庭保障的生活）的一部分。①

在说明公正之事只存在于市民之间后，亚里士多德接着细分这种严格意义上的"权利"——特别具有政治属性的"正义之事"——将其进一步分为自然的和习俗的：自然的，总具有同样的效力，与意见无关；习俗的，原本是法律上中性的东西。②在思考"权利是否可以恰当地划分为自然权利和实在权利"时，③阿奎那紧紧追随亚里士多德，把权利划分为自然的和实在的，分别代表基于事物之自然而公正的东西和基于习俗而公正的东西。鉴于公正总是关涉他者，阿奎那把自然权利描述为，某个就其自身本性与另一个人相称的东西："例如，当有人给予这个数量时，他收回的恰恰是这个数量。"④就是说，阿奎那在这一节中并没有表示，就其本意而言，"权利"是自由和平等的人（这种自由和平等只可能存在于市民语境中）之间的"公正之事"之外的任何东西：自然权利不过是出于事物之自然而呈现在这些自由而又平等的（即政治的）存在者面前的公正行为。

然而，阿奎那的下一节"万民法是否与自然权利相同"给出了一个不同的解释。⑤阿奎那在这里更改了他的自然权利的例子，以便对亚里士多德的理论和万民法进行调和，但也因此扭曲了他的权利观。正是在此处［94］他说，自然权利就是与他人相适应或相合，"根据绝对的看法。例如雄性就其本性与雌性相合，并通过雌性生育子女，父母与子女相合，以便养育后

---

① 亚里士多德，《政治学》，第1卷，第11章。
② 《尼各马可伦理学》，第5卷，1134b 18—21，页103。
③ ST, 2a2ae 57, a. 2: "Utrum jus convenienter dividatur in jus naturale, et jus positivum."
④ 同上注，in corp。
⑤ 同上注，第3节。

者。"①他继续补充说,"绝对地理解一个东西,要理解到它不但属于人,而且还属于其它动物;因此,权利,被称之为自然的权利……既为我们人类所共有,也为其他动物所共有"。②这段话正是对乌尔比安在《学说汇纂》开篇著名语句的释义。③因此,阿奎那设想,一项权利或者一个正当行为,并非人际间的平等(正义这个德性旨在实现的平等)那种意义上的正当——因为就动物而言,它既无人格,也无德性——而仅仅是下述意义上的正当,即其本身是自然合适的,能被一切自然所理解。尽管如此,他用作自然正当的例证都在某种意义上关涉他者:雄性对雌性,父亲对子嗣。阿奎那并没有完全去掉下述意义上的正当,即作为个体之间的一种应得。

阿奎那这里的自然权利学说给他的阐释者出了难题。按照他的哲学,自然法仅限于理性的自然。有些人认为,阿奎那的权利观念与法紧密相关。他们很难解释,他为何在此处,在他的最为成熟的作品中,执意坚持动物也有自然权利。④然而,阿

---

① 《神学大全》,第二集第二部分问题57,节2,正解:"Utrum jus convenienter dividatur in jus naturale, et jus positivum"。
② 同上注。
③ 《学说汇纂》,1,1,1:"自然法是自然交给所有动物的东西:因为这种法不是人类所特有的,而是……一切动物所共有的。"(Ius naturale est, quod natura omnia animalia docuit: nam ius istud non humani generis proprium, sed omnium animalium… commune est.)
④ 例如,Van Overbeke,《圣托马斯论权利:〈神学大全〉第二集第二部分问题57评注》,页525和页535; M. B. Crowe,《圣托马斯与乌尔比安论自然法》("St Thomas and Ulpian's natural law"),载于 Commemorative studies,卷1,页261—282。Overbeke和Crowe都在阿奎那的理论当中看到了正当与法之间的紧密关联。对于Overbeke来说,正当派生于法,把法作为自己的根基。Crowe与Overbeke殊途同归,他含蓄地认为,阿奎那在意指"法"时交替使用"ius"和"lex"。因此,他猜测《神学大全》本节是关于法的讨论(例如,第277页),并且是与第二集第一部分论法律部分的教义不相容的。关于阿奎那在有些地方交替使用"ius"和"lex"的观点,参见G. Kalinowski的两篇文章,《原理》("Fondement")和《托马斯·阿奎那对"ius"术语的转喻使用》("Sur l'emploi métonymique du terme ius par Thomas d'Aquin"),载于 Archives de philosophie du droit 18 (1973), (转下页)

第三章 客观权利与托马斯主义传统

奎那理论中的法与权利的关系问题业已激发激烈争论,影响到他作为某种现代法理学典范的地位。菲尼斯辩称,在阿奎那的理论当中,权利派生于法,后者是法理学的基本关注;而维莱却声称,权利派生于法,这是主观权利模式的特点,其中权利与那些受到法支配的个体[95]行为相关,而不是个体之间公平的应得。在维莱看来,阿奎那既是纯正古典传统的最后一位伟大代表,也是一种将法作为行为之命令提升至核心位置的法理学的最后一位伟大代表。①我们从阿奎那本人那里获得的唯一论断来自《神学大全》第二集第二部分问题57第1节答复2,他在那里区分了"法"(lex)与"权利"(ius),但却断定法是"一个根据,属于一类,属于权利":"法并非权利本身,但却与权利之理相连"(lex non est ipsum jus, sed aliqualis ratio juris)。

在阿奎那看来,法在根本上且主要与理性相连。②最初和最

(接上页注④)页331—339。他辩称,阿奎那的术语转喻是基于以下事实:对于他来说,"ius"和"lex"概念互为因果,相互关联。

① Villey把客观"法"的析出视为经典法理学的伟大贡献,而古代文明、犹太教和东方文明只知道"法律"(loi)。他认为把二者联系起来的做法是法理学的退化,这开始于唯名论者奥卡姆,延续到他思想上的后裔霍布斯和洛克。Villey的立场当然依赖于对法作为一种道德令式的实质的理解,这显然是菲尼斯、格里塞和自然法的"新经典理论"的拥趸所拒绝的。参见Villey和Finnis在 *Archives de philosophie du droit* 17(1972)上的争论:Villey的论文是《一般理论》("Théorie générale")(页427—431)和《简论道义逻辑在权利上的适用》("Sur les essais d'application de la logique déonotologique au droit")(页407—412);Finnis的论文是《新出现的边沁作品》("Un ouvrage récent sur Bentham")(页423—427);更为常见地,菲尼斯主编《自然法》(*Natural Law*, Aldershot, Hants. 1991),卷1,页206—210。

② 这个含义是在《论法律》开篇问题的首节就提出的,"Utrum lex sit aliquid rationis":《神学大全》,第二集第一部分问题90节1。纵观托马斯主义学者圈,这个主题的研究文献汗牛充栋。关于阿奎那对法属于理性而不属于意志的贡献,可以参见Crowe的一般性讨论,《自然法形象之变迁》(*Changing profile of natural law*, The Hague, 1977),第7章;更为详尽的讨论参见W. Farrell O. P.,《根据圣托马斯与苏亚雷斯理论的自然道德法》(*The natural moral law according to St Thomas and Suárez*, Ditchling, 1930)。关于阿奎那的法律学说在13世纪思想背景下的讨论,除了Crowe的《自然法形象之变迁》第6章之外,(转下页)

高的理性是属于上帝的理性,它统治一切受造自然的活动:"永恒法即是超凡智慧的理型,指引所有的运动和行为"。①一切造物都无可避免地在它们的所有行为上从属永恒法,通过两种方式之一。"事物可以通过两种形式服从永恒法:首先,通过认知分有永恒法;其次,以主动或者被动的方法,通过内在行动原则的形式分有永恒法。"②非理性造物只能以第二种方式服从,它们具有一种指向自己恰当行为和[96]目的的内在倾向;但是,理性造物却可以以两种方式服从,它们既具有一种永恒法观念,也具有一种趋向植入他们自身中的目的的倾向:"正如《伦理学》所言,我们自然地倾向接受德性"。③

对于阿奎那而言,人的第一种服从模式——具有永恒法观念或认知意识这种意义上的服从——构成了自然法。自然法被描述为"我们借以辨别善恶的自然理性之光":④即是说,不是一个指向特定行为的倾向,而是理性造物的认知构造的一个部分。"因为理性造物是以一种理智方式分有的,这种理性造物对永恒法的分有可以恰当地称为法律,因为法律与理性相关……。然而,非理性造物并不以这种理智方式分有,因此,除了在比喻意

(接上页注②)亦可参见O. Lottin,《12、13世纪的伦理学与心理学》(*Psychologie et morale au XIIe et XIIIe siècles*),卷2,《伦理难题》(*Problèmes de morale*, Louvain, 1948),第1部分,第1—3章。阿奎那的自然法观及其思想背景在Martin Grabmann那里也得到了讨论,《从格兰西到托马斯·阿奎那的经院主义自然法理论》("Das Naturrecht der Scholastik von Gratian bis Thomas von Aquin"),载于*Mittelaterliches Geistesleben*,卷1(Munich 1926),页65—103;亦可参见Crowe,《圣托马斯与乌尔比安论自然法》。

① 《神学大全》,第二集第一部分,问题93,节1,正解:"Lex aeterna nihil aliud est, quam ratio divinae sapientiae, secundum quod est directive omnium actionum, et motionum."
② 同上,节6,正解。
③ 同上。
④ 同上,问题91,节2,正解。

义上,它们自身中并不存在这种对永恒法的分有。"① 阿奎那承认,人具有一系列内在自然倾向,就像其他动物那样,但是这些倾向并非法律。相反,只有在人身上,对应于这些自然倾向的一系列令式(precepts)才构成自然法。② 首先,人与一切存在物共享的一个倾向是保存自身存在的嗜欲,与这个自然倾向相符,自然法的首要令式是关于那些使存在得以被保存的事物。其次,人对所有动物都共有的事物具有一种自然倾向,例如繁殖,教育后代等等。相应地,这些行为为自然法所要求。最后,人具有对专属自己的善的自然倾向,认识上帝和生活在社会中。自然法的第三组令式命令实现这个目的所必要的行为。③ 阿奎那从未表示,自然法关于人和其他造物共有的倾向的这些令式,可以被称为这些其他造物的法律。自然倾向在非理性造物那里发挥着自然法的作用;而人则具有自然[97]倾向和自然法。阿奎那并不打算将自然倾向称为法,即使对于人类来说也是如此,"除非在隐喻意义上"。④

---

① 《神学大全》,问题91,节2,答复3。
② 笔者这里使用"系列"这个术语意在表明秩序,而非"等级"或者"层级"。笔者像菲尼斯那样接受,我们没有在阿奎那的文本之中发现那种含义。对于亚里士多德来说,也是对于阿奎那来说,理智魂是一个整体,它之中包含着生魂和觉魂。因此,非理性的自然倾向并构成着它们的善的那些东西是理性的自然所倾向的同等的善,不是任何更小或者附属的善。参见菲尼斯,《自然法》卷1,第94页;J. Finnis 和 G. Grisez,《自然法基本原则:答拉尔夫·麦金纳尼》("The basic principles of natural law: A reply to Ralph McInerny"),载于 *American Journal of Jurisprudence* 26(1981),页21—31(重印于菲尼斯《自然法》,卷1,页341—351),此处位于页29。
③ 《神学大全》,第二集第一部分,问题94,节2,正解。
④ 因此,在讨论"是否存在一种浴火的法律(lex fomitis)"时,《神学大全》第二集第一部分问题91节6正解,阿奎那谨慎地讨论不同造物的不同倾向,认为它们只是"某种程度上"(quodammodo)的法律。的确,节2正解的行文表明,阿奎那设想,对德性的自然倾向,以及人类理性对永恒法的自然觉悟,都构成着自然法。然而,笔者认为问题93节6正解中的划分是对这一点的澄清,断然拒绝了把对德性的自然倾向作为自然法的观念,它与一切造物对自身的善的倾向处于同一层次。Farrell 在 Natural moral law 第82—103页,对这一问题进行了　　(转下页)

那么，如果自然权利在某种意义上是动物非反思性知觉认识到的行为，那么在每种法都对应其自身特定的一种权利这个意义上，权利似乎无论如何也不可能"派生于"法：因为那样的话，自然权利就必然具有道德（即理性和自由的）行为的含义。但是，这并不意味着在阿奎那的理论中，权利与法完全独立。阿奎那自己都说，法与权利之理相连。① 他在论法律的部分把"理性"与"规范"(regula)联系起来，据此我们可以推断，对于阿奎那来说，人类的自然法是自然权利的尺度这个意义上的规则。如果法为那些具有理性能力的物种——人类——提供权利的理据或者尺度，那么权利就与法相连，而无须仅仅只是法的一个功能。② 如此这般认为法提供了权利的理据后，阿奎那就可以——也是正当的做法——将一种客观权利观念置于他的人类道德行为理论的一般框架内。

二、托马斯主义传统之外的客观权利

阿奎那想要把亚里士多德式权利观纳入自己的道德神学体系中，而通过对《尼各马可伦理学》的评注所形成的非托马斯主义传统，则更多地想要把作为正义之对象的权利与所有权(dominium)这个术语联系起来。这个传统演进的关键人物是奥多(Gerald Odo)或称奥特(Guiral Ot)。他是方济各修士，[98]

（接上页注④）灵活的处理，却得出了一个极为不同的结论。D. J. O'Connor也强调了"自然倾向学说"对于阿奎那阐述自然法的重要性，《阿奎那论自然法》(*Aquinas and natural law*, London, 1967)，页60—62。然而，对于他的结论：良知(Synderesis)——"识别基本道德原则的能力"——"必须被视为人的一个本质性的自然倾向"（页61），笔者却无法苟同。良知是智性的一个习性（问题94节1答复2），而非对人的恰当目的（德性）的一个天生的倾向。

① 参见前文，页95。
② 关于这一点参见Aubert在《圣托马斯作品中的罗马法》页103—105的透彻而又表示赞同的讨论。

1329年接替被罢黜的迈克尔（Michael of Cesena），担任该修会的总理事。然而，在把法律语言的各个元素：法律、权利、应得、命令和公正行为关联起来时，他的分析既不同于阿奎那，也不同于早期的方济各修会传统。

奥多以反驳《尼各马可伦理学》的下述论点开始他对权利的讨论：正义（在逻辑上）先于权利。① 为了解决这个难题，他做了一个基本的区分，把权利划分为四个"部分"。阿奎那指出，在亚里士多德的意义上，"公正的事情"是权利的首要含义，但他同时也暗示其他含义随后都从这里派生出来：那么，除此之外，权利还开始意指法理、法庭和司法官的判决。② 他在此处还进一步承认，权利被不恰当地用来指称法。相反，奥多提出了一个更强的论点，大意是说权利包含四个组成部分："第一个是立法者的命令；第二个是应得之于主体的东西；第三个是一个书写的文本，或者以文字的形式写于一部书中，或者在精神上铭刻于灵魂中，既指示命令也指示应得之物；第四个是被禁止的或应得的活动。"③

在接下来的段落中，奥多区分这四个"部分"的意图体现的更为明显。命令这个元素就是立法者规定的令式，"也就是说，就神法（divine ius）而言，就是上帝，或者就自然法（natural ius）而言，就是自然，或者就一切人法（human iura）而言，就是人，不管这些人法的内容是什么"。④ 然而，作为应得之东西的权利（ius）

---

① Geraldus Odo，《亚里士多德〈伦理学〉疏解》(*Sententia et exposition cum questionibus... super libros ethicorum Aristotelis cum textu eiusdem*. [? Venice? 1500])，第5卷，问题2，页93v。
② 《神学大全》第二集第二部分，问题57节1，答复1。
③ Odo, Sententia et exposition cum questionibus: "Prima est preceptum legislatoris. Secunda est debitum subditi. Tertia est scriptura litteralis in libro vel mentalis in anima ostendens et precepta et debitum. Quarta est opus iniunctum et debitum."
④ 同上："puta vel deum sicut ius divinum: vel naturam sicut ius naturale: vel hominem sicut omnia humana iura quaecunque sint illa."。

也被特别标示为公正之事的一部分。就像阿奎那所言,这个东西既可以是一个行为,也可以是一个物;而且是某人应得之于他人的。正是这个元素严格对应亚里士多德文本中的正义的对象。对于阿奎那而言,关于正当之事(right thing),重要的是它应得之于主体,它与个人的行动权力(power of action)毫无关系。权利的第三个元素是文本或书写,接受着"理性指令"的刻画。如我们在上一章所见,在[99]同时代方济各修会的讨论中,理性指令与法律(lex)一致,那么我们或许可以认为,奥多此处讲的就是法律。第四个元素是活动本身,使用的术语是"正当行为(iustificatio)":将公正之事付诸实践。

　　相较于阿奎那的处理方式,本段内容引人注目的地方在于强调,界定权利必须重视立法者这个因素。立法者是必不可少的,因为"权利必然以一位立法者为前提"。①没有一位立法者发号施令,就不可能存在权利:"因为命令先于应得,正如引起之于被引起……因为在给我一个命令之前,我不可能服从或亏欠[任何东西]"。②与此相似,权利也预设了"一个主体,权利被施加于他"。③那么对于奥多来说,权利就其各个部分而言都主要与命令和服从的结构相关,而非直接关涉一种人与人之间的平等和比例。法律在这个结构中只具有附属地位。对于奥多来说,法律只扮演纯粹表面的角色:决定性的角色由命令这个元素扮演,它预设了一位立法者。正当的东西,公正的事情,并非独立存在,而是这位立法者的命令发挥的功能。这位立法者可能是上帝,自然,也可能是人。

---

① Odo, Sententia et exposition cum questionibus: "Ius enim necessario presupponit legislatorem."
② 同上:"Preceptum enim est prius debito, ut causa causato… nec obedire possum vel debere ante quam datum sit mihi preceptum."。
③ 同上:"Item presupponit subditum sui imponitur jus."。

第三章 客观权利与托马斯主义传统

布里丹(John Buridan)在处理这个主题时深化了奥多的分析。①他模仿阿奎那的文风,一开始就质疑亚里士多德式的正义定义的有效性。解决这个问题需要阐明公正的事情:"我们就简要地断言,权利、公正、法律、正义和正当行为都是不同的吧!权利是主人(dominus)针对他的臣民和受臣民力量控制的那些东西的命令或者安排。"②奥多令人相当疑惑地把立法者与令式(preceptum)(而非法律[lex])联系在一起,而布里丹则转而用主人(dominus)代替立法者。在奥多看来,"主人可以是神祇,可以是自然,也可以是人";但是他接着说,"因为一个具有平等地位的人不能对另一个具有平等地位的人强加权利:但是,如果一位国王应当在任何东西上约束他的臣民,这是由于[100]一位处于上位的主人(即神或者自然)的命令或安排"。③布里丹与奥多一样区分作为令式或者安排的权利(ius)与法,只是对于布里丹来说,"命令或者安排"这种意义上的权利才是权利唯一恰当的含义。至于布里丹想用这个权利指代什么,我们可以从他的用语中发现蛛丝马迹。首先,从本质上讲,作为命令的权利属于一位上位者,而且这位上位者也是一个主人。正如我们在第一章所见,"上位的主人"这个表达具有封建色彩,指代在诸侯的封地中

---

① 证明是布里丹借鉴了奥多,而非相反,参见James J. Walsh,《奥多与布里丹评注亚里士多德〈伦理学〉的某些关联》("Some relationships between Gerald Odo's and John Buridan's commentaries on Aristotle's 'Ethics'",)载于 *Franciscan Studies* N.S. 35(1975),页237—275。
② Johannes Buridanus [John Buridan],《亚里士多德〈尼各马可伦理学〉十卷研究》(Questiones super decem libros ethicorum Aristotelis ad Nicomachum, Paris, 1513),卷5,问题2,页91(89)r: "dicamus igitur summarie duntaxat quod ius iustum lex iustitia iustificatio distinguuntur est enim ius preceptum domini vel ordination circa subditos circa ea quae possunt cadere sub potestate subditorum."。
③ 同上: "dominus autem ille potest esse vel dues... vel natura... vel homo... par enim in parem nullum ius instituit. sed sir ex in aliquo. subditis obligetur hoc est ex precepto vel ordinatione domini superioris. scilicet vel dei vel nature."。

享有"直接所有权"或者"优先所有权"的领主。①其次,布里丹用"平等者之间不创设权利"(par in parem nullum ius instituit)这个短语取代了著名的法律格言:"平等者之间无支配权"(par in parem non habet imperium)。②因此,对于布里丹来说,权利表达了独立的政治体或者最终管辖权的意思。权利与所有权联系在一起,并且"预设了一个臣民,权利施加在他身上"。这就将布里丹与一个传统联系起来,这个传统最终导致了马佐里尼的理论,后者(如我们所见)把权利等值于上位(superioritas)这个意义上的所有权。对于奥多来说,令式(而不是法律)意义上的权利决定人类的道德和法律活动。

在讨论正义这个德性(权利的一个构成部分)时,布里丹的评述与奥多不同。正义本身被确凿无疑地说成是意志的一个习性。但是,在布里丹看来,主人和奴仆的差别意味着正义是双重的:一个是主人的正义,它指引着他为自己的臣民规定善;另一个是那些臣民的正义,它指引着他们服从主人的安排。③主人的正义先于权利和公正的东西,而臣民的正义在后。如果主人是公正的,那么与他的权利("ius"或"right")相符的正当之事将是他的臣民的善:正当之事因之被整合进指向善的目的论秩序当中。

---

① Johannes Buridanus [John Buridan],《亚里士多德〈尼各马可伦理学〉十卷研究》(Questiones super decem libros ethicorum Aristotelis ad Nicomachum, Paris, 1513),卷5,问题2,页21和脚注37。
② "par in parem imperium non habet"这个短语是对"imperium"的阿库修斯集注(Accursian gloss), D. 30, 1, 13, 4: "Et est dicendum, preatorem quidem in praetorem, vel consulem in consulem nullum imperium habere."。布里丹的措辞表明,他可能既知道这个文本,也知道集注。
③ 布里丹,《亚里士多德〈尼各马可伦理学〉十卷研究》,卷5,问题2,页91(89) r: "Justitia autem est duplex quedam pertinens ad dominum. Alia pertinens ad subiectum. Justitia pertinens ad dominum est virtus qua dominus ordinatur ad precipiendum et ordinandum circa ea que prodesse possunt vel obese in bonum insorum. Justitia vero pertinens ad subditum est virtus qua subditus inclinatur ad preceptum seu ordinationem domini observandan."。

[101] 这里所说的"正当之事"(iustum)是指："根据权利，被特许给每个人的东西。例如，倘若主人命令或者判定共有某些东西；那么公正的东西就是指这些东西处于共有的状态。"①此处公正的东西似乎就是某个属于一个臣民的东西：他的权利。但是，这个被特许为每个人的公正的东西也是臣民对其负有义务的东西："鉴于权利，即鉴于主人的令式，臣民对公正之物负有义务"。②由此来看，布里丹似乎提出了与阿奎那和奥多相同的观点：通过权利给予某人的东西，则另一个人对此负有义务。但是，布里丹后来在界定做正当之事的行为(iustificatio)时断定："并非每个正当的东西都是做正当之事的行为，因为行为是一个操作；但是，不是每个正当的东西都是一个操作……然而，每个做正当之事的行为都可以被称为一个正当的东西，因为它是根据主人的判定，被特许，或者甚至是被命令或强烈要求的"。③特许和禁令没有落到不同的臣民身上；相反，最好把被特许的东西说成是被命令的东西。公正的事情普遍是臣民的义务。

在证明这个论点的过程中，布里丹比奥多更为明确地去掉了以下观念：公正的事情必然直接关涉他者。公正的事情仅仅是主人的权利施加的东西。尽管如此，他仍然与阿奎那和奥多共同持有以下观念：臣民的权利不包含回旋余地或个人选择之义。宽泛的"权利"概念与善之及指示判定向善的政治功能之间的关联，使得权利话语与同根词"正义"、"法律"、"正当的东西"和"做

---

① 布里丹，《亚里士多德〈尼各马可伦理学〉十卷研究》，卷5，问题2，页91(89) r：
"iustum autem est quod unicuique secundum ius id est secundum domini preceptum vel ordinationem concesssum. v.g. si dominus precepit vel ordinavit aliqua esse communia. Iustum est illa esse communia."。
② 同上："ex iure hoc est ex precepto domini. subditi obligantur ad iustum."。
③ 同上，(italics added)："non omne iustum est iustificatio: quia instificatio est operatio iustum autem non omne est operatio… sed omnis iustificatio potest dici iustum. Quoniam secundum domini ordinationem uincuique concessa est. imo precepta vel persuasa."。

正当的事情"都属于必然而非自由。

然而，这并不意味着市民的一切行为都必须得到指示。在解释亚里士多德对政治权利与其他权利类型的区分时，布里丹断定：

> 需要指出，政治权利是保存市民之间应得秩序的那种权利。他们是存在于同一[102]元首之下的市民，在居住、取得和占有上都是自由而平等的：我这里所说的平等并不是一个人取得或者占有与另一个人数量相同这个意义上的平等，但他们在以下意义上是自由而又平等的：每个人都可以平等地为自己取得尽可能多的东西，占有他已经取得的东西，并且按照自己满意的方式使用它们——只要他这么做没有伤害到共同体或者他的市民同胞，就都是合法的。①

很难找到一个对自由至上主义原则更确切或者更早熟的总结了。需要指出的是，对于布里丹来说，这个自由行动领域与权利和正当之事这样的用语毫无关系。权利不属于个人，也不是指个体行为的可能性。当布里丹提到"臣民力量控制的那些东西"时，他并不是在言说一个个人权利领域。在这个短语中，"力量"是指纯粹的能力，即非法律性的能力。

奥多和布里丹的这个客观权利传统，巩固了托马斯主义者把权利视为臣民的义务而非臣民的放任的做法。然而，至关重要的

---

① 第5卷问题18："Notandum quod ius politicum est ius servandi debitum ordinem inter cives. Sunt autem cives qui sub eodem principatu commorantes sunt in vivendo. acquirendo et possidendo liberi et equales. et non dico equales sic quod quantum unus acquirit vel possidet tantum alter. sed sic sunt liberi et equales. quod licet unicuique tantum sibi acquirere quantum potest et acquisita et uti eis sicut placet absque tamen communitatis et concivium lesione."。

是，它从根基上破坏了亚里士多德的政治权利独立于立法结构和通过关涉他者而存在这两个性质。奥多和布里丹把政治权利严格置于他们所说的政治结构中——一个命令与服从的结构——摒弃了亚里士多德的政治作为城邦内自由个体之间的关系的含义。结果，权利失去了作为人与人之间的客观适度这个含义。正如维莱所言，权利如此这般被"主观化"了。正如我们将会看到的，这种重新把亚里士多德式权利置于一个立法结构中的趋势以及与此相应的对这个概念的早期主观化，同样可以追溯至托马斯主义传统的发展。

三、中世纪晚期托马斯主义理论中的客观权利

关于14世纪多米尼克修会道德神学的特质，我们几乎没有任何证据可以利用。尽管整个14世纪多米尼克修会修道院一直都在教授《神学大全》，这是毫无疑问的，却没有[103]丝毫的文本证据表明这一时期存在对《神学大全》的评注。这很可能归咎于以下事实：虽然《神学大全》在他们自己的学校内被非正式地用作神学教科书，但距离被正式地在各所大学教授还有两个世纪之久，而且多米尼克修会本身也再三努力确保自己的学校与那些大学一样，使用《嘉言录》作为基础教科书。[1]正如我们所见，阿奎那没有用《嘉言录》讨论返还问题（以及人与人之间的道德规范问题），也绝不让他的追随者这么做。后期托马斯主义道德神学只是在15世纪才再次出现，而且就算到了那个时候也还是略显零星。

---

[1] 关于托马斯主义教义在多米尼克修会和欧洲大学中的历史，参见R.G. Villoslada，《维多利亚求学期间的巴黎大学（1507年到1522年）》(*La universidad de Paris durante los estudios de Francisco de Vitoria [1507—1522]*, Rome, 1938)，第11章。

重构托马斯主义群体的权利史困难重重，15世纪经院主义发展过程的总体模糊性更是加重了这一点。[①]15世纪经院主义的声名遭到各派思想史家的贬抑，几乎普遍被描绘为一个神学衰退、逻辑过剩的时期："晚期唯名论"的衰败。在过去的二三十年间，有两个主要的思想史流派共同发力，试图改善这种图景：其一是对大公会议传统产生了新的兴趣，主要是蒂尔尼(Tierney)、奥克利(Oakley)、布莱克(Black)和伯恩斯(Burns)等人的作品；其二是奥伯曼(Oberman)及其学派的作品，旨在重新评价中世纪晚期的唯名论。除此之外，针对15世纪大学的教学结构以及学者在大学之间的流动，特别是在巴黎大学与新建的德国大学之间的流动，学界也做了更多的研究工作。实际上，现在已经没有人再坚持认为唯名论者统治着15世纪的大学了。

尽管如此，虽然现有的研究表明，1400年到1500年之间的大学并非完全是唯名论者的天下（事实上，科隆一直被认为是唯实论的中心），但是其他的可能情况并未得到充分的研究。就其学说内容而言，15世纪托马斯主义的历史[104]在很大程度上仍模糊不清：特别是托马斯主义道德神学在15世纪的发展（而不仅仅是单纯的存在）这个问题。材料的稀缺使得人们很难重构托马斯主义在15世纪有关权利的教义，但我们还是可以追踪某个特定的发展，它指向16世纪早期重要的托马斯主义者：卡耶旦和库林。

(一)14世纪早期：科隆大学"阿尔伯特化的"托马斯主义

15世纪伊始，托马斯主义复兴的主要中心是科隆大学。从一开始科隆就是唯实论者思想活动的一个中心。大阿尔伯

[①] 这一点和接下来的内容被一些学者变得更加宽泛了，其中之一即是J.H. Burns，他在自己最近的作品中把精力大都放在了晚期经院主义之上，《贵族身份、亲属关系与帝国：君主政治的观念(1400年到1525年)》(*Lordship, kinship and empire: The idea of monarchy, 1400—1525*, Oxford, 1992)，页7—12。

特(Albert the Great)曾在13世纪中期任教于此,他有两个非常著名的学生:阿奎那(Thomas Aquinas)和尤里奇(Ulrich of Strasburg)。二人都与这个地方有着密切的联系。唯实论阵营在1425年成功地抵制了帝国选帝侯强迫大学回到唯名论路线的做法(这是唯实论教义与胡斯信徒的超唯实论以及随后在波希米亚出现的社会动荡合力所致)。在这之后,唯实论阵营事实上愈发走向分裂:一方追随阿尔伯特的学说,另一方追随他的学生阿奎那。①

这一时期托马斯主义者的领袖人物是亨利(Henry of Gorkum),他竭力在两个宗派的极端主义者之间驾驭一个大公会议路线(尽管没有成功)。②他的作品证实了这种立场。他的主要作品是对《神学大全》各个部分的评注。这表明他是忠诚的托马斯主义者;但是他的较为边缘的作品具有明显的阿尔伯特式色调。③同样的结合工作也出现在我们所关心的、科隆大学影响范围内的其他重要思想人物身上,[105]例如,丹尼斯(Dionysius Carthusianus, Denys le Chartreux)。④丹尼斯曾在科隆大学接受托

---

① 关于科隆的这些事件的细节,参见A.G. Weiler,《高尔库姆的亨利及其在中世纪晚期的神哲学立场》(*Heinrich von Gorkum (+1431). Seine Stellung in der Philosophie und der Theologie des Spätmittelalters*, Zurich and Cologne, 1962),页56—83。
② 对亨利的完整研究来自Weiler,但是他发现Martin Grabmann曾提及亨利,《中世纪多米尼克和托马斯主义学派的个人形象之六:枢机主教卡耶旦在托马斯主义和托马斯学派中的地位》("Einzelgestalten aus der mittelalterlichen Dominikaner-und Thomistenschule. 6: Die Stellung des Kardinals Cajetan in der Geschichte des Thomismus und der Thomistenschule"),载于Grabmann, *Mittelalterliches Geisteleben*,卷11(Munich 1936),页602—613。这篇文章通常可以用作15世纪托马斯主义类型的简介。
③ 例如,参见他的《对胡斯反教皇权力的轻率审判》("Tractatus de temerario iudicio Huyssitarum contra potestatem pape"),载于Henricus de Gorinichem [Henry of Gorkum]卷, *Tractatus consultatorii* (Cologne 1503)。
④ 关于Denis Rijkel生活和著述的详情,参见M. Beer,《狄奥尼修斯从人之自然需求到上帝体验的学说》(*Dionysius des Kartäusers Lehre vom desiderium*　(转下页)

马斯主义的神学训练，而且他的早期作品明显是托马斯主义的：但是，他的后期作品表明，他愈益受到阿尔伯特和托名狄奥尼修斯(Pseudo-Denys)的影响。

这两位作者都写作实务性著作和涉及政治的著作：亨利反对胡斯信徒，丹尼斯则关注教会和世俗治理。他们二人的著作集因此与热尔松（据说他的作品在卡尔特修道院极为常见）[①]非常相似，无论是在思想传统上，还是作品的定位上。他们都结合了阿尔伯特与阿奎那，并有志于解决当时的教会问题。然而，他们在处理这些问题时都没有奥卡姆主义传统的痕迹；正是这点——他们的论述的主要特征——才使得他们与我们这个的分析有关：当他们讨论权利时，他们并未采用《论灵魂的精神生活》和《论教会权力》中的热尔松主义定义。

正如我们在上一章所见，热尔松把奥卡姆主义的权利分析与司各脱主义、阿尔伯特主义和托马斯主义的元素结合了起来，提出了一种行动能力的观念，它根据法律，受到名之为权利的直接权力的推动。亚里士多德主义对主体的潜能的分析被镶嵌在一个从根本上来说新柏拉图主义的宇宙中，这个宇宙由受制于一个法律层级结构的一系列秩序构成。因而，直接的权力在亚里士多德主义体系中解释了主体的潜能，它与新柏拉图主义等级中的不同层级造物被赋予的不同的"高贵"或"善"一致。权利是身份地位的一个功能，界定了一个造物的活动范围，这个活动范围处于它在法内的应得位置。有关权利是正义的对象这个学说——

（接上页注④）*naturale des Menschen nach der Gottesschau*, Munich, 1963)，以及 N. Maginot,《狄奥尼修斯圣灵影响下的人之道德行为》(*Der actus humanus moralis unter dem Einfluss des heiligen Geistes nach Dionysius Carthusianus*, Munich, 1968)。

[①] 参见 V. Gerz-von Büren,《热尔松著作传统》(*La tradition de l'oeuvre de jean Gerson chez les Chartreux. La Chartreuse de Bâle*, Paris, 1973)，页6—9。

这个学说与对行为的主观分析分离,就像阿奎那所做的那样——在热尔松这里没有任何用处。

对于14世纪早期科隆的托马斯—阿尔伯特主义者来说,情况却恰恰相反,权利(right)是阿奎那《神学大全》第二集第二部分问题57("论权利")中的"ius"。他们灌输狄奥尼修斯式等级寓意的正是[106]这种权利。因此,在《败坏与德性大全》(*Summa de vitiis et virtutibus*)中,丹尼斯把正义定义为:"意志的一个恒定和永久的习性,或意志的一个恒定和永久的德性,给予每个人他的权利或应得"。但是,这个权利或应得也是尊严:"而且,正义被说成是给予每个人其尊严,因为正义赋予他值得(dignum)给他或者他应得的东西。"①它被卡普雷奥鲁斯(Johannes Capreolus)援引的托名狄奥尼修斯的一个段落暗示了这些每个人都应得的尊严。卡普雷奥鲁斯是15世纪法兰西南部的托马斯主义者的领袖,曾根据阿奎那评论过《嘉言录》。他在讨论上帝分配的正义时说:"宇宙的秩序……彰显了上帝的正义,狄奥尼修斯在他的《论神名》第八章如是说,'我们应当从这里看到,上帝的正义是真实的,他根据每个存在物的恰当尊严给予,并把每个自然保存在其恰当的秩序和德性中。'"②正义是使得每个人得到他的尊严或应得,那是他的权利:但是这种权利并没有被进一步描述为某种权力。

---

① Dionysius Carthusianus [Denis Rijkel],《败坏与德性大全》(*Summa de vitiis et virtutibus*),《全集》(*Opera omnia*, Montreui, 1896—1913),卷39,页13及以下;第2卷,节33(页214及以下):"Porro justitia dicitur unicuique suam tribuere dignitatem, quia impendit cuilibet quod dignum est eti impendi, seu quod ei debetur."。

② Johannes Capreolus,《托马斯·阿奎那的神学辩护》(*Defensiones theologiae divi Thomae Aquinatis*), C. Paban 和 T. Pègues 主编,第2卷(Tours 1900;重印Frankfurt a. M. 1967),第1卷,第45段,问题1,节1,页568—569:"ordo universi... demonstrate Dei justitiam. Unde dicit Dionysius, 8 cap. De Divinis Nominibus: Oportet videre in hoc veram esse Dei justitiam, quod omnibus tribuit secundum propriam uniuscujusque exsistentium dignitatem, et uniuscujusque naturam in proprio salvat ordine et virtute."。

相反地，在丹尼斯非常接近我们在《论灵魂的精神生活》中发现的热尔松主义权力语言的地方，"权利(ius)"这个术语却明显阙如。《趋向上帝之创造秩序的神学思考》是丹尼斯早期具有浓厚托马斯主义色彩的作品，很可能创作于他身处科隆大学期间。他在这部作品中讨论了上帝的善作为一切事物的终极目的，"因为构成这个的是任何存在的至高的圆满，根据狄奥尼修斯的说法，任何存在都按照自身的潜能符合上帝的善，即是说，取得对它的某种分有"。① 对"善"、"潜能"和"分有"这些术语的使用表明，丹尼斯在用一套复杂的词汇写作，很接近[107]热尔松将"权利"织进的那个语言之网。但是，丹尼斯没有把对善的主观潜能的语言与权利的语言混在一起。他的大学同事亨利也是如此。尽管亨利认同并运用了一个主观权力范畴，这种主观权利等同于热尔松术语当中的"权利"，例如，他在《论战争权利》当中论及"自然法上恢复许可的能力"(facultas recuperandi concessa de iure naturali)时，② 但是他不会将其称之为一项权利。正如他在评论阿奎那（《神学大全》第二集第二部分问题57）时所说的——他在那里不折不扣地追随着阿奎那——权利对他而言是一种应得并指向他者。③

(二)安东尼诺的《大全》：15世纪中期多米尼克修士对《神学大全》的理解与决疑术

我们可以顺着佛罗伦萨大主教安东尼诺·佩洛奇(Antonino

---

① 《趋向上帝之创造秩序的神学思考》(*Creaturarum in ordine ad Deum considerato theologica*)，第34卷，《全集》(*Opera omnia*)，页98，节8："quia in hoc consistit cujuslibet entis summa perfectio, secundum Dionysium, ut divinae bonitati secundum possibilitatem suam conformetur, aliquam scilicet participationem ejus acquirens."。
② 《论战争权利》(*Tractatus De iusto bello*)，载于 *Tractatus consultatorii*，页50v。
③ Henricus de Gorinchem [Henry of Gorkum]，《圣托马斯研究》(Questiones in Sanctum Thomam, Esslingen n.d.)，第二集第二部分，问题7。

Pierozzi, Antoninus Florentinus)的作品退回去,在某种程度上退到我们在第一章所讨论的实践决疑法领域。安东尼诺是多米尼克修会的一员,他的活动,无论是写作还是布道,都隶属于多米尼克修会和方济各修会致力于意大利城市国家的政治和社会生活事业的这个悠久传统。①他创作了一部伟大的作品,名为《大全》(称之为《安东尼诺大全》,题为"论恶与德性")。这部作品一方面属于《告解大全》(*Summae confessorum*)的体裁,旨在为良心案例提供实际解决方案。②另一方面,《大全》又因同时涵盖阿奎那《神学大全》的第二集第一部分和第二集第二部分的材料而著称:也就是说,既有[108]道德神学的"思辨"层面,也有"实践"层面;而且,它还拒绝接受任何把权利(ius)等值于所有权(dominium)的做法。

这部《大全》共分四个部分。第一部分包含一个总括,"即是说,关于灵魂及其潜能,这些被认为是它们[恶和德性]的主题。论激情……论一般的罪及其效果。论禁止恶和要求德性的多重法律"。第二部分论述具体的恶。第三部分的主题是"不同的社

---

① 关于安东尼诺的生涯和活动,以及对他的经济思想的叙述,参见R. de Roover,《锡耶纳的圣伯尔纳丁与圣安东尼诺:两位伟大的中世纪经济学家》(*San Bernardino of Siena and Sant'Antonino of Florence: The two great economic thinker of the middle ages*, Boston, Mass., 1967)。De Roover对二者原创性的要求受到了A. Spicciani的挑战,"Sant' Antonino, San Bernardino e Pier di Giovanni Olivi nel pensiero economico medievale",载于O. Capitani主编的*Una economia politica ne medioevo*(Bologna 1987),页93—120,他辩称最为重要的论题在Olivi的作品之中已经提出了(出现在Todeschini, Un trattato di economia politica francescana;参见前引,页24,脚注46)。

② Antoninus Florentinus, Summa(Basel 1518),第1部分,序言:"Illas igitur sublimas theorias in librariis comprehensas magistris et scientia perfectis dimisi. Que autem iudicavi apta ad materias predicationum et audientiam confessionum…accepi a doctoribus pluribus in theologia vel iureperitis: non intendens indoctus et omnis scientiae ignarus poemata condere sed recollectionem facere more fratrum pro me et mei similibus qui mecum errant: quibus nec ingenium ad altiora: nec librorum simper copia datur: et occupations facultatem subtrahunt discurrendi per libros."。

会地位,同样既属于俗人,也属于教士"。第四部分涵盖具体的德性。

从对它的描述可知,安东尼诺的第一个部分的主题几乎与阿奎那《神学大全》的第二集第一部分重合,而且安东尼诺事实上通篇都在使用阿奎那的材料。① 然而,尽管安东尼诺的论述方式在很大程度上是对阿奎那的忠实阐释,但是他在"论教会法"和"论市民法"这两个标题下也作出了重要的改进,讨论了阿奎那那里的人法。在指出"人法被称为实在的、成文的法"以及"按照伊西多尔的说法,法律是权利的一个种类"后,安东尼诺开始讨论一般意义上的权利,从对《神学大全》第二集第二部分问题57对权利的讨论,进入对《神学大全》第二集第一部分问题95和问题96有关人法的讨论。尽管安东尼诺此处对权利的讨论在实质方面与阿奎那并无不同,"权利是正义的对象,是公正之物",但他把阿奎那的短语"法是某种程度上的权利之理(lex est quodammodo ratio iuris)"嵌入对法而非权利的思考中。这表明,在他看来,我们无法独立于法来讨论权利。

《安东尼诺大全》第三部分"论身份"(De statibus)对我们的研究具有最为重要的意义。在这个部分,安东尼诺把身份之质料(materia stauum)——阿奎那只在《神学大全》第二集第二部分末尾通过一个简短的"问题"予以处理——提升为道德神学的主要部分。对于阿奎那来说,身份主要具有一个精神方面的含义。对身份的一般讨论是讨论圆满的身份(status perfectionis,即宗教身份)的必要准备。然而,对于安东尼诺来说,这仅仅是该术语

---

① 安东尼诺突破先例,把这种思辨性材料纳入一部以实践指南为目的作品,这很可能归咎于两个因素:首先,《神学大全》教义本身在多米尼克修会学校内部主导地位的提升;其次,道德神学本身的自觉意识和职业化的增长,正如安东尼诺把这个领域视为道德智慧(moralis sapientia)。作为一种科学,这就要求它在分析人类行为性质时的基础地位。

严格意义上的含义。他在[109]序言中对此作了简要的解释。第三部分的其余内容则用来审视各种不同的肉体身份(material estates),既包括世俗身份,也包括教士的和宗教的身份,所有权的身份(status domini)处于其中。安东尼诺用"论世俗所有权"这个标题引入对那种所有权的讨论:它是苏门哈特(以及后来的马佐里尼)的主要材料来源,尽管苏门哈特得出了一个极为不同的结论。①

在把所有权作为讨论身份的一个部分进行思考时,安东尼诺反思了最初的托钵僧讨论。在那是,所有权恰恰是一个身份问题,与圆满的身份相关的身份就是贫困。这表明,安东尼诺不会把所有权视为行动的权力,而是将其视为一个涉他等级结构中的一个位置。当安东尼诺对比某些博士的意见与其他一些博士的意见时,这一点就显现出来了。前者认为,所有权和权利实质上相同,"因为一个人对一个物有多少权利就有多少所有权";后者认为它们并非相同。对于后面这些人来说:

> 全部的理由在于:按照大哲学家和辛普利丘(Simplicius)在《范畴篇》中的观点,所有权关系是一个隶属关系:因此,除非有人隶属于他,否则他就不享有对任何人的所有权;但是,一个人不可能对某个他不隶属的人享有任何权利;相反,正如儿子对于他的父亲享有一个权利,以及相似地,一个奴隶对于他的主人……因为他基于养育应感激他们。②

---

① 笔者使用"引入"这个术语是经过深思熟虑的,因为安东尼诺始终把他的材料归之于他人。在讨论所有权过程中,出现了一些匿名的博士。在讨论"ius"时,据说材料来源是"quidam magnus magister in libello contra fraticellos: cuius nomen adhuc non inveni"。很遗憾,笔者亦未发现任何符合安东尼诺讨论的文本。它的出处可能具有某种重要性,因为它是后来的整个契约文献的源讨论,尽管笔者肯定苏门哈特和马佐里尼是通过安东尼诺偶然碰到它的。
② 《大全》第三大部分,卷3,标题3,段4:"Et tota ratio est: quia　　　　(转下页)

权利不同于所有权，因为"所有权似乎在权利之外又为自身加上了某种上位(superiority)和权威"。①安东尼诺得出结论："按照这些人的说法"——他显然是同意的——"应该这样来描述所有权。它是取得、占有和使用某个东西的权利，或者仅仅出于意志所好，[110]或者出于某个预先裁定的模式：基于某种上位和权威。"②

安东尼诺所支持的观点，首先谈及所有权在基督教神学和哲学那里所具有的典型的决定性特征：它属于关系范畴，它是上位者与从属者的关系。因此，把所有权与权利区分开来的博士，通过将前者与一种与人的关系联系在一起以做出此种区分：成为一个主人(dominus)就是使某人隶属自己，对这个人具备某种上位和权威。但是，他们在结尾处似乎给出了一个受奥卡姆影响的所有权定义。根据这个定义，所有权不是一个关系，而是针对某些东西的以某种方式行动的权力——取得、占有和使用。然而，这种权力据说"出于"某种"特定的上位或权威"的运作。这就表明，所有权是一种上位关系与一种作为行动权力的权利的结合。

随着安东尼诺继续界定权利本身，这种含义变得更加清晰。他首先通过自己的所有权定义来定义权利："所有权不过是在权利之外添加了上位和权威，因此权利就是用相同的公式描述为所

（接上页注②）secundum Philosophum et Simplicium in Predicamentis relation dominii est relation suppositionis: et ideo nullus dicitur habere dominium in aliquot nisi sit sibi suppostitus: sed aliquis non potest habere ius in aliquo cui non est suppositus: imo econtra: sicut filiusfamilias habet ius in patre: similiter servus in domino quia tenetur eis ad alimentationem."。

① 《大全》第三大部分，卷3，标题3，段4："Dominium enim videtur sibi addere supra ius quondam superioritatem et auctoriatem."。
② 同上："Et ideo secundum istos doctores dominium describitur sic. Dominium est ius habendi possidendi et utendi aliqua re simpliciter pro libito voluntatis: vel secundum aliquam determinatum modum ex quadam superioritate et auctoritate."。

有权减去一个限制条件：即'某种上位'"。①一项权利可以具有所有权一样宽泛的范围，但是它并非出自上位或权威。"或者，我们可以这样来描述它：权利是对某个东西进行某种行为的权力。那么，如果我合法地卖一本书，我就对卖出那本书的活动享有一项权利……可以得出一个一般的结论：我对一个东西所享有的权利与我对它具有的合法的权力一样多。"②权利是行动权力，而非上位的关系；是一项权力，而非一个关系。

安东尼诺就这样从权威这个角度，区分了所有权和权利：在行动权力方面，主人（dominus）和权利持有者是一样的，但是主人自在地行动，不依据任何外在的权威。因此，对于安东尼诺来说，权利依然在一个客观规定的框架内运行；[111]他把"合法的"这个条件重新引入权利的热尔松传统中，似乎保持了其最初的道德正确这个含义，而不表示道德无涉。随后的托马斯主义者对于合法的含义及其与正义这个字眼的联系持有不同的看法。但是，他们整体上都追随安东尼诺，越来越强调把公正与法一起处理，而且在他们的意识中，阿奎那的《神学大全》的"论正义与权利"那部分处理的那些"问题"的传播，要求我们阐明不止一种的权利概念。

(三)16世纪早期的新托马斯主义

行文至此，我们业已察觉到托马斯主义在15世纪的盛行，而且更为重要的是，它越出了多米尼克修会修道院的高墙，那正是

---

① 《大全》第三大部分，卷3，标题3，5段："dominium addit solum supra ius superioritatem et auctoritatem: ideo potest describi ius eadem ratione sicut dominium dempta illa conditione: cum quadam superioritate."。

② 同上："Vel possumus sic describere: quod ius est potestas exercendi aliquem actum circa rem. Under si licite possum vendere librum habeo ius in venditione libri... sic generaliter concludendo quantum habeo de potestate licita circa rem: tantum habeo de iure circa eam."。

它散播的原点。然而，笔者对于是否把托马斯主义路线的这种强化称为复兴或再生颇感犹豫，因为它缺乏这些说法体现出的那种自觉和激昂的气质。与此不同，16世纪伊始出现了这样的一场运动，它虽然源于15世纪的发展，但却可以称为新托马斯主义，因为它本质上具有那种福音式自我意识。在16世纪这个运动的早期阶段，有两位多米尼克修士鹤立鸡群：卡耶旦（Thomas de Vio, Cardinal Cajetan），他的早期岁月在帕多瓦度过，教授托马斯主义学说；以及库林，他担任科隆大学的神学教授。①

卡耶旦主教——因其在天主教控诉路德时扮演的角色最为人熟知——是16世纪新托马斯主义发展过程中的精英人物。②1507年到1520年间，他出版了对整部《神学大全》的评注，杰出之处在于它与文本之间的临界距离，比亨利更具精妙的方法。它[112]针对的是那样的读者，可以预见其问题，并把他们的注意力引至更重要的段落。卡耶旦对《神学大全》第二集第二部分的评论完成于1517年。③在评论问题57到问题79，有关"论正义与权利"的部分的过程中，他展现了自己的洞察力，提出了困扰所有阐释者的那个难题，即阿奎那的自然权利学说。

正如我们所见，在亚里士多德主义传统中，权利作为正义的

---

① 关于库林参见N. Paulus，《与路德战斗中的德意志多米尼克修士》(Die deutschen Dominikaner im Kampfe gegen Luther, Freiburg, 1903)，页111—134；Villoslada，《维多利亚求学期间的巴黎大学（1507年到1522年）》，页289—299。库林最初有些不愿加入与路德的论战，后来却成为了一个极为热忱的参与者，他在1527年出版了Eversio Lutherani Epithalamii。库林和卡耶旦在对初生的新教的学理反驳上紧密联系，这从卡耶旦反路德教派的争议问题中可窥一斑，它包含着对库林在信函中所提出的几个问题的回应：参见Thomas de Vio Cajetanus，《争议问题及反路德宣言》(Quaestiones quodlibetales, cum aliqot assertionibus contra Lutheranos, Paris，1530)。
② 卡耶旦在反路德进程中的角色众人皆知，无需讨论。卡耶旦在托马斯主义传统中的地位参见Grabman，《中世纪多米尼克和托马斯主义学派的个人形象之六：枢机主教卡耶旦在托马斯主义和托马斯学派中的地位》。
③ Villoslada，《维多利亚求学期间的巴黎大学（1507年到1522年）》，页43。

对象，其首要特征在于，它是涉他的。权利具有社会意义：即出现在市民社会或者政治社会的平等主体之间，只有他们才能被恰当地称为"他者"。其他团体类别（例如家庭）的不平等成员之间，任何应得的东西都不是恰当意义上的权利，因为那里不存在恰当意义上的"他者"。然而，同样正如我们所见，阿奎那有关自然权利的说法已经危及他自己阐发的这层含义。卡耶旦表明自己非常了解这个难题："第3节和第4节放在一起会出现一个疑问：父权被说成只有通过背离纯粹意义上的权利才算是权利，这是第4节的意思……然而，第3节却说在父子之间是存在自然权利的，这如何可能？"①他的答复是："自然权利可以分为纯粹意义上的自然权利和衍生意义上的自然权利。原因在于，吃喝和维持自身的存在不是纯粹意义上的自然权利，而是衍生意义上的自然权利：因为严格来说，权利不是一个人对自己享有的，而是指向他人的。"②卡耶旦强调，第4节对双重意义上的权利的划分必须返回去应用于第3节。父子都不是严格意义上的"他者"，因此他们之间不存在严格意义上的自然权利。言外之意在于，严格意义上的自然权利是第2节设定的那种自然权利。

卡耶旦的回答的有趣之处在于，消耗、饮食和自我保存此时都还没有在阿奎那的文本中出现。"保存自己的本质"这个用语当然是完全托马斯主义的。正如我们所见，对于阿奎那来说，这构成了一切实体作为实体的自然倾向，以及自然法在人身上的首

---

① 《〈神学大全〉第二集第二部分及多米尼克修士卡耶旦的评注》(Secunda secundae summae theolgiae cum commentariis Thomae de Vio Caietani O.P., Venice, 1593), 问题57, 节3和4（页131v—132r）: "In a. 3 et 4 simul dubium occurrit, Quomodo ius paternum dicitur iustum per defectum a iusto simpliciter, ut in a. 4... dicitur: et tamen inter patrem et filium est ius naturale, ut in a. 3 dicitur?"。

② 同上, 页132r: "ius naturale distinguendum est in ius naturale simpliciter, et secundum quid. Comedere nam et bibere, et conservare seipsum naturalis iuris est non simpliciter, sed secundum quid: quia eiusdem ad seipsum non est proprie ius, quoniam ad alterum proprie est."。

要的实质令式。[113]然而,在《神学大全》当中,自然法和自然倾向都没有把(任何意义上的)自然权利作为自己的必然推论。卡耶旦把自我保存作为衍生意义上的自然权利就表明,他确实把自然权利视为自然倾向或自然法的必然推论,只不过他强调,保存本身不是严格意义上的自然权利,因为它不关涉他者。我们注意到,阿奎那使用雄性与雌性、父与子之间的自然权利这样的例证,似乎意在保留以下原则:权利本质上存在于共同体的成员之间。《神学大全》没有任何蛛丝马迹表明,阿奎那愿意把自我保存、吃喝视为任何意义上的自然权利,甚至衍生意义上的自然权利。相反,一个违背保存自身存在的自然倾向的冒犯——自杀——(就个体被视为他自身,而不是共同体的一个部分而言)对于阿奎那来说是罪,这是因为它背离了慈爱,而不是因为它背离了正义。①

我们在库林的作品中也可以清楚地看到,托马斯主义在自我保存问题上摇摆于自然法与自然权利之间。库林属于托马斯主义传统,任教于科隆大学,这些我们在前面章节已经讨论过了。②他在1512年出版了一篇针对《神学大全》第二集第一部分的评注,在覆盖范围上远比他的先驱亨利更具雄心。但是,站在我们的立场上来看,更有趣的是他出版于1523年的采用对话体的《争议》。③这个作品展现出有趣的时代印记。最引人注目的是采用了对话体形式,利用"这种解释模式似乎更能令人接受,尤其是在这些时代"。其次,它显示了对道德问题的重视,这是16世纪经院主义的典型特征。尤里奇是库林的兄弟,显然也是负责

---

① 《神学大全》第二集第二部分,问题64,节5,正解和答复1。
② 参照Paulus,《与路德战斗中的德意志多米尼克修士》,页111—122。
③ Konrad Köllin,《争议问题》(Cologne 1523)。争议问题这样的风格似乎在16世纪之交出现了一个短暂的复兴,卡耶旦和Hadrian VI都创作了自己的这种风格的作品。这些作品都统统致力于实践的道德神学,思辨性的争议似乎只属于过去。

库林作品出版事宜的人,他在写给出版者的序文信中解释说,他在与自己兄弟讨论经院主义主题时得出了共同的结论:"放弃神学思辨部分应得的荣耀,道德的部分——既是为了确立正确的生活方式,也是为了解决良知活动常常碰到的难题——[114]在我们看来对于我们这个时代更为有用。"意识到经院主义道德神学——当时已经根基扎实并被如此命名——是一个能够与人文主义的良好生活规划相匹敌的思想资源,而且还能够在一个良知问题愈发复杂的时代发挥它的传统功能。这种意识对于经院主义作家而言代表着一个新的使命。

在第四个争议中,"尤里奇"试图阻止"库林"讨论罗马法的"允许以暴制暴"(Vim vi repellere licet)原则,因为他确信自己无法为这个主题的文献再增添任何新东西。库林的答复是一个反问:"既然在你的阅读过程中,你已经获得了与这个主题相关的一切东西,那么你或许可以解决这个谜题:为何要说'一个人被允许',而不是'一个人应当'?"①库林的这个问题基于一项区分。他区分了属于自然权利的东西与那些"合法的"东西。前者"似乎不仅是被准许的,而且是真正被命令的",后者"似乎是不被法律禁止,或者不被惩罚的,故而许多东西本身与理性矛盾但却被说成是合法的。"②这种区分与以下区分一致:一方是本身绝对善的东西,它们是应得的(due, debita)和被命令的,另一方是附条件的善的东西,被称为合法的。将这个区分应用于杀掉另一个人从而试图保护自己的性命时,库林的结论是"意图保护自己的性

---

① Konrad Köllin,《争议问题》(Cologne 1523),节4,页27v: "Quando omnia, et cuncta illic conspexisti, pandas velim id mysterii. Quid cause sit, ut dicatur licere, vim ire repulsum, et non potius oportere."。

② 同上:"Enimvero de iure extantia nature, non modo permitti, verum et precepta esse videntur, licita vero videntur que non prohibita, per legem, vel que non punita, quo pacto an multa, de se refragantia rationi, licita dicuntur."。

命……这是自然公正的";"保存是自然公正的,而且是应得的,而杀掉那个人则是自然合法的"。①

库林就此把权利的语言与应得的语言(与合法的语言相对)联系起来。但是,在讨论自我保存是自然公正的东西的时候,库林提出了一个与卡耶旦相同的假定:在自然权利的讨论中,自我保存是有问题的。这个假定与他使用命令的语言不无关联。自然的应得之所以应得是因为它是命令,而非单纯出于物性(ex natura rei)。就阿奎那而言(奥多和布里丹则不同),这个命令是法的一个部分。但是,在把公正的东西描述为命令这点上,库林所言的权利(奥多和布里丹亦是如此),首先,已经[115]变成了立法结构的一项功能;其次,如此一来,它也就不再必须关涉他者。正因为如此,自我保存才可能是一个公正的东西。

库林深知传统托马斯主义客观权利学说的难题。于是,他在下一个问题中接着讨论这个问题。"争议5"涉及箴言"己欲达而达人,己之不欲勿施于人"。库林解释说,这是自然法的一条命令,而尤里奇则问,为什么它不是一个有关"法定的应得"(legal due, legale debitum)的问题。库林用一个反问回答了这个问题:"你在哪里看到过,严格来说,正义(法定正义)是指向自己的?——正义总是指向独立于主体的另一个人。"②他接着解释说,"法定的应得"等同于"客观上的公正的东西",它是意志并不会自然倾向的"属于另一个人的善"。然而,也有一种"道德的应得"。我们自然地倾向它,好像它是我们自己的善一样。"正如我应当追求我借以公正地做的东西,那么同样地[我应当追求]你也是。但是,这是将其作为道德的应得……来意欲公正

---

① Konrad Köllin,《争议问题》(Cologne 1523),页29(28)r。
② 同上,节5,页51r:"Nunquid circa seipsum, proprie dictam iustitiam (cuiusmodi legalis est) uspiam legisti versari? Que utique ad alterum est supposito separatum."

的东西。无论追求怎样赋予你这个对象,它在法律上都是你应得的,有正义的令式来规定,而不是由自然法的共同[令式]规定。"①自然法的通式(general precept)——对应我们自己的自然倾向——在此处似乎被认为必然会得出一个道德权利,而这个道德权利并不一定关涉他者。

整体上看,卡耶旦和库林的文本见证了托马斯传统内部权利理解上的变化。阿奎那本人试图运用公正的事情(iustum)这个真正的亚里士多德主义范畴指代公正的行为——从个体处应得的东西——既满足决疑的要求,也涵盖罗马法学家的自然权利属于一切自然这个观念。他保留了权利是一个行为并且涉他这个观念,尽管他允许动物也享有权利,从而违背了权利的政治本质。卡耶旦和库林避免了法学家所讲的自然权利无法成为亚里士多德的政治权利的一部分这个难题,因为他们开始把权利本身理解为法的一个功能。由于提出了一个[116]强意义上的自然法概念——源于阿奎那本人——自然权利在他们这里可以是自然法命令的东西。通过这种方式,他们保留了权利的托马斯主义含义:权利是一个行为,它不仅是合法的,而且积极地应得之于某人。

然而,在把权利与根据法律的行为捆绑在一起以回应自然权利的问题时,他们首先会使自己更难令人信服地扩展权利这个观念,以达到满足决疑科学的要求的程度。尽管卡耶旦遵循阿奎那的文本,没有暗示相关分析范畴已经发生变化,也没有暗示为了处理返还和盗窃问题,这些分析范畴承受着压力。库林明确指出,分析自然和自然行为使用的权利范畴——与自然法相连——

---

① Konrad Köllin,《争议问题》(Cologne 1523),页51v:"Unde sicut velle debeo, quo iuste mecum fiat, sic partier et tecum. Sed hoc est velle fieri iustum… debiti moralis. Verumtamen velle tibi hanc dare rem, tibi legaliter debitum, sub iustitie cadit precepto, non sub communi legis naturalis."。

不同于作用于人与人之间的法定正义这个范畴。库林表明，在这个领域，真正亚里士多德主义的政治"公正的事情"是一个与之有关的范畴。但是，我们稍后可以看到，西班牙的新托马斯主义者维多利亚和索托甚至更加远离阿奎那，他们把这个范畴转化为一个得到全面阐述的所有权观念。这一切都与安东尼诺将《神学大全》第二集第二部分问题57与第二集第一部分"论法律"联系起来，而不是与第二集第二部分决疑的材料联系起来的做法一致。

其次，通过把作为一个行为的权利理解为法的一个功能，他们失去了这个正当行为必然关涉他者或必然存在于人际之间这层含义。结果，尽管就其不是主体的一个属性，而是对那个主体来说正当的东西而言，卡耶旦和库林的"公正的事情"仍然是"客观的"，但在以下意义上却是"主观的"：准确来说，它是为着一个主体而不是在主体之间的东西。他们在这一点上似乎与奥多和布里丹类似。但是，后者关心如何将权利吸收进一个主人（或上位者）与奴仆（或下位者）的结构中，而两位托马斯主义者却以对法的压倒性的关注保持对阿奎那的忠诚。库林和卡耶旦的自然权利（派生于自然的东西）反倒是与奥卡姆、热尔松及其继任者所代表的传统相似。

四、阿尔曼与热尔松传统的延续

卡耶旦与库林讨论权利（特别是自然权利）的时间，最晚可以分别追溯到1517年和1523年。他们对于自我保存在托马斯主义权利理论中的位置的专注，见证了一种完全基于自我保存的自然权利的政治哲学话语的影响。在16世纪初期，这种话语是巴黎大学激烈辩论的主题，当然在其他大学无疑也是如此。它的始作俑者是阿尔曼（Jacques Almain），巴黎大学蒙泰古学院苏格兰籍导师梅尔(John Mair)的学生。他的作品是新托马斯主义与热尔松权利理论传统相互同化的明证。

在盎格鲁—撒克逊圈内,阿尔曼主要以他和他导师梅尔对16世纪早期大公会议运动"白银时代"的贡献著称。①他的教会地位明确地得之于奥卡姆和热尔松,他的权利观也同样受惠于他的两位先驱。他的权利话语可以在两个地方找到。一个是他大公会议的部分,《晚祷活动恢复问题》(*Quaestio resumptiva agitata in vesperiis*)和《教会权威手册》(*Libellus de auctoritate ecclesiae*),另一个是极为重要但却往往被忽视的来源,对司各脱评注《嘉言录》第4卷第14章及以下评论的阐释,它们都是在1518年他去世之后在巴黎出版的。②

阿尔曼应巴黎大学神学院的要求写作他的《教会权威手册》(*Libellus [Tractatus]de auctoritate ecclesiae*),③旨在回应卡耶旦的《教皇与公会议权威之比较》(*De comparatione auctoritatis papae et concilii*)。④他的写作意图是反驳卡耶旦的论证,为教会总理

---

① 特别参见Francis Oakley论阿尔曼和梅尔的论文。这些论文比较重要的都收录在他的著作之中,《自然法、公会议主义与中世纪晚期的共识》(*Natural law, conciliarism and consent in the later middle ages*, London 1984)。

② 对阿尔曼的生涯及其作品目录的总结,参见Villoslada,《维多利亚求学期间的巴黎大学(1507年到1522年)》,页165—168。阿尔曼讨论《嘉言录》的作品的重要性目前已经引起了伯恩斯的注意,《雅克·阿尔曼论所有权:一个被忽视的文本》("Jacques Almain on Dominium: A neglected text"),载于A. E. Bakos主编,《早期现代欧洲的政治学、观念论与法律:纪念萨尔蒙论文集》(*Politics, ideology and law in early modern Europe: Essays in honor of J.H.M. Salmon*, Rochester, N.Y. 1994),页149—158。

③ Ellies du Pin,《热尔松全集》(*Joannis Gersonis opera omnia*, Antwerp, 1706),卷2, cols. 976—1012. 关于阿尔曼和卡耶旦,参见Q. Skinner,《现代政治思想的基础》,卷2,"宗教改革时代",页42—47; J.H. Burns,《佩剑权与司法权:阿尔曼与洛克》("Jus gladii and jurisdictio: Jacques Almain and John Locke"),载于*Historical Journal* 26, 2(1983),页369—374。

④ 对卡耶旦的论证以及这个争论背景的描述,参见F. Oakley,《阿尔曼与梅尔:宗教改革前夕的公会议理论》("Almain and Major: Conciliar theory on the eve of the reformation"),载于Oakley,《自然法》(*Natural law*),第10章。

事会审判甚至在必要的时候罢黜教皇的权力进行辩护。阿尔曼关于总理事会之权力的论证基于两个类比为：人与市民社会的类比，以及市民社会与教会社会的类比。第一个类比明确承袭自阿奎那，但也遵循了一个把城邦喻为有机体的悠长传统。第二个类比依赖一个论证，大意是说教会社会[118]不能被否认是一个圆满的社会；但是，这种圆满是可以与市民社会的圆满类比的。阿尔曼试图证明，正如人享有自我保存的自然权利，这是他无法放弃的，那么共同体也享有这样的一种权利，即使它应当把这项权利转交给一个权威行使，它仍然一直握有它。而且，只要它需要保护自身免于自己选择的权威的侵害，它就可以直接行使它。因此，教会——由一个总理事会代表——保有那种在必要时保护自身免受教皇侵害的权力。

阿尔曼开篇处的寥寥数语，这章"处理为市民管辖权的起源，通过与它的对比，就可以了解教会的管辖权；因此，通过自然法，教会对教皇享有的权威就可以得到证明"，确立了自己的基本论点：

> 正如上帝作为自然界的原作者，创造具有了自然权利或者权力的人，他们消耗着那些为自己的营养和保存所必需的东西，进而驱逐那些有害之物（正是基于这种权利，他有权杀死不法攻击者……）……相似地，每个通过市民的手段彼此保存的人的共同体……都享有自然权利，不仅保存自身的存在，而且保存自身和平地存在。通过这种权力它可以阻隔（甚至通过施加死亡的方法）那些会搅扰共同体的人。①

---

① 《论教会权威》(*Tractatus de auctoritate ecclesiae*), col. 977: "Quemadmodum Deus, naturae author, hominem condidit cum naturali jure, seu potestate, ea quae sustentationi ac conservationi necessaria sunt sumendi, necnon et ea quae nociva sunt repellendi (super quo jure fundatur potestas eum, qui iniuste （转下页）

第三章　客观权利与托马斯主义传统

阿尔曼援引了阿奎那,把他作为这些论断的一个权威来源。杜宾版援引的是《神学大全》第二集第二部分问题65节1,"是否有任何理由使得砍断一个人的肢体是合法的"。但是,阿尔曼作品的1518年版《金册》,援引的却是《神学大全》第二集第二部分问题64节2。①阿奎那在此处讨论的是杀死罪犯是否合法。他认为,正如为了保护整个身体的健康而砍掉一个人的腐烂的肢体是合法的,为了相同的目的切除一个共同体的腐烂的肢体(即罪犯)也是合法的。②

[119]我们可以看出,阿尔曼需要个体和共同体之间的这种类比。但是,《神学大全》第二集第二部分问题64节2却没有为他提供"potestas"(权力)这个术语。③这是阿尔曼从热尔松传统那里把这个术语嫁接过来的,为他在共同体权力与个体权力之间创造了一个类比。通过进一步把阿奎那在这些段落中的有关"健康"(*salus*)的语言与同样托马斯主义的自我保存语言联系起来,阿尔曼能够把阿奎那论的自我保存主题同化为奥卡姆和热尔松的自然权利话语。对此我们将在下一章讨论。阿奎那在讨论共同体之于一个不健康的成员的地位时所使用的正当的"potestas"(权力)概念,也被同化进热尔松式的权利概念中,那是"与理性之正确指令相一致的权力或能力"。

因此,阿尔曼是从权利和权力的角度来回应卡耶旦。《晚祷

(接上页注①) aggreditur, interimendi...) ... similiter et communitas quaelibet aliquorum adinvicem civiliter conservantium... naturalem habet potestatem, se non solum in esse, verum etiam in esse pacifico conservandi, ad quam spectat eos quorum vita est in perturbationem communitatis, etiam per mortem praescindere."

① Jacques Almain,《金册》(*Aurea opuscula*, Paris, 1518),页46r—61v。感谢伯恩斯教授提醒了这一点。1512年最初印刷时也有问题64的引注,但笔者没有找到复制本。
② 同上,问题64节2正解。
③ 正是因为这个原因,后来的版本给出了对问题65节1的引注,那里证明为了共同体的善,公共权力可以合法地砍断一个人的肢体。

活动恢复问题》在形式上毋宁说是在讨论所有权——自然的、市民的和教会的。① 然而,无论是他的《晚祷活动恢复问题》,还是他对司各脱《嘉言录》第4卷第15节的评注,阿尔曼都把所有权等值于权利。他就像苏门哈特30年前所做的那样(我们在第一章已经看到,后者是在做同样的事),把所有权与权利相一致的观念归于热尔松。但是,阿尔曼对热尔松的重释与苏门哈特相映成趣。苏门哈特认为热尔松将权利等值于所有权,而且在解释这种等值方式时,把"权力"这个概念吸收进关系范畴中,从而被吸收所有权这个范畴中。按照他的理解,权利作为一种控制关系被划入所有权。阿尔曼也认为热尔松把权利等值于所有权,但是他的推理却完全不同。"所有类型的所有权都不过是根据正确理性使用一个特定东西的权利。"这是奥卡姆式的所有权定义,之后则是菲茨拉尔夫和热尔松的定义。"而且,权利(如热尔松所言)不过是根据正确理性的指令与某人相关的最接近的权力或能力。所有权是[120]那种恰当的权利,而且,权利是那种能力……因此谁享有根据一个正确指令使用某个东西的权利,他就具有一个根据正确理性关涉自己的最近的权力,这个人可以说享有对那个东西的权利和所有权。"② 阿尔曼的做法与苏门哈特相反:他把所

---

① 杜宾版,《热尔曼全集》(*Joannis Gersonis opera omnia*),第2卷,cols. 961—976。A. S. McGrade翻译了这个文本,载于J. Kraye主编,《剑桥文艺复兴哲学译本:道德和政治哲学》(*Cambridge translations of renaissance philosophical texts: Moral and political philosophy*, New York and Cambridge, forthcoming);感谢Steve McGrade准许预览他的译文和译注。

② Jacobus Almain, Clarissimi doctoris… Iacobi Almain… decimaquarta distinctione questiones Scoti profitentis, perutilis admodum lectura (Paris 1526; henceforth In IV Sent.),段落15,问题2,页48r: "Dominium in toto genere nihil aliud est quam ius utendi aliqua re secundum rectam rationem. Et ius (ut dicit Gerson) nihil aliud est quam potestas vel facultas propinqua competens alicui secundum dictamen rectae rationis. et dominium est illud ius competens: et ius est ipsa faculats…Quicunque ergo habet ius utendi aliqua re secundum dictamen rectum, habet potestaem propinquam ei convenientem secundum rectam rationem: et talis dicitur habere ius et dominium in illa re."

第三章　客观权利与托马斯主义传统

有权同化进权利。阿尔曼与苏门哈特一样,没有提到一个对应的义务,或者一个对应的使之负义务的东西。相反,这是一种热尔松的行动能力,由一个预先存在的法律引起。

权利与法律的这个联系,对于阿尔曼的权利概念来说至关重要。因为在阿尔曼看来,权利或者所有权随着法律的一条约束性令式发生并根据这个令式运行。因此,"自然法所有权是一个最接近的能力或权力,根据自然法指令,获取低级存在物维持自身生计。因为通过自然法,任何人都要保存自身的存在:源于这种义务,任何人都具有为了保存自己获取低级存在的权力。"① 阿尔曼反复重申,一个人只对他根据自然法有义务去做的事享有自然权利或所有权:提出一个自然权利或所有权的定义"预设着,基于自然法,任何人只要有可能就有义务保存自己的身体和存在;而且,这对于一切东西来说都是自然的"。② 正是因为一个人负有义务,他才享有权利或所有权:"根据自然权利的规则,倘若他有义务消耗某物,那么他就有使用此物的能力,……对此,他受到自然所有权的约束,而且,没有人能够仅仅因为或者完全因为将来可能发生的事情,声明放弃这个所有权"。③ 自然权利是[121]自然法的一个功能,并且相应地具有上述义务的负担。权

---

① 《晚祷活动恢复问题》(*Quaestio resumptiva agitate in vesperiis*), conc. 1a, col. 961: "dominium naturale est facultas, seu potestas propinqua assumendi res inferiores ad sui sustentationem, secundum dicamen legis naturalis. Lege enim naturali quilibet tenetur se conservare in esse: ex qua obligatione, in quolibet oritur potestas res inferiors sumendi in usum, ad sui conservationem."。对于这一点,参见McGrade的 Quaestio译本的导读。
② 《嘉言录》第4卷第15节,问题2,页48v。
③ 同上,页49v—50r,讨论一个标准的论题:一名加尔都西僧侣在极端的情况下是否必须违背不吃肉食的誓言:"si obligatur sumere, ergo est in ipso facultas utendi illo secundum regulas iuris naturalis... ad hoc tenetur dominio naturali, et nullus potest abrenunciare simpliciter et absolute tali dominio in omne eventum."。然而,应当指出,自我保存的义务不是毫无条件的——加尔都西僧侣应当选择饿死,如果他吃肉会导致丑闻的话。

利是一个能力，只涉及去做某事，不包括克制不去做某事；而且，人必须去做他享有自然权利去做的事，因为他无法豁免于自然法。

尽管《晚祷活动恢复问题》的用语与阐释司各脱《嘉言录》第4卷第15节的用语一致，二者都把权利和所有权在权力意义上等值起来，但是二者的权利或所有权定义所带来的政治理论存在着一个重要的差异。《晚祷活动恢复问题》赞同《教会权威手册》的论点：与自然人类似，自然共同体也享有自我保存的自然权利。这种权力转移给一个权威（可能一个，可能几个），但本质上还保留在共同体那里。然而，司各脱的阐释并未采用这种有机自然共同体的角度，而是从堕落之人的纯粹集合这个角度来讲，"尽管存在一个命题说，在堕落本性的状态下，人与人之间应当存在某个上位，为的是奖善罚恶，这是自然的法则：但是，这种上位是在这个人身上，还是在另一个人身上，并不基于自然法则，而是完全由人法确定"。①

下述事实可以解释这些差异：阿尔曼是在两个不同的地方做两件不同的事情。在前一学说上，他紧紧追随司各脱，是一名称职的司各脱阐释者。在后一学说上，他从奥卡姆和热尔松关于教会作为一个身体的传统的大公会议话语那里获得启迪。这两个传统的分歧对于理解维多利亚的作品来说非常重要，我们将在下一章探讨他。然而，尽管如此，在阿尔曼身上，权利和所有权学说展现了系统化这两类作品的种种迹象，表明他从自己把所有权作为权利的分析从那些册子过渡到了司各脱更简洁的

---

① 《嘉言录》第4卷第15节，问题2，页47v—48r: "Item, licet illa propositio: Debet esse superioritas inter homines pro statu nature lapse ad coercendum malos, et premiendum bonos, sit de lege nature: tamen quod talis superioritas resideat in isto, vel in illo, non est de lege nature, sed solum de lege positive."。这一点的来源是奥卡姆，III Dial. I. 2. 17. 再次感谢Steve McGrade对这个引注的帮助。

思考。重点在于，这个分析与下述学派的距离有多远：[122]这个学派将所有权与所有权意义上或控制关系意义上的权利等值起来。虽然阿尔曼使用乐所有权与权利的等值，也使用"上位"(superioritas)这个术语，但他从未把两者等同起来，因为他的"权利—所有权"不是一种身份或控制关系。因此，尽管政治思想史上的传统的做法是把阿尔曼和梅尔配成一对，但是必须坚决地把前者的权利语言与后者区分开来，后者在评注《嘉言录》第4卷第15节时，是在返还教义的传统意义上使用的所有权与权利等值的语言。

阿尔曼则完全属于热尔松传统，没有掺杂任何苏门哈特的东西，后者把奥卡姆主义的权利与司各脱主义的法律融合在一起，将权利理解为一种受到外部既定法律限定的能力，而不是一种法律自身。阿尔曼直接使用了托马斯主义自我保存是自然法的首要令式这个观点，而且大量引用《神学大全》第二集第二部分，特别是在评论司各脱的时候。这表明，我们不能把他归入任何彻底的"唯名论—意志论"范畴。① 阿尔曼的权利观在下述方面与卡耶旦和库林的权利观一样：权利与被命令的东西相连，故而与强制的、道德上必要的相连。它距离下述这种权利观还相去甚远，即权利是行动者的自由或者所有权（与自由联系在一起的所有权），甚至与权利是某种合法的或者被准许的东西这种看法也相去甚远。

尽管阿尔曼英年早逝，但他的讲座和作品影响巨大，成为16世纪伊始巴黎大学道德神学最为新鲜的声音。正是在这种氛围

---

① 这得到了Venancio Carro的承认，他有一本怀有偏见但却仍然有用的著作，研究的是萨拉曼卡学派及其前辈，《美洲征服前的西班牙神学及神学家—法学家》(*La Teologia y los teologos-juristas espanoles ante de la conquista de America*, Madrid, 1944)，第4章。阿尔曼不在那些犯下"遗忘自然"("olvido de lo natural")的意志论神学家之列。

之下,西班牙萨拉曼卡学派的新托马斯主义成员开始形成他们的思想。[①] 我们接下来将要探讨,他们对中世纪晚期主观权利话语的接受,这主要体现在这个学派两个最杰出人物的作品之中,他们分别是维多利亚和索托。

[①] 关于巴黎大学的氛围,更多的细节参见Villoslada,《维多利亚求学期间的巴黎大学(1507年到1522年)》,以及A. Renaudet,《意大利战争期间巴黎的前宗教改革派与人文主义(1494年到1517年)》(*Préréforme et humanisme à Paris pendant les guerres d'Italie [1494—1517]*, Paris, 1953),第2版。

第四章 自由与自然：
主观权利与16世纪西班牙托马斯主义

[123]托马斯主义在16世纪繁荣起来，其中最盛之地当属意大利和西班牙。意大利的托马斯主义传统——尽管出现了卡耶旦的政治行动——仍然以托马斯主义哲学理论方面的发展为主要特征，甚至达到了完全可以与当时的世俗亚里士多德主义哲学进行论战的高度。① 在西班牙，多米尼克修会则继续推动着托马斯主义道德和政治哲学的发展。这个运动被称之为萨拉曼卡学派或者"第二经院派"。它的奠基者是维多利亚。维多利亚最初在巴黎大学接受教育，然后于1523年返回西班牙，他把自己道德神学方面的学问传授给了一群聪颖的学生。这些学生的作品转而成为16世纪晚期和17世纪早期伦理学和政治学的标准参考书，被耶稣会士广泛采用，发展成为道德秩序的一种高度精致的科学。

正如本书导言所示，关于维多利亚及其后继者(特别是索托)的主要争议在于，能否说他们提出了一种客观权利"理论"或主

---

① 参见P.O. Kristeller，《托马斯主义与文艺复兴时期的思想》(*Le thomisme et la pensée de la renaissance*, Montreal, 1967)，页59—61，讨论了托马斯主义在Pomponazzi的灵魂理论发展之中的地位，以及多米尼克修士在论战之中的行动。

观权利"理论"。也就是说,萨拉曼卡学派是否代表着对阿奎那的真正亚里士多德式概念的一个回归,①或者这个学派是否延续了从[124]奥利维到阿尔曼的整个"现代派"的唯名论—意志论主观主义。②这两种立场都依赖客观权利与作为个人自由的主观权利观之间的对立,后者与唯名论者和意志论者的伦理学相连。然而,行文至此,我们业已在主观权利内部作出了十分清晰的区分,一种是等值于所有权(dominium)的权利,被理解为对另一个东西或人的控制关系,最初与自由相关联;另一种是法律之下的行动权力的权利,与义务或必然性相关联。我们在上一章还说明了,我们不能把中世纪晚期经院主义的客观权利视为主观权利的直接"对立面"。维多利亚及其后继者可以从梅尔、阿尔曼和卡耶旦的作品中获取权利的所有这些含义。本章的论点在于,倘若不去理解中世纪晚期有关权利(ius)的遗产的复杂性,我们就不仅无法全面理解萨拉曼卡学派的各个权利学说,而且也无法全面理解萨拉曼卡学派对一般政治理论的贡献。

一、维多利亚论自由与权利

维多利亚生于1485年左右。他可能在11岁时就加入了布尔

---

① Tuck,《自然权利理论:起源与发展》,页7;P. André-Vincen,《印第安人的权利与拉丁美洲的发展》(*Droit des indiens et développement en Amérique latine*, Paris, 1971),页55。对前者的批判参见Daniel Deckers,《正义与法:维多利亚(1483—1546)正义学说的历史批判研究》(*Gerechtigkeit und Recht. Eine historisch-kritische Untersuchung der Gerechtigkeitslehre des Francisco de Vitoria [1483—1546]*, Freiburg, 1992),页160,注释264;对后者的反驳参见对André-Vincen《印第安人的权利与拉丁美洲的发展》的评论,载于*Archives de philosophie du droit* 18(1973),页438—443,以及B. Tierney,《再论亚里士多德与美洲印第安人:两个批判性讨论》("Aristotle and the American Indian-again: Two critical discussions"),载于*Cristianesimo nella storia* 12(1991),页295—322。
② Villey,《第二经院派期间法律与主观权利的理论发展》,页64;Grossi,《第二经院派论私有制下的财产》,页124。

戈斯的多米尼克修会。后来,他在1510—1511年左右被送到巴黎,在多米尼克修会的圣雅克学院学习。不久之后(1512—1513年),维多利亚就在比利时神学家克罗凯尔特(Pierre Crockaert)的指导下研习神学。克罗凯尔特最初是梅尔的学生,后来在圣雅克学院加入多米尼克修会,这也是他教授《神学大全》的地方。维多利亚担任他的助手,帮助他在1512年准备过《神学大全》第二集第二部分的一个版本。

我们在第一章看到,权利和所有权问题究竟如何塑造着非托马斯主义者评注《嘉言录》第4卷第15章的主题。我们也已经看到,阿尔曼在深入展开他的热尔松式观点时,如何倾心于阐述司各脱对这个地方最著名的评注。①《嘉言录》第4卷——处理道德神学问题——之所以具有吸引力,部分是因为它为论述有关[125]所有权的迫切问题提供了一个契机;而且,很可能正是由于《嘉言录》第4卷的这种吸引力导致了人们(不限于多米尼克圈内)重新燃起了对阿奎那的《神学大全》第二集第二部分的兴趣。历史学家习惯谈及一个从评注《嘉言录》转向评注《神学大全》的16世纪早期的托马斯主义复兴。②然而,已有证据充分表明,在多米尼克修会的学派内部,长久以来《神学大全》已逐渐取代《嘉言录》成为基本的神学教科书。③而且,我们也已经看到,至少在托马斯主义主导的科隆大学,学术群体如何评注《神学大全》。相反,克罗凯尔特所主导的圣雅克学院的新颖之处和丰硕成果是对《神学大全》第二集(特别是第二集第二部分)的挖掘。对于那些践行"托马斯路线"的人(特别是多米尼克修士)来

---

① 阿尔曼实际上把司各脱的论第4卷第15章的第二个问题,"论返还"问题,是界定所有权的,描述为"在司各脱的所有问题当中最为优秀的问题"——鉴于他的目标的确凿理由。
② 例如,Skinner,《现代政治思想的基础》,卷2,页135。
③ 参见前文第3章,页103和注释58。

说,第二集第二部分可与《嘉言录》第4卷等量齐观。第二集第二部分"论正义与权利"的问题57到问题79以及"论返还"的问题62也为自己的评论者提供了一个讨论道德神学的政治面向的机会。维多利亚参加了阿尔曼的"论自然的、市民的和教会的所有权"讲座,肯定熟悉阿尔曼对司各脱的阐释。在他1523年返回西班牙到1546年去世这段时期内,他可以说是给出了多米尼克修会对阿尔曼道德——神学全集的一个回应:对《神学大全》第二集的评注,重点在于第二集第一部分问题90到问题108和第二集第二部分问题57到问题79,以及一系列关于政治道德争议的论战性质的"重述"(relectiones)。

维多利亚评述问题57到问题79的时候,首先紧紧追随阿奎那,把权利(ius)理解为公正的事情和正义的对象,并且断言权利与应得一致,而且关涉他者。这些定义本身证实了那些历史学家的立场,他们希望把维多利亚作为一位"客观权利"理论家。在划分权利时——把权利分为自然的和实在的,接着分为自然的、万民的和市民的——维多利亚再次追随阿奎那。维多利亚首先将自然权利描述为那种必然(即我们只有赞同的意思)的东西,接着再将自然权利延伸到所有动物:"西塞罗……认为,自然权利就是……某种内植的固有力量。而且……法学家认为,自然权利是自然教给[126]所有动物的东西……显然,只有那些能够通过自然启发被认识的东西才属于自然权利。"① 然而,我们知道,阿奎那——即使在把自然权利延伸至动物时——谨慎地强调,

---

① Francisco de Vitoria,《圣托马斯〈神学大全〉第二集第二部分评注》(Comentarios a la secunda secundae de Santo Tomás, Salamanca, 1934), V. Beltrán de Heredia编辑,卷3,问题57,节2,行5。(笔者后面采取了Deckers在《正义与法:维多利亚(1483—1546)正义学说的历史批判研究》当中引入的标注方法,以Comm ST [V]指代这部作品,接着是具体的问题、节和行数;此处的位置是Comm ST [V] 57, 2, 5。)本处引文来自西塞罗,《论选材》(De inventione),卷2。

这种权利处于动物之间,而且这种权利在某种意义上是被领会的东西,故而保留了亚里士多德式的作为涉他之事的公正之事。但是,维多利亚接下来的复述完全丧失了这层意义。对他来说,自然权利具有任何自然之物自然而然会做的事(它的特殊活动)这层含义:"有许多属于自然权利的东西并未延伸至所有动物。这点显而易见,因为火焰的上升和燃烧,是自然权利;但是这并非所有动物共有,因为对于石头来说就不是如此。"① 如果一块石头也享有自然权利,那么这显然是一种不依赖于认知的东西,甚至不依赖于动物最原始的知觉的东西。而且,也不是涉他的东西。它是那种自然地与某个特定自然相一致的活动。②

但是,相关讨论并不限于问题57的那些定义。正如我们所见,《神学大全》第二集第二部分的问题62关注"返还"这个争议已久的主题。而且,正是在此处,维多利亚开始从主观意义上重新定义权利的本质。③ 维多利亚认为有必要引导他的听众参照"现代派"的做法,利用《嘉言录》第4卷第15章来讨论返回问题。他指出说,伦巴德本人和古人并未以此方式利用文本。然后他接着说,"'现代派'开始把主题延伸至导师伦巴德的这些话语,因为他们没有找到伦巴德的任何其他文字,可以更 [127] 方便地处理这个主题……梅尔提出了五十个问题。哈德里安

---

① 《圣托马斯〈神学大全〉第二集第二部分评注》,问题57,节3,行2。
② 对于理解维多利亚是怎样解释阿奎那的自然权利观念的,这里引入西塞罗可能不无意义。在《论选材》卷2,西塞罗把自然权利定义为"灌输而来的天生力量"(quaedam innata vis inseruit),其中不包括乌尔比安定义中的"教"(docuit)所具有的领会的含义。
③ 维多利亚对返还的质料的处理在Deckers那里得到了详尽而又权威的讨论,《正义与法:维多利亚(1483—1546)正义学说的历史批判研究》,页154及以下。Deckers的作品是对那些对维多利亚解释的根本纠正,它们把他视为一个客观权利的理论家,而又没有因此堕入对维多利亚主观权利观念的一个过去简单的刻画。他的许多结论与笔者并无二致,因此这里无须赘述,但笔者认为他要求对第二集第二部分问题62节1的评论的"现代性"过于夸张了。

(Hadrian)也详细地讨论了这个主题,而且你可以看到,阿奎那此处(第二集第二部分问题62)花了很大篇幅讨论所有问题。"①维多利亚在此处仅以讨论篇幅的长短来区分那些处理返回问题的学者。因此,他把司各脱划为写得很少的"古代人",尽管他肯定清楚,正是司各脱的评注构成了后来大多数延伸处理的基础,而这些处理俨然不同于阿奎那对这个主题的处理。

人们很难理解,维多利亚为什么基于两人都关注返还问题而把阿奎那与梅尔归为一类。如果他希望表明,阿奎那的处理方法与唯名论者和司各脱对第4卷第15章的评论在根本上是一致的,那么他本不该误导听众片刻。他自己承认,问题62与第4卷第15章的关系才是他们强烈感兴趣的问题,而且,他在主体讨论的开头部分就出卖了自己:"但是,在我们处理返还的主题之前,我们必须讨论所有权。"②阿奎那在讨论盗窃的过程中已经界定了所有权:这是一个源于司各脱评注第4卷第15章的传统,坚持在考察返还之前先界定所有权。维多利亚的听众原本立即就可以认识到,他认为《神学大全》第二集第二部分在这个方面有所欠缺,而且他们正在倾听的内容是对阿奎那的一个修正——无论这种修正多么充满敬意——而不是一个说明。然而,维多利亚没有仅仅论证说,处理返还问题需要另一个权利(即所有权)范畴,而是证明阿奎那的"公正的东西"事实上就是所有权。

维多利亚对问题62节1的评注表明,他运用了中世纪晚期权利话语的多个潮流,包括从阿奎那的权利观到有关返还的决疑法

---

① 《圣托马斯〈神学大全〉第二集第二部分评注》,问题62,节1,行3:"moderni incoeperunt dilatare materiam super ista verba Magistri, quia non invenerunt in Magistro alium locum ubi commodius tractarent materiam hanc… Majoris facit quinquaginta quaestiones. Hadrianus etiam hoc late disputat, et Sanctus Thomas, ut videtis, hic latissime disputat omnia."
② 同上,n. 4: "Sed antequam materiam de restitutione aggrediamur, loquendum est de dominio."

对权利的理解。他在这个过程中的一个向导似乎是《安东尼诺大全》，那是他在1520—1521年所编订的材料。①他表面上似乎在重复阿奎那的权利定义，但实际上是[128]像安东尼诺那样聚焦于阿奎那在《神学大全》问题57节1所提到的"法是某种程度上的权利之理"这个短语并予以扩展，仿佛它构成了阿奎那权利学说的主题。他还使用了安东尼诺的"合法的"(licit)这个字眼：他把"法是某种程度上的权利之理"解释为权利是"法律许可的东西"(quod lege licet)，②从而把公正的事情(iustum)与库林讲的"应得"那层含义剥离开来。然而，正如我们将要看到的，这并不意味着对维多利亚来说，权利可能"与理性相矛盾"，而库林所讲的"合法的"则可能"与理性相矛盾"。

维多利亚接着进一步证明，权利作为法的一个功能的客观含义只是一个唯名论定义，而且权利基本上就是苏门哈特所说的那样："应当指出，苏门哈特这位'契约论'这份高贵作品的作者，在问题1当中提出了'权利'这个词……他说，权利是涉及某人依照法律具有的权力或者能力。"③维多利亚忠于他的材料来源，接下来思考所有权是否等值于权利这个问题。他说，有三种方式定义所有权。第一，"严格地和特有地，它指某种显赫和上位，在相同的意义上，君王被称为主人(domini)。"④如果这样来理解所有

---

① 《维多利亚政治著作选》(Francisco de Vitoria: Political writings, Cambridge 1991)，A. Pagden和J. Lawrance编译，页30。
② 《圣托马斯〈神学大全〉第二集第二部分评注》，问题62，节1，行5: "Jus ergo… nihil aliud est nisi illud quod licet por leges. Patet hoc ex Sancto Thoma supra, Q. 57, a. 1 ad 2, ubi dicit quod lex non est proprie jus, sed est ratio juris, id est, est illud ratione cujus aliquid est licitum."
③ 同上: "Et ideo de diffinitione quid rei notandum est quod Conradus, qui fecit tractatum illum nobilem De contractibus, q. 1 ponit late diffinitionem illius nominis 'jus'… Dicit ergo quod jus est facultas vel potestas conveniens alicui secundum leges."
④ 同上，n. 6: "Uno modo, stricte et peculiariter, ut dicit eminetiam quondam et superioritatem, eo modo quo principes vocantur domini."

权,所有权就与权利不同,因为权利是一个更加宽泛的范畴,比如说,妻子对自己的丈夫有一项权利,但不是所有权,因为她不被称作他丈夫的主人。苏门哈特区分严格意义上的所有权和一般意义上的所有权,也是为了说明这点。他这项区分来自安东尼诺(尽管对于安东尼诺来说,上位是所有权的唯一定义)。

其次,所有权在一种法律意义上被定义为财产。在这种意义上,所有权也不等同于权利。[1]这是阿奎那为了处理返还问题而使用的定义。但是在维多利亚看来,这种含义并不适于实现解决返还问题这个目标。返还即为应得之物,这不仅包括从一个主人那里拿走货物的情况,而且也包括任何人对一物享有任何类型的权利的情况。并且,[129]处理返还问题的正确方式是发现一个把所有损害都等同于盗窃的方法。因此,维多利亚添加返还的决疑法,提出了所有权第三种含义,所有权在其中被等同于权利:"因为倘若某人想拿走一个人正在使用、用益或占有的某个东西,他可以被称为一个窃贼,必须把它还给他们……因为这种情况是违反主人的意志(但没有违反所有人的意志)触碰他人之物"[2]。

如此一来,维多利亚似乎从苏门哈特那里接受了所有权的单薄含义。按照这种含义,所有权在与权利的等值当中丧失了显赫或上位这层特有的含义以及财产这层含义。然而,随着问题62的推进,越来越清楚的是,维多利亚的"所有权—权利"概念不是对其他物或人的纯粹的法律掌控。他也添加了传统的托钵

---

[1] 《圣托马斯〈神学大全〉第二集第二部分评注》,问题62,节1,行5,n. 7:"Secundo modo dominium capitur, latius quidem, sed proprius, ut capitur in Corpus juris civiliis et apud jurisconsultos prout tantum valet sicut proprietas, id est secundum quod distinguitur ab usu et usufructu et possessione."。

[2] 同上,n. 8:"quia si aliquis subriperet rem ab usurario vel usufructuario vel possessionario, diceretur fur, et teneretur illis restituere... qui diceretur contractatio rei alienate invito domino, et tamen non invito propretario."。

第四章　自由与自然：主观权利与16世纪西班牙托马斯主义　　*171*

僧神学和阿奎那的《论精神生命的完满》所表达的自由和权威的这层含义。因此，他并不认为，非理性造物可以拥有"所有权—权利"：这么做——就像苏门哈特所做的那样——是"完全不正确的"。①"所有权—权利"对于维多利亚来说是人借以按照他的主人（上帝）的形象而受造，他"没有将［自己的所有权］传达给非理性造物。因此，阿奎那说……只有理性造物才对自己的行为享有所有权……甚至人在自然行为和感官嗜欲方面也不是主人"。②这是我们在第一章碰到的推理方式：只有不被其对象决定，因而是自由的东西，才享有所有权——也就是说，理智和意志的精神力量。维多利亚把这种所有权等同于权利，背离自己早期的托马斯主义立场：有一种属于全部自然界的自然公正（naturale iustum），一切非理性自然的活动被排除在法律世界之外。

　　需要着重强调的是，维多利亚嵌入阿奎那的问题62中的是一个所有权学说，而非一个权利学说，因为最近有人断定：维多利亚在讨论过程中基于下述观点提出了一个政治体的契约理论，即人是自然的主观权利的拥有者。③正如我们所见，尽管维多利亚谈及作为权利的所有权，但是对他而言，权利具有专属所有权的［130］控制或裁判权威的这层含义。人正是基于自然权利——自然法意义上的自然权利——保持自己的存在：④但是，人不被说成拥有保存自己存在的"自然权利"。相反，人拥有的是一种

---

① 《圣托马斯〈神学大全〉第二集第二部分评注》，问题62，节1，行5，n. 10。
② 同上，no. 11: "Hoc dominium... nulli creaturae irrationali communicavit. Et ita Sanctus Thomas... dicit quod sola creatura rationalis habet domimium sui actus... quod homo etiam non est dominus respectu actionum naturalium et respectu appetitus sensitivi."
③ Deckers,《正义与法：维多利亚（1483—1546）正义学说的历史批判研究》，页282—283。
④ 《圣托马斯〈神学大全〉第二集第二部分评注》，问题62，节1，行13: "de jure natuali est quod homo conservet se esse."

随后产生的对地球上一切造物的所有权:"按照自然法,任何人都是一切东西的主人(dominus),因为任何人都可以使用他所喜爱的任何东西,甚至按照自己的喜好滥用,只要他没有伤害他人或自己"。①

所有人对一切东西享有的这个所有权绝非"自然所有权"。倘若我们比较一下维多利亚与阿尔曼对司各脱第4卷第15章的评论就会深有感触。阿尔曼通篇都在谈论自然所有权。正如我们所见,他把自然所有权与自然法的内容紧密联系在一起,赋予了自然所有权追求并有义务实现自然法的内容这个含义。对于维多利亚来说,自然法具有义务的含义,但是,自然法引发的所有权并未被明确地说成是"自然的",亦未明确地指向自我保存的自然行为。维多利亚没有提出多个具体所有权——这些具体的所有权无论是在热尔松还是在苏门哈特的权利传统当中都有所援引——以解释不同种类的造物的权力。取而代之,他提出了精神和自然的这一传统划分,其中所有权只属于精神存在物,并且与自由相连。所有权是单一的,是一个整体,尽管它可以覆盖不同的东西。将维多利亚所讲的人说成是"自然的主观权利的载体",②是使用与文本不符的17世纪的自然权利语言:维多利亚的所有权不是"一个自然的主观权利",③它是那个(无条件限制的[unqualified])主观权利,或者更明确地说,它是直接意义上的主观权利。它归属于所有人,而不是一组权利中的一个,分别归属于每个个体。维多利亚有关自然法引发的共同所有权——权

---

① 《圣托马斯〈神学大全〉第二集第二部分评注》,问题62,节1,行16:"quilibet homo erat dominus omnium tunc in lege naturali, quia quicunque posset uti qualibet re et etiam abuti pro libito suo, dummodo non noceret aliis hominibus vel sibi."。
② Deckers,《正义与法:维多利亚(1483—1546)正义学说的历史批判研究》,页191。
③ 同上,页220。

利的观点,并不是他的"现代性"的标志,[1]相反恰恰是他的传统主义的标志,反映了他对奥古斯丁式的精神与自然[131]二元论的坚持,以及对《创世记》经文的经院主义盛期时的理解。

然而,人的这个所有权确实是一种基于合意的政治权力理论的基础,正如维多利亚接着讨论的,差异所有权的起源,这种所有权与无节制的自然所有权相对。[2]正如我们在第一章所见,司各脱已经证明,对原初的共同所有权的划分,无法通过自然法实现。自然法之前规定了这种共同所有权。因此他提议:自然法在人类堕落之后已经被废止,出现了一段占用许可的时期。从这种占用产生出来的划分接着被一个权威所立的法律法定化了,而这个权威是人们一致同意的,要么是父亲,要么是推举产生的君王。

对于司各脱来说,维多利亚在法的问题上太过托马斯主义了,至少他不会假定自然法曾被废止过。维多利亚认为,划分的可能性就包含在原初所有权本身当中:"同理,倘若人凭借自然权利是一切东西的主人,那么他就可以为所欲为。"[3]在维多利

---

[1] Deckers,《正义与法:维多利亚(1483—1546)正义学说的历史批判研究》,页193:"Insofern Vitoria bei der Behandlung zahlreiche Gerechtigkeisfragen... nicht nur die Normen des jus naturale zugrundegelegt, sondern auch di Annahme, daß der Mensch Träger natürlicher subjektiver Rechte ist, trägt seine Gerechtigkeitslehre frühneuzeitliche Züge.";页215:"Vergleicht man Vitorias Eigentumslehre jedoch mit der ders Thomas von Aquino, dann tritt ihre 'Modernität': zutage Der spezifisch neuzeitlichen Denkfigur 'natürliche subjective Rechte' kommt in der Eigentumslehre Vitorias eine zentrale Funktion zu."。

[2] 这个讨论,实际上维多利亚对返还的整个分析过程,都大大受惠于司各脱对第4卷第15章的评注,维多利亚很可能从阿尔曼的评注那里汲取了教训。正是这种受惠在这一点上确定了对君王的权威的思考。维多利亚对司各脱的依赖,以及一般地他在这个方面的所有权概念可以翻译为"财产"("Eigentum"),参见G. Otte,《维多利亚论私法》(*Das Privatrecht bei Francisco de Vitoria*, Cologne and Graz, 1964),特别是页41—55。

[3]《圣托马斯〈神学大全〉第二集第二部分评注》,问题62,节1,行20:"Et item, si homo esset dominus omnium de jure naturali, poterat facere quidquid vellet."。

亚看来，司各脱的占用许可并不与原初所有权分离，而是它的一个部分。而且，任何人都可以把任何东西转移给另一个人所有："所有权的定义就可以证明这点，因为所有权就是按照个人觉得合适的方式使用一个东西的能力。"① 同样，出于这个所有权，人们一致同意君王享有对于他们的事务的权力："君王由人们推举出来。但是，人们给了他一个可以处置市民权益的权威……他身上有人们的同意，人们同意是为了他能对国家事务进行安排。"②[132] 政治权威从一个自然法的状态中产生，在那种状态下所有人都是平等的，没有人是上级，也没有人是属下。③ 自然界中并无给定的政治组织。

维多利亚重视个人权威和个人自由领域，这在他对《神学大全》第二集第二部分问题64"论杀人"的评注中得到了证实。问题64第1节处理的是"无论杀死什么生物是否均属非法？"。阿奎那曾用本节论证：人杀死动物为己所用即是非法。维多利亚提出了两个更进一步的问题：在毫无裨益的情况下杀死动物是否合法，以及纯粹为了取乐杀死动物是否合法。这显然沿袭了圣托马斯的讨论方式，它使得维多利亚能够插入对狩猎这一棘手主题的讨论。

维多利亚提出：尽管国王会制定法律限制猎捕野生动物，但是小领主们可能不会照办。"因此我说，他们不能私占野生动物，除非根据古风，因为制定涉及私占野生动物的法律，侵犯民众狩猎自由的法律就是专制，因为野生动物由一切人共有。

---

① 《圣托马斯〈神学大全〉第二集第二部分评注》，问题62，节1，行29："probatur ex diffinitione dominii, quia dominium est facultas ad utendum re pro arbitrio suo."。
② 同上，行30："princeps est electus a populo. Sed populus dat ei istam auctoritatem ut posit disponere de bonis civium... princeps habet in se consensum populi datum ut posit disponere de rebus reipublicae."。
③ 同上，行21。

第四章 自由与自然:主观权利与16世纪西班牙托马斯主义　175

恰恰相反,君王应当捍卫这种自由。"① 维多利亚承认,应当保留某种身份差异,"这样较大的许可给予那些地位更高、更尊贵的人"。② 然而,仍然只有国王才能"限制民众自由"。有人论证说,阻止民众狩猎是有用的,"因为那么多人因狩猎而玩物丧志,蹉跎岁月,任田地荒芜,生产停顿",而且领主有获取其臣民的用益的道德责任。对此维多利亚有现成的答案:

> (私人收益)之于他们并非有用,鉴于(领主)拿走了他们的自由,因为自由比私人福祉更有用。对于农民来说,享有全年的狩猎自由——即使他一无所获——比他辛苦劳作、生产食物要好。由于领主对他们造成了这么严重的损害,他们没有理由或借口为自己辩护,在阻止自己的臣民狩猎上免遭犯下天主教上的弥天大罪的指控③

[133] 从语义上看,这些段落体现了"自由"、"许可"和"权利"这些术语的并存(最后一个蕴含于对损害的指控当中)。从实质上讲,它们强调了自由的绝对价值,尽管自由并不一定指向善。最好是臣民能将自己引向他认知的善,而不是被一个外部机构引向一个真正的善。

---

① 《圣托马斯〈神学大全〉第二集第二部分评注》,问题64,节1,行5:"Unde dico quod non possunt appropriare sibi feras nisi ex antique consuetudine, quia tyrannicum est quod faciant leges de appropriatione ferarum et contra libertatem populi ad venandum quia ferae sunt communes. Immo potius debent defendere principes hanc libertatem."。
② 同上。
③ 同上,n. 9:"illud non est illis utile, postquam tollunt ab eis libertatem, quia libertas est magis utilis quam illud bonum privatum. Melius est agricolae habere libertatem venandi toto anno, licet nihil venetur, quam quod laboret y gane de comer. Unde postquam in hoc faciunt illis tam gravem injuriam, nullis certe argumentis nec excusatione possunt domini defendere quin peccent mortaliter arcendo subditos a venatione."。

对私人权威的价值的这种认知，在下一节讨论杀死为恶者（尤其是自卫过程中杀死攻击者）当中呈现出来。维多利亚从《十诫》"不可杀人"的诫命开始处理这个良心的具体案例，并且讨论了对其他神学家所提出的难题的各种解决方案。"解决它的第三种方法更正确，根据所提到的那条诫命，它只是禁止自行杀人；不可自行杀人，公共权威当然可以杀人。"①维多利亚的回答意义非凡。他指出，这里所说的一个行为的神圣或世俗权威是指，根据神法或世俗法律，此行为是合法的。接着，他反驳说："那么结果就是，老师打学生，父母打孩子，从来就不合法，除非根据公共的和神圣的权威……那么请问，有谁会说根据私人权威打他们就不是合法的呢？还有，同理，这还意味着，甚至基于私人权威的进食也是不合法的，因为任何人的进食，都是必须按照神法或世俗法律进行的。"②维多利亚是在反对把行动能力从私人个体转移给法律。虽然说，在一个市民社会，个体会做法律所指令的事，但他这么做是根据他自己的权威，并且由此是要负责任的。正是出于这点，维多利亚再三批评马佐里尼和苏门哈特（他钦佩的对象）把所有权和权利赋予了动物。人的显著特点在于他可以控制自身的行为，这并不因[134]其中某些行为是根据法律做出的这个事实而减损。他是在"行为"这个术语的完整意义上做出行为的，动物则不同，行为是在它们身上生效（acted upon）罢了。

在评论阿奎那对返还和杀人的分析时，维多利亚首次融合

---

① 《圣托马斯〈神学大全〉第二集第二部分评注》，问题64，节1，行5，64，2，8："Tertius modus est, qui magis accedit ad veritatem, quod in illo praecepto prohibetur solum occidere private auctoritate; non occides private auctoritate, bene tamen publica."。

② 同上："Sed contra hoc sequitur jam quod nunquam licet praeceptoribus flagellare discipulos nec parentibus filios nisi auctoritate publica et divina... quis, obsecro, diceret quod non liceat illis auctoritate private flagellare illos? Item, eodem modo sequeretur quod nec liceret comedere auctoritate private, quia qui comedit, lege divina vel civili comedit."。

了权利和所有权的含义,然后把这种含义从对物的任意控制这个狭义概念,扩展至特定法律承认的个人的和自我指涉的(self-referential)权威这个广义概念。不可把这个权威与纯粹的不受惩罚的能力混淆:这个权威涉及一个善的行为,或者至少是一个不坏的行为。① 但是,尽管如此它仍然避开了"必然的"这个含义:"合法"具有积极的善之义,但不因此就是义务性的(这与它在库林那里所具有的含义相反。对库林来说,合法只不过是不受惩罚)。"所有权—权利"是去做或者不去做一个善行的权威。它特别涉及一个区分:人作为一个理性而自由的造物不同于自然界的其他以必然方式运行的部分。

与之相对,维多利亚专门讨论市民权力主题——《论市民权力》(*De potestale civili*)——的"重述"采取了截然不同的进路。② [135]这些重述或者说特殊的讲座由维多利亚在1528年

---

① 《圣托马斯〈神学大全〉第二集第二部分评注》,问题64,节1,行5, 64,3,3。此处维多利亚讨论了一个标准问题,"杀死一个被抓现行的通奸妇女是否合法":"似乎是合法的,因为法律许可。"但是,维多利亚赞同神学家们的共同意见,认为丈夫这么杀死他的妻子是有罪的。"假如你说:因此法律就是极不公正的……我会答复……而且我会说,市民法没有给丈夫一个特权、一个许可和一个权威,去杀死因可耻行为而被抓现行的妻子,致使他不受惩罚。而且,这里所说的法律只是准许,并没有承认合法。"可以对比16世纪早期非常重要的法学家Fortunius Garcia在他的《论教会法与市民法之最终目的》(*De ultimo fine iuris canonici et civilis*)当中的讨论,载于*Tractatus illustirium iurisconsultorum* (Venice 1584—6),vol. 1,页106—32, n. 165: "有人提出:准许一个父亲,或者甚至赋予他以特权,以致可以杀死自己的女儿(通奸被抓),这样的市民法按照真正的正义是否有效……(这法律)没有那样的权力,它只是徒劳地纵容丈夫,因为它违背了上帝的律法,而一切权柄都来自于他。"

② 《市民权力重述》在T. Urdanoz的《维多利亚文集》(*Obras de Francisco de Vitoria*, Madrid, 1960)之中得到了校订,页149—195,在Pagden和Lawrance主编的《维多利亚政治著作选》之中从原手稿翻译为英文,页3—44。笔者援引的是Urdanoz的校本,尽管也意识到了它的缺陷(Vitoria, ed. by Pagden and Lawrance, p. xxxv)。《市民权力重述》的政治哲学与《神学大全》评注之间的差别在Deckers的Gerechtigkeit之中得到了很好的呈现,页283及以下,尽管他的比较在部分上是基于他的认为《神学大全》评注包含着一个复数的自然的主观权利的见解。《市民权力重述》也受到了其他人的广泛分析:参见F. Castilla Urbano,　　 (转下页)

到1549年之间讲授,主要关注一些具有政治意义的主题。它们在形式和内容上都类似于阿尔曼在巴黎大学关于市民和教会权力主题的特殊讲座。《市民权力重述》——维多利亚1528年在萨拉曼卡大学宣讲——提出的政治学说不同于他在评注返还时提出的政治学说,正如阿尔曼评注司各脱第4卷第15章时提出的政治学说,不同于他的那些有关大公会议的篇章。它强调市民权力的必然性,而不是市民权力的自由构造,这个构造来自于个体和自治之人的共同合意。

维多利亚讲座一开始就提醒自己的听众注意亚里士多德的目的因概念——他称之为亚里士多德在《物理学》规定的四因的第一个——以及随之而来的假定的必然性(hypothetical necessity)这个概念:目的或目标上的必然性。他说,除非假定它们必然指向某个目的,没有任何东西可以充分地解释创造的那些特征。而这里所说的创造的特征无疑就是市民权力。于是,维多利亚就开始分析国家(civitas)的必然性,权力是其中一个部分。对于补救人类个体的缺陷,国家是必要的。首先,即便仅仅是为了活着,人的配备也是不充分的;其次,他们单个地不足以满足伴侣和交往的需要。因此,必然性而非自由才是思考政治共同体或者国家起源的关键。国家对于人的保持存在和人的善的自然目的来说是必然的。因此,国家是"最自然的共同体且与自然最为一致",是"自然的产物"。

(接上页注②)《维多利亚的思想:政治哲学与美洲印第安人》(*El pensamiento de Francisco de Vitoria. Filosofia politica e indio americano*, Barcelona 1992),特别是第3章,以及J. A. Fernandez-Santamaria的讨论,《国家、战争与和平:文艺复兴时期的西班牙政治思想(1516年到1559年)》(*The state, war and peace: Spanish political thought in the Renaissance, 1516—1559*, Cambridge, 1977),页54—87,他坚信维多利亚关于市民权力起源的不同表态最终是可以调和的。同样也可以参见一个简短却令人信服的评论,《维多利亚政治著作选》,Pagden和Lawrance,页18—20。笔者此处的讨论仅限于它所采用的权利概念的不同,这是它的解释者们尚未触及的。

这个自然的产物,这个自然的实体,与一切自然实体一样,享有自我保存的权利。维多利亚采取阿尔曼的论证方式,大意是说:正如每个个人都享有"自然法上的自卫权力和权利,因为没有任何东西比以暴制暴更自然的了",共同体或者国家也具有这种权力,它可以除去威胁整体健康的肢体。①维多利亚接着说,这个权力必须委托给某类统治者,[136]国王较为可取。然而,正如我们所见,阿尔曼的论证有意得出以下论点:共同体具有针对其统治者的权力——不管是世俗共同体针对君王,还是精神共同体针对教皇。因此,维多利亚争辩说:国王的权力不是来自国家,而是来自上帝本身:因此,这个问题不在于共同体转移其权力,共同体仅仅转移了权威。共同体将这项权力授予某个人或另一个人。②

维多利亚并未详细说明人和共同体都被赋予的这种权利的含义。但是,倘若此处的权利和权力都具有阿尔曼式的含义,那么这就是一个不能不用的能力。它的出现决定了人类行为,属于自然法的义务。《神学大全》评注所讲的"所有权—权利",其特征并不是个人做什么或不做什么的权威。然而,在这份《市民权

---

① Vitoria,《市民权力重述》,载于T. Urdanoz, Obras, 157: "quilibet homo iure naturali habeat potestatem et ius defendendi se. Siquidem nihil magis naturale quam vim vi repellere."
② 同上,页161—164;《维多利亚政治著作选》,Pagden和Lawrance,页14—17,同时参见他们的导读,页29。维多利亚的这些限制是阿尔曼的类比的效果造成的,这可以从以下事实看出:《市民权力重述》,以及评注《神学大全》第二集第一部分问题90节3同一个要点时的讨论("任何人都可以立法吗?"),维多利亚把他的听众的注意力引向了教皇权力高于教会的问题之上:教皇不仅仅是教会的代理人,而且享有来自上帝的高于它或者照料它的权力。类似地,尽管阿奎那可以把世俗的君王描述为"共同体的照料者和领导者",但是"博士没有理解为,他享有来自共同体的权威,而只是说他承担着对它的照料"("curam gerit",最佳的经院主义传统之中的混合物),参见前面提到的维多利亚的文章,"论法律评注"(Comentario al Tratado de la ley)(I—II, 90—108),主编V. Beltrán de Heredia(Madrid 1952)。

力重述》中,正如在阿尔曼的《晚祷活动恢复问题》中,个人主观权利这个概念纯粹是通过类比的方式引入的。它对于国家的形成不发挥推动作用:国家的动力或者行动能力来自于与同胞共同生活的冲动,而这个冲动是由上帝置入人的构造中的。《市民权力重述》的这个学说不同于评注《神学大全》的学说在于,它把国家的形成置于自然因果律和自然必然性的世界之中:它属于科学世界,而不属于民族志的世界。

因此,维多利亚作品整体上分裂出两种权利的含义:不是"客观权利"与"主观权利",而是两种不同含义的"主观权利"。第一种含义的主观权利包含义务和法律观念:这种意义上的自然权利也是《市民权力重述》当中的自然权利,与一种自然和必然性的政治学相连。第二种含义上的主观权利——在这里,权利与所有权吻合,具有自由和免于义务的含义——是国家内部的自由合意和独立的个人权威的政治学的基础,而这种政治学是评注《神学大全》第二集第二部分的一个特征。如果没有认识到这个差别,就无法恰当理解维多利亚的作品及其在权利话语的思想传统中的地位,而且也无法在这些方面,理解他最重要的继任者,他的多米尼克修会的同胞,索托:至于索托的作品,正如后文将要表明的,试图在不丢失这两种权利概念特有的理论洞察力的同时,解决两者之间的张力。索托的难题在于如何调和自然的权利与自由这两个相互冲突的主张。

二、索托:维多利亚的遗产

相较于其同胞兼导师维多利亚,学界对索托作品的使用乏善可陈。通常人们倾向于认为,索托没有他的前辈聪颖,也没有达到一个优秀的经院主义者理应具备的逻辑水平:这个特点在他对自然法和自然权利的分析当中一览无余。①

本书分析《论正义与权利》(*De iustitia et iure*)的目标在于证明，与前面的印象不同，索托的文本在讲解自然法与自然权利的本质时并未陷入混乱。他没有慌乱地摇摆于究竟是把法和权利赋予一切自然，还是把它仅仅赋予理性自然（故而是地上[terrestrial]语境中的人性）。相反，我的看法是，索托的文本是在融贯地回应如何分析（外部）人类行为这个托马斯主义特有的难题：怎样调和自然的行动能力和自由的行动能力的传统 [138] 区分（它植根于有关拯救与义举的经院主义解释）与亚里士多德的自然主义伦理学和政治学这个基本问题。阿奎那在提出人以两种方式臣服于永恒法时，业已推动了这个问题的解决：第一种方式，以与所有其他造物相同的方式，具有对他的特有的善的一个自然倾向；第二种方式，在对其令式具有一个内在的认知的意义上。但是，由于阿奎那没有把自然倾向视为真正的法，他就没有碰到人类个体不同层面的自然倾向的合法化(legitimation)这个难题；而且，因为他没有把权利整合进人类行为的主观过程

---

① 在英语世界，Bernice Hamilton是他的主要的解释者。她写道："索托的《论正义与权利》比维多利亚的作品更经院主义，因此更接近苏亚雷斯。然而，他比之这二位都更缺乏逻辑，部分是因为（像圣托马斯一样）他在自己对自然法的分析中有过犹豫"：B. Hamilton，《16世纪西班牙的政治思想：维多利亚、索托、苏亚雷斯和莫利纳的政治观念研究》(*Political thought in sixteenth-century Spain: A study of the political ideas of Vitoria, De Soto, Suárez and Molina*, Oxford, 1963)，页8。她在其中遵循的是西班牙学者Venancio Carro的结论。在卡洛看来，索托对自然权利的分析失于"逻辑性"：V. Carro，《索托及其法学理论》(*Domingo de Soto y su doctrina jurídica*, Madrid, 1943)，页166—167。卡洛对这部作品驾轻就熟，却毁于妄图使之吻合神学正统的念想。因此，卡洛并不想让索托明确提出动物的自然权利；这是一个"错误"，我们将Domingo Bañez两页的"genio y penetracion"分析之中了解这一点。对这里思考的主题的更为有用的分析可以参见，Jaime Brufau Prats，《索托的政治思想及其权力观》(*El pensamiento político de Domingo de Soto y su concepción del poder*, Salamanca, 1960)；以及Brufau Prats，《萨拉曼卡学派》(*La escuela de Salamanca*)，第3—6章。遗憾未能拜读D. Ramos-Lissons的《索托论法律研究》(*Estudio sobre la ley en Domingo de Soto*, Rome, 1977)。

中,所以整个问题对他来说不是一个权利问题。

然而,对于他的托马斯主义传统后继者来说,把主观活动合法化无论如何都是一个权利问题。托马斯主义传统在发展过程中采用过两种主观权利概念:一种是把权利等同于所有权和自由——精神性(spirituality);另一种是把权利主要地与自然联系起来,视其为那种证成行为的能力,而这种行为则是每种自然对自身之善的自然倾向的结果。正如我们所见,维多利亚在自己评注《神学大全》时专注前者,在写作《市民权力重述》时采用了后者。这样一来,他就避免了两种权利概念的关系这个问题。

这里提出的看法是:索托的著作,特别提名为《论正义与权利》的这本书,细读之下提供了解决这个难题的一个方案,能够同时保留基督徒的自由与"人类活动与受造自然的世界的自然进程是一体的"这个观念,并且确保每个等级的行动者的权利。解决方法同时确认这两种权利概念并赋予其效力。索托并未采用其中一个权利概念或像他的导师那样摇摆于二者之间,而是分离出权利和正当理由的两个层面:一个描绘包括人在内的一切自然;另一个仅仅适用于理性存在,因此在地上只适用于人。他对经院主义权利话语的两个传统的回应是借助自然法和自然权利,正当化和证成地上的人的自觉的、目的导向的行为,以及一切造物(包括人)的源自自然倾向的行为。①

[139] 多明戈·德·索托,原名弗朗西斯科·德·索托,1494年或1495年生于塞戈维亚一个经济拮据的家庭。②他起先在

---

① J. Brufau Prats也在一个不同的语境中提示了这个视角:《索托关于巴托洛缪·拉斯·卡萨斯的观点及其对人权学说的贡献》("La aportación de Domingo de Soto a la doctrina de los derechos del hombre y las posiciones de Bartoloné de las Casas")(*La escuela de Salamanca*,第6章,页114)。

② 关于索托生平的详细情况参见V. Beltrán de Heredia的基础研究文章系列,载于 Ciencia tomista 43(1931),357—573和44(1931),28—51:《阿尔卡拉大学的索托导师》("El maestro Domingo(Francisco)de Soto en la Universidad   (转下页)

唯名论主导的阿尔卡拉大学学习，1516年获得文学硕士学位。随后，他继续在巴黎研习神学，开始加入梅尔的学派，但在一年之后，他很可能转而拥护圣雅克学院的维多利亚的教义。索托在1519年到1520年左右返回阿尔卡拉，并在那里获得了自己的文学教席。1524年离开，加入多米尼克修会，并把自己的名字改为多明戈。同年晚些时候，由于学历方面的原因，他被调到著名的萨拉曼卡圣埃斯特万修道院，那时已成为维多利亚的故乡。索托在萨拉曼卡继续追求积极活跃的学术生涯，其间有七年中断的阶段，只因他承担特伦特大公会议的公务和担任神圣罗马皇帝查理五世的顾问。1550年和1551年，他成为军事政府的一员，奉命裁决塞普尔韦达(Sepulveda)诉拉斯·卡萨斯(Las Casas)案。①1552年，他重返萨拉曼卡大学，荣任最负盛名的首席教授，直至1559年。他逝于1560年岁末。

索托的作品可以分为三个主要类别。第一类包括评注亚里士多德的逻辑学和自然科学。②第二类包括在学术环境中创作的

(接上页注②)de Alcalá"）；45（1932），35—49：《拉斯·卡萨斯与塞普尔韦达诉争中的索托导师》（"El maestro Domingo de Soto en la controversia de Las Casas con Sepúlveda"）；57（1938），38—67和281—302：《索托导师：萨拉曼卡大学的晚祷教授（1532年到1549年）》（"El maestro Domingo de Soto, Catedrático de Vísperas en la Universidad de Salamanca（1532—1549）"）。亦可参见《传记序》（"Introducción biográfica"），载于Carro，《索托及其法学理论》，页13—60。

① 关于索托在此著名争论中的角色的详情，参见V. Beltrán de Heredia，《拉斯·卡萨斯与塞普尔韦达诉争中的索托导师》，以及Carro，《索托及其法学理论》，页45—58。最新的研究，参见J. Brufau Prats，《学派第一代修正》（"La revision de la primera generación de la escuela"），载于*La ética en la conquista de América: Francisco de Vitoria y la Escuela de Salamanca*（Madrid 1984），页383—412，以及其他的一般系列文章，同上，第3部分：《印第安人疑问的大学答复》（"Respuesta universitaria a la duda indiana"）；以及Pagden，《自然之人的陷落：美洲印第安人与比较民族学的起源》，第5章。

② 按照创作顺序分别是Summulae, In dialecticam Aristotelis, Isagogae Porphyrii, Aristotelis Categoriae et De demonstratione, Super octo libros Phycorum commentaria, Super octo libros Physicorum quaestiones，全部都得到了出版和重印。

多部神学作品，其中《论正义与权利》最为著名，1553年到1554年首次出版于萨拉曼卡，索托在1556年到1557年进行了修订，修订版在16世纪重印达27次之多；还有《四部嘉言录评注》(In quartum sententiarum commentarii)，1557年到1558年首次出版于萨拉曼卡，[140]16世纪重印达32次之多。[①]这两部作品的最终出版及其在整个欧洲的广泛传播，使得索托成为了16世纪中叶萨拉曼卡学派的中流砥柱。除了学术产出，他还创作了一系列反新教改革的论战作品，其中最为重要的是《论自然与恩典》(De natura et gratia)，题献给特伦特大公会议，与《辩护词》(Apologia contra Catarinum)一起于1547年首次出版。还有《罗马书评注》(Commentarius in epistolam ad Romanos)，写作于1548到1550年之间。

着眼于本研究的目标，我们主要侧重于《论正义与权利》。这部作品本质上是对《神学大全》第二集第二部分问题57到问题79的评注。维多利亚曾详细评注的问题也是这些。然而，索托的作品远非首席教席前辈的作品的扩充版。索托不仅按照自己的想法在必要之处引入其他材料，而且还改变"问题"的顺序并提出新的问题。而且，更为重要的是，索托的结论有几处与维多利亚判然有别。这种分歧部分可以归咎于索托写作的思想背景。维多利亚在巴黎学习和研究神学达14年之久，因此在回应梅尔等人(特别是阿尔曼)主导的巴黎大讨论时，形成了他自己的基本立场；而索托只在那里作为神学学生度过了两三年，之后就离开，首先来到阿尔卡拉教授文学，然后才到萨拉曼卡教授神学。因此，他的道德神学立场的形成无论在时间还是在地点上都远离维多利亚较为关心的巴黎学术圈，而且是在一个托马斯主义方向业

[①] 数字来自Carro，《索托及其法学理论》，页59；从中也可以发现他的较小的学术性神学作品的细节。

已定型的思想氛围中形成的。对《嘉言录》第4卷第15章的司各脱式评注这个传统,以及这个传统对于所有权的划分和政治权利源于这种划分的那些解释,已经不再是引起争议的问题了。索托明确鄙视那些围绕第4卷第15章"返还论"展开讨论的作者。①这并不意味着索托并不关注所有权问题:恰恰相反,他用整整一卷讨论这个主题(第四卷)。但是,他解决所有权和权利问题的进路并不受制于那些讨论返还问题的文献。

[141]概而论之,索托在处理权利和所有权问题时优先考虑把自然牢固地整合进法律领域的可欲性。索托如此执着自然活动问题,其根源或许可以从他教授文学的经历中找到。在担任阿尔卡拉大学文学教授的四年期间(1520年—1524年),索托不得不通览整个文学课程的材料,从西班牙的彼得(Peter of Spain)的《小结》(*Summulae*)到亚里士多德的《形而上学》。②尽管他在萨拉曼卡大学主持晚祷课程,讲授阿奎那和伦巴德的神学文本,但他的研究活动主要集中在修订和出版自己的哲学笔记。③因此,他的逻辑学和物理学观念——特别是物理学——的最后结晶与他完成对阿奎那的解释同步。《物理学探究》(*Questions on the Physics*)的用语对评注正义和权利——尤其是其特有的许多来自自然科学的论据和图解——产生了深刻的影响。而且,下述推断多少事实合理的,即:《物理学探究》中体现的索托对亚里士多德的自然和行动能力的关注,是他处理正确的行动能力(rightful

---

① 参见第1章,注释45。
② Carro,《索托及其法学理论》,页17。
③ 因此,我们看到,他1539年出版了他的《小结》的一个修订版;1543年他出版了《辩证法》(*Dialectica*)。1544年春他开始同时评注《物理学》,写作他的同一文本的《问题》。然而,这部作品因他受到特伦特大公会议的召唤而中止。虽然是一个未完成的版本,它还是于1545年在萨拉曼卡出版了,一个完整的版本直到索托1551年返回萨拉曼卡之后有时间完成整部作品,才出现:Carro,《索托及其法学理论》,页20—21。

agency)这个道德神学概念的方式的根源。对于索托来说,权利既是自然的一个功能,也是自由的一个功能。

索托之所以要以对法的思考开启他的著作,根据在于,若不首先探究正义这个德性据以运行的诸规则就无法探究这项德性。① 权利以法为前提。② 因此,我们再次看到了,把阿奎那论法律的部分与他的处理正义和权利的部分对接起来这种明显新托马斯主义的做法:《论正义与权利》的第1卷即是对《神学大全》第二集第一部分问题90到问题108的评注。与阿奎那一样,索托在考察具体类别的法律时首先考察永恒法。永恒法是整个创造的理型,它的原因在上帝。[142]"上帝……出于永恒,在自己的心智之内构思宇宙万物的秩序、分配和规章,照着上帝的概念,一切法才得以构成:因此,那种规定和令式依其自然被称为永恒法。"③

永恒法不同于自然法。与阿奎那一样,索托认为自然法与自然理性相连,故而只适用于人类活动。因此,

> 由于……上帝是自然的原作者,在每个东西中都灌注了它们自有的本能和刺激,它们由此被牵引至自身的目的:但是,对于人类,他特别在他的心智上铭刻一种自然规范,这种规范将根据对他来说是自然的理性规制他:这就是自然法;也就是说,那些基本原则,它们无须冗长的推理,本身通

---

① Domingo de Soto,《论正义与权利》(*De iustitia et iure libri decem*, Madrid 1967; facsimile of Salamanca 1556),卷1,序言。尽管有萨拉曼卡1553—1554第一版,1556年的版本是作者校订的版本,而且超越了第一版。参见Carro,《索托及其法学理论》,卷1序言,页10。
② 参见Carro,《索托及其法学理论》,页65—67。
③ 《论正义与权利》,卷1,问题3,节1,正解:"Deus... ab aeterno universarum ordinem et dispensationem et regimen mente conceptit: cuius conceptionis instar leges omnes constituendae sunt: illa ergo ordination et praeceptio lex aeterna secundum naturam suam nuncupatur."

过自然明断而显现。①

上帝在非理性造物身上铭刻的是本能和刺激,"例如,之于蜜蜂,是造蜜;之于燕子,是筑巢;之于大地,是产粮",它们都被这些本能和刺激推至自身的目的;但是,在天使和理性造物身上,上帝铭刻的是规则,它们通过这规则推动自身走向的目的。②这就是理性造物是自由的,而非理性造物不自由的原因。就那些"自然的行为,例如哺育,生长,等等"而言,人也属于被推动的非理性造物。③因为非理性造物不拥有理性,"铭刻在它们身上的本能不具有法的恰当特性,不像自然法铭刻在我们身上那样"。④

索托还与阿奎那一样认为:区分人服从永恒法的两种模式:认知的模式和倾向的模式,只有前者才是恰当意义上的法。⑤除了对自己行为的目的的内在认知,人还有对自己特有的(理性的)善,德性的倾向或冲动:"正如所有其他的东西都指向自己的目的一样,自然(上帝的作用)更是在人身上植入了一个倾向和力量,指向那个他据以符合永恒法的东西。因为我们生而追求德性(亚里士多德《尼各马可伦理学》第2卷)。"⑥因此,"无论是根据

---

① 《论正义与权利》,卷1,问题3,节1,正解:"Mox quia idem Deus author est naturae singulis rebus suos indidit instinctos et stimulos quibus in suos fines agerentur: sed homini praecipue naturalem normam mente impressit quae se secundum rationem quae illi naturalis est gubernaret: atque haec est lex naturalis: eorum scilicet principiorum quae absque discursu lumine naturali per se nota sunt."。
② 同上,节4, conc. secunda;参照《神学大全》,第二集第一部分,问题93,节5,正解:"非理性的造物不是自己行动,而是被其他东西推动。"
③ 同上,节4。
④ 同上,答复3。
⑤ 同上, conc. 3a: "ex utraque autem parte, sc. Tam cognitionis quam appulsus, substernuntur [humanae aciones] aeterni legi."
⑥ 同上, conc. tertia: "sicuti caeteris rebus ad suos fines, sic homini, imo praestantius indita est a natura, quae opus Dei est, inclinatio quaedam et pondus ad (转下页)

他的认知,还是根据他的向善的倾向——这二者都是自由运动所必需的——人类行为都服从永恒法"。①

然而,在索托论自然法问题的第二节——提出了"自然法是否包含若干令式"这个问题——倾向与法之间的这个划分似乎难以为继。正如我们所看的,阿奎那在回答这个问题时设定了对应一系列目的的一系列倾向,并提出自然法的令式只在人身上与这些倾向对应。人或者说人性具有若干不同层面上的倾向。然而,索托坚持认为,人性本身"由若干部分(部分的自然)构成:因为他是一个存在物……和一个生物……以及……一个动物,最后是一个人。因而,与所有这些自然等级一致,他具有某些特定的首要原则"。②这些"首要的和本身已知的原则"是"那些自然铭刻在我们身上"的原则,而且就是"自然法特有的令式"。③因此,"鉴于他是一个存在物,这是他的最为一般的令式:善要被探寻和追求,恶要被拒绝和避免"。④但是,在索托看来,"这一令式为世界万物(res)共有":⑤一切自然都印刻有这条自然法令式。那么,"令式"这个用语就不仅仅局限于理性造物:它与"原则"同义,似乎类似"倾向"的含义。沿着这条思路,索托继续说:

(接上页注⑥) id quo legi aeterni consonat. Sumus enim (ut II Ethic. Ar.) ad virtutes nati."。

① 《论正义与权利》,卷1,问题3,节4, conc. tertia:"sicuti caeteris rebus ad suos fines, sic homini, imo praestantius indita est a natura, quae opus Dei est, inclinatio quaedam et pondus ad id quo legi aeterni consonat. Sumus enim (ut II Ethic. Ar.) ad virtutes nati."。

② 同上,卷1,问题4,节2,正解:"natura autem hominis ex pluribus partialibus constat. Est enimens, quae utique natura communis illi est cum universis rebus. Mox est cum viventibus vivens, deinde inter animalia animal, ac demum homo, ergo secundum omnes hos naturae gradus peculiaria habet prima praecepta."。

③ 同上。

④ 同上:"quatenus est ens, hoc est generalissimum ei omnium praeceptorurn: Bonum est expetendum et prosequendum, malum autem respuendum et fugiendum."。

⑤ 同上:"Hoc enim praeceptum cunctis rebus mundi comune est."。

"由于自然之善首先是存在,所以接下来紧跟着另一条更为具体的原则,每个东西都必须保存自身特有的存在。因为一切事物都欲求保存自身。"①再者,鉴于他这个人也是动物,他还有另外的[144]自然法原则和令式,"涉及雌雄结合。因为这是动物保存物种的特殊模式"。②这是在以类比的方式表明:一切动物都具有雌雄结合这条自然法令式。然而,人除了具有动物层面的令式外,还具有自身特有的原则或倾向,"认识上帝,德性之善……社交和礼仪"。③

索托通过将自然法理解为倾向或至少是作为倾向的原则,把动物纳入进了自然法支配的世界。索托在讨论"欲火的法"(lex fomitis)时肯定,动物倾向可以被视为自然法。阿奎那曾说,各种造物所具有的那些肉欲倾向是"某种意义上的"法律。④但是,索托抛弃了阿奎那反复重申的限定。"因为一个倾向可以在两个意义上说是法律。一种是由于立法者直接把他的臣民推向一个高尚的目的;另一种是立法者把对他们的剥夺作为惩罚,允许他们被自然的动力带动。因此,那种趋向对象的肉欲上的牵引,对于动物来说是自然法,也就是说,与它们的自然相合,对于人来说,则是他的自然的偏离和弯曲,因为他是理性的。"⑤趋向动物之善的动物倾向是自然法。

---

① 《论正义与权利》,卷1,问题4,节2,正解:"Mox quia primum naturalium bonorum est esse, inde statim cadit particularius aliud principium quod est, Esse proprium cuique conservandum est. Omnia enim appetunt seconservare."。
② 同上。
③ 同上。
④ 参见前文,注释19。
⑤ 同上,问题3,节3,正解:"Bifariam nam inclinatio aliqua dicitur lex. Uno modo inquantum per ipsam directe legifer promovet subditos in finem honestum, atque altero modo inquantum in poenam eos destituit permittitque naturae impetu ferri. Unde illa sensualitatis insultus in sua obiecta, quae brutis animantibus esset naturalis lex, nempe suae naturae consonans, hominibus est obliquitas ac deflexio naturae suae quatenus est rationalis."。

索托在这里以及在回答自然法是否不止包含一个令式时,特别注意避免以下暗示:由于倾向具有令式或法的性质,人对感官对象的不加选择的欲求对于他来说也应当是法。因为在索托看来,人对感官对象的嗜欲的问题在于,它可能与理性之善相违。①因此,他澄清说,尽管"一切倾向,甚至肉欲的倾向,都属于自然法",但是属于的方式"基于不同的根据,因为就其不是被视为遵从理性而是趋向于它们的肉欲对象来说,它们被称为自然的令式,其根据与无理性动物相同;但是,就[145]其被理性支配来说,它们是人所特有的令式"。②因此,在索托(与阿奎那相反)看来,"属于人的"那些倾向具有独特之处,它们被理性调和或节制。正是这些被理性支配的倾向才能形成对人而言的自然法。

对于索托来说,自然法是一系列倾向、原则或令式,正如自然本身也是成系列的。人作为存在(ens)和生命(vivens),具有保存、营养和生长的基本倾向。作为存在和生命,这些都是他的自然法。作为动物,他具有趋向感官对象的感官倾向。如果受到理性的调整,那么这也是他的自然法。作为理性存在物,他的自然法是他趋向理性之善(即上帝和德性)的倾向。最后这种倾向不可能不受理性的支配,因为它就是理性的倾向本身。

总之,尽管索托颠覆了倾向与法的区分,但是他并未因此犹豫不决的摇摆:自然法是人类独具的,还是动物所共有的?③索

---

① 《论正义与权利》,卷1,问题3,节3,正解。
② 同上,问题4,节1,答复2:"conceditur, inclinationes omnes, etiam appetitus sensitivi ad legem naturae pertinere, ratione tamen diversa : nam quatenus considerantur, non ut rationi obedientes, sed tendentes in sua sensualia obiecta, dicuntur praecepta naturalia ea ratione qua in brutis: sed quatenus ratione gubernantur, sunt peculiaria praecepta hominis."
③ 那么,可以参见Hamilton,《16世纪西班牙的政治思想:维多利亚、索托、苏亚雷斯和莫利纳的政治观念研究》,页14—16和页22—23。在她看来,索托纯粹是对自然法感到困惑,徘徊于把视为理性和视为本能,以及视为人所独具和人与动物共有之间。卡洛不承认法在任何意义上作为倾向;但是,这对他理解索托权利学说产生了一个难题:参见后文,页148,注释79。

托既挽救了阿奎那对人类活动独特性质的见解,即人类活动是自觉调整的,同时也坚持了非理性造物和理性造物在合法化模式上不存在绝对的断裂的观念。尽管索托打破了法律和自由之间的内在联系,他对本能和自由的区分并未被推翻,而是对应不自觉的倾向和自觉的倾向之分。

因此,索托在自然法问题上的立场不同于《神学大全》。然而,他在讨论时使用的某些用语——他谈及复数的自然和倾向——非常接近阿奎那评注《尼各马可伦理学》的一个段落的用语。[1]在讨论[146]自然权利主题时,阿奎那指出"自然权利即是自然使人倾向的东西。然而,人有双重自然。一个自然,就他是动物而言……但是,另一个自然是人所独有的,就他是一个人而言,专属于他。"[2]阿奎那接着说,这两个自然都有其专有的倾向,会带来那个自然专有的自然权利:"法学家仅仅称那个是自然权利,它是由人和其他动物共有的自然倾向带来的,例如,雌雄结合,养育后代,诸如此类。但是,那种人性独具的倾向(即就人是理性动物而言)带来的权利,法学家称之为万民权利(right of peoples)。"[3]阿奎那的看法是,两个权利都是自然权利,但是后

---

[1] Sententia libri ethicorum, 第5卷,第12讲,1134 b 19ff.(tex. 1019)。对评注写作时间和背景的思考,从根本上来说,它是阿奎那的"早期"作品,还是"后期"作品,参见V. J. Bourke,《托马斯·阿奎那与〈尼各马可伦理学〉》"The Nicomachean Ethics and Thomas Aquinas",载于Maurer,《纪念性研究》(Commenorative studies),卷1,页239—259,他的论点是一个较早的日期,1264年左右,笔者认为是令人信服的。

[2] 同上:"Est autem considerandum, quod iustum naturale est ad quod hominem natura inclinat. Attenditur autem in homine duplex natura: una quidem secundum quod est animal, quae est sibi aliisque animalibus communis; alia autem est natura hominis quae est propria sibi in quantum est homo, prout sc. secundum rationem discernit turpe et honestum."。

[3] 同上:"Iuristae autem illud tantum dicunt ius naturale quod consequitur inclinationem naturae communis homini et aliis animalibus, sicut coniunctio maris et feminae, educatio narorum et alia huiusmodi; illud autem ius quod consequtiur propriam inclinationem naturae humanae, in quantum sc. homo est rationale (转下页)

者是人性所独有。

如果这个阿奎那的文本确实是索托解释自然法的背景,那么我们就更会觉得,索托在倾向、法和权利之间建立了某种联系。我们业已看到,对于索托来说,权利以法为前提,因此对法的处理必须置于权利之前。再者,我们看到,索托将自然法视为倾向。那么,阿奎那的上述文本揭示了托马斯主义思想的一个线索:自然正确之事是自然倾向的一个推论——而且,对于索托来说,[147]也就是自然法的一个推论。如果我们现在转而考察索托的权利学说,那么我们会发现,这点完全契合他的理论框架。

权利构成了第三卷的主题。索托以"论权利"这个"问题"开始,其顺序与阿奎那相同标题的"问题"一致。① 在开篇"权利是否是正义的对象"这节,索托紧紧追随阿奎那的亚里士多德式答复,尽管他如往常一样运用一个自然科学的论证强化自己的观点。② 因此,权利是"事物的平等",是正义这个德性瞄准的对象:

(接上页注③) animal, vocant ius gentium, quia eoomnes gentes utuntur, sicut quod pacta sint servanda, quod legati etiam apud hostes sinttuti, et alia huiusmodi. 卡林诺夫斯基认为这段文字说明了阿奎那在 ius 和 lex 之间的转义:'lorsqu'il explique dans la *Sententia libri Ethicorum* les termes 'ius', 'iusta', 'ius naturalia', 'iusta legalia', 'ius gentium' etc., il pense constamment à la loi ou aux lois… Ainsi, en illustrant par des exemples les *iusta naturalia*, Saint Thomas énumère-t-il des principes de la loi naturelle'('Emploi métonymique',页335—336)"。H. V. Jaffa 也提出过这种观点,《托马斯主义与亚里士多德主义:托马斯·阿奎那〈尼各马可伦理学〉评注研究》(*Thomism and Aristotelianism: A study of the commentary by Thomas Aquinas on the 'Nicomachean Ethics'*, Chicago, 1952),页174—177。笔者同意,iustum 和 ius 在这段文字中确实从"正当的东西"变成了"法"(quod pacta sint servanda 似乎更像是法的一个例子,而不是一个正当的东西),但笔者认为,这里所说的人和动物共有的 ius naturale 意思是"自然正确的东西",而不是任何意义上的令式。

① 《神学大全》第二集第二部分,问题57。
② 《论正义与权利》,卷3,问题1,节1,正解:"唯恐有人责备我们颠倒了秩序,我们应当先于权利讨论正义,让他知道这是亚里士多德在《灵魂论》卷2阐发的教义……若有人准备研究潜能或习性,那他应当以对象为起点……因为眼睛不是被这样恰当定义的,即,它以这样或那样的方式构成;而是这样定义的,即,它是观察颜色的官能。"

"正义创造了一个亏欠的人与另一个他对之亏欠某个东西的人之间的平等"。因此,权利似乎只适用于社会中的理性造物之间。

然而,与维多利亚和阿奎那一样,索托的接下来的两节——"把权利划分为自然权利和实在权利是否与种属相合"以及"万民权利是否与自然权利相同"(与阿奎那的章节一致)——破坏了他作为起点的亚里士多德前提。索托的讨论在根本上与维多利亚相同,尽管更加宽泛并且明确承认有两个"自然权利"的定义:一个通过形式因的定义,归诸于亚里士多德,意思是"任何地方都一样"或都是必然的;另一个通过动力因的定义,西塞罗和罗马法学家们的文本即是明证,意思是"被自然植入"。① 但是,他继续在维多利亚的意义上使用"自然权利",将其理解为任何自然的特有活动:"每个自然权利都肯定是必然的……但是,必须根据事物的自然来考察其必然性。因为倘若一个东西的自然是不可变的,那么它的权利也将是不可变的:例如,因为天空是不可变的东西,那么天空的运动也是不可变的。"② 与[148]维多利亚一道,在对自然法的理解上超出了阿奎那。阿奎那扩大了亚里士多德式的自然权利的含义,以迁就甚至动物之间也存在自然正当行为的法律观念;两位新托马斯主义者都认为,一切自然物的活动都存在自然权利。③ 这后一种见解无疑是一个极度托马斯主义的法律化宇宙(legitimated universe)这个概念的产物。

---

① 《论正义与权利》,卷3,问题1,节2,正解。
② 同上,答复1: "concesso, ius omne naturae esse simpliciter necessarium natura sua... At veroid quod natura sua est necessarium, potest mutatis rebus mutari. Necessitas quippe uniuscuiusque rei secundum eius naturam perpendenda est. Si enim natura rei immutabilis est, tunc et ius eius erit simpliciter immutabile: ut, quia coelum res est immutabilis, eius motus est immutabile."。
③ 卡洛反驳说,索托的这些论自然权利的段落并不打算表明,有人和动物共有的自然权利,因为权利与法是一致的,而法局限于理性造物。卡洛认为提到了动物的自然权利,这只是索托逻辑不周严的一个失误,无论如何都不妨碍他的立场:动物不会有权利。

因此，维多利亚与索托都假定，一切造物都具有一种客观的自然权利或者"公正的东西"。而且，在这些段落中，索托的结论很可能既受到自己将自然法作为倾向的理解的影响，也受到维多利亚讲座的影响。两人分道扬镳的地方在所有权问题，而且也正是在讨论这个主题时，索托对自然倾向和自然权利的独特理解才开始发挥作用。

索托像维多利亚一样，联系返还问题来处理所有权问题。《论正义与权利》的第四卷标题是"论交换正义"，无论是对于索托还是维多利亚来说，处理的都是所有权及所有权的返还问题：

> 当我们进入交换正义的主题时，我们需要花点时间提前在本书中讨论……首先是物的所有权，接着是这些物的返还。因为所有权……是所有通过交换正义的那些行为的基础和根本。而且，所有与这个德性相对的恶都是对所有权的侵犯和破坏……这种损害……必须通过返还的益处加以弥补。①

因此，索托与维多利亚一样认为，必须在思考返还问题之前插入关于所有权的讨论。然而，他旋即远离了自己的前辈。索托的第一个"问题""论一般的所有权"一开始就提问："所有权是否与事物的权利和能力相同？"，并接着质疑把所有权与权利等值的整个传统，而那正是维多利亚评注的基础。②

---

① 《论正义与权利》，卷4，序言："de justitia commutativa sermonem nobis euntibus operae pretium prius est... primum de rerum dominio, mox de earum restitutiones hoc quarto libro disserere. Enimvero dominium... basis fundamentumque est omnium... quae per justitiam commutativam celebrantur. Ac perinde cuncta quae huic virtuti adversantur vitia, violationes quaedam sunt et corruptelae dominiorum... Quae subinde iniuriarum genera... restitutionis beneficio repensari debent."。
② 索托在《论正义与权利》中关于所有权的陈述代表着他之前在1534年到1535年的《所有权重述》(*Relectio De dominio*)之中详细讨论的那些主题的发展；参见 Brufau Prats, Escuela de Salamanca, 第5章。

[149]正如我们在前一章所见,维多利亚利用他评注《神学大全》第二集第二部分的问题62(论返还),从权利的客观概念滑向主观概念。他断定,将权利定义为"公正的东西"或正义的对象是纯粹唯名论的定义,从而一方面提出,权利的真正定义是一个与受法约束的个体相关的权力或能力,另一方面又提出,这个合法的或法定的权力与所有权相同。鉴于所有权只能与按照上帝形象创造的具有理性和意志的东西相连,这种意义上的权利在地上的造物中只属于人。因此,维多利亚重新引入了那个截然有别的划分,那么,维多利亚在分析人类与动物行为时再次使用的这个分割,就受到了他,以及阿奎那,对罗马法学家的迁就,还有他自己的"一切自然活动都等同于对每一个体自然的公正的东西"这一托马斯主义者的假设的威胁。索托在某种程度上追随维多利亚,认定权利是一种"能力"或"权力"。尽管索托没有像维多利亚那样提及权利的"唯名论"和"真正的"定义,但是毋庸置疑,"权利"在第四卷变成了主观权力意义上的"能力"。然而,索托正是使用"权利"的这种含义继续反维多利亚之道地论证说,所有权和权利不是一回事。

索托像维多利亚一样急于把自己的讨论与评注《嘉言录》第4卷第15章的争议联系起来。然而,他对那一传统充满无情的敌意。"但是,坦诚地说,针对那个术语(所有权)的定义问题,最近的作者更是雪上加霜:例如,热尔松……康拉德……还有其他若干评注第4卷第15章的作者。"①在索托看来,他们说"首先……可以在两种意义上理解'权利'。第一,是指'法'……第二,是指合法化的权力……最后,他们说所有权等同于第二个意义上的权利。"②索托对他们的回应首先似乎是既不同意他们的第二种权

---

① 《论正义与权利》,卷4,问题1,节1,正解。
② 同上:"Primum enim omuium, aiunt isti, ius bifariam accipi. Primo pro (转下页)

利含义，也不同意将这层含义与所有权同化。"因为权利就是公正的东西。因为权利是正义的对象：即正义在人与人之间形成的平等；但是，所有权是主人对他的奴隶或对他依自己的意志、为自己的方便使用的那些东西的能力。"①然而，这是权利最后一次被[150]定义为正义的对象。此后，索托的观点是："所有权不代表任何权利和权力，而只是说，对于一个东西，我们可以为了自己的利益按照自己喜欢的方式使用它。"②在整部著作的剩余部分，权利都是在"合法的主观权力"的意义上使用，而所有权只是它的一个种。所有权本身最终被定义为"一个人对任何东西的特有的能力和权利，他可以为了自己的利益将其夺取来做任何法律许可的使用"。③"能力"(faculty)被定义为派生于"工具"(facility)——这与热尔松相反，后者认为这个术语派生于"神意"(fas)——并且被认为是"权力"(potestas)这个属的一个种：权力可以意指任何能力，合法的或者不合法的，但能力只能是合法的能力。

索托希望在两种权力之间作出区分，一种是主人对自己的奴隶享有的那种权力，另一种是父亲对自己的儿子或高级教士对自己属下享有的那种权力，后者在使用时只能对他们好，而不能依权利拥有者的喜好。索托反对安东尼诺和（含蓄地反对）苏门

(接上页注②) lege: quo significatu dicimus, Ius Civile, et Canonicum. Secundo pro legitima potestate, qua quis fungitur in personam aliquam vel rem. Deinde aiunt dominium idem prorsus esse quod ius secundo modo acceptum."。

① 同上："Ius nam idem est quod iustum. Est enim obiectum iustitiae: puta aequitas quam iustitia inter homines constituit: dominium autem facultas est domini in servos vel in res quibus suo arbitratu, ob suumque commodum utitur."。这一段被塔克援引过，《自然权利诸理论：起源与发展》，页47，以支持自己的论题：索托与萨拉曼卡学派的其他成员拥护一种"客观的"权利理论。然而，这个论题似乎无法容纳"权力"和"才能"这些与随之而来的"权利"相连的术语的用法。

② 同上，卷4，问题1，节1，正解。
③ 同上。

哈特,他坚持认为,上位并不意味着所有权:因为存在着一些不享有所有权的优势者(父亲、丈夫和高级教士)。也就是说,在索托看来,有些对人权(ius in personam)并不是所有权。他接着又破坏了返还理论传统(以及维多利亚理论)的另一个基础论证:发生盗窃可能并涉及所有权,"因为下述情况都算是盗窃,或者是违背主人的意志,或者是违背该物所属的人的意志,即使此人不是主人,而只是另一项权利的享有者"。①因此,并非所有对物权(ius in re)都是所有权。

在把所有权与其他权利分离之后,索托开始讨论"物的所有权是否只关涉上帝、智性的和理性的造物"这一问题。②这里索托再次攻击了现代派作家,他们"效法热尔松,凭空设想出许多几乎不符合理性的东西。原因在于,热尔松这位本来挺严肃的作家,增加了……许多所有权类型。其中,他把许多所有权(dominium)归之无理性的动物,甚至归之缺乏知觉的造物"。③作为答复,索托使用了来自古代基督教传统的、[151]人们熟知的整个系列论证,证明所有权只能属于理性造物,并且因此只能属于地上造物中的人。因此,一个"主人(dominus)……是他单独以它所处的能力,为着他自己的利益,以这种或那种方式使用一个东西:但是,除非通过理智和意志,这不属于任何造物:因此,在地球上,只有人因所有权而卓然不同";"除非由于他是自己行为的主人这个原因,否则对外物的所有权不属于任何造物:因为每个人对自己的行为享有所有权是他对其他东西享有所有权的原因和根本:但是,只有人是他自己行为的主人"。④所有权是为了

---

① 《论正义与权利》,卷4,问题1,节1,正解。
② 同上,问题1,节2。
③ 同上。这个指责是不公平的,我们在第3章已经看到。
④ 同上:"Dominus... ille solus est in cuius facultate est situm, re sic, aut aliter in suum commodum uti: hoc autem nisi per intellectum et voluntatem nemini　　(转下页)

使用：但是只有对那些能够认识到使用目的的事物来说，使用才是可能的，而且只有理性的造物才能意识到一个目的是目的。还有，受到控制和指引的行为（即使用），只对那些所有自己行为的人来说才是可能的：因此，这是享有对外部东西所有权的根据。所以，任何非理性造物或无理性之物都不享有对另一个东西的所有权。

然而，除了这些基督教传统的把人作为上帝之形象的信条之外，索托还有另外一个更法律性的论证。"任何人只要对一个物享有所有权，当这个物被从他手中拿走时，他都会受到损害。但是，无理性的动物既谈不上正义，也谈不上损害……原因在于，它们不是自由的，它们不具有自身的权利[of their own right/sui iuris]，但是不论它们是什么，它们都属于人，而整个世界都是为了人被创造出来的。"①如果说动物谈不上损害，那么它们也谈不上所有权。这里的损害（iniuria）不是与权利本身（per se）相对，而是与所有权相对。后者与具有自身的权利相连，凭借其自身的权利。也就是说，损害与占有自身和他物，有权成为主人，或有权处于所有某物这个关系相关。相似地，索托从动物谈不上损害得出结论："不管是谁拿走了一头牛或一个奴隶的食物或生命，这都没有对它造成损害，只对它的主人造成了损害……[152]草场上的牧群对草没有所有权或权利：有的只是自然嗜欲，甚至只是暴力。"②这些否认野兽享有所有权的论证，也否认野兽享

（接上页注④）congruit: solus ergo homo in terris dominii ratione fulget: Dominium externaarum rerum nemini nisi hac ratione convenit, quod sit ipse suarum actionum dominus: dominium enim quod quisque habet in suos actus causa est et radix eius quod habet in alias res: est autem solus homo suarum actionum dominus."。

① 同上："Quicunque dominium habet cuiuslibet rei, iniuria afficitur dum illi cuferetur. Bruta autem animalia neque iustitiae capaces sunt, neque iniuriae... Cuius ratio est, quod cumnon sint libera, non sunt sui iuris; sed quicquid sunt, hominis sunt, propter quem orbis conditus est."。

② 同上："Et ideo qui iumento et atmento vel pabulum sustulerit, vel vitam, （转下页）

有任何对物权,享有任何对其他东西的权利。由此我们可以看到,索托尽管迫切希望否认所有权与其他权利(对人和对物的权利)的等值,但却最终承认,所有这些权利(包括所有权)具有共同的性质:它们都是关涉其他东西的能力。动物无法具有任何此类能力,其原因与它们不能享有所有权的原因相同。但是,无理性动物或无理性之物不可能具有此种能力,没有必然排除它们可能在另一个意义上享有权利:以某种特定方式行动的权利——不是针对某物的权利,而仅仅是实施它们的自然活动的权利。

这种解释的可取之处在于,它能说明第四卷的问题2和问题4当中的三个简短但却重要的说法。首先,在讨论一个人能否成为另一个人的主人时,索托断言:"尽管人是被上帝创造为自由的:不过保存生命的欲望和权利为所有动物固有,以致不幸的人可能为了保存生命把自己引向奴役";①此外,当债权人及其债务人都处于极度缺乏必需品时,债务人并不一定要归还他欠的物品。在论证这一点时,索托指出:"自我保存的最为普遍的欲望是人与生俱来的,对于一切事物来说都是正当的,那时他只负担自己,而不负担他人。"②最后,在描述国家或者共和国和政治权威的起源时,索托声称:"上帝通过自然赋予每样物(原文是'物',其实他本可以说'人',会更方便些)保存自身的能力,并且抵制它们的反面。"③我们从以上可以看出,索托如何把"能

(接上页注②)nullam ei irrogavit iniuriam, sed domino... nullum ergo pecudes habent dominium neque ius in herbas, sed tantum appetitum naturalem: atque etiam potestatem."。

① 同上,问题2,节2,正解:"Nam etiamsi homines facti sunt a Deo liberi: tamen tam innatum est animantibus cunctis desiderium ac ius servandi vitam, ut possint se eius gratia miseri in servitutem adigere."。

② 同上,问题7,节1,正解:"Enimvero tam intime innatum est homini generalissimum illud rerum omnium desiderium, ac subinde ius servandi sese, ut nulli quicquam tunc plus debeat quam sibiipsi."。

③ 同上,问题4,节1,正解:"Deus per naturam dedit rebus singulis facultatem se conservandi, suisque resistendi contrariis."。

力"这个词——与"权力"相对——限于权利。

[153] 在这两个段落中,索托把一种自我保存的权利归给了所有动物。这与第三卷讨论自然权利(right of nature)和万民权利(right of peoples)关系的一个段落一致。索托在这里思考的是罗马法中安东尼诺的一个段落,大意是说"逐退损害"(beating of injuries)属于万民权利。索托提出的反驳是,"逐退损害是自我保存原则的结论;因此,万民权利就是自然权利"。① 正如我们所见,自我保存的原则是一切东西的自然法;其结论是,对于一切东西来说,以暴易暴或"抵制反面"都属于自然权利,它们是保存自己本质的必然结论。

因此,用第三卷的话来说,自我保存的行为是自然权利,即是说,自我保存的行为是一个自然公正的东西,被自然而然地等同于一个自然物:因为我们已经指出,索托在第三卷中认为,一个东西的自然活动构成了它的(自然)权利。但是,在第四卷中,权利作为"能力"是行动的"权力"或潜能的一个属——不是行动本身。然而,索托的学生米格尔(Miguel de Palacios)的一段文本却说,两种都是"权利"。米格尔坚持认为,权利作为公正的东西,严格来说是一个作品(work/opus),必须要实施。然而他又承认,"其他人愿意认为,权利是一个行动的能力";他的解决方案如下。由于"每个能力都是公正的权力,而公正的权力(即它的那种自然)来自做公正的事情,这么做是它的权力;而做公正的事情——公正的行为——正是权利本身:因此,这个能力被称为权利是从做(doing)本身来说的,故而是派生意义上的权利,而非首要意义上的权利"。② 准确来说,这个模式恰恰是亚里士多德的潜

---

① 《论正义与权利》,卷3,问题1,节3,正解。
② Miguel de Palacios,《契约与返还的实践神学》(*Praxis theologica de contractibus et restitutionibus*, Salamanca 1583),第2章:"Quid sit ius, et quae partes eius: Aliis placuit ius esse facultatem ad recte agendum, idquod fuit Gersonis　　　(转下页)

能所具有的模式:权力由行为界定,具有相同的本质,但在本体上是派生的。

米格尔这里阐发了一种作为行动权力的权利。这似乎符合我们在索托那里发现的用法。权利本身(即 [154] 不是向物权或者对人权)是一种合法化的能力或权力,因为一个行为在它的作为倾向的意义上是被自然法所指定的,故而构成客观的自然权利。倾向意义上的自然法首先指令一切自然之物保存其自然,因此首要的自然权利就是自我保存的权利。一切自然物(包括人)都拥有这种属于其本质的权利。

因此,索托在第四卷中的讨论最终将权利割裂为两个层面。他为具有理性和意志的造物保留了一种权利——一切所有权都是这种权利的种——以此捍卫人以上帝的形象受造且不同并高于其余造物这个传统基督教神学理论。这种含义的权利属于人类,因为他们能够自觉趋向一个目的,故而能够使用其他的造物和东西。对行为的所有权(dominium of action),是理智和意志运行的结果,本身即是首要的所有权,随之而来的则是对外物的所有权。然而,索托同时也保留了另一种含义的权利:包括人在内的一切造物的自然潜能和自然活动,作为对自己固有的特定善的欲求——这种欲求是它们的自然倾向,从而也是它们的自然法——带来的结果,具有权利的性质。与自由和所有权不同,权利是一个能力,它终止于一个被法所命令的行为。按照权利的这

(接上页注②) opinio... Caeterum quia omnis facultas est iusta quaedam potestas, et iusta potestas est ex iusti actione, quam operari potest et actio iusti seu iusta actio est ipsum ius, ideo facultas haec aliunde dicitur ius, ex ipsa videlicet operatione, propterea, secundario dicitur ius, non primario."。关于Palacios的简要介绍参见L. Pereña Vicente,《萨拉曼卡大学:16世纪西班牙政治思想之铸造》(*La universidad de Salamanca, forja del pensamiento politico espanol en el siglo XVI*, Salamanca, 1954),页51—52; Brufau Prats,《学派第一代修正》。值得注意的是,Palacios虽然是在作为一个趋向公正行动的权力的意义上解释热尔松的权利的,但他并未把热尔松算在那些把权利等同于所有权的人中。

种含义，人的自然活动与一切受造自然之物的自然活动一样，可以接受权利分析。

在把亚里士多德关于城邦或国家通过人性而产生的阐述翻译为自己的语言，并把市民共同体(civic commonwealth)和市民权力(civil power)合法化时，索托使用的正是这后一种权利概念。索托——他深陷整个萨拉曼卡学派的政治立场，反美洲印地安人的奴役以及路德异端①——坚信城邦或政治共和国属于自然。就像维多利亚在他对《神学大全》第二集第二部分的评注那样，索托在讨论所有权的过程中(回答"任何一个人是否可以成为整个大地的主人"这个问题时)解释了城邦的起源。②然而，与维多利亚不同，他丝毫没有提到人的所有权，完全运用权利概念来做出解释。

[155]上帝通过大自然赋予了万物以保存自身、抵制反面的能力：不仅在保护它们的尘世福祉方面，也通过恩典在它们的精神福祉的繁荣方面。但是，由于它们在分散状态无法尽用这种能力，他给它们添加了共同生活的本能，这样联合起来它们就可以互相补足。然而，以这种方式聚拢的共同体无法自行管理，驱逐外敌，节制罪愆，除非选出长官，把能力授予它：否则，这个集合就没有秩序或首脑，既无法代表一个身体，也无法提供那些方面的东西。③

---

① 参见导论的引注，注释2。
② 《论正义与权利》，卷4，问题4，节1。
③ 同上，正解："Deus per naturam dedit rebus singulis facultatem se conservandi, suisque resistendi contrariis: non modo quantum ad incolumitatem temporalis salutis, verum et per eius gratiam quantum ad prosperitatem spiritualis. Hanc autem facultatem cum exequi commode dispersi nequirent, adiecit eis instinctum gregatim vivendi, ut adunati aliialiis sufficerent: congregata vero respublica neutiquam se poterat gubernare, hostesque propulsare, malefactorumque audaciam cohibere, nisi magistratus deligeret, quibus suam tribueret facultatem: nam alias （转下页）

第四章 自由与自然：主观权利与16世纪西班牙托马斯主义

政治共同体的首要决定因素是每个人保存自身存在的能力——根据前文援引的段落，我们可称之为权利——而且不仅仅是保存其存在，还是保存一种属人的存在。根据作为倾向的自然法，人这么做是正当的（right），因此他们有权这么做。正是这点而不是任何所有权，将国家合法化：所有权无法产生市民共同体这个合法的实体。

然而，索托强调国家是自然倾向和权利而非所有权的产物，显然还想更进一步。在他看来，人类无法自行运用他们作为人的权利，因此上帝就添加了共同生活的本能（而不是共同生活的自由）。正如我们所见，本能是索托的首要自然法（与自由相连）的对立面，而且它在这里再次出现是为了，将共同生活的欲望脱离人的有意识的自然法，归入动物和一切实体的无意识的自然法。在阐述一种亚里士多德自然政治学的语境下，这个举动表明，索托作为自然科学家——尽管他在论自然法的第二个问题中提出了解决自然法和人性之关系的方案——仍然相信一个真正自然的解释必须从盲目的原动力这个角度来解释；而且，[156] 就人是有意识的而言，在自然因果领域之外。在索托看来，结果便是，人与其他动物一样，出于自然必然性，通过与同伴聚集的方式，行使其自我保存的明确权利。

然而，这并不意味着，在索托看来，自然国家仅仅是为了实现身体自然意义上的自然，那种人与动物共享的自然。城邦不仅趋向暂时的安宁，而且趋向精神的繁荣：①"亚里士多德极好地

（接上页注③）congregatio sine ordine et capite, neque unum corpus repraesentaret, neque ea providere pssset quae expedirent."。

① 有趣的是，当同时代的杰出法学家Diego de Covarruvias处理这个段落时，后面的短语被略去了："At cum Deus ipse per naturam dederit rebus singulis facultatem se conservandi suisque resistendi contrariis, quantum ad incolumitatem salutis, nec homines facultatem hanc exequi dispersi potuissent… [etc.]"。尽管或许可以认为"incolumitas salutis"在尘世和精神的含义之间晦暗不明，但　　　（转下页）

说到，城邦是为了存在而组建，但城邦的存在是为了活得好……原因在于，正是因为这个原因，人生而为了幸福，也是因为同一原因，人是政治动物。"①城邦使道德德性的实现变得可能，"只有道德德性才能完善好人"。②生活于城邦中的人受法律支配，这些法律"都是为了灵魂的善而制定，而我们的幸福正在于此……因为市民无法在他们的外部行为上保持国家的恰当状态，除非他们通过德性的内在习性得到加强。"③此外，政治社会中的人可以通过教导和模仿帮助彼此实现人类善。④作为一名基督教化的亚里士多德主义者，索托所言的人类善当然是最终的永福，但是这并不使得城邦和道德德性变成纯粹工具性的东西。

然而，索托对城邦起源的阐述在下述方面仍然陷入了混乱，即如何把实现善的能力从个体转移到君王手中。索托的文本摇摆于两种解释之间：一是把原初的共同体描述为个别物质的偶然组合；二是把它视为一个完全亚里士多德主义的 [157] 本质联合意义上的有机体。⑤按照前一种解释，原初的共同体仅仅是个体存在物的集合，没有在功能上联合起来，也不具自身的形式："既无秩序又无首脑"，而且不代表一个身体。然而，按照这种解释，

（接上页注①）Covarruvias着重强调城邦的外在益处，在"adunati aliis sufficerent"之后插入了"victumque facilius complures quam singuli compararent, tutiusque ab incursu ferarum et hostium degerent."在法学家看来，城邦为生活而存在，不是为了活得好而存在。参见Diego de Covarruvias y Leyva,《实践探究》(*Practicarum quaestionum liber unus*), 第1章, n. 2, in Opera omnia (Frankfurt 1592), 第2卷。

① 《论正义与权利》，卷1，问题2，节1，讨论法律的效果是否使人变善。
② 同上："bonum autem virum sola perficit moralis virtus."。
③ 同上："[leges civiles] omnes ad bonum animae, quo nostra foelicitas agitur, instituendac sunt... Haud quippe externis actionibus decorum possunt cives servare reipublicae statum, nisi internis virtutum habitibus vigeant."。
④ 同上。
⑤ 关于这个亚里士多德主义的对比，参见Sarah Waterlow,《亚里士多德〈物理学〉中的自然、变化与行动能力：哲学研究》(*Nature, change and agency in Aristotle's Physcis: A philosophical study*), Oxford, 1982), 页88—89，以及第1章和第2章。

"它"不应具有实施任何行为的"能力",因为它不具有一个存在物所具有的统一体或本质,故而没有任何特定活动。但是很显然,索托确实认为,原初的众人具有这种自治和自保的能力,而且能够作为一个统一体将这项能力授予长官。因此,"统治自己的权力以及制定法律的权力……对于市民(共同体)来说是必要的,鉴于它的目的……这个(权力)来自自然法,每个国家据此享有管理自身的权威,可以把这个权威转给国王"。① "因为(世俗的国王和君主)不是上帝紧接着就创造的,正如他们所言,不是上帝直接创造的……而是,正如'同意,及论君王以下'这个标题所言,国王和君王由人民创造,而人民把自己的王国和权力转交给他们。"②

索托徘徊于原初集结的两种解释之间,它的背后弥漫着阿尔曼和他的类比,即个体及其自我保存的权利与政治体及其统治权之间的类比。根据阿尔曼的观点,共同体中的统治权也是个人自然而然具有的那种能力。我们可以看到,维多利亚在《市民权力重述》中采用了这种自然主义的政治权力观,并将其与人趋向社会生活的基督教—亚里士多德主义理论结合在一起。这是一个索托受惠颇深的结合。但是,索托也遇到了与维多利亚相同的难题:阿尔曼之前使用这个类比,恰恰是因为它带来了一种共同体自然固有的权力,而这个共同体(阿尔曼能够证明),基于它与自然的联系,不会不可救药地与任何[158]类型的统治者发生离

---

① 《论正义与权利》,卷1,问题6,节4,正解,讨论民法是否强制良知:"civili [respublicae] necessaria fuit ratione finis potestas seipsum gubernandi, atque adeo leges... instituendi... haec autem per legem naturalem descendit, qua quaelibet respublica seipsum administrandi authoritatem habet, quam et regibus conferre potuit."

② 同上,问题1,节3,正解,讨论谁之理性具有法的性质:"Saeculares autem reges et monarchae secus habent. Haud enim a Deo proxime et, ut aiunt, immediate creati sunt... sed ut habetur I. quod placuit ff. De const. princ. reges et principes a populo creati sunt, in quod suum transtulit imperium et potestatem."。

间。因此,政治权力的运用基于共同体的同意。索托的回应是,将某些罗马法文本对共同体向统治者全部转让权力的强调,与没有统治者的共同体是一个不完美的身体这个说法(有些不融贯地)结合起来。

总之,政治共同体——由一个(或多个)握有保存和保护它的权利或能力的官员统治而成型——是一个身体,在功能上统一起来。这个共同体,就其趋向自然之善——最根本的自然的善存(good being),如我们所见,自我保存——的倾向而言,却是另一个受制于自然法的自然体。相应地,与一切自然体一样,它享有保存自身和保卫自身的自然权利:驱逐敌人(外在的破坏之源)以及压制恶人(内在之源)的权利。所有市民都是那个身体的一个部分,君王的权利则是共同体或共和国的权利——公共权利——它像头使用身体的其他肢体以保存和保卫身体一样使用其他市民。就部分肢体的存在都包含在整个身体的存在中而言,每个肢体都接受头脑的指引,而不是自行其是。因此,索托在《论正义与权利》开篇证明法律必须总是指向共同善时,确定无疑地指出,"按照自然的秩序,每个部分都指向它的整体,就像不完满的趋向完满:但是,所有市民都是国家的部分,因此,为他们制定的法律应当推动他们趋向整个国家的共同善:就像一个统一体的部分都为整体服务。"①

然而,这并非事情的全部。人不仅是整体的一个部分,不仅是为着整体,而且——正如索托在描述人获得所有权的资质时所

---

① 《论正义与权利》,卷1,问题1,节2,正解:"Pars omnis ad suum totum naturali ordine dirigitur sicuti imperfectum ad perfectum: quicunque autem civium partes sunt civitatis, lex ergo illis prasecripta in bonnum conmune totius civitatis debet eos instituere: veluti partes unius corporis quae ad servitium totius ordinem habent."。索托强调,这个论证当中的"共同善"是在此生可得的自然幸福,它与"共和国的宁静、安定与和平的状态"一致。这个世俗的"共同善"的存在不但没有被代表着上帝的永福的超自然的"共同善"所压制,反而指向它。

强调的——而且还是完美的,是按照上帝的形象创造出来,因此是为着他自身,为着他们自身之故(propter seipsum)。他的活动不能完全从政治共同体的运行和公共[159]权利的领域这个角度来分析。从某个方面讲,如果人要获得人的独特特征的话,他就必须还是要受自身的引导,必须是自由的。在索托看来,这就是政治的全部难题。人必须生活在一个共同体中,以便活下来和活得好,而且这个共同体必须是一个政治共同体——也就是说,必须是一个由握有共同体权力的统治者统治的共同体——倘若它要发挥自己提供生活和好生活的必需品的功能的话。正是每个人过这样一种生活的明确的自然权利(必须得行使这项权利),证成了(使之成为一项权利)他作为其成员之一的共同体的权力。但是,这项公共权利必须只能延伸至这个程度:每个个体在整个共同体的存续上发挥必要作用,即每个个体只是一名成员而非单独的个体。超出这个程度,人必须不仅享有自己作为个体的权利,而且必须能在自己的控制范围内行使这些权利:换言之,他必须是自权人(sui iuris),享有对自己或自由的所有权。

人在何种程度上不同于他作为其一员的共同体?索托在第五卷前两个"问题"中提出了这个问题。这两个"问题"分别讨论共同体和个体各自对于此人的人格和肢体享有的权力。[①]第一个问题的第一节重申了动物权利对人的权利的次等性,结论便是人可以杀死动物为己所用:"尽管生命是我们和其他动物都共有的,但并非是平等的权利,它们的(生命)是为我们所用的。因此,杀掉自己的动物的人没有对这个动物造成损害,杀掉他人动物的

---

① 《论正义与权利》,卷5(这一卷以讨论那些伤害作为主旨,它们是由事故造成的,这些事故的发生完全违背了当事者的意志,即,"当伤害违背权利降临在某人身上……或者是他的人,或者是一个相关的人,或者是他的物品"),问题1"论杀人",以及问题2"论肢体的毁损",对应于《神学大全》,第二集第二部分,问题64和65。

人也没有对那个动物造成任何损害,只是对它的占有者造成了损害。"①尽管索托的用意是强调其余的活物(animate creation)对人的次级性,值得注意的是,索托仍然没有否认动物的权利,只是坚持它们的权利并不与人等同。

索托接着思考"杀死作恶者是否合法"这个问题。他的第一个论点是,正如不完满是为了更完满——同样的推理也适用于证成杀掉无理性的动物——"基于同样的权利,由于每个部分在自然上都是为着[160]整个身体被制作……结果便是,只要是出于共同体安全的需要,这个共同体就有置一个市民于死地的权利,以免它侵染整体"②:这就像一个人可以砍断中毒的肢体以免它损害整个身体一样。因此,对杀掉作恶者的证成一方面基于共同体或公共权利保存自身存在的权利,另一方面则基于作恶者一方权利的丧失:"当人从(他特有的尊位上)坠落,退化到无理性动物的卑微和奴役:根据《诗篇》,当人荣耀时并不理解,他已经变得像牧群一样,等等。因此,杀掉他是合法的,正如杀掉一头野兽是合法的。因为他在人性上败坏了。"③人特有的尊严在于"按照理性生活:因为只有通过这一点他才是自由的,才为着自身存在";④正如我们已经看到的,成为自由的和为着自身存在,这是自权人,享有对自我的所有权,因此享有对自己的最高权

---

① 《论正义与权利》,卷5,问题1,节1,答复1:"etsi vita nobis cum caeteris animantibus communis sit: non tamen aequo iure: sed sua est propter nostram. Et ideo neque qui suam occidit pecudem ulli facit iniuriam neque qui occidit alienam, ullam irrogat pecudi, sed possessori."。
② 同上,节2,正解:"Pari ergo iure cum omnis pars a natuta facta sit propter totum corpus... consequens fit ut ubi incolumitati republicae expediverit, ius eadem ipsa habeat civem morte resecandi, ne totam inficiat."。
③ 同上,答复3:"quando autem [a dignitate sua] decidit, tunc in vilitatem et servilitatem brutorum animalium degenerat: secundum illdu Psalmi, Homo cum in honore esset non intellexit, comparatus est iumentis etc. Ob idque perinde atque brutum licet eum occidere. Est enim corruptus homo."。
④ 同上。

第四章　自由与自然：主观权利与16世纪西班牙托马斯主义　209

利。当人犯下原罪时，他背离了自身的理性能力，丧失了自己的自由，由此丧失了自己特有的权利。那么，共同体就可以为了自身的目标杀掉他，而又不构成对他的损害。①

　　丧失其对自我的权利，这是证成共同体杀掉一个作恶者的行为的关键因素。共同体的功用这个理由并不充分，因为如果这是个充分理由的话，那么共同体为了保卫自己杀掉一名无辜者也是合法的。但是，正如索托在同一问题"杀掉一名无辜者是否在任何情况下都是合法的"的第7节所强调，这个说法是不成立的，因为它违反了每个个体在他的本质上作为一个不同于整体的存在者所拥有的权利："成员并不具有一个不同于整体的存在的存在：它也无论如何不是为了自身；它自身也谈不上权利或损害。但是，一个人，[161]尽管他是共同体的一个部分，却也是一个为他自己存在的个体，因此本身够得上损害，那是共同体不能对他施加的惩罚。"②因此，共同体有所不为，例如，不能牺牲一名

---

① 然而，这可不是仅仅因为他犯了罪就杀掉他。"因为即使是一个恶贯满盈的罪人，他的本性仍然值得珍视，它是上帝的一个遥远的形象(或作品)：所以只能基于共同体杀掉罪人"(《论正义与权利》，卷5，问题1，节7，正解)。共和国不会在任何意义上复仇，只是纯粹获得为了自己的善使用罪人的权利，亦即，杀掉他。
② 《论正义与权利》，卷5，问题1，节7，正解："membrum non habet esse distinctum ab esse totius: neque ullo modo est propter se, sed propter totum: neque per se est capax iuris vel iniuriae. Homo autem quamvis sit pars reipublicae, est nihilominus et suppositum propter se existens, atque adeo per se capax iniuriae, quam respublica non potest illi irrogare."。这个段落和脚注109所引内容在Hamilton那里都得到了讨论，《16世纪西班牙的政治思想：维多利亚、索托、苏亚雷斯和莫利纳的政治观念研究》，页30—31。正如她所正确地指出，索托强调个体的存在不同于共同体的存在，这与他政治学的基督教根据相关。但是，说"索托……虽然强调共同善，总是回到个体的终极善，正如任何基督教政治理论都将去做的"，这似乎过于简单了。这并非个人得救的最高权威的简单例证：人类可以得救，这是因为他们是具有理性和意志的造物，是按照上帝形象创造出来的；这个特点是对自我的所有权或者自由，对他们自身的权利，这个权利是不能被共同体及其权利压制的，那只在作为对善的倾向的自然法的层面上存在。索托强调个体作为权利的一个质料的特有存在——毕竟本书名叫"论正义与权利"——这件事Hamilton并未讨论。

无辜的市民以满足正在发起围攻的暴君的要求,尽管它也许可以为了守卫共同体,把一名市民置于死亡的危险中。后面这个行为之所以合法是因为,共同体有权出于保卫自身这个整体之必要而利用其成员。但是在前一种情况下,相关的那位市民并没有被纳入整体必要防卫,而是攻击者出于恶意对这位市民个人提出的要求。因此,共同体对此人的人格没有权利:"对于无辜者而言,没有任何理由表明,他应当将杀掉自己的权利交给共同体。"①

共同体对无辜者的生命所享有的权利达到了下述程度:这个人不可能在不给共同体——虽然不是对他自己——造成损害的情况下自杀。②但是,共同体无权强迫一个人以遭受巨大痛苦的代价保存生命,例如,承受截肢之痛。在讨论一个人可否自断一肢的问题时,索托的答复是不可以,除非这是他的整个健康所必需的,他强调在这一种情况下,"共同体没有责任强迫他这么做"。③如果一个人应当如此选择为了自己的健康自断一肢,[162]那么他当然有权这么做:"这点可以得到证明。因为每个人都有权保存自己的生命";但是,共同体不能强迫他,任何其他的道德或精神权威都不能强迫他,"因为他没有义务接受折磨以保存自己的生命。他也不会被判定为自己的杀手"。④一个人如何保存自己的生命是他自己的责任。"原因在于:每个人都是他自己生命的卫士,而国家则是共同善的卫士。"索托更为强

---

① 《论正义与权利》,卷5,问题1,节7,正解。
② 同上,节6:"谋划自杀的人,其行为之于自身并非违背正义,但却背离了仁爱:之于国家和神,其行为都违背了正义。"
③ 同上,卷5,问题2,节1:"Utrum qucmpiam suo mutilare membro sit licitum."。
④ 同上,正解:"Probatur. Nam unusquisque ius habet propriam servandi vitam... At vero quod ingentissimum dolorem in amputatione membri aut corporis incisione ferat, profecto nemo cogi potest: quia non tenetur tanto cruciatu vitam servare. Neque est censendus sui homicida. Imo vera est illa Roman vox dum crus illa aperiretur, Non est tanto dolore digna salus."。

烈地坚持："共同体对此毫无权利可言"。^①在保存自己的生命这方面，个人不是共同体的成员，并且因此共同体对此没有任何权利；而且，每个人作为个体都不仅享有自我保存的权利，而且还有自由——没有义务必须这么做——不去这么做，倘若这么做会带来极度的痛苦。

这一简短的章节以这种方式反映了两点：索托把个体的权利与共同体的权利分离开来；对他而言，单个的人，倘若享有对自我的权利的话，就必然——出于他作为人的本性——具有与这些权利相关的自由。索托在处理为了自卫而杀人这个问题时，这两点得到了强化。在讨论论谋杀的那个"问题"的第8节"是否每个人都有在防卫时杀死攻击者的权利"时，索托指出，每个人都享有保卫自己的这项"自身特有的自然权利"。如果他以这个理由杀人，那么这种杀人是合法的，也就是说，不构成对侵犯者的损害。^②但是，就算自卫杀人是合理的：[163]一个人必须这么做吗？维多利亚业已指出，并非如此：

> 卡耶旦持有相反的观点，而我认为普遍意见是正确的……一个人作为私人是不受约束的，即，为了他自己的利益杀死另一个不公正地攻击他的人……有人有保存自己生

---

① 《论正义与权利》，卷5，问题2，节1，正解："Et ratio est: quia unusquisque est suae vitae custos: respublica vero boni communis... Sed nunquid non potest respublica... subditum cogere, ut dum ad salutem fuerit necessarium, memebrum sibi permittat abscindi? Respondetur quod respublica in hoc nullum habet ius."。

② 尽管这里索托像卡耶旦在他评注那个要点（《神学大全》第二集第二部分问题64节7）时一样，把这些情形下的杀人视为防卫事故，证明带着这么做的意图以私人权威去杀人并不合法，他在前面不远更加富有争议地断言"以无可争议的防卫杀死一个攻击者，这绝不受到'不可杀人'诫命的禁止……这不是一个真正的答复，受害者并不打算杀死另一个人，他只是在保卫自己。因为即使最终目的是防卫，杀死攻击者仍然被采用为手段：因为一个保卫自己的人能够以正确的意图直奔咽喉"：《论正义与权利》，卷5，问题1，节1，正解。

命所急需的面包，但他可以把它留给自己的父亲或朋友，然后自己静候死亡……因此，即使对于一个敌人——当然更多地还是对于朋友——（我可以慨然赴死），因为他是我的敌人的事实并未从我这里夺走自由，我可以不杀他。①

索托似乎从实质上证明了相同的论点："为自己的朋友慨然赴死是合法的。因此，显然基于此可以认为，受害人可以准许自己被杀，以便自己不去杀人……（除非在极端的情形之下）下述二者都有道理：受害人有权自卫，而他也可以出于仁慈自由地放弃这个权利。"②但是，最后一句话明显体现了二者的差别。在维多利亚看来，一个人既可以自卫，也可以出于他的自由克制自己不去这么做，这就像他的所有权和他的权利一样。在索托看来，一个自卫的人将通过权利这么做，因为他像所有造物一样享有自我保存的自然权利。但是，与其余的地上的自然物不同，每一个人都把这种权利作为自己的权利：这是他的所有权和自由，因此如果他想放弃他就自由地放弃。一个人放弃自己的自然权利

---

① 《圣托马斯〈神学大全〉第二集第二部分评注》，问题64，节7，行4："Oppositum tenet Cajetanum, et est communis opinio quam puto vera... quod non tenetur quis pro privata persona, sc. pro se occidere alium invadentem injuste... qui habet panem necessarium ad conservandam vitam suam, potest dare patri vel amico et patienter amplecti mortem... sic etiam pro patre possum ponere vitam et pro amico. Ergo etiam pro inimico, licet plus pro amico, quia quod sit inimicus meus non tollit a me libertatem, quin possum non occidere illum."。
② 《论正义与权利》，卷5，问题1，节8，质疑："demonstratum, lictum esse vitam ponere pro amico. Unde palam consequitur posse invasum permittere se occidi, ne occidat... et ius habet invasus quisque defendendi se: et nihilominus ei liberum est propter charitatem iuri eiusmodi renuntiare."。极端的情形是指涉及国王、公爵"或者任何其他对共和国极为有用的人员"情形。这样的人在受到攻击时没有放弃自卫权的自由，而是要为了共同善通过自卫运用自己的权利杀人。相反，一个"地位卑微的人，他的生命对于共同善没有意义"，那么当他被一个重要的公共人物攻击时，他就要不去运用自己的权利。然而，索托只是说他受到"出于仁慈"的约束，而没有说他受到权利的约束。

不是通过行使（另一个）自然权利，而是通过运用自由或自我所有（self-dominium）。与动物或其他享有自然权利的造物不同，只有人才知道享有自然权利，并且能够有意识地作出运用还是放弃这些权利的决定。

［164］索托在第五卷中对杀人和肢解人体的处理是其权利理论的顶点。可以把它解读为对维多利亚《神学大全》评注的一个批判，以及对《市民权力重述》所勾勒的概念的一个发展。在讨论《神学大全》时，索托与维多利亚保持着距离，他把权利的含义与自由的含义分离开来，从而使自己能够证成包括人在内的所有造物的自然行为。索托作为自然科学家很可能无法接受（像维多利亚那样）完全分离对人类活动的解释与对其余自然世界的解释。但是，他这么做的另一个潜在的决定因素，可能与城邦或政治共同体有关。倘若不为与人的精神活动相对的自然活动提供某种证明，作为自然活动之结果的城邦就没有根据——不享有权利。因此，在维多利亚对《神学大全》的评论中，城邦得到了证成，但城邦并不是基于自然行为，而是基于自由合意。索托反倒是法定化和证成了政治生活的自然倾向，但是《市民权力重述》开篇并没有充分说明这点。然而，他并没有因此牺牲掉自由的权利，而维多利亚在评注《神学大全》时坚持想要达到这个效果。索托的伟大贡献在于，他同时捍卫了城邦的权利与生活于其中的个人的权利。正是这点使他在法学家瓦兹奎兹（Fernando Vázquez）眼中，既是一位犯下根本错误的人，也是"我们时代最博学的神学家"。下一章的主题就是瓦兹奎兹自己对这个政治权利难题的解决方案。

第五章 自然自由的语言:费尔南多·瓦兹奎兹

[165]在当下的政治思想史研究中,费尔南多·瓦兹奎兹是一位名不见经传的人物,但他在同时代人中却声名显赫。他曾对格劳秀斯有着重要的影响,并在16世纪下半叶和17世纪上半叶被频繁援引。① 出现这种情况的部分原因在于,他的作品在一个世纪当中一直受到国际法史的重视,这个世纪不同于16、17世纪,那时人们在很大程度上独立于国家的内部结构来处理国家的外部关系。② 还有一部分原因在于,他是一位人文主义法学家,

---

① 在他们当中,Hugo Grotius是在瓦兹奎兹的作品出版之后60年进行写作的:"Scholasticam subtilitatem cum legume et canonum cognitione coniunxerunt, ita ut a controversiis etiam populorum ac regum non abstinerent, Hispani duo Covarruvia et Vasquius: hic magna liberate, modestius alter, nec sine exacto quodam iudicio": Hugo Grotius,《论战争与和平法》(*De iure belli ac pacis libri tres*, Paris, 1625),序言, sig. i iv v. 同样可以参见, Grotius,《捕获法》(*De iure praedae commentarius*, Oxford 1950), G. L. Williams英译,第12章(1609年以名为"Mare liberum"的小册子出版),页249:"事实上,这整个问题都被瓦兹奎兹极为细致地讨论过,他是西班牙的骄傲,一位无论在什么情况下都既未在研究法律的热忱上也未在解释它的率直上留下遗憾的法学家。"格劳秀斯对瓦兹奎兹以及更为概括地对萨拉曼卡学派的援引,参见P. Borschberg,《格劳秀斯论文十一评注:一篇关于国家主权、正义战争和荷兰起义的早期论文》(*Hugo Grotius' 'Commentarius in Theses XI': An early treatise on sovereignty, the just war, and the legitimacy of the Dutch Revolt*, Bern, 1994),页73—101。

② 对瓦兹奎兹作为一位国际法理论家的叙述,参见Camilo Barcia Trelles, (转下页)

因此不属于对于16世纪西班牙经院主义政治思想和一般的反宗教改革政治思想的研究。最近，人们复活了他的思想（如果算是一种复活的话），但只是把他作为一位主观权利的意志论传统的理论家。①

[166] 本章既要坚持瓦兹奎兹的作品对于政治思想史的意义，亦要肯定他与萨拉曼卡学派的关系。他代表着一个激进法律传统发展过程当中至关重要的一步。这个传统对权利的分析基于对事实或者说司法裁定（juridical determination）之外的东西的专注。与此同时，笔者想要表明，对他的理解，既不能独立于西班牙多米尼克修士的作品，也不能视之为它的延续，② 而是应当

(接上页注②)《费尔南多·瓦兹奎兹：16世纪国际法的西班牙学派》（"Fernando Vázquez de Menchaca L'école espagnole du droit international du XVIe siècle"），载于 *Recuei des Cours* I (1939)，页433—533；A Miaja de la Muela,《16世纪西班牙的国际主义者：费尔南多·瓦兹奎兹（1512年到1569年）》(*Internacionalistas españoles del siglo XVI. Fernando Vázquez de Menchaca, 1512—1569*, Valladolid, 1932)。有一个更加详细但不太可靠的研究，特别提到海洋自由学说，E. Reibstein,《新自然法—万民法理论的起源》(*Die Anfänge des neueren Natur- und Völkerrechts*, Bern, 1949)。

① 例如，Tuck,《自然权利诸理论：起源与发展》，页51，评论说瓦兹奎兹的作品"包含着一个以自由的形式的所有权的定义，它直接来自热尔松"。参照Seelmann,《论费尔南多·瓦兹奎兹的"所有权"学说》，页162。尽管Seelmann强调瓦兹奎兹思想的纯粹法学起源，包括把方济各修会的所有权—权利概念作为一个贡献因素："但是，财产与自由共生的理论构建，是瓦兹奎兹从形形色色的中世纪讨论之中获得的，而不仅仅是从方济各修会传统的意志论或当时的社会潮流当中获得的。"(Die theoretische Konstruktion der Symbiose von Eigentum und Freihei jedoch gewinnt Vázquez aus vielfältigen Diskussionen des Mittelalters, nicht etwa nur aus dem Voluntarismus der franziskanischen Tradition oder den sozialen Stömungen [sic] seiner Zeit.)

② 把瓦兹奎兹整体或局部视为一位"意志论传统"的权利理论家的观点，带来了观察他的两种视角：前者，历史学家坚信萨拉曼卡学派没有主观权利学说（例如，塔克，《自然权利诸理论：起源与发展》，页51，他把瓦兹奎兹描述为一位处于盛行的"维多利亚托马斯主义"之间的"间质性人物"）；后者，历史学家接受Grossi-Villey的命题，把这个学派视为方济各理论的一个温床（参照，Seelmann的结论性陈述，《论费尔南多·瓦兹奎兹的"所有权"学说》，页161—162，尽管他强调瓦兹奎兹思想的法律渊源，但并不认为它以任何方式违背第二经院时期Grossi的解释）。

把他视为对它的成就(特别是索托的成就)的一个积极回应。正如我们所见,为了处理人所特有的行动能力的不确定那个方面,除了描述一切自然的那种权利外,索托承认权利还具有第二种含义:自我所有权(dominium in seipsum)或者自由,构成了一切对外在对象的所有权的基础。但是,在分析一切种类的自然的自由行动能力——确定的或不确定的——时,他从未舍弃权利这个领域。在以下这样一个哲学和神学框架内,根本无法舍弃权利这个领域:这个框架把行动能力(形式的实现)与善,从而与自然合法联系起来,并将权利理解为法的衍生物。

索托所做的综合工作,既要确保城邦的权利,也要确保生活于其中的个人的权利。瓦兹奎兹虽然没有轻视他对后者的辩护,但是作为一名法学家,他并不是后一个立场赖以立基的那种有关上帝形象的神学的后继者。然而,他非常明白,索托将城邦建基于人类保存自己的存在的那种明确的自然权利的意义:政治隶属的必然性将随之而来。通过使用索托没有使用过的材料,并把西塞罗式的人文主义与罗马法综合起来,瓦兹奎兹从根本上驳斥索托的下述结论,即任何实体都享有保存自身存在的自然权利。[167]瓦兹奎兹将用一种普遍的自然自由替代这种普遍的自然权利。

关于瓦兹奎兹的生平史料记载甚少。①他1512年生于瓦拉多利德,是卡斯提尔王室顾问成员之子。他在瓦拉多利德和萨拉曼卡研习市民法和教会法,1549年在萨拉曼卡取得硕士学位。此后,他开始追逐公职生涯,但也写作了由三部分构成的论法律的论文,题为《论创造、发展和消解的演替》,全本首次大概出版于1559年。②1561年他被菲利普二世邀请,加入法学家和神学家的团队,

---

① 最近的说明,参见Seelmann,《论费尔南多·瓦兹奎兹的"所有权"学说》,页25—30。
② 参见同前注,页33—35,可知本书的详细内容及其出版历史。后面的几版全名为"De successionibus et ultimis voluntatibus"。

陪同国王参加特伦特大公会议。正是在那里他觅得写作的良机，或者至少是为作品的出版做好了准备工作。1564年，他的最为著名的作品，《频发而又著名的争议三论》，首次出版于威尼斯。①

这两部作品具有某些共同的特点。从风格上来看，它们都属于人文主义法学作品，都以古典拉丁文写成，采用一种频繁诉诸论证的新颖和优雅的反语模式，而且书中广泛援引罗马诗人。此外，它们具有相同的哲学基础：权利世界处于永恒流变中，权利的起源、生存和死亡——创造、发展和消解——就像自然世界的实体一样。后一部作品更短、更为华丽，主要处理普通法和公法问题，频繁地引导读者关注一些前一步作品以获得详细的信息。但是，显然到了写作《频发而又著名的争议三论》之时，瓦兹奎兹对政治问题的思考已经更具原创性了，而且他对人的自然自由的强调也更为明显了。因此，本章在写作过程中更侧重于解释《频发而又著名的争议三论》的语言和结构，同时像瓦兹奎兹所做的那样追溯《论创造、发展和消解的演替》。

瓦兹奎兹以一个内容充实的序言开启《频发而又著名的争议三论》。开篇即是对正义之敌的一个修辞性谴责，这些敌人[168]躲在正义的披风后面，他们的诡计激发他写作为正义辩护的篇章。他接着叙述了一起发生在1563年2月大公会议上的事故，他在其中也扮演着重要的角色。争议的焦点是法国国王代表与西班牙国王代表的位次问题。按照安排，在一场关于婚姻法的辩论中，法国方面应当在教皇代表之后率先发言。这个安排引发了瓦兹奎兹作为西班牙代表的介入。他在自己的序言中再版了他随后写作的

---

① 参见Seelmann，《论费尔南多·瓦兹奎兹的"所有权"学说》，页30—33，可知本书的出版历史。现在公认1564年威尼斯版是《频发而又著名的争议三论》的首版。由于无法看到这个版本的完整内容，笔者使用的是第二版，1572年法兰克福版。然而，在笔者能够核对的地方，两个版本之间的差异极为细微，主要是拼写和标题符号的差别。

两篇书信，大意是说，教会尤其需要留意正义的诉求，而且他接着给出了他过去口头上讲过的支持自己这项请求的论证。①

瓦兹奎兹给出了十八个论证。可以把它们归入两个主论证之下，这两个论证旨在证明西班牙国王位次优先的正义性。第一个主论证有两个部分：一个是"最伟大者得享尊荣"，另一个是政治的伟大是此刻的事情，必须在进行论证的那个时候来理解。西班牙国王无疑是那时最伟大的，因此他的代表应当享受位次带来的荣耀。第二个主论证涉及统治者对自己臣民的服务：谁对人类行最大之善，谁就得享最大奖赏。西班牙国王统治着人类的最大部分，这样就是在为他们服务，使得他们变得更好：因此，他应当享受荣誉优先的奖赏。这两个基本论证预示着主导整部作品的两个论题：市民权利（civil right）具有易变性，以及君王促进臣民便利的使命。正如序言部分从市民权利的脆弱平稳地过渡到对君主权力受到限制的本质的揭示，作品的主体部分同样轻松地从对这后一主题的详解过渡到证明，市民权利不过就像实际事实的大洋的恒定的蒸发面。

瓦兹奎兹需要一个决定性的论证，以解释西班牙国王为何应当优先。他把这一点理解为证明西班牙国王的"主教"（praelatio）高于法国国王，[169]也高于任何其他人。主教被理解为一个享有高级权利的位置。为了预防其他君主觊觎这种主教地位，瓦兹奎兹把主教职位的占有与权力联系起来："更伟大和更有权应得更突出的位置"；②而且，把权力与财富联

---

① 然而，他补充说，"不应认为我接着说出了这里增补的全部论证，其实仅仅只是那些最值得推荐和最能促进我们的事业的正义。我也添加了其他论证，只是为了修饰，惯例如此"：《频发而又著名的争议三论》，"序言"，页17。西班牙与法国在特伦特大公会议上的对抗在Hubert Jedin的作品中得到了描述，《特伦特大公会议史》（*A history of the Council of Trent*, 2 vols. London 1957—61），E. Graf英译。

② 《频发而又著名的争议三论》，序言，n. 25："maioribus et potentioribus eminentior sedes debeatur."。

系起来:"丰足(riches)和财富预示了权力,权力尊严和主教职位……谁拥有更大的丰足、资金、供应和财富,谁就被认为更有实力,而且由于这一点他被认为更有价值和更为尊贵,也是毋容置疑的。"①

对于这种通过丰足的力量集聚到个人头上形成的权力,瓦兹奎兹使用的词汇是潜能(potentia)而非权力(potestas)。正如我们将要看到的,瓦兹奎兹把"potestas"留给了那种市民让渡给君王的权力,它专指一种照料他们自身的善的受到法律限制的权力。潜能指代那种纯粹事实上的权力,与法律或权利不相干,与之相关的只是纯粹的强力。潜能意义上的权力使得某人占有主教职位:但是,占有属于事实的世界,而非权利的世界,并承受着事实领域全部的不稳定性和可变性:

> 其他某个国王或君王或许会说,他现在或过去占有主教职位,这也不是问题的关键,因为那是一个事实上的东西,除非它得到证明,否则就不可信……而且无论如何,即使曾经达到了那种局面,或者我们自由地承认它曾经达到,这仍然不构成一个反驳,因为对此类事物的权利每天都在产生,也每天都在消失。②

对于主教职位这样的东西("没有持续的时间和连续的延

---

① 《频发而又著名的争议三论》,序言,n. 77—79: "Divitiae et opes ponunt potentiam, potentia autem dignitatem et iustam praelationem... qui maiores divitias, redditus, et proventus, ac opes habet, is potentior intelligatur, nec dubium est, quin per hoc dignior et nobilior habeatur."。
② 《频发而又著名的争议三论》,序言,n. 25: "Nec ad rem quoque pertinet, quod alius forte Rex aut Princeps dixerit, se esse aut fuisse in quadam possessione praelationis, nam ea res facti cum sit, credenda non esset, nisi probaretur... Quinimo etiam si id aut unquam fuisset, aut fuisse gratis concederemus, adhuc obesset nihil, nam ius in rebus huiusmodi quotidie oritur, et quotidie finitur."。

伸")来说,占有的权利——"如果可以恰当地称之为权利的话,因为我们应当更公正、更有用地称之为影子"——结束于最初和目前的时刻。于是,结论就是:

> 当争议浮现之际,谁是最有实力的,我们就认为他是最有实力的……但是,倘若我们审时度势,对于任何知晓时事的人来说,都必然确定、肯定以及一定……我们的大人,最为强大的西班牙国王,比世界上所有的君王都更有实力,而且[170]因此将被授予高于其他人的主教职位。早些时候其他君王或许更有实力,这也是无关紧要的,因为没有什么比王国、帝国、元首制、君主和君主国每天的变动、衰落和高涨、增加、减少、灭亡、新生和再生以及消失,更为频繁或者常见的了,那么,那些已经消亡了的,现在都成了寓言和影子。①

这个论证的有力之处在于,它既可以(通过把标准置于历史的经验领域)击败从抽象的哲学原则进行论证的对手,也可以(通过否认这个争议与权利相关)击败主张古老的历史权利的对手。

---

① 《频发而又著名的争议三论》,序言,nn. 33—34:"Potentiorem autem accipere debemus eum, qui potentior est eo tempore quo controversia vertitur... sed inspecto tempore praesenti nulli omnimo, qui non sit rerum inexpertus, desinit esse certum, fixum et indubitatum.. quin potentissimus Hispaniarum Rex et Dominus noster sit omnibus totuis orbis principibus potentior, ergo reliquis omnibus praeferendus. Nec ad rem pertinet, quod priscis forte temporibus alii Principes fuissent potentiores, nam nihil frequentius, aut usitatius, quam regna, imperia, principatus, potentatus, monarchias quotidie mutuari, fluctuare, augeri, deminui, extingui, nasci, renasci, evanescere, ut quae evanuerint, semel tam pro fabula et umbra sint."。瓦兹奎兹的论证是处于西班牙关于帝国的讨论的语境之下的,参见A. Pagden,《世界之主:西班牙、英国和法国的帝国思想(1500年到1800年)》(*Lords of all the world: Ideologies of empire in Spain, Britain and France, c. 1500—c. 1800*, New Haven and London 1995),页40—62。

瓦兹奎兹的整个论点在于,试图使权力正当化——证明它是一个权利问题——是徒劳无功的。但是,他也通过采纳一个观点使得自己的论证变得可以接受:掌握权力可以既是一个事实上的东西,也是需要得到人们尊重的东西。瓦兹奎兹把以下事实看成具有道德意义:人们通常认为较为富足是比其他的具有更高的尊严,因为"人民的声音即是上帝的声音",又因为"在西塞罗看来"(《图斯卢姆谈话录》卷3),"人民是最高长官"。①如果人们根据财富的状况说某个人更伟大、更有价值、更优秀,那么他就是如此。"因此,当贝姆斯(Iohannes Boemus)在他的书中说'按照各民族的风俗',在很多情况下,可鄙与可贵的区别在于人们的习俗和意见而非自然时,他绝非傻瓜。"②瓦兹奎兹对人们的普通意见的关心是他总体上关注简单事实而非权利诉求的微妙

---

① 《频发而又著名的争议三论》,序言,nn. 85—86。"vox populi, vox dei"这个短语的这种用法,其权威把我们引向索托《论正义与权利》,卷5,问题1,6和9。但是,在《论正义与权利》,卷5,问题1和6索托所言并非"vox populi, vox dei",而是"vox populi, vox naturae":不是造物主上帝的声音,而是上帝的创造,自然的声音,它是通过人说出来的。笔者尚未查清卷5,问题1和6的引注。

② 同上:"Unde Ioann. Boemus non inscite in lib. de moribus gentium ait, Multis in rebus turpe et honestum non tam natura, quam hominum distingui moribus et sententiis."。德国学者Johann Boemus的作品"Omnium gentium mores, leges et ritus"写于1520年,在整个16世纪得到了广泛阅读,并且广受仿效(参见N. Broc,《文艺复兴地理学:1420年到1560年》,[La géographie de la renaissance, 1420—1560],Paris, 1986),页82—89,可以看到对这部作品及其命运的评论。它实际上是一部比较民族学作品,开头是对人的原初状态的描写,然后以三卷的篇幅思考了非洲、亚洲和欧洲的居民和风俗。尽管笔者无法找到瓦兹奎兹此处在任何可能获得的版本之中复制的特定引证,Boemus对原初自然状态的描述,正是从那种状态各个不同的民族在时间发展的过程当中开始分化,非常接近瓦兹奎兹,几乎无疑是他的材料来源之一。在采用像Boemus这样的一部作品的过程中,它的预设基本上是历史的和相对的,瓦兹奎兹与16世纪对风俗和文化日渐增长的兴趣牢牢地结合起来,把风俗和文化作为解释新出现的人类行为多样性的来源。然而,在他的神学上的同时代人看来,这种兴趣是需要哲学和神学的连贯性的要求助推的(参见Pagden,《自然之人的陷落:美洲印第安人与比较民族学的起源》,可以找到美洲之发现对亚里士多德世界观所施加的压力),因为对于16世纪的法学家来说,刺激来自于法学研究日渐增多的历史性,以及与之平行的《国法大全》作为法律问题的普遍权威的式微。

之处的一部分[171]和一块内容。

在引入权利的易变性这个主题之后,瓦兹奎兹接着开始了他的第二个主论证。这个论证是君王对共同体的服务使得他应得奖赏。他利用中世纪政治作品的奥古斯丁式主题来说明这些观点。其中主要的论题是下述这个传统观点:"王国不是为着国王而存在,相反国王是为着王国而存在,或者是为着王国的利益,或者是为着市民的利益",而且,国王的产生是为了惩罚罪恶,实现正义。①"帝国和王国就是管辖而非其他……而且在《旧约》中有一卷即称为《士师记》,主要讨论的是国王,然而名称却是'士师',仿佛是说士师和国王是一回事。"②所有的统治者:

---

① 《频发而又著名的争议三论》,序言,nn. 104—105。瓦兹奎兹对元首的产生有特殊理解,他给出的材料来源是Baldus对"根据万民法"的评论,标题是《学说汇纂》的"关于正义与法"(De iustitia et iure)(D. 1, 1,5),以及Alphonso Guerrero的《基督教宗教辞典》(*Thesaurus christianae religionis*)的第54章(事实上,相关的是第53章, De Regibus, et principibus, et de authoritate regia)。瓦兹奎兹本人可能并未读过Baldus,因为Guerrero在给出自己对国王起源的解释时引用了Baldus的同一段落:"巴尔杜斯在评论《关于正义与法》的'根据万民法'时说,正是由于战争,出现了民族的分化,也是由于必然的力量,因为少数遭到了多数的压制,穷人遭到富人的压制,强大的压制弱小的,所以亲切的自然为人类悲惨的境遇送来了安慰,确立了国王或者统治者。因此,国王的创造是出于必要,因为一切事物都需要一个头,人类很快就会意见不合,他们需要国王,巴尔杜斯说……国王起源于民族的权利……但是我却说,国王是上帝给予的,报复恶人,颂扬好人。"Alphonso Guerrero,《基督教宗教辞典》(Venice 1559),第53章, n. 1。Guerrero关注的是国王作为上帝使者(minister dei)的中世纪形象,它来自奥古斯丁对《罗马书》13的评注;瓦兹奎兹更多地关注的是国王直接是人民使者的观念。
② 《频发而又著名的争议三论》,序言, n. 107:"Imperium enim et regnum nihil aliud est quam iurisdictio... Et ideo in vet. Test. Lib. ille qui Iudicum inscribitur, magna ex parte circa reges versatur, et tamen Iudicum inscribitur, quasi Iudices, et Reges, pro eodem accipiantur."。国王是由人民任命的专司正义的官员,这一观念因瓦兹奎兹对15世纪那不勒斯法学家Paris de Puteo的作品"Tractatus de syndicatu omnium officialium"的广泛运用而得到强化。Paris的这一作品被瓦兹奎兹在其著作的序言和第1章当中予以不断援引,以支持他对君王职责在于为人民服务的限制。这个部分的主题是"syndicatus",这是一个程序,北意大利的共和国公社的官员在其活动结束之际要受到审查。Paris延伸了这一点,长官作为人民的公仆,应当受到审判,他们是否超出了授权,延伸到了帝国皇帝、国王和封建领主,他以论帝国皇帝、国王和公爵的excessus内容开始了他的讨论。关于Paris作品　　(转下页)

第五章 自然自由的语言:费尔南多·瓦兹奎兹

[172]都被理解为不是为着他们自己的存在,或者为着他们自身的利益,而是为着市民的存在或者为着市民的利益,而被创造、选择或给予的,他们具有少数守护人的外观和形象,那是一个力量和权力,由自由的少数人保护那些否则就无法保护他们自己的人……因此,王国是被发明出来和被给予,是为了保护那些由于年幼、衰老、身体或精神疾病、性别、软弱,从而无法保护自己免于强权的人,所以(它之所以被发明出来)是人类必然性所迫。①

弱小者总是处于危险中,因为人类虽然自然地生活在社会当中,却并不自然地和平相处:

最后,正如西塞罗所言……我们似乎是以这种方式出生的,我们之间应当存在某种社会关系……但是,这种社会关系和熟悉或者交流无疑会引起不和……因为人的内心容易产生分歧……由于这是自然而然的情况,所以每个人都想改善自己比别人更多一点……必然地,应当有人具有

(接上页注②)的自由和专制的主题,参见 Diana Perry,《普泰奥:十五世纪教皇统治权》("Paridis de Puteo: A fifteenth-century civilian's concept of papal sovereignty"),载于 D. Wood 主编, The church and sovereignty, c. 590—1918: Essays in honour of Michael Wilks (Oxford 1991),页369—392。正如我们将要看到的,瓦兹奎兹采取这类文本作为证据,但却把它置于自然专制和自然自由的更为宽泛的概念之下,这使得他可以超越中世纪,把自己的哲学带进文艺复兴思想的背景当中。

① 《频发而又著名的争议三论》,序言, n. 119: "non propter se aut suam utilitatem, sed propter cives civiumve utilitatem creati, delecti aut dati intelliguntur, ad similitudinem et imaginem tutelae minorum, quae cst vis ac potestas in capitibus liberis ad tuendos eos, qui aliter se tueri commode nequirent... ita et regunm ad tuendos eos, qui vel per aetatem, vel senium, vel morbum corporum, vel animarum, vel sexum, vel imbecillitatem sese adversus potentiores tueri non possunt, inventum datumque fuit, sicque humanis necessitatibus id exigentibus."。

权威以平息这种争吵和诉讼,以免市民奔向武器,流血争斗。因此,人类必然和自然的社会欲求(按照大哲学家亚里士多德的说法,人是自然的社会动物)产生了人类社会和政治生活,社会带来不和和异议,不和需要元首和市民司法权(potestatem)。①

[173] 这种解释与瓦兹奎兹的萨拉曼卡大学同事索托的完全不同。关键的差别在于,在瓦兹奎兹看来,在人的自然汇聚与确立政治权力之间存在着一个阶段。按照多米尼克修会的综合,政治权力的确立是导致人们汇聚起来的那个自然运动的一部分,但是对于瓦兹奎兹来说,使人汇聚的是一个动机,确立政治权力的是另一个动机。在索托看来,人要么是一个政治权力(最好是一个国王)的下属,要么就处于低于人的状态,生活在一个无法自保的状态之中。在瓦兹奎兹看来,人在市民社会是完整的人,不从属于任何权力。

市民社会可以自由地选择政治权力作为解决其固有问题的方案。这点在瓦兹奎兹的政治思想中发挥着关键性的作用。他的整个政治论点在于,君王由市民创造,君王的存在取决于市民的意志,永远无法推翻这些人作为自由市民而非臣民的根本特征。但是,在这些相同的段落,瓦兹奎兹与西塞罗的悖论关系也是相当明显的。西塞罗式的社会必然包含着市民相互之间的义

---

① 《频发而又著名的争议三论》,序言,n. 119:"Denique, ut Cic... testatur, sicnos nati videmur, ut inter nos esset societas quaedam... Nec dubium est, quin haec societas ac communio sive familiaritas soleat parere discordias... Est enim ingenium humanum proclivum ad dissentiendum... Cumque natura ita comparatum sit, ut omnis sibi melius quam alteri esse malit... necessum fuit esse et praeesse, qui huiuscemodi discordias ac lites componeret, ne ad arma necesque passim cives prosilirent ac furerent.Ergo et humana necessitas, et naturalis appetitus societatis (est enim homo secundum Philosophum animal sociabile) peperit hominum vitam socialem et politicam, societas discordiam, dissensum, discordia principatum iuridicamque potestatem."。

务感:只有这样共和国才能运行。西塞罗式的自由是无拘束的放任的对立面。瓦兹奎兹借用了西塞罗的下述观念:自由应是市民的特殊品质或特征。但是,通过把君王置于调整(regulation)和权利的领域,他就把市民推入了一个自由的领域,而这种自由不可能是市民人文主义传统的自我调整的自由(self-regulated libery)。①他用以描述自己理论中的市民的那种自由无法在西塞罗式社会中存在。

在推进这第二个为了西班牙国王的利益辩护的论证过程中,瓦兹奎兹进一步论述潜能和权力之间的对立。在方才所引的段落中,权力(potestas)是指一种指向某个特定目的(保护年幼者,宣告正义)的权力(power),并且被确立为旨在实现这个目标。相反,潜能(potentia)[174]是未受指引的力量。权力作为人民的创造与潜能针锋相对。它是"自由的个体"在不同程度上所拥有的特质,他们自然地运用这种自由和权力以压制他们所能压制的任何人。那么,我们在此处再次看到了,前文已预示的政治的与自然的,受造的(the created)与事实的(the de facto)之间的对立。但是,这里也碰巧引入了被控制的与未被控制的,即受到调整与免于调整之间的划分。由此,瓦兹奎兹采用了一种与索托的语言明显矛盾的哲学语言。在索托看来,在一种基于主观自然权利——若从托马斯主义的角度将法律理解为行动的指引,这种自然权利就是自然法的规定——的政治哲学中,自然的,权利的(de iure),政治的,受调整的,都是一致的。相反,对于瓦兹奎兹来说,自然的就是不受指引的,而政治的就是受调整的,它们相互对

---

① 关于西塞罗的自由观念,以及共和传统作为市民的特有品质("civitas"和"libertas"的对等物),本身就包含着限制或法律的观念,参见Ch. Wirszubski,《共和晚期到元首时代早期罗马的作为一个政治观念的自由》(*Libertas as a political idea at Rome during the late republic and early principate*, Cambridge, 1960),特别是页3—4,页7—9和页30。

立。政治统治者并不具有臣民所享有的自然潜能和自然自由：倘若他窃为己用，那么他就沦为暴君。

在瓦兹奎兹看来，国王、君王以及一切类型的统治者，都特别容易沦为暴君。有时是公然地，有时是借助自己的司法官员身份。这是他写作《频发而又著名的争议三论》的动机，"希望能够为本应属于人类特征的那种自由自在(unrestrictedness/laxitati)提供某种救济，但它现在却处于有实力者或杰出君王或者他们的奉承者的干预和设计的压力之下"。①这里，暴君与奴役人民相连，而正义与人民的自由自在相连，两者截然相对。这是国王与暴君、公正统治与支配一切之间呈现出的传统的中世纪对立。瓦兹奎兹理论的革命性在于，他说出了一个隐藏的悖论：人民需要一个国王或正义主持者，恰恰是因为他们的自由自在就是一种相互不受调整的潜能、奴役和暴政。自然自由②恰恰就是暴政，要么是统治者，要么是被统治者的暴政：但是，臣民的自由是合法的暴政，而君王的自由（倘若他篡夺了这种自由）是非法的暴政。

[175]同时代的市民人文主义者的文献哀叹，竞争和贪婪的增长开启了暴政的大门，而瓦兹奎兹认为，竞争、贪婪和暴政恰恰构成了深受人文主义传统喜爱的那种自由。

瓦兹奎兹通过整个序言交代了他将在随后的两卷当中详细解释的那个对立。两组论证使用了两种不同的文献作为原始材料：第一组论证采用16世纪特有的讨论风俗方面的人文主义文

---

① 《频发而又著名的争议三论》，序言，nn. 11—12："si forte huic humani generis laxitati, potentiorum Principumve illustrissimorum, adulatorum plerunque interventu et opera, fatigatae, opem ferre aliquantulum possemus."。辅佐暴君的奉承者的范例是亚里士多德及其自然（正义）奴隶制的学说，"通过这个不幸的宣告，他不仅促成了，甚至颂扬了令人悲哀的亚历山大大帝的暴政"。
② 尽管不是在这里，瓦兹奎兹经常把"libertas"与"laxitas"联系起来，使用的是重名法，"laxitas libertasque"，例如，在《频发而又著名的争议三论》，Book 1, Chapter xxix, n. 17："naturalis libertas, ac laxitas."。

献；第二组论证，一方面利用中世纪晚期和文艺复兴早期的自由和市民身份话语。这种话语在意大利北部的共和国公社中发展起来。另一方面利用奥古斯丁主义政治思想。这种思想在以下观念上与共和主义词汇相关：政治权力是一种司法权，是掌权者的职责。这些原始材料与亚里士多德主义传统格格不入，而后者构成了当时多米尼克修会政治哲学的基础。然而，通过思考后面两卷，我们可以发现，瓦兹奎兹的作品并非一座与最为重要的经院主义思想氛围隔绝的人文主义孤岛，而是在有意回应他的西班牙同时代人。瓦兹奎兹运用人文主义材料，建构自己对人从自然生活发展到政治生活的解释，这个解释围绕着一个处于阿卡迪亚陷落与政治体制建立之间的市民社会的概念。正是在这个市民社会中，他融合了他的原始材料的两种语言，风俗文献中的事实活动与共和文献的自由在这里相遇。但是，瓦兹奎兹在这两种词汇之间强行串联，牺牲了市民共和传统中受调整的自由（与不受调整的任性相对），而他的市民社会概念（与政治臣服相对）从这个传统受惠颇多。在瓦兹奎兹看来，阿卡迪亚已经消失了，西塞罗式的市民自我调整的自由只是一个托付于祈愿的梦想。自由的人类不满足于支配自然，屡屡试图支配自己的同伴：这就要求把每个人的所有权缩减到这样一个领域，人在其中不能过度损害他的市民同胞。这个领域受正义之剑的守护。

第1卷和第2卷分别讨论了这两种控制（domination），首先处理的是君王，接着是时效取得。从自然自由及其衰落的角度考察这两卷，我们就不会忽视两卷之间的连贯性，它们表面上是一个[176]意大利共和主义色彩的"论君王"篇章，一个是文艺复兴"法律人文主义者"的"论时效取得"篇章。毫无疑问，它们为且意在为这两种体裁做出贡献；但是，作为一个整体，这部作品对《论正义与权利》那种西班牙体裁的一个贡献，是在回应自然行动能力（natural agency）这个多米尼克修士特别是索托已经成功提供答案的问题。

第1卷:"论君王"

瓦兹奎兹一开始就把君王(任何统治者)的性质分为三类:"纯粹、简单和正当"(meri et simplices atque ligitimi),"正当,但既不纯粹也不简单","既不纯粹也不正当"。① 一个"纯粹"和正当的君王纯粹由人民创造,为了他们自身的利益而统治他们:"这些君王是纯粹的和正当的,他们被自由的人民选举出来统治人民;不可能存在比此更公正或更不令人厌恶的元首,而且这个元首在意市民的纯粹利益,而不是统治者的自身利益。"② 正当但不"纯粹"的君王是封建主,那些具有"ius vassalitii"(在一种侍从关系中控制他人的权利)的人。这些君王的权利在意他们自己的私人利益,而不是他们的臣民的利益,并且"是由那些我自己的东西"(in meo),而非"那些属于他人的东西"(in alieno)构成。③ 因此,权利指向某人私有利益的层面就与它完成于某人所有的层面结合了起来。最后,"那些用军队、暴力和武器征服人民的君王被说成是不合法的,他们的权力在法律上归于零:因为正当和合法的权力不实现恶"。④

---

① 《频发而又著名的争议三论》,卷1,章1,n.1。
② 同上,n.2:"Meri et legitimi sunt, qui a populo libero eliguntur ad regendum populum, quo principatu alius iustior esse nequit, nec gratior, isque spectat ad meram civium non etiam ad regetium utilitatem."。
③ 同上,n.3.参见José Maria Serrano Serrano,《维多利亚的政治观念》("Las ideas politicas de Fernando Vázquez de Menchaca"),载于*Revista de estudios* 206—207(1976),页249—302,可以看到瓦兹奎兹在管辖与财产之间的区分。然而Serrano并非穷尽这一区分的整个语言内涵。
④ 同上,nn.4—5:"Illegitimi vero Principes dicuntur, qui vi, et violentia et armis populum debellarunt, et istorum potestas de iure nulla est: quia iuridica et legitima potestas non est ad malum."。序言当中的用语暗示,"potestas"只用于指代一个正当和合法的权威,与意指事实上的力量的"potentia"相反。然而,我们在 (转下页)

第五章　自然自由的语言：费尔南多·瓦兹奎兹

"merus"的意思是"纯粹的"，它因"merum imperium"这个短语而为人们所熟悉，通常指称绝对或无限的权威。在第四章的开篇，瓦兹奎兹被迫强调他自己对"merus"这个词的理解："一个权威被称为纯粹的，这不是因为它是自由的，而是因为它是单纯的，没有任何杂质，因此没有掺杂任何暴政的因素，故而只关涉对市民行使管辖权，并不破坏对他们有用的东西。"①瓦兹奎兹面临的困难在于，"merus"一词在当时的法律话语中属于一套与"不受限制的自由"相关的术语。（正如我们将要看到的）瓦兹奎兹依赖这个词——带给他一种既独立于神学观念又独立于西塞罗式观念的自由含义——展开对市民的描述。因此，他必须讲清楚，这个词的这个含义永远不能使用在君王身上。笔者将通过使用16世纪早期著名的巴托鲁斯学派法学家梅努斯（Jason Maynus，或称Giason del Maino）的一个文本，展示16世纪对这个词的看法。②

（接上页注④）此处发现"potestas"可以被用于表明，一个"de facto potestas"是可能存在的，它不一定指向善（in bonum）。但是，这是瓦兹奎兹的一个独特的语言用法。瓦兹奎兹在著作的任何其他地方都是一贯的，一个"potestas"不能指向恶："没有任何'potestas'指向恶，它指向的是善……因为一切'potestas'都在于司法，而不在于司法之外的东西……一切'potestas'都意在一个目标，即正义"；"指向恶的'potestas'更多地被称为'tempestas'，而非'potestas'……我们具有权力只会这么做，我们用权力去真诚，而不伤害任何人"：《频发而又著名的争议三论》，Book II, Chapter LI, n. 55和n. 65。"potestas"与"temptestas"之间的对立起源于Baldus著名的咨政意见《罗马王政》(consilium 316)，以及他的咨政意见345。

① 《频发而又著名的争议三论》，第1卷，第4章："sic imperium merum dicitur, non quidem ea ratione, quia liberum sit, sed ea ratione, quia purum est, sine cuiusdam rei mistura, et sic sine ulla tyrannidis mistura, et consequenter pertinens ad solam iurisdictionem inter cives exercendam, non ad eorum utilitates subvertendas."

② 为了重构语言网络，其中某些单词和短语是围绕着一位16世纪的法学家而设定的，笔者在行文过程中使用了一部16世纪的教会法和市民法的词典，Johannes Bertachinus的《法律词典》(*Lexicon utriusque iuris*)，1518—1519年出版于威尼斯。Bertachinus在每个词条之下不仅给出了各个法学家（主要是Bartolus和Baldus）提出的明确定义，也给出了间接服务于定义这些术语的用法　　（转下页）

我们这里要讨论的文本是梅努斯对遗产法律的评论,出现在《学说汇纂》的"论遗产"(De legatis)这个标题下。[①]这条法律大意是说,不能完全将遗产交由遗产继承人任意且不受限制的处置:"可以把遗产交给[178]继承人(作为一个好人)来判断:但不是交给他的纯粹意志……或者这样:一份遗产不是交由遗产继承人的纯粹权力的控制;而是交给他的合理判断,那么这份遗产就是有效的。"[②]梅努斯的评论进一步思考了这种意在限制一项权力或能力的说法,以及那些意在表明相关权力免于任何限制的说法。在文中,对立之处在于,一边是意志,另一边是"好人的判断"。梅努斯提供了一系列的词汇来传达好人的判断这个意思,其中一个词"权力"(potestas):"同样地,'potestas'这个词意指一个好人的判断,因为人们常说我们有权力诚实行事,这在我们的权力范围内。"[③]但是,梅努斯接着说:

> 当这样的词单独出现时,那么我们提到的所有限制都适用:因为那样它们确实意味着一个好人的判断……倘若添加上"完整"(full)、自由(free)或者类似的词就不一样了:这样一来……它们就意味着纯粹的自由意志……结果,如果一个立遗嘱人赋予执行人完整或自由的能力或权力,我们就可以认为,他全部交付给了这个人的纯粹的自由意志……伊莫拉

(接上页注②)的例证。通过这部词典可以发现哪些法律是涉及哪些主题的,可以作为"基本素材"(sedes materiae),服务于某些术语的词条讨论。笔者选择梅努斯对《学说汇纂》的评论,作为16世纪最为广泛使用的评论的一个例证。

① 《学说汇纂》30,75: Jason Maynus, In primam (secundam) Infortiati partem commentaria (Lyons 1542),页115。
② 同上,n.1: "Legatum potest conferri in arbitrium heredis tanquam boni viri: sed non in eius meram voluntatem. h. d. vel sic. Valet legatum quod non est positum in mera gravat [i] potestate: sed in sui arbitrii equitate."。
③ 同上,n.19: "Similiter verbum potestatem refertur ad arbitrium boni viri quia illud dicitur posse quod honeste possumus."。

(Ioannes ab Imola)说,那些语词"使他获得了一种自由的能力",被理解为指向一个不被法律调整的能力。①

梅努斯接着给出了两个词,它们本身都意味着不受限制的权力或能力。首先是"voluerit"("要是他意欲")。"巴托鲁斯说……'voluerit'这个词的力量在于,某个人可以制作自己的意志,甚至可以是不公正地制作……再者,按照巴托鲁斯的观点,'voluerit'或者'volo'这个词意指纯粹的事实,而不是判断。"②第二个术语是"libuerit"("如果他乐意"),"它同样意味着纯粹和自由的意志"。"因为在巴托鲁斯看来,说'倘若他乐意'[libuerit]与说'倘若他自由地意欲'是一回事["libere voluerit",隐含着词源的变化]……[179]因此'自由地'这个副词理解为纯粹的意志……那么,倘若它被用来形容,某人按照自己的喜好行事,那么这些词就意味着自由意志。"③然而,梅努斯最后坚定的指出:"补充一点,在某件不是他自己的事情上托付给某人的每个判断力,都被理解为是被正义地托付的:不管这个托付的措辞是什么。"④

---

① 《学说汇纂》30,75,nn. 21—22:"Limita predicta omnia ut procedant quando talia verba simpliciter proferuntur: tunc bene important arbitrium boni viri... secus si adiicaitur verbum plenum vel liberum aut simile: tunc ratione adiuncti important meram et liberam voluntatem... unde si testator dat executori plenam aut liberam facultatem vel potestatem: intelligitur in eius meram et liberam voluntatem conferre... Ioann, de Imola... dicit: quod illa verba liberam habeat facultatem: intelliguntur de facultate non regulata a iure."。

② 同上,n. 27:"dicit Bar... quod virtus istius verbi voluerit. est ut possit quis voluntatem suam facere etiam inique... Item verbum voluerit vle volo signficat merum factum et non arbitrium. sec. Bal."。

③ 同上,n. 34:"nam idem est dicere libuerit quod libere voluerit sec. Bart... et sic propter illud adverbium libere intelligitur pro mera voluntate... unde si committitur alicui quod faciat sec. libitum suum talia verba important liberam voluntatem."。

④ 同上,n. 37:"adde omne arbitrium commissum alicui in re aliena intelligitur commissum cum iustitia: quibuscunque verbis committatur."。

在这种语言用法中,"自由的"(free)意味着某种类似于"解除了权利和理性约束"的东西,与正义和权利相分离,而与意志和事实相联系。它与西塞罗所讲的自由(libertas)毫不相干,后者是一种负责任的自由,与放任(licence/licentia)——即纯粹的无拘无束——相对:在法律语言中,这两个词的含义被颠倒了过来。梅努斯觉得有必要指出这点。"放任"(licentia)派生于"合法"(licitum),也就是"公正"(iustum),因此"放任"涉及"好人的判断","尽管英诺森(Innocent)……似乎持相反观点,即,应当把放任理解为自由的、完全无原因的意志;而且,当他们那些演说家们区分放任和自由时,似乎也是这个意思:因为放任意指某种不受约束和脱离理性,但是自由并不是这样;所以,放任具有贬义,而自由具有褒义"。① "自由的"也不可能与方济各修会传统的自由有任何联系。如我们所见,这个传统的自由仅仅是理性者的属性,理性者作为它们受造于上帝的形象而享有自由,而且自由是权利领域(与事实相对)的一个部分。与此相反,就此处考察的词汇而言,自由与意志相连,而意志是与权利相对的一个事实的东西。②

[180] 这样一来,瓦兹奎兹就通过将君王借以行动的权

---

① 《学说汇纂》30, 75, n. 19: "quamvis Inno... videatur tenere contrariam: quod licentia intelligatur libera voluntas sine aliqua causa: et istud videntur velle oratores dum constituunt differentiam inter licentiam et libertatem: quia licentia significat quid absolutum sine ratione: secus in libertate: et ideo licentia significat in malam partem: libertas in bonum." 对比 Bartolus, In universum ius civile commentaria (Basel 1562), vol. II, 页708(commenting on D. 34, 1, 9): "verbum licentia, importat arbitrium boni viri, quod probo. Nam nomen licentia, descendit a verbo licet, quod tantum est dicere, quantum licitum sit. Sed non est dubium, quod ista verba, si tibi videtur iustum, vel licitum, important arbitrium boni viri."
② Mazzolini用来定义"Liber"和"liberum dominium"的帕瑙尔弥塔努斯(Panormitanus)的格言(借自《天使大全》),也属于这个词汇。Mazzolini认为它属于事实领域(前文,页46)。尽管我们不能说Mazzonlini是瓦兹奎兹的一个直接来源,他们关于自由的观点是有共同的根源的。

力——管辖权(iurisdictio)，一种受权利调整的权力——与另一种行动的权力进行含蓄的对比，界定了君王的这种权力。这另一种行动的权力不被权利限定，是自由的权力，凭借意志运转，是事实上的权力，且属于一个主人(dominus)。如果谨记这一点，我们就可以更好地理解瓦兹奎兹对所有权的定义。① 瓦兹奎兹在回答"君王能否阻止对我们的善的自由使用或者甚至滥用"② 这个问题的过程中，勾勒了他关于享有所有权是指什么的观点。瓦兹奎兹的答复，他的措辞，直到现在还为我们所熟知。他是这么说的：

> 那么，让这一点成为定则：每个人都可以对他自己的东西予以最为自由的[liberrimum]使用……原因在于，无论每个达到法定年龄、具有健全心智的人应当意欲[voluerit]什么，无论他对自己的东西的喜好应当是什么，倘若从法律的立场观察这件事，这种使用都被认为对他有利，尽管从人们的普遍意见来看，这对他完全无益……据此，我们可以清晰地整理出所有权的真正定义，因为，人具有自然能力去做那些任何人依其喜好想做的任何事，除非被强力或权利以某种方式禁止……我想问，除了对那个东西具有最自由[liberrimam]和"凭借喜好"[ad libitum]的能力外，享有

---

① 参见Seelmann在《论费尔南多·瓦兹奎兹的"所有权"学说》一书中的讨论，页76—98。泽尔曼对这个定义的措辞进行了详细的研究，但是他专注于神学材料，把"facultas"的成分与索托的"facultas"的用法联系了在一起，并且在方济各神学之中寻找自由观念的起源。尽管泽尔曼也提到了梅努斯的一个文本，它把"dominus"作为具有一个"处分的自由能力"("liberam facultatem disponendi")的东西加以讨论，但他未能审视"能力"(facultas)的中世纪法律概念，这使得他只能以对神学和法学用法之间可能联系的思辨结束："Auf welchem Weg Jason zur 'facultas' gelangt, ist nicht ersichtlich ob er Summenhart kennet wird nicht deutlich."(《瓦兹奎兹》，页91—92)。
② 《频发而又著名的争议三论》，第1卷，第17章："Princeps liberum rerum nostrarum usum, aut etiam abusum, impedire, an possit."。

所有权还能指什么？[1]

瓦兹奎兹在这里最终明确把市民权力界定为君王权力的对立面：一项自有的自由能力，凭借意志任意地、凭借喜好地行使。他显然是在使用他用来界定君王权力的"个人权力"这个私法词汇的另一面。运用这个词汇就[181]隐含地把君王权力的行使置于权利领域中，把市民权力的行使置于事实领域之中。但是，瓦兹奎兹还使用安东尼诺采自罗马法的自由定义来定义所有权，进一步强化了君王行为与市民行为之间的对比。[2]这个用法——在瓦兹奎兹之前，这个用法在法律文献当中从未出现过[3]——引入了一个至关重要的新术语"自然的"：市民的权力是一种自然能力，而君王的权力则是随着时间的发展而"被发明出来的"东西。然而，这个说法使得瓦兹奎兹与罗马法的另一部分内容相抵牾。在那里，对不同东西的具体所有权属于万民法而非自然法，它们不同于自然物，就像王国不同于自然物一样。[4]

---

[1] 《频发而又著名的争议三论》，第1卷，第17章，nn. 2—5："Sit ergo regula unumquemque rei suae liberrimum usum habere... Ratio, quia quod quisque homo sanae mentis et legitimae aetatis voluerit, quodque ei libuerit circa res suas, id utile ei esse inspecta legis censura reputatur, quamvis inspecta communi hominum opinione inutile ei sit... Secundum quae plane colligetur qualis sit vera dominii definitio, est enim naturalis facultas eius, quod facere libet, nisi quid vi aut iure probibeatur... dominium enim in rebus habere, quid obsecro aliud est, quam eam liberrimam et ad libitum facultatem habere circa illam rem？".

[2] 《法学阶梯》1, 3, 1—2："Et libertas quidem est, ex qua etiam liberi vocantur, naturalis facultas eius quod cuique facere libet, nisi si quid aut vi aut iure prohibeatur."

[3] Seelmann（《论费尔南多·瓦兹奎兹的"所有权"学说》，页72）在这个节点上提及法学家Benincasa的作品，它出版于1561年，其中"libertas"的定义被列举出来证成一个"dominium"被"nisi"修饰的定义的模式，尽管那里并未暗示"dominium"等同于"libertas"。

[4] 例如，《学说汇纂》1, 1, 5："Ex hoc iure gentium introducta bella, discretae gentes, regna condita, dominia distincta, agris termini positi, aedificia collocata, commercium, emptiones venditiones, locationes, conductiones, obligationes institutae."

第五章 自然自由的语言:费尔南多·瓦兹奎兹

瓦兹奎兹在解释自然法经由万民法到市民法的发展时,汲取了市民法文献中发展出来的有关万民法之双重性的理论:首要万民法和次要万民法。①在文艺复兴时期,这个学说渲染了——至少在人文主义法学圈内——人性从原初的清白无罪到败坏邪恶的堕落。②瓦兹奎兹的解释完全契合这个传统。朴素的自然法是人类和所有动物共有的法,包括诸如男女结合、生育和教育。③首要万民法是那种只对人类来说自然的法,与人类对理性的运用相连:"与人类相关的首要的万民的权利,不过就是人类的自然,或者某个天生的[182]本能和自然理性。"④它包括敬畏上帝和孝敬父母这类内容。与之不同,次要万民法是那种由人类出于这种首要的理性自然的状态构成的法:"次要的万民的权利,不与人类同时产生,而是随着时代的衰落而出现的被大多数的人们所践行的权利,这些人受制于法律和风俗,他们不像野兽那样过着丛林生活。"⑤起初,这种"权利"(ius)纯粹是某个民族的市民权,"但后来它被所有人或大多数人逐渐接受,或者相继接受,结

---

① 参见Seelmann,《论费尔南多·瓦兹奎兹的"所有权"学说》,页106—131,他在那里归纳了对中世纪罗马法和教会法中的万民法的各种解释,那是瓦兹奎兹学说的背景。
② 例如,参见Heronymus Cagnolus(Girolamo Cagnolo,1492—1551)对"De origine iurium"这个标题的评论, In constitutions et leges primi, secundi, quinti et duodecimi Pandectarum... aurearum enarrationum Liber primus (Venice 1561),页79。从根本上来说,Cagnolus是一位巴托鲁斯学派的法学家,但却写作了一份对《法律规则》的人文主义的评论,它经常被瓦兹奎兹援引。
③ 例如,《频发而又著名的争议三论》,第2卷,第89章[LXXXVIII], n. 24: "naturale ius dicitur quod omnibus animantibus tam brutis quam ratione utentibus commune est."。
④ 同上,第1卷,第10章, n. 18: "ius gentium quod ad hominet attinet nihil aiud est quam ipsa natura hominum aut instinctus quidam nativus, ratioque naturalis."。
⑤ 同上,第2卷,第89章, n. 25: "Ius autem gentium secundarium est, quod non simul cum ipso genere humano proditum fuit, sed labentibus temporibus a plerisque earum gentium, quae moribus et legibus reguntur, nec ritu aut more ferarum sylvestrem vitam agunt, receptum reperitur."。

果这个权利在根源上应仅仅被理解为市民权,但就其产生的约束和获得接受而言,它开始成为万民的权利。"①因此,次要的万民的权利不是自然法,而是实在法,而且与市民法一样可变。②它被确立起来,以处理人类必然处境引发的情况,包括所有的商事与契约。

在瓦兹奎兹看来,全体人的自由都属于首要的万民权利,是人类特有的自然权利:"首要的万民权利指示,全体人都应当共享一种共同的自由。"③但是,所有权不是这样:"在一开始……所有东西都是共有的……对物的所有权或者占有都还没有被发明或承认。"④所有权其实是次要万民法的发明,它取代了纯粹的人性运作:"我们被告知,所有的王国、帝国和管辖都属于次要的[183]万民权利(我们称之为实在的……):理性也证明了这点,因为正是从这种权利中产生出一切所有权。"⑤瓦兹奎兹需要所

---

① 《频发而又著名的争议三论》,第2卷,第89章,n. 25:"idque ius initio, ut ius tantum civile non etiam gentium esset necessaria, et coacta ratione fatendum est, quamvis postea ab omnibus, vel plerisque gentium paulatim aut successione admissum quoque fuisset, ut sic tale ius inventione civile tantum esse intelligatur, sed approbatione et veluti hospitio gentium earum ius esse coepit."。
② 同上,n. 26:"sicque id ius gentium secundarium non tam naturale, quam positivum dicitur esse, sicque non fixum, et immobile, sed commutabile esse dictur, non secus quam ius civile."。
③ Fernando Vázquez,《论演替与意志终点》(*De succesionibus et ultimis voluntatibus*)(Frankfurt 1610),卷1,De successionum creatione (henceforth De succ. Creat.),第1卷,第1段,n. 44:"ius gentium primaevum dictate, quod omnibus hominibus communis sit libertas.",对比《频发而又著名的争议三论》,序言,n. 125:"omnia censentur permissa, quae non reperiuntur nominatim prohibita... et haec est illa naturalis libertas a Deo optimo maximo data."。
④ 《频发而又著名的争议三论》,第1卷,第4章,n. 125:"initio rerum... omnia erant communia... Nec dum erant inventa, seu cognita dominia rerum nec etiam possessiones."。
⑤ 同上,"edocemur omne regnum, imperium, iurisdictionem esse de iure gentium secundario (quod nos positivum appellamus...) id quod et probatur ratione, nam ex eo iure omne dominium processit."。

第五章　自然自由的语言：费尔南多·瓦兹奎兹

有权既是那种自然的自由能力，又是一种与管辖的发明相连的非自然的发展。正如我们将要看到的，所有权的悖论地位源自"自然的"一开始指人的原初生活，后来又指人当前的状态。

自然的自由是一种自由的能力，既不受权利的调整，也不受理性的调整。但是，正如我们已经看到的，瓦兹奎兹坚持认为，人性最特殊之处在于正确理性：不是非理性的和自由的意志，而是"好人的判断"。隐含之意在于，做一个人想做之事的自由属于自然法，后者被理解为理性造物和非理性造物共有的法。首要万民法当然属于所有人，但是人与所有其他的生物本性共有某些特性。瓦兹奎兹的下述做法确证了这点：他将"自由自在"(laxitas)这个术语既作为人类自由(libertas)的同义词，也作为动物自由(libertas)的同义字。这是一个罕见的古典术语，主要用于像空气这样的无生命物，表达无拘无束或者运动上缺乏外界限制的意思。与瓦兹奎兹的文本更为相关的是，罗马法也提到"自然地自由自在"(naturalis laxitas)，形容从网中被释放出来的野猪。① 作为一种任意活动的自由，自然地自由自在是所有生命物的自然属性。

然而，人和野兽的自然也有两个方面的区别：人具有自然理性，指示他们特有的自然权利，其中包括所有人都应当自由这个信条；但是他们也有一个"支配的自然本能"，它会盖过了人的理性，使人做出比其他动物客观上更不理性的行为。② 人性的支配本能，这个方面的增长使得元首成为必要："元首……之于人类是必要的，以免强者恃强凌弱。其他动物却不是这样，因为它们不同类相食，不需要它们那个种的君王或统治者，所以没有哪头

---

① 《学说汇纂》41，1，55，讨论的是把一个野生动物从另一个人设置的锁链之中拿走或者释放的情形："sin autem aprum meum ferum in naturalem laxitatem dimississes et eo facto meus esse desisset, actionem mihi in factum dari oportere."

② 《论创造、发展和消解的演替》，卷1，第1段，n. 44。

狮子被置于[184]对另一头狮子的权威地位。"①所有的管辖和元首都是"为了压制恶人才被发明出来"。②

瓦兹奎兹进一步用自然的与人造的之间的对立,强化自然的自由与被发明出来的元首或管辖之间的区分。在自然界的黄金时期,鲜有恶人,就不需要君王,因为善人众多,他们承认自己有义务压制恶人,挽救无辜。瓦兹奎兹把这种每个人都有的针对损害的防卫描述为"自然的防卫",它与元首的"人为的防卫"相对立:

> 自然的防卫同等程度地保护人和物……那么,毋庸置疑,基于自然的义务,其他人都要挽救遭受暴力和损害的无辜者,无辜者应当得到挽救,并且事实上得到了挽救……这在今天是通过人为的防卫实现的(借助元首和管辖发生的),在这些艰苦的、麻烦的、持久的和昂贵的耽搁和诉讼之后,对于无辜者来说,最好根本不去追求人为的防卫那样的帮助,更为明智和有用。③

以下事实表明人类不同于野兽:人的自由被他的自然支配本能削弱了。但是,他也因自己生产人工制品的能力而显得卓越。无论这种能力多么不充分,它都会弥补人自然上的缺陷。政治社

---

① 《频发而又著名的争议三论》,序言,n. 124: "Ergo principatus... necessarius fuit in hominibus, ne imbecilliores a fortioribus opprimentur. non sic in reliquis animantibus, quae, ut praedam in alterum animal suaemet speciei non exercent, ita et principe aut moderatore suaemet speciei non egent, scique leo non praeest leoni."。
② 同上,第1卷,第41章,n. 32。
③ 同上, n. 36: "Denique naturalis illa defensio tam res quam personas intuebatur, sicque... non dubium est, quin ex vi illius naturalis obiligationis, qua reliqui homines ad iniuriam aut vim patienti subveniendum tenebantur, is subveniendus esset, et subveniretur... id quod hodie ex defensione artificiali, quae per modum principatus et iurisdictionis fit post tam laboriosas, molestias, immortales, sumptuosasque moras et lites contingit, ut satius, consultius, utilius plernuque fuisset vim aut iniurium patienti tale auxilium defensionemque artificilem non implorasse."。

会(与市民社会相对立)就是这个人工补救领域。

这些"人为的元首和管辖"①被描述为奴役。它与首要万民法的完整而完美的自由相对立,后者是行自己所愿之事的事实性能力。②但是,瓦兹奎兹再次强调,[185]这种完美的自然自由只会因以下事实丧失:人类总是想支配和欺压他人。"社会生活使得君权(即法官或行政长官)是可欲的甚至是必要的,这并非仅仅因为人类易于发生争执,而且主要是因为所有人都易于欺压他人,或者至少可以说都是自爱的,他们都自然希望事情对自己比对别人好,诚如我们所说。"③在黄金时代沦陷后,人性无非是这样一种情况,即自由不过是欺压的能力。④

当瓦兹奎兹将自己的"纯粹的"君王与享有"为自己之权利"(ius in suo)的君王——后者为自己的利益而非他人的利益,并且具有成为暴政的"混合物"的可能性——保持距离时,他想要表明的就是这点。但是,"正当,但既不纯粹也不简单"的君王,封建主,依然不是不正当的暴君。只要出于自爱的行为仅限于某人自己的范围,它就具备有关所有权的正当能力。所有权是

---

① 《频发而又著名的争议三论》,第1卷,第41章, n. 40:"principatus et iurisdictiones artificiales."。
② 同上, n. 37:"nec dubium est quin principatus et iurisdictio huic omnimodae libertati aliquantulum adversetur, non secus quam quaedam servitus, quam iuri naturali adversari in comperto est."。
③ 同上,第21章, n. 23 (italics added):"Socialis autem vita desiderat et deposcit imperium (hoc est, iudices aut magistratus) tum quod humanum genus est ad dissentiendum proclive, tum maxime quod omnes homines quasi ad tyrannidem, vel saltem ad amorem sui adeo sunt proclives, ut omes natura sibi melius esse malint quam alteri, ut supra disseruimus."。
④ 参见Boemus,《全人类的风俗习惯》(*Omnium gentium mores*),页3v:起初,人们"并不渴求荣誉或者财富",像野兽一样"自由地游荡",走来走去。但是,随着岁月的流逝(adolescente mundo)和人类嗜欲、追求和嫉妒的无序,人类群体聚集在了一起,压制现在的"游荡的自由并且加害","congregate hominum coetus eam pervagandi nocendique libertatem communibus auxiliis prohibituri":随着时代的衰落,同一自由的能力已经变得有害了。

黄金时代后那段时期的堕落的自由，它局限于特定物的领域。在这个意义上，所有权是受到调整的。这个对特定领域的调整是次要万民法的发明。在这个方面，所有权是一种无形权，是市民权的一项发明，因而不是自然的。①然而，作为原初自由的残余，它是一种自然能力。就其是人类交往的一个组成部分并且是自由能力（也就是它自身）的可能对象来说，所有权是一种权利。也就是说，所有权作为次要万民法的一个部分发挥作用，故而"受到权利的调整"。但是，就其是对某物的行动权力而言，它是纯粹的、绝对的自由，是自然的一部分，事实的一部分。主人并不是凭权利而为，尽管就他在人类事务中的地位而言，我们可以说他享有一项权利。与此相反，君王则是凭权利而为。

在这第1卷，瓦兹奎兹主要关注的是在市民国家之内作为一种现象的自由：也就是说，当从自然的到市民的和人为的这一运动发生之际。瓦兹奎兹在第2卷转向思考时效取得这个主题，这是一个罗马法领域，而他可以通过这个主题更为详细地审视这个运动，将其视为一种从事实状态到权利状态的过渡。他在这个过程中思考了下述问题：哪些东西隶属这个发展，以及哪些东西必须永远保持在权利领域之外。通过这些思考，他可以强化第1卷更具政治色彩的那些结论。

---

① 参见《频发而又著名的争议三论》，第1卷，第17章，n. 7，接续所有权作为自由的定义："dominium nihil aliud est quam quoddam ius incorporeum."。作出这个断定是为了证明我们对无形权利享有所有权的命题，这提示了Seelmann（《瓦兹奎兹》，第46页），瓦兹奎兹采纳了所有权与权利的等值，这是从巴托鲁斯通过苏门哈特和迈尔的文本发展出来的，而且他属于逐步演进的权利"主观性"的同一传统。Seelmann把瓦兹奎兹勾连所有权与自由的做法，视为他与这个由Grossi所勾勒出来的"意志论"传统具有亲缘性的佐证。然而，正如我们试图表明的，瓦兹奎兹的自由概念毋宁使得他把自己与那些神学家疏远开来。而且，瓦兹奎兹根本没有在这个语境下提及神学家所说的权利与所有权的等值，相反提到的是热尔松和索托，作为那些设想了一个巴托鲁斯学派的所有权定义的作家。然而，它确实表明瓦兹奎兹的文本保留了我们在巴托鲁斯的文本之中所注意到的那种混乱：参见前文，页22。

第五章 自然自由的语言:费尔南多·瓦兹奎兹

第2卷:"论时效取得"

在中世纪和文艺复兴时期的罗马法中,时效取得(praescriptio)指的是一个程序,通过这个程序,特定物品的事实占有可以在法律上被承认为所有权。①时效取得学说在中世纪对《国法大全》的评论过程中得到了极为详细的阐述,但是,"论时效取得"(De praescriptione)这样的专题研究[187]却是一种文艺复兴时期的体裁。它的发展与法学研究中日益增长的历史主义密切相关,也与对作为16世纪法律文献标志的习惯法和地方法的关注相连。②

---

① 在古典罗马法中,这个程序作为"usucapio"为人们所知,以"praescriptio longi temporis"作为那个领域的对等物,它被一个不同的所有权法律所覆盖。在古典时期与优士丁尼法典编纂之间,这个划分废止了,通过承认一个简单的三十年或四十年的时效取得。优士丁尼把"usucaption"适用于动产,而把"prescription"适用于不动产,从而重新引入这个划分: H. F. Jolowicz和B. Nicholas,《罗马法研究历史导读》(*An historical introduction to the study of the Roman Law*, 3rd edn, Cambridge, 1972),页151—155,此处位于页506。《国法大全》对"usucaption"和"prescription"的相互冲突的解释在评论者当中激起了详细的讨论,特别是在16世纪随着罗马法历史研究的引入。瓦兹奎兹自己采取的是一种现代立场,辩称"prescription"这个术语广义而言等同于"usucaption"(usucapio),反对那些把"usucaption"限定于动产对象,"prescription"限定于不动产对象的学者。其次,他辩称这个程序的可能对象超出了有体物(res corporales),还包括权利(iura)和法庭诉讼(actiones),在罗马法当中它们被描述为无体物(res incorporeales)。

② 文艺复兴时期,分析时效取得(经过规定时段的占有取得对一物的所有权)这个罗马法概念的用语,在很大程度上是被中世纪标准评论发展过程之中对这个论题的处理决定的。尤其重要的是巴托鲁斯在标题"论河流"(De fluminibus)之下对"*l. Quominus*"的复述(repetitio)(《学说汇纂》43, 12, 2)。它得到了梅努斯的详细阐述,评论的是同一个地方。然而,论时效取得的部分与高卢风的联系似乎跟与意大利风同样紧密。它的类型的第一个,构成了大多数后来处理方式(其中包括瓦兹奎兹)的背景,被Bartolist Johannes Franciscus Balbus(Giovanni Francesco Balbo, b.c. 1480)创作于16世纪早期,虽然他曾经是法国人文主义者Claude de Seyssel的学生。时效取得的主题与风俗(consuetudo)密切相关,它被解释为那种长期事实上的惯例在法律上得到承认的模式。Aymon de Cravetta(Aimone Cravetta, 1504—1569)的《论应时之古代风俗》(*Tractatus de antiquitate temporis*)得到了广泛的阅读,其中第四部分的大部分内容致力于探讨时效取得与风俗之间的差别和类似。这个主题被法国人文主义法学家André Tiraqueau以诗意的和哲学的引注进行了探讨和详述。这三份时效取得研究构成了瓦兹奎兹 (转下页)

通过解释所有权和役权何以产生,瓦兹奎兹得以有机会扩展他的关于自然的和自由的这一论题。通过把罗马诗作对应到罗马法上,瓦兹奎兹创造了一个人类历史的道德机制,既有助于正当化他所处的时代的实践,也可以借机对它表示哀叹。

正如我们已经看到的,瓦兹奎兹认为人类从无辜和自由堕落到了邪恶和欺压。他在第2卷一开始就重申了他有关人类原初的无支配的生活这个主题,援引的是维吉尔的《牧歌》:"天神统治之前未有农人开垦过这地,标记使用或划定边界有违神命:一切收益均归共有。"① 另外,瓦兹奎兹更新了[188]作为人是什么以及应当是什么的符号的自然界其他部分这个主题。诗人们在结束时说:"天空中的鸟类或飞禽,海洋中的鱼群,没有什么是特有的,只有简单的共用:大地上的人类共同使用,与其他陆栖动物没什么不同。"② 除人之外的鸟、鱼和陆栖动物都生活在各自的环境中,没有以界限限制它们的想法,它们与自己物种的同伴一起,没有与它们竞争特殊的占有。支配地球的企图与支配同胞的企图——人的双生暴政——密切相关。

在瓦兹奎兹看来,不动产"尤其"自然而然就是共有的。"因为对动产的所有权——例如,我们对抓获的野生动物的所有权,对某人的画作的所有权,或者对某人制作的衣服的所有

(接上页注②)讨论第2卷学说的要点,其中Tiraqueau作为一个文学模型尤其重要。关于Tiraqueau以及16世纪的法的历史学派,参见Donald Kelley的基础研究,《现代历史知识的根基:法国文艺复兴时期的语言、法律和历史》(*Foundations of modern historical scholarship: Language, law and history in the French renaissance*, New York and London, 1970)

① 《频发而又著名的争议三论》,第2卷,第51章,n. 11: "Et Virgilius lib. 2. Georgicarum: Ante Iovem nulli subigebant arva coloni:/Nec signare quidem aut partiri limite campum/Fas erat: in medio quaerebant."。

② 同上,n. 12: "ut volucres seu aëreum genus in caelo vel aëre, utque squamea turba in aequore vel ponto nihil proprium habent praeter usum conmunem: ita et humanum genus in terris communem usum non secus quam reliqua animantia terrestria haberet."。

第五章 自然自由的语言:费尔南多·瓦兹奎兹　　243

权——都源于自然本身的原始权利。"①这段文字说得很清楚,对动产的所有权由个人的特殊劳动或技艺确保,因为"创造者习惯于控制他自己的对象"。②但是,同样清楚的是,在瓦兹奎兹看来,这种在无辜时代对动产的所有权并没有损害那个时代的无支配性:它不是一种专横自由的运用。③

瓦兹奎兹使用时效取得这个概念解释不动产的差异所有权(dominia distincta)的世俗产生过程:

> 那么,既是由于自然权利,也是由于原始的万民权利……所有东西都是共有的,特别是全部的土地,大片森林,房产和其他不动产,结果,谁说某个不动产属于他自己,就必须证明这一点,因为法律的预设与这个主张相对……但是,倘若我们除去时效取得的惯例,那么这个证明几乎是不可能的。④

时效取得的过程解释了为何某些东西归属于某些人的特殊所有权。但是,更为重要的是,它也解释了为何有些东西却没有

---

① 《频发而又著名的争议三论》,第2卷,第53章,n. 7: "nam ab ipso iure naturali primaevo descendit...dominium in rebus mobilibus, quale est in feris quas coepissemus, aut in tabulis quas quis depinxisset, aut in vestibus quas fabricasset, et similibus.", 至少首要的万民法的人享有对他自己劳动产品的所有权的思想,瓦兹奎兹援引15世纪法学家Paulus da Castro, "以及其他博士",讨论"根据万民法"(《学说汇纂》1, 5)。
② 同上,序言,n. 109,证明了上帝原初的对亚当和夏娃的直接统治的道理。
③ 这甚至对于捕获野兽也成立,因为正如我们在审视第1卷时所见,捕食各个种的成员对于所有动物来说都是"fas",它并不影响自然界的和谐。
④ 同上,第2卷,第51章,nn. 14—16: "Quum ergo tam inspecto iure naturali quam iure gentium primaevo... omnia essent communia praesertim omnes agri, campi, praedia, et reliqua immobilia, superest, ut qui aliquid immobile suum esse duxerit, illud probare debeat, quia contra se habet praesumptionem iuris... sed... ea probatio, si removerimus usum praescriptionum, esset paene impossibilis."。

这样。瓦兹奎兹在第2卷的结尾处讨论了哪些物可以时效取得，哪些不能，特别是为何土地可以时效取得而海洋不能的问题。①在瓦兹奎兹看来，根据自然法和首要万民法，海洋和土地都是共有的，但是根据次要万民法，只有土地才归属于所有权或私产。"海洋与土地和河流之间差异的原因在于，前者……原始权利仍然保持完好无损，永远不会与人们的共用隔开，而且适用于任何某个人或某些人。"②任何人都不能通过时效取得获取对海洋的具体权利，因为对海洋的任何具体权利都是不存在的，也是永远不能存在的："在海洋和开阔水面，除了共用，任何人类的权利都既不存在也无可能。"③

正如我们看到的，④瓦兹奎兹认为所有权可以同等地覆盖有形物和法律抽象（无形物），如义务、诉讼和役权。因此，时效取得的过程覆盖这两类对象：一旦获得，义务、[190]诉讼和役权就与有所区分的物一样，与自然自由对立，属于次要万民法。在中世纪晚期的法学当中，役权是权利的一个特殊类型，它被一个人或物对另一个人或物所持有：后者就被说成是欠一个役权，

---

① 海洋能否被时效取得，这是任何写作时效取得主题的作家都会讨论到的问题。讨论的方式是中世纪法学家确定下来的，尤其是巴托鲁斯对"*l. Quominus*"的评注（参见前文，注释64）。参见约翰尼斯·弗朗西斯库斯·巴尔布斯，《论取得时效》（*Tractatus de praescriptionibus*, Cologne, 1573），第5部分，问题6："万民法调整的那些东西能否被时效取得，巴托鲁斯在评注 *l. Quominus* 时提出了这个问题。"关注的焦点在于，威尼斯人和热那亚人能否禁止他人在他们各自的海湾内航行，这被解释为他们是否已经时效取得了这些海湾的问题。这个问题通常会得到肯定的回答，只是推理方式因作者而稍有不同。瓦兹奎兹在讨论时效取得的部分时自然而然地提到了这个问题，但他却充满争议地断定海洋无法被时效取得。

② 同上，第2卷，第51章，n. 39: "Ratio differentiae inter mare ex una parte, et terram, vel fulmina, ex altera, quia illo casu... mansit integrum ius primaevum, neque unquam fuit a communione hominum separatum, et alicui, vel aliquibus applicatum."。

③ 同上，n. 34: "in aequoribus et aquis nullum ius est, aut esse potest humano generi, praeterquam quoad usum communem."。

④ 前文，注释62。

并且"被迫忍受,不能作为"。①关于时效取得的评论和手册的标准理论是:没有任何一个物被假定以这种方式屈从于另一个物,除非得到证明(所有权也是如此)。因此,瓦兹奎兹在讨论排水役权的时效取得时断言:"在这里,法律的预设与时效取得者相悖,因为每个物都被假定是自由的。"②"自由的"(liber)在此处是指"免于役权",而这就是"自由的"在整个时效取得文献当中的含义。它就是一切物在次要的自然法发明之前的自然状况。倘若一个物从没有处于役权之下,总是自由的,那么就没有任何役权可以被时效取得。在瓦兹奎兹的追随者格劳秀斯看来,海洋自由是指,对于海洋,没有任何役权可被时效取得。③

因此,时效取得是事物失去它们对于人类主人的自由状态的方式。但是,事物为何必然会失去这种自由的原因就在于人类的犯罪的鲁莽,那是人类区别于其他所有动物的特征。世风日下,人类开始使用他的技艺,不仅是创造像图画和衣服这样的产品,而且以一种自然系统之外的方式为了使用地球,这些方式与对万物的共同使用不相容。这就是暴政和所有权的开端,技艺作为人类鲁莽的手段呈现出贬义。④正是被人以这种方式使用,自然对象在次要万民法下被赋予了权利的外形(jural characterisation)并受制于义务:

> 但是,至于为何次要万民法造就了广阔土地和河流(对

---

① Bertachinus, *Lexicon*, "Servitus" 词条: "Servitutem debens cogitur pati et non potest agere. I. quoties. i. para. servitutem. et ibi bar. ff. de servi." (《学说汇纂》8, 1, 15)。
② 《频发而又著名的争议三论》,第2卷,第78章, n. 1: "hic autem erat iuris praesumptio contra praescribentem, quia quaeque res praesumitur libera."。
③ Grotius,《捕获法》(*De iure praedae*),第12章。
④ 参见瓦兹奎兹对帝国的讨论(《频发而又著名的争议三论》,第1卷,第20章),按照他的论证,它取决于海的交汇。瓦兹奎兹使用了贺拉斯和克劳狄的诗,力主海洋是自然的屏障,是人以其大胆设计去克服的。这是被禁止的和邪恶的犯罪。

共用)的分割,但在海洋上却没有这么做,答复是:就前一种情况而言,它应当是这样,这是可取的,但后一种情况却并非如此。因为[191]人们赞成,倘若很多人在一片土地上打猎或在一条河内捕鱼,树林容易占据,有鱼的河流会耗尽——对于海洋来说却不是这样。再者,河流的适航性容易遭破坏,被建筑物阻挡,但海洋却不是这样……此外,河流容易因失去水流而干涸,海洋却不是这样,因此这两种情况的原理不同。①

因为人要开拓,所以(除了猎食其他物种的自然活动)人就开始制造("做"[facere]:例如,建造),所以不得不制造更多东西,而这一次,制造单独的权利保护个人的开拓。一切役权——正如我们在第1卷所见的,就像管辖一样——都是不自然的,或者说人造的,并具有人为的起源。"没有任何役权具有自然的原因"。②

在瓦兹奎兹看来,所有这些人造的东西仍然具有自然实体的特征,都具有固定的生命周期,经过这个周期就会消亡。它们逃不过世事变迁,因为"每个物都自然地经由他们产生的原因消解"。③ 时效取得是那种允许一个造物被宣告死亡并且使新的造

---

① 《频发而又著名的争议三论》,第2卷,第89章, n. 39:"sed quare ius gentium secundarium, ut eam separationem, quoad terras et flumina fecit, eandem quoad mare facere desiit, responde, quia illo casu expediebat ita fieri, hoc autem casu non expediebat, constat enim, quod si multi venentur, aut piscentur in terris, vel flumine, facile nemus feris, et flumen piscibus evacuatum redditur, id quod in mari non est ita. Item fluminum navigatio facile deterior fit, et impeditur per aedificia, quod in mari non est... Item per aquae ductus facile evacuatur flumen, non ita in mari, ergo in utroque non est par ratio."。
② 同上,瓦兹奎兹追随Baldus(on Decretals, 1, 2, 6),论证说:"nulla servitus habet causam naturalem sed aut impositiciam aut prescriptam."。
③ 同上,第53章, n. 7:"omins enim res naturaliter per quascunque causas nascitur, per easdem dissolvitur.",参考的是regula iuris D. 50, 17, 35。

第五章　自然自由的语言：费尔南多·瓦兹奎兹

物出生的机制。市民权利创造出来的东西（诉讼和义务）生来即终有一死，所以会消解，"就像人在濒死之际消解，这个比喻很贴切。因为塞涅卡说过死亡不过是生命的终结，所以他说死之后什么都没有，死亡本身即是空无……而奥索尼乌斯（Ausonius）说：我们不应惊讶于人的消亡，山的崩塌：死亡甚至要降临到岩石和名称。"①瓦兹奎兹强调（不同于他的研究来源和文学典范[192]提拉科[Andre Tiraqueau]）②：并非单纯的时间导致了权利和义务的变迁，因为时间是无，从无中只能产生无，也没有任何东西消失其时间中。这种有朽性既是法律造物的特征，也是所有造物的特征。

瓦兹奎兹对时效取得的详细考察证实了《序言》的一般态度：权利并非固定装置（permanent fixtures），它们会趋于消解，会趋于解放先前处于役权之下的东西。但是，瓦兹奎兹通过思考"什么东西能够或者不能被时效取得"③，在第2卷又回到了《序言》和第1卷的那些特别政治的主题。大多数东西都能够通过次要万民法的规定被带到役权之下，但是有些东西必须保持永远自由或者超出我们的交往（*extra commercium nostrum*）的状态，④避

---

① 《频发而又著名的争议三论》，第2卷，第53章，n. 7："non aliter atque homo mortis adventu resolveretur, accommodatissimaque est haec similitudo. nam teste Seneca mors nihil aliud est, quam terminus vitae, sic ipse ait post mortem nihil est, ipsaque mors nihil... Unde Ausonius cecinit: Miremur periisse homines, monumenta fatiscunt./ Mors etenim saxis nomini-busque venit': Ausonius, Opuscula (London 1910), VI, 32."。

② André Tiraqueau，《论取得时效》，集注4（Dix ans），载于《全集》，卷6（Frankfurt 1616），页52—80。关于提拉科的生平和著述，参见J. Bréjon, André Tiraqueau (1488—1558) (Paris 1937)，特别是页217—222，《论取得时效》，以及页340—352，他对各民族历史、风俗和文化作为法律真正来源的哲学兴趣。

③ 来自第82章："Quinta pars quae res illas intuetur, quae praescribi possunt vel non possunt."。

④ 参见第2卷，第82章，n. 13："homo extra commercium esse videri deberet, non aliter quam res sacra aut religiosa"；第89章，n. 48："quae sunt imprescriptibilia ex legis dispositione, ut via publica, homo liber, res sacra, nec per annos mille praescribitur."。

开次要万民法的实践。它们是这样的东西,它们不是为着我们的善,不能被占有或使用,故而不能被占据或奴役。这些对象不能进入调整人类交易活动的市民权利这个领域。

在一般的时效取得文献里,在这些不能时效取得的东西当中,最突出的是能力(facultas),它被理解为一个做或不做某事的自由选择的权力。"甚至最为古老的时效取得都没有延伸到纯粹意志的事物或者能力的事项之上,记载中没有出现过相反的情况。"①其中的一例子是"沿着公路行走的能力"。倘若我有这个能力,即便从未行使,三十年或一百年之后,另一个人也不能通过时效取得这个能力,即:获得我沿着公路行走的能力,从而可以禁止我这么做。在这一点上,能力直接与[193]权利(ius)相对:假如我有做某事的权利,但没有运用它,那么三十年后另外一个人可以宣称时效取得了这项权利,这样我就不再享有它了。但能力处于我自己的自由意志之内,永远无法进入市民法领域。"沿着一条公路行走的能力不属于时效取得的对象,因为这种行走的可能并不是一项权利,而是一个能力。"②

但是,"当有一起诉讼与之相结合时,一个能力就可以时效取得,而且甚至当运用这个能力产生一项权利时,就可以在法庭上主张"。③相应地,"当存在这样一种能力,当它运用于某个行为中,不会使人获得一项权利、诉讼或例外,只存在这项能力的运用,也就是运用它的那个人的自由意志——就像去教堂或者沿

---

① Cravetta,《论应时之古代风俗》,第4部分, n. 214:"non procedit praescriptio etiam antiquissima cuius memoria non est in contrariam, in his quae sunt mere voluntaria aut facultatis"。
② Balbus,《论取得时效》,第5部分,页433, n. 1:"nunquam praescribitur facultati eundi per viam publicam, quia istud posse ire non est ius, sed quaedam facultas."。
③ Cravetta,《论应时之古代风俗》,第4部分, n. 254:"non solum facultati praescribitur quando cum ea coniuncta est actio, sed etiam quando ex usu talis facultatis nascitur ius deducibile in iudicium."。

着公路走——那么在这种情况下,这种意志(arbitrium)自由永远无法时效取得"。① 如果不是与法庭领域、权利领域完全缺乏关联,"那么,那种权力就不是纯粹的能力,它就是一项权利,而非一个能力"。② 因此,相关的格言就是,"能力与事实相连","能力是一个事实的东西";"作为一个事实的东西,不受制于时效取得"。③

瓦兹奎兹并未在第2卷中讨论能力能否时效取得的问题。他指示读者参考他的早期著作《论创造、发展和消解的演替》。④ 在这本著作中,瓦兹奎兹强调能力学说的下述方面,即倘若能力的运用与权利领域有任何联系,那么它就能够被时效取得。"再者,泛泛地问,能力的权利(rights of faculty)能否时效取得?……答复是,如果就一个未被任何人占有的对象而言,这个能力属于我,那么它就不能被时效取得:[根据]公路法……但是,如果这个对象[194]被另一个人占有,那么它当然能够被时效取得。"⑤ 因此,针对继承人继承的情况,"虽然获取遗产的意志不能通过时效取得或者其他方式从继承人那里夺走,因为它既存在于事实,也存在于内心;但是,这个能力和权力是能够被时效取

---

① Balbus,《论取得时效》,第4部分,n. 4:"ubi est talis facultas ex qua per explicationem actus nullum ius, nulla actio, nulla exceptio quaeri potest, sed solum insurgit explicatio eius quod in libero explicantis arbitrio consistit, sicut est ire ad ecclesiam, vel per viam publicam, et tunc illi libertati arbitrii nunquam praesribitur."。
② Andrea Barbazza, Consilia (N. p. 1517), Consilium 51, Scripsit sapientiae fons,页125, n. 11:"tunc illa potential non est merae facultatis sed est ius et non facultas."。
③ Balbus,《论取得时效》,第5部分,n. 4:"facultati autem quae facti est non praesribitur."。
④ 这个引注在《频发而又著名的争议三论》,第2卷,第89章,n. 47:"Praescribi an possit ius facultatis, para. 22. n. 26 [de succ. creat.]."。
⑤ 瓦兹奎兹,《论创造、发展和消解的演替》,第1卷,第22段,Limitatio XII, n. 26:"Denique generaliter quaero, An iura facultatis possint usucapi?... dic, quod si facultas competit mihi respectu rei, quae a nullo possidertur, tunc ea facultas praescribi non potest: I. viam publicam. ff. de via publ... Quod si ea facultas competat mihi respectu rei, quae ab alio possidetur, tunc bene praescribitur.",引注是D. 43, II, 12。

得的,因为它以权利为要素"。① 指向另一人的物的能力被置于权利领域内。但是,对那不属于另一个人的东西的能力是隐含自由的,是不可时效取得的,是在事实上运作的。在同一主题上,著名的荷兰法学家威瑟姆贝克(Matthew Wesembeck),这位早期的《学说汇纂》现代运用者,以相同方式论证说:

> 据说,那些有关纯粹能力问题的物永远不能被时效取得,这个说法应当被理解为针对那些绝对如此而非相对如此的物。因为役权以及由他人拥有的类似东西,尽管是纯粹能力的问题,但仍然可能由于耽于使用而属于时效取得范围。但是,那些有关绝对能力问题,基于所有权之权利(right of dominium)而属于一个人的物,不被其他人拥有。它们属于严格的所有权:它们永远无法时效取得,而是与所有权一起,由主人(dominus)的精神和意志占有。因此,时效取得的根据没有延伸到那么远,因为它们属于绝对权以及每个人的能力:这样,尽管它们永远无法时效取得,但是物的所有权并不因此而变得不确定,相反却得到了加强。②

---

① 瓦兹奎兹,《论创造、发展和消解的演替》,第1卷,第22段,Limitatio XII, n. 26: "Ergo licet voluntas acquirendi hereditatem heredi tolli per praescriptionem, vel alias, non possit; quia in facto, et animo consistit: tamen facultas, et potestas praescribi poterit, quia in iure consistit."。

② Matthaeus Wesembecius,《潘德克顿国法大全评注》(Paratitla in Pandectas iuris civilis) (Basel 1568),页252—253,注2: "Porro quod dicitur. ea quae merae sunt facultatis, nunquam prasecribi: de his quae sunt absolute talia, non relative est accipiendum. Nam servitutes, et similia ab aliis debita, quamvis merae sunt facultatis, tamen per non usum praescribuntur. At quae absolutae sunt facultatis, et iure dominii competunt, nec ab alio debentur, sed insunt propriis dominiis: haec non praescribuntur, sed una cum dominio possidentur ab aniom domini, et voluntate:eoque nec eo trahitur usucapionum ratio: quia posita sunt in cuiusque iure absoluto, et facultate: ut quamvis nunquam praescribantur, tamen non reddantur propterea incerta dominia rerum, sed magis confirmentur."。

威瑟姆贝克与瓦兹奎兹看法一样，所有权是绝对的能力，因为它根据任意的意志运行。任何存在于[195]人的精神和意志中的东西都不能时效取得，因为这些在权利之外(beyond right)。因此，所有权得到保护免于一切似是而非的权利主张的侵害，特别是来自君王的权利主张，正如瓦兹奎兹在其著作序言中提出的。然而，具有重要意义的是，尽管在瓦兹奎兹看来，所有权是最大的自由能力(liberrima facultas)，而且在某种意义上也是权利，威瑟姆贝克则打算在绝对权(ius absolutum)这个概念当中融合这两个观念：一种既正当又自由的权力。

相应地，那个自由的人，"homo liber"，也超出我们的交往之外，抗拒所有权和奴役。一个自权人是免于奴役的人，处于自身的权利之下，而不处于任何其他人的权利之下。这是人的自然状况，也是一切物的自然状况；但是，要求引入次要万民法的那些必然性也规定人应当服从奴役："人并非生来就服从另一个人……奴役是反自然的……但是，因为那些在战争中被俘虏的通常会被杀掉，所以奴役……被允许……即使在其他方面应当把人视为超出我们的交往之外，与圣物没什么不同。"①

瓦兹奎兹对奴役做出了一个重要划分。一方面，个人可以因在战争中被俘虏或者因出生被奴役；另一方面，他们可以因为缔结这类契约被奴役。瓦兹奎兹认为前一种模式违背自身意志，不由他们的意志决定。因此，倘若这些人成功逃脱，他们就自动恢复自由，再次成为自权人：

> 有关被捕获的野生动物的……法律，只要它逃脱了我们的掌控，它就立刻自由了。这些法律大部分可以正当地适用于奴隶［即那些在战争中被俘虏的人］，因此只要他们

---

① 瓦兹奎兹，《频发而又著名的争议三论》，第2卷，第82章。

逃脱了俘虏者的掌控，就变成了自权人［处于自己的权利之下］；与那些被捕获之后又逃跑——逃脱——逃之夭夭的野生动物一样，这些人并没有犯下弥天大罪，甚至没有因此犯下轻微的罪过。①

［196］这种情况不同于卖身为奴的情况：后者自愿而有偿地出卖自己的自由，永久地放弃了自己的权利。②

瓦兹奎兹使用个人奴隶这个模型考察自由物和自由人的最后一种情况。与一切物一样，大众（populus）原本都是自由的大众，免于奴役。正如我们在第1卷中所见，人类的罪恶（wickedness）迫使他们使自身受君王的奴役。这就产生了人们是否能够从君王那里获取"自由和解除臣属"这个问题。③瓦兹奎兹的回答是，"不管他们臣属伊始是被迫还是主动，他们无疑都能够解除限制，恢复自身的自由，并在这个方面为自己辩护"：④

---

① 瓦兹奎兹，《频发而又著名的争议三论》，第2卷，第9章，nn. 20—21: "leges... loquentes in fera capta, quae cum primum evaserit a manibus nostris libera fit, rectissime etiam ad servos... aptantur, ut cum primun a manibus capientis evaserint, sui iuris fiant, nec peccare mortaliter aut venialiter videntur, non magis quam ipsa fera, quae capta cum esset, aufugit, evolavit."。根据萨拉曼卡学派和法学家的通论，正当俘获的奴役（在一场正义战争中俘获），在法律上（de iure）是奴隶，因此，他试图通过逃脱来否认那种奴役就是错行——他犯了罪。相反，在瓦兹奎兹看来，任何被征服的俘虏都只是偶然成为奴隶，是事实上的（de facto），倘若他偶然逃脱，他就重新恢复了自己的自由（正如我们所见，这纯粹是事实上的）。
② 对比同上，第2卷，第82章，n. 16: "homo liber qui se vendiderit non poteritunquam invito domino se a servitute eripere... itaque licet non abnegemus, quin fera, quae serva erat (sive captivitate, quia eam caepimus, sive nativitate...) cum primum a nobis evaserit, sui iuris aut laxitatis fiat... Idemque et in servis... arguendo de servitute ferarum ad servitutem servorum, tamen si servi facti fuerunt non captivitate, non quoque nativitate, et sic praeter voluntatem aut factum suum servi sint facti, et sponte sua, et non gratis, sed pretio cessat ratio illorum iurium."。
③ 同上，第2卷，第82章。
④ 同上，n. 3: "sive vi sive sponte sua subditi esse coepissent, non dubium est quin possent insuam laxitatem sese recipere ac vindicare."。

即使他们主动臣服于另一个人的权威和权力,也可以公道地说,他们可以自由地否认它,并从中脱离出来,因为最初的行为是基于臣民自身的便宜而做出的。由此他们能够恢复自身的自由自在,把握自身的自由自在,要么是公开地,要么是秘密地,以欺诈的方式,以武力的方式,以战争的方式……原因在于,每个东西怎样被创造出来就应当怎样消散,没有比这更自然的了……而且每个物都轻易地回到它的自然或本源……任何人都不能把这样一条法律强加到他的意志和判断之上。根据这条法律,他的退出是不合法的。①

瓦兹奎兹的论证既基于他有关万物流变的哲学——法律理论,也基于一种源自罗马法的遗赠或临终遗嘱规定的自由观念:上述段落的最后一句来源于经常引用的法律谚语"任何人都不能针对他自己的意志制定一条他无法合法退出的法律"。②[197]这句法律谚语捍卫遗嘱人的彻底自由,甚至不受他自己的先前遗嘱的约束。意志和自身的判断都是不能臣服的东西:它们不能被带进权利领域内。

正如瓦兹奎兹所意识到的,这可能会被认为暗示,臣民能够不失时机地从他们的君王那里地解放出来。然而,事实并非如此,"因为就王国或元首政治来说,千余年来都是按照继承而非选举传递,而且也不清楚究竟是通过什么权利使得人们和民族首

---

① 瓦兹奎兹,《频发而又著名的争议三论》,第2卷,第82章,nn. 3—4:"sive ctiam sponte sua se subiecerint alienae ditioni ac potestati, cum id ob ipsorum subditorum utilitate initio factum fuerit, ei renunciate atque ab ea recedere eis liberum esse par est, sicque ab ea subiectione poterunt se in suam laxitatem recipere, aceripere, vel palam, vel clam, vel dolo, vel vi, aut armis... nihil enim tam naturale est, quam unumquodque eo modo dissolvi quo colligatum fuit... et quaeque res de facili revertitur ad suam naturam seu originem... neque enim quisque voluntati et arbitrio suo eam legem imponere potest, a qua sibi recedere non liceat."。

② 《学说汇纂》32, 22。

次臣服……没有理由说明我们为何不应相信,他们是通过最佳的权利被征服和臣服的"。①瓦兹奎兹所强调的是,在所有情况下,原则上,"怎样被创造出来就应当怎样消散":假定某个君王

> 证成他的帝国和管辖,要么通过武力,要么通过同意,要么通过时间……但是,倘若他们是被武力降服的,那么他们也可以通过相同的力量重回自己的自然放纵……倘若他们受到同意的约束和臣属,那么那种同意本身是可以撤销的,因为他们可以被认为是为了自己的利益而不是为着君王的利益而表示臣服的。因此,他们可以自由地变更自己的意志……因为那些基于同意产生的东西,即使在同意各方都健在时也是可以通过相反的意志消解的。②

瓦兹奎兹补充说,前一代人的同意当然无法约束将来的市民③(尽管他明确指出,就个人奴隶而言,所有这些理由都会失效,倘若人们出卖了他们的自由)。

瓦兹奎兹在《频发而又著名的争议三论》中对政权(imperium)或政治社会的脆弱性的理解,标志着他大大偏离了早期更保守的作品。在《论创造、发展和消解的演替》的序言中,瓦

---

① 《频发而又著名的争议三论》,第2卷,第82章,n. 6:"nam in regnis seu principatibus qui iam diu abhinc annos mille, vel etiam plures successione non electione deteruntur, neque apparet quo iure primum... homines vel populi fuissent subacti, non est cur non credamus optimo iure subactos subditosque fuisse."。
② 同上:"nam princeps ille suum imperium ac ditionem iustificabat, aut vi, aut consensu, aut tempore... at si vi fuerunt subacti, vi quoque sese poterunt in suam laxitatem recipere... quod si consensu fuerunt facti obnoxii, et subditi, is consensus sui natura revocabilis est, quasi ad suam non ad sui principis utilitatem se. subdidisse videantur unde voluntatem mutare liberum esse debet... nam et quae consensu fiunt, etiam inter vivos contraria voluntate dissolvuntur."。
③ 同上,n. 9:"consensus maiorum non nocet civibus postea natis qui non consenserunt."。

兹奎兹没有承认，市民社会可能脱离政权存在。瓦兹奎兹把西塞罗与罗马法结合起来证明，臣服一个正当的政治权力的必然性：

> [198]倘若个人希望在一个共同的社会中过一种政治生活，而不是在丛林中过野兽的生活，那么他就也会既希望也承认自己应服从他的祖国，或者代表祖国的人，使市民之间的……争吵可以被降低到实现和平的状态，而且通过这个默示的或明示的同意，他被视为迫使自己自然地服从和尊重他的祖国或代表。在人类肇始，没有任何东西是比遵守约定和受到同意的理由所迫，更是人类自然地具有的和独一无二的……而且，这是"共同体的共同事业"，每个位市民都被视为对他的祖国做出了承诺，受到它的约束。①

瓦兹奎兹继续论证，既然不遵守一个共同权威，人类社会就不可能存在，那么"可以虔诚地相信"，政治结构自人类伊始即已存在。②

按照这个解释，同意一个政治社会造就的成员身份会带来服从其立法者所立之法的良心义务。瓦兹奎兹论证说，法律作为国家的公共约定，具有与特定私人之间的契约相同的性质，并以相

---

① 《论创造、发生和消解的演替》卷2，"论发展的演替"，序言，ad Lib. I, nn. 5—7:
"Denique qui in communi societate vitam polyticam agere, et non sylvestrem, more ferarum voluit, is sane aut patriae, aut qui [sic] patriae vices gerit, obedire quoque et voluit et concessit, ut civium rixae... sedarentur, et ex isto consensu tacito, vel expresso sese naturaliter ad patriae aut eius vicem agenti obediendum obtemperandumque obligasse videtur, nec quicquam tam humano generi a sui primordio proprium naturale ac peculiare innatum, quam conventiones servare, et ex consensu obligari... Et haec est illa communis Reipublicae sponsio, quam quisque civium patriae suae polliceri, quaque ei restringi videtur."。引注《学说汇纂》3, 1:
"Lex est commune praeceptum, virorum prudentium consultum, delictorum quae sponte vel ignorantia contrahuntur coercitio, communis rei publicae sponsio."。
② 《论创造、发展和消解的演替》, nn. 9—10。

同的方式产生约束:"正如私人个体基于他们的契约和协定,相互之间受到必然的限制和约束:因为义务(债)即是法锁,我们以此受到必然的限制……所以所有市民都受到法律的限制……正如契约法基于他们的同意,约束和限制着缔结契约的人……一项普遍的法也基于市民的同意而约束他们。"①这种法律甚至约束着那些不同意这项法律的人,因为"甚至那些反对它的人,也被认为从一开始就同意了这件事,即臣服于[199]君王或他们的国家之时;甚至那些沉默的人也可以过一种社会的和政治的生活,并且被认为选择了这个生活,仅仅是出于这种心理状态:根据合众为一的法律和那些博士们的意见,任何人事后脱离这个同意都是不合法的"。②因此,市民们首先相互之间约束,而不是受到立法者的约束:他们通过同意相互约束遵守法律这个事实产生了一项自然义务,一项良心义务。③

到《频发而又著名的争议三论》时,所有这一切都变了。如我们所见,瓦兹奎兹不仅失去了对元首政治和管辖权的热忱,而且还根除了其来自于市民义务的支持。他仍然根据《论创造、发展和消解的演替》提供的那种论证,坚持市民法是契约;④但是,他再也不认为市民法约束良心。他改变想法的主要原因在于,他越发觉得,元首政治或管辖权在某种程度上是有害的,因此要尽

---

① 《论创造、发展和消解的演替》,n. 58:"ut privati inter sese ex suis contractibus, et pactionibus astringuntur necessitate, et ligantur: quia obligatio est iuris vinculum, quo necessitate astringimur... ita et lege omnes cives astringuntur... et ut ex contractus ipsos contrahentes ex suo consensu obstringit, et ligat... ita et lex generalis ex civium consensu eos ligat."。
② 同上,n. 59:"Et sane huic rei consensum ab initio etiam ipsimet reluctantes, quo tempore se principi, aut suae Reipublicae subdiderunt dedisse videntur, et etiam taciti sub hacconditione mentali socialem, et politicam... vitam agere possunt, et eligere intelliguntur. d. l. ius pluribus [D. 1, I, II], et Docto. in dictis locis: sicque postea ab hoc consensu discedere, uni, aut alteri non licet."。
③ 同上,nn. 86—88。
④ 对照《频发而又著名的争议三论》,第1卷,第23章。

可能将其限制在对市民有利的范围内："心智大致健全的人不会否认，如果他们向其交出了管辖的君王的法律和诫命将指向他们自己的永恒的死亡，这将是对于市民而言这个世上最为有害的事情。"①君王除了市民赋予他的权力之外没有任何权力；事实上，君王通常也不希望约束良心："要么市民们遵守法律，要么他们接受法定刑罚，他们没有义务同时承受二者。这似乎已经得到了市民或大众和立法者的同等程度的认定。"②

瓦兹奎兹重新解释契约以支持这个论证。在前一作品中，瓦兹奎兹业已论证，一切契约都属于[200]次要万民法，因为所有契约都是必然性的产物，并非在人类之初就存在，而是后来产生的。③然而，尽管契约是次要万民法的一个发明，维护它们却属于首要万民法，后者是一种只对人类来说自然的权利，因为"没有什么比遵循人们愿意去做的事和守信更与自然理性和人类信任一致的了"。④由此可知，一切契约自始就产生两种义务："一个是自然义务，即人特有的理性和自然本能带来的义务；另一个义务来自契约本身……即使第一种义务不起作用，第二个仍然是起作用的，因为它是假国王之手生效的……因此，第一种义务在今天仍有效力，第二种义务已经不复存在，被市民义务取代了……不像以前那样假国王之手生效，而是借助[法律]诉讼产生效力。"⑤因此，缔结契约为自身施加了双重约束：通过遵守诺

---

① 《频发而又著名的争议三论》，第1卷，第29章，n. 1: "nec ullus modo sanus abnegabit, quin ipsis civibus perniciosissimum esset, si ad mortem aeternam leges illae aut praecepta principi [s?] quibus [cui?] ipsimet iurisdictionem dederunt converterentur."。
② 同上，n. 4: "tam ab ipsis civibus seu popularibus, quam ab ipsis legislatoribus id actum videtur, ut vel cives legi parant, vel poenam statutam subeant, non ut ad utrunque teneantur."。
③ 同上，n. 34。
④ 同上。
⑤ 同上："altera naturalis. i.e. ex instinctu rationis, et naturae hominibus　　（转下页）

言的理性本能约束一个人的义务,以及通过潜在的法庭诉讼得到强化的市民义务。

然而,到《频发而又著名的争议三论》时,瓦兹奎兹已经改变了想法。他现在论证,契约并不以任何方式施加特殊的约束:"通过契约承诺他将做某事或不做某事的人:倘若他没有做,或者相反,他做了,那么他就对对手的利益负有义务并且遭受某些损失;但是,他并不被认为绝对地受到原初行为的约束,不管是在自然意义上还是市民意义上。"①在瓦兹奎兹写作《频发而又著名的争议三论》时,义务的唯一来源是自然法——理性的本能——和神法。②次要万民法的任何安排都对个体完全没有约束力;而且,正如缔约人容易遭受损失(但并不以任何方式受到严格约束),"与此类似,违反法律规范的人……并非绝对有义务服从规范,无论是在自然意义上,还是在市民意义上,而仅仅是 [201] 当他作出违法行为时,有义务接受惩罚……这似乎是世上所有目不识丁者的看法,我们必须对此表示赞同,因为人民的声音就是上帝的声音。"③

那么,市民们在道德上并不受城邦的约束,没有被约束遵守城邦的法律。这就带来了两个结果:首先,一个人的城邦成员身

(接上页注⑤) pecularis: altera ex ipso contractu... Et licet prima esset inefficax, tamen secunda erat efficax, quia per manum regiam ad effectum producebatur... Prima ergo obligatio et hodie viget, secunda vero recessit, et eius loco successit obligatio civilis... quae non per manum regiam, utantea, sed per actiones ad effectum producebatur."。

① 《频发而又著名的争议三论》,第1卷,第29章,n. 7: "qul ex contractu promisit se aliquid facturum, vel non facturum, si id non fecerit vel adversus id fecerit, tenetur et damnabitur in eo, quod interest adversarii, neque ad principale factum precise obligatus intelligitur civiliter aut naturaliter."。

② 同上,n. 17。

③ 同上,n. 7: "ita, et qui praeceptum legis... transgreditur, non tenetur ad id praecise, naturaliter aut civiliter, sed tantum ad poenam subeundum si contrafecerit... et ita videntur sentire omnes homines illiterati quotquot sunt in mundo, quibus assentiendum et consentiendum est, quia vox populi, vox Dei."。

第五章 自然自由的语言：费尔南多·瓦兹奎兹

份具有偶然性；其次，城邦本身具有偶然性。在前政治但具有社会性的状态中，人是自由的行动者。他的一项道德义务是不能自杀：① 否则，他将随心所欲地关注或不关注自己的利益。没有义务谨慎而为。在城邦的法律下，可以假定，每个市民都是为了促进自己特有的利益才进入政治环境："每个人都完全是为了他自己的方便才进入那个社会，无论是从对法律的解释，还是符合自然理性和权利来看，似乎都是如此，因为井然有序的仁爱都是从自身开始的。"② 这意味着，例如，没有任何市民有义务为他人献出自己的生命，没有任何市民有义务向城邦报告一项危险或为他人提供帮助：③ 并不是说这些行为完全不值得赞扬，而是说它们超出了普通人的德性。甚至是为了人类的这些不讨人喜欢的范例的方便——他们是心中充满自利、生活在患得患失的永恒恐惧中的小暴君——城邦才得以存在，而且城邦不能强迫他们变得更好，因为人们发明城邦就是为了保护自己的贪婪和怯懦的习性。进一步来说，倘若任何市民感到他的利益没有得到城邦的充分照看，他就可以在其他地方追寻这种照看："任何市民都可以改变自己的家乡，从一个城邦迁往另一个城邦，或者从一个地区迁往另一个地区……任何市民都可以追求自己的安全，尽管整个民族可能凋零，就像埃涅阿斯在特洛伊根本无法得到拯救时所做的那样，[202] 这种事每天都在上演，这正是人民的意见和声音。"④

---

① 《频发而又著名的争议三论》，第1卷，第11章，nn. 1—6。
② 同上，第13章，nn. 2—3："unusquisque in eam societatem ivisse ob suam potissimum utilitatem, et videtur ex legis interpretatione, et congruit naturali ration et iuri, cum charitas bene ordinata debet incipere a se ipso."。
③ 参见同上，第16章，n. 12。
④ 同上，第13章，n. 16："cuicunque civium licere domicilium mutare migrareque de urbe in urbem vel de regione in regionem... cuique civium licebit saluti suae consulere, licet totus populus pereat, sed ut fecit Aeneas cum iam salus Troiae desperata esset, et tia fit quotidie, et talis est opinio et vox populi, quem vocem naturae et Dei probavirmus."。

瓦兹奎兹认同索托的工作，承认"个体市民之间的关系并不像手足与整个身体的关系"①。但是，他强烈反对索托区分整体（共和国）与普通市民的做法。在瓦兹奎兹看来，普通市民组成的社会就是一切："在市民之间，只有一种善意缔约的社会……为的是这样一个目的，即每个人都能由此获得安全的生活，获得全部的便宜。"②索托坚持，人必定基于其自然的必然性（the necessity of their nature）而成为整体的部分，这个整体就是共和国。瓦兹奎兹承认（正如他的《序言》所言）君权具有某种必然性，是平息内乱的唯一手段。但是，"由于那种权利，不管它是自然权利还是属于万民权利（市民在元首政治建立之前的社会状态下生活在权利下），并未引起的一个绝对必然性，而只是原因方面的必然性，那么就有可能过一种更加便利的生活，因此没有任何民族可以被强迫生活于帝国中"。③尽管瓦兹奎兹笔下的凡夫俗子（anti-hero）发现自己无法充分保护自身的利益，除非与他人缔

---

① 《频发而又著名的争议三论》，第1卷，第13章，n. 2："non enim singuli cives respectu aliorum se habent ut pes aut manus respectu totius corporis." 瓦兹奎兹提到了索托，《论正义与权利》，卷5，章1，节7（Homo autem quamvis sit pars reipubicae, est nihilominus suppositum propter se existens.）
② 同上，n. 2："inter cives solummodo est quaedam bonae fidei societas... ad hunc finem contracta, ut quisque in tuto, et cum omni commoditate vitam agere possit."。因此，在索托辩称"共和国保护一个市民个人并不一定威胁自己"的地方，瓦兹奎兹的答复是，把一个市民留给他的命运，这完全违背了诚信，私人个体的社会正是建立在这个诚信之上的：n. 13，援引《论正义与权利》相同的地方。
③ 同上，第21章，n. 23："Caeterum cum id ius, sive naturae, sive gentium, non inducat necessitatem praecisam, sed tantum causativam, nempe, ut commodius liceat degere vitam, superest, ut nulla gens possit compelli invita et repugnant vivere sub impero.' 'an sub principe vivere omnibus hominibus necessum sit?... ius gentium est commutabile, nec unquam, quo ad omnes homines induxit necessitatem praccisam... ergo si in aliqua civitate libera cives convenient, ne ullum haberent principatum, magistratum aut iudicem... talis conventio et regimen proculdubio valeret. nec video quid possit huic rei impedimento esse, ique probatum est, quia omnia censentur permissa, quae non reperiuntur nominatim prohibita... et haec est illa naturalis libertas a Deo o. m. data."。

结契约产生一个人为的保护者,并把自己置于他的奴役之下,但是西塞罗式的[203]英雄仍然是一种可能和一个理想。凡夫俗子创设的权利永远无法迫使一个英雄的社会服从一个它不需要的奴役。

那么,第2卷的这些立场——权利消解的趋势,特定的物对任何类型的役权的抗拒——巩固了第1卷得出的那些具有突出政治色彩的结论。第1卷和第2卷的语言的合力,确立了人造的政治单元(城邦)和权利之间的对立,以及自然和自由之间的对立。

瓦兹奎兹对罗马法语言固有的诸多可能性的这种发掘,有助于把他彻底与我们目前追溯的两个主要的神学权利传统拉开距离。我们看到,为什么对于多米尼克修士来说,人的自然活动是具有权利意义的,而不是自由的,并且被描述为行动(agere)或者行为(actus)。人不享有保存自我的自由:他被自己的需要驱使建立城邦。他的自然活动源于人特有的自然或形式,这种自然或形式与构成他的自我实现(形成存在,准确地说,形式因)的活动具有因果关系。正是因为这个活动是必然的,属于必然因果的领域,故而属于理性的领域,所以它具有权利意义。在托马斯主义体系中,一切法律和权利都与理性相关。在这样一个体系中,"做"(facere)发挥很小的作用,它相对于"行"(agere)。具有一种贬低的含义:人类的"行"是人类形式的实现,而"做"则是任何任意的形式向被处理的质料的转移。①相反,方济各修会的体系其哲学基础,更多地归功于奥古斯丁主义的新柏拉图主义而非亚里士多德主义,没有在任何意义上利用"行"与"做"的对立。在他们的道德体系中,重要的区分是在法律上区分权利与事实之

---

① 作为行动主体的自然物质与工匠之间的哲学对比,参见Waterlow,《亚里士多德〈物理学〉中的自然、变化与行动能力:哲学研究》,页27—29和页39—42;道德的对比在《尼各马可伦理学》,卷2,章4列出。

间。但是，方济各修士也认为，人的自然活动，就其是人而言，必然具有权利意义。差别在于，对他们而言，人的自然活动总是自由的，因为人类活动与动物活动区别在于，前者不具有客观决定性。动物活动符合事实和必然，人类则凭借权利行为，而权利是指我们按照上帝形象被造的那种自由。

瓦兹奎兹对罗马法语言的综合［204］同时站到了这两个神学传统的对立面。与多米尼克修士相反，瓦兹奎兹切断了专属人类的活动与人类形式之间的因果联系。在瓦兹奎兹看来，人与其他自然物的区别在于"做"，而这个"做"是任意的、非必然的。城邦不是自然的，也不是必然的，而是人造的、偶然的——不是人类的人性（humanity）的所在地。它是一个好坏参半的产物，在理想的状况下根本不会存在。瓦兹奎兹把奥古斯丁式的下述话语——"道德拯救"文献共有的——带入他的反多米尼克立场，即：城邦是一个相对的善，花钱雇一些长官尽可能确保正义，但是在别的方面放任市民的自由。但是，与方济各修会自由与意志和理性无法分离，故而构成了畜生和人的差别（这是自然的与精神的差别）这个观点相反，瓦兹奎兹的自由话语允许不具有理性的东西自由。自由能力的特性（自由）把一切有生命的存在联合起来，并使得它们的活动可以从同一个角度进行分析。在这一点上，瓦兹奎兹的建构回应了托马斯主义体系。在那个体系中，一切自然都可以从潜能和形式这个角度进行分析。

瓦兹奎兹的政治建构——基于在原初的、绝对的自然自由（受到契约的人为限制）这个法律观念——支持一个激进的法学政治思想传统。这个传统通常被认为始于格劳秀斯，而瓦兹奎兹是他的主要渊源。①主要是由格劳秀斯把这个能力或绝对权利的话语转化为一般意义上的权利：原因在于，他在《论战争与

---

① 参见塔克，《自然权利诸理论：起源与发展》，第3章。

和平法》的开篇界定自己的术语时写道:"法学家用'一个人所有的'(one's owen)来称呼能力,但是我们将称之为恰当或者严格意义上的权利。"①阐述这个个传统超出了本书的范围:我在下一章只能说明,如果我们将17世纪政治思想最重要的人物之一托马斯·霍布斯的政治论证,视为对自然自由这个特殊话语的一项贡献,他的政治论证将会得到怎样的解释。

---

① Hugo Grotius,《论战争与和平法》, I, I, 5: "Facultatem Iurisconsulti nomine Sui appellant: nos posthac jus proprie aut stricte dictum appellabimus."。

第六章　下一世纪的自然自由：以霍布斯为例

[205]托马斯·霍布斯应当对现代法学的激进政治学倾向负责，这早已成为定论。①他从格劳秀斯及其追随者塞尔登那里提取了一个原初的、绝对的自然权利观念。正如我们已经看到的，正是格劳秀斯在《论战争与和平法》中把瓦兹奎兹式的"能力"转变成了本质意义上的"权利"。然而，与此同时，格劳秀斯也把自由归为仅仅是这个意义上的权利的一个分支，与财产和债并列。②与在瓦兹奎兹那里一样，所有权(dominium)——对其他人或物的权利——不是一种自由，即做一个人意欲之事的自然自由的残余；而且，格劳秀斯的"战争与和平权"并非完全从自然自由中推导而来，而是基于自由与财产及其相继的让渡这两个基础。因此，与《捕获法》(De iure praedae)不同，自然自由的语言并不是一个突出特征。

与之相反，霍布斯在他政治哲学的三个版本当中均采用了明确的自然自由语言。因此，本章要讨论，在法学传统内解读霍布斯将会带来何种启示。笔者认为，霍布斯的自然权利就是瓦兹奎

---

① 参见Tuck,《自然权利诸理论：起源与发展》，其中第5和第6章对此有所论述。
② 《论战争与和平法》，卷1，章1，节5。

第六章 下一世纪的自然自由：以霍布斯为例

兹的自然自由——最大的自由能力，绝对的权利——但是与瓦兹奎兹不同，霍布斯认为它本来就是恶的。他的整个关怀在于，如何建立城邦（city），然后再巩固城邦，对抗自然的流变。他的论证旨在表明，如何构建那个唯一能够抵挡返回自然这个趋势的城邦，因而这就是城邦的定义，它与自然处境相对。构建的手段是把每个个体的意志和判断呈交给一位主权者的意志和判断。[①]本章将要表明，[206]霍布斯关注意志呈交或义务的那部分论证本质上是一个法律论证。这个论证依赖于我们上一章考察的那类词汇。[②]

至少有一个同时代的解读就是以这种方式来看待霍布斯的论证的。1660年，罗杰·柯克（Roger Coke）——爱德华·柯克爵士（Sir Edward）的孙子——出版《辨明正义：基于怀特、霍布斯和格劳秀斯的错误论点》这部著作，批判了当时政治哲学的一个特定分支，而他的《权力与服从的本原：或论一切人类、基督教和法律社会的原因》就附加于其后。从他对《论公民》（他没有考察《利维坦》）的整个批判来看，他显然明白，霍布斯必须把意

---

① R. Tuck编订，《利维坦》（*Leviathan*, Cambridge, 1991），页120。
② 意思是说，意志的呈交构成着义务，这无疑预见到了本章的论证。笔者将要证明，按照当代法律词汇阅读霍布斯的方式支持了以下论点：霍布斯所理解的义务主要是一个放弃权利的问题，参见B. Barry，《沃伦德及其批判者》（"Warrender and his critics"），载于*Philosophy* 42 (1968)（重印于J. Lively和A. Reeve主编，《从霍布斯到马克思的现代政治理论：主要争议》[*Modern political theory from Hobbes to Marx: Key debates*, London and New York, 1989]），页40—62；也可以参见S. Darwall，《英国道德学家与内在应当：1640年到1740年》（*The British moralists and the internal ought: 1640—1740*, Cambridge, 1995）：很遗憾未能早些拿到这一卷，从而对其研究结果进行完整的阐述。但是，笔者同时希望表明，对那个法律传统的意识何以使得我们充实这个放弃权利的观念，通过更为清楚地阐明在霍布斯那里权利实际上是什么。与此相关的是，霍布斯在他的权利构思之中对意志论者的亏欠问题。此处笔者表明，尽管正如Noel Malcolm在《霍布斯与意志论神学》（"Hobbes and voluntarist theology"）一文当中所证明的，霍布斯的法律与作为自由的权利之间的形式对立可能亏欠意志论神学很多，但意志论传统并非他的把权利视为一个自然的才能和自然自由的实质性理解的首要来源。

志作为其政治哲学的中枢。但是他认为,这是毫无意义的。在柯克看来,霍布斯的理论依赖一个站不住脚的观点:一个人可以约束自己的意志:"没有在先的人法的强制,任何人都不受他的协定或契约的约束或强制;因为受到约束即处在关系中,必须预设某种确实有约束力的东西;但是,如果只有我自己的意志能够约束我,(这是一个矛盾)当我想要不约束自己时,我就可以不约束自己,因为我的意志是自由的。"①霍布斯当然认同自我约束的不可能,甚至乐于把这个论证用于主权者:因为正是这一点确保主权者的自由无法受到限制。②柯克的要点在于,自由的不受限制性没有完善霍布斯的论证结论,而是蚕食了这个论证的基础:"每个人确实可以约束自己,因此任何[207]人若想解除自己的约束就可以解除自己的约束:因为,义务怎样产生就怎样消亡。"③因此,在柯克看来,霍布斯犯了一个瓦兹奎兹所没有犯的错误。但是,柯克对这整个论证思路的批判也包括了瓦兹奎兹的立场,这体现在《权力与服从的本原:或论一切人类、基督教和法律社会的原因》之中。他在这里提出了自己对政府起源的解释:

> 倘若命令与服从,最高权力与臣民,曾是人为的设计或发明,那么是否存在一个人们生活于命令与服从空间之外的时代……但是,在圣史当中从未有过这样一个时代,或者说它们压根就没有被人发明或引入:因此,命令与服从,最高

---

① Roger Coke,《辨明正义:基于怀特、霍布斯和格劳秀斯的错误论点》(*Justice vindicated from the False Fucus put upon it, by T. White Gent., Mr. T. Hobbs, and H. Grotius*),以及《权力与服从的本原:或论一切人类、基督教和法律社会的原因》(*Elements of Power and Sujection: Or the cause of all Humane, Christian, and Legal Society*, London, 1660),"评霍布斯先生的《论公民》"("Observations on Mr. Hobbs De Cive"),页27。
② 《利维坦》,页184。
③ Roger Coke,"评霍布斯先生的《论公民》",页29。

权力与臣民,绝非人为的设计或发明。

　　人生在世最愚蠢之处莫过于梦想一个黄金时代,那时一切都一样,都为人所共有,人类杂处,条件相同;从没有人说明那个时代在何时,或者谁生活在那时:说支配和臣服现在起作用,或者说人们的意志出现了;但却从未说明是谁在哪里引入了这些东西。而且,假如这个命令与服从是人们的意志带来的,与上帝造人时设立的自然权利和自然法相反,那它就不可能在任何时代和世界各地持续,而在某些地方,人们将重回他们的自然自由。①

　　与霍布斯不同,瓦兹奎兹认为,人能够回到他们的自然自由——没有任何法律被永久加在他们的意志之上——而且人们还积极地期待这种回归。尽管柯克与瓦兹奎兹一样认为,如果政府是人类意志的产物,那么政府就可以被解散,但是他并不认为,"没有任何地方的人们重回他们的自然自由"这个事实足以证明从来不存在这种情况,也不足以证明政府不是人类的一项发明。

　　故而,柯克把霍布斯的政治理论主要视为一个来自罗马法的论证(尽管是错误的论证)。本章的剩余部分将致力于表明,他并未因此误解文本的含义:尽管得出的是相反的结论,但只要把霍布斯的文本解读为具有与瓦兹奎兹相同的企图,那么它们将就呈现出一个关键的含义。

　　正如我们在上一章所见,瓦兹奎兹在《频发而又著名的争议三论》中把人的原初状态设想为一个放任的自然自由状态:人的自然处境既免于囚禁又免于[208]奴役。没有人生活在锁链中,因为没有人具有支配他人的本能;没有人负有义务,因为支配的本能还没有使得任何契约或"人为的防卫"变得必要。尽管当下

---

① 《权力与服从的本原》,"评霍布斯先生的《论公民》",页29。

人们通常既在囚禁之中又在奴役之内,但他们仍然保留逃脱二者的可能。他们现在就享有一定程度的自由——所有权——这是那项自然能力的残余,尽管有着次要自然法和市民法对于权利和力量强加的诸多禁止。这整个建构都基于从法律上将自由定义为自由的能力,被威瑟姆贝克称为绝对权,它存在于意志和灵魂中。

我们还在17世纪早期格劳秀斯的一个同代人,荷兰《学说汇纂》现代运用法学家吕克拉玛(Marcus Lycklama of Nijeholt,1570—1626)那里发现了对自由的这种解释。吕克拉玛来自佛里斯兰省,是一位颇有声望的法学家,在海牙的议会里活跃了很多年。① 他的《权利之表》在1608—1609年首次出版于弗拉纳克,总共分成若干"片段"(Eclogues),其中一个致力于讨论安东尼诺的自由定义。他根据身体和灵魂的区分,在力(vis)与权(ius)之间进行了划分:"自由人因自由而得名……那是一个人去做他想做的事,除非被力(身体的能力)或权(心灵的能力)所禁止的自然能力。"② 自由,即做一个人愿做的事的能力,可以被两个东西所阻碍,即另一个人的力量或者另一个人的权利:言外之意是,前者,即身体的能力,阻碍"做"(the doing),而后者,即灵魂的能力,阻碍"愿"(the will)。去做一个人所愿之事的绝对自由是自然自由或自由自在,这对于动物和人类来说都一样常见:"自由包含在自然权利中……这是人和所有动物都共有的;因为其余的动物也享受着自然自由……乌尔比安称之为自然放任。"③ 与动物一

---

① 关于他生平和著作的简介,参见R. Dekkers,《比利时司法藏书》(*Bibliotheca belgica juridica*, Brussels 1951),页105。
② Marcus Lycklama,《权利之表》(*Membranarum iuris libri septem*, Leeuwarden, 1644),第4卷, Ecloga xi,页143:"Liberi a libertate appellantur... quae est naturalis facultas ejus, quod cuique facere libet, nisi, si quid vi(facultas corporis) vel jure(facultas animi) prohibeatur."
③ 同上:"Libertas jure naturali continetur... quod homini cum omnibus (转下页)

样,人也会被捕获;但是同理,倘若他们得以逃脱,他们也会重新获得自己的自然自由:作为战争的结果,"自由人被变卖为奴,然而[209]如果他们逃脱了敌人的掌控,他们就会赢回先前的自由……这有点像可以在其他动物身上观察到的那种权利。因为当我们抓住这些动物,它们就会被视为我们的,只要它们还在我们的控制中;但是假如它们逃脱了控制,再次回到了自己的自然自由,那么它们就不是我们的了。"①

因此,自然自由既是身体的一个状态,也是灵魂的一个状态。但是,在吕克拉玛看来(瓦兹奎兹也一样),在法学上更为重要的是灵魂自由(libertas animi),因为它还证成了摆脱外力控制,获得身体自由。吕克拉玛坚持认为,囚禁意义上的奴役并不破坏灵魂的自由,后者被他等同于本质意义上的自然:奴役"是万民法的一个构造,据此一个人,就他是一个由身体(因为'身体'在其他地方实际上被用来指'人')构成的人而言,受到了一个异己的主人反自然(或灵魂的自由)的压制……因为不可能不存在此类对自然的所有权或占有,就像不存在对身体的自然的所有权或占有,凭借其力量,弱者服从强者,怯懦服从勇敢。"②"自然权利不需要自由的身体,而是需要自然的自由,它……并没有

(接上页注③)animalibus commune est; quia libertate naturali gaudent et cetera animalia... quam Ulpianus vocat naturalem laxitatem."。

① Marcus Lycklama,《权利之表》(*Membranarum iuris libri septem*, Leeuwarden, 1644),第4卷,Ecloga xi,页143: "liberi quoque homines in servitutem deducantur, qui tamen, si evaserint hosium potestatem, recipiant pristinam libertatem...ad similitudinem quandam iuris, quae observatur in ceteris feris animalibus. Haec quidem ubi cepermus, eo usque nostra esse intelliguntur, donec nostra custodia coerceantur: cum vero evaserint custodiam nostra et in naturalem libertatem se receperint, nostra esse desinunt."。

② 同上: "[Iure servitutis:] quae est constitutio Iurisgentium, qua quis, qua homo corporeus(siquidem corpus alibi pro homine sumitur...) domino alieno contra naturam, seu libertatem animi, subjicitur... cum nullum naturae vel dominium vel possessio esse possit, sicuti corporis, cujus vi homo imbecillior paret potentiori, vecors, generoso."。

被万民法夺走,通过万民法,人在身体方面的地位和状态会被改变。"① 因此,"战争的凶残会迫使灵魂的自由岌岌可危,但并没有根除它"。②

在整个《法律原本》(The Elements of Law)、《论公民》和《利维坦》(英文版和拉丁文版,特别是拉丁文版),霍布斯都使用了"自然的自由"(liberty of nature/libertas naturae),和"自然自由"(natural liberty/libertas naturalis)这些术语。然而,非常奇怪的是,这些术语从来没有得到本质性的定义,尽管事实上到了写作《利维坦》的时候,霍布斯确实已经开始非常[210]明确地定义"自由"和"自然权利"。霍布斯可能使用"自然自由"或"自然的自由"宽泛地指人的自然状况;③ 他也可能用它专指身体的自由;④ 他也可能将它等同于自然权利,"Jus Naturale"。⑤ 在《利维坦》中,这个术语显露了自己瓦兹奎兹式根源,它是指某种个体"回归"(redire)或者"重返"(relabi)政治国家的东西:"那些在一个君主治下作为公民的人,能够凭借权利……既不摆脱君主制,也不滑回自然的自由";⑥ "倘若君主宣布放弃他和他的继承

---

① Marcus Lycklama,《权利之表》(Membranarum iuris libri septem, Leeuwarden, 1644),第4卷, Ecloga xi,页143: "Ius vero naturale non requirit corpus liberum, sed naturae libertatem, quae, quatenus eam natura duce simul cum luce haustam contemplamur, luregentium non tollitur, quo duntaxat status hominis et conditio quoad corpus mutatur."。
② 同上,页144:"Libertatem igitur animorum in angustum redigit belli immanitas, non extirpat."。
③ 例如,在《法律原本》中,滕尼斯编订,第2版, M. M. Goldsmith导读(London 1969),第14章,页73:"在这种自然状态中,人的地位即是战争的地位。"
④ 例如,在《利维坦》中,第21章,页147:"自然自由,才可以恰当地称之为自由。"
⑤ 例如,在《利维坦》中,第26章,页185:"自然的权利,换言之,即是人的自然自由。"
⑥ 霍布斯,《利维坦》, Opera philosophica quae latine scripsit omnia,第3卷, W. Molesworth编(London 1841),页32: "qui sub monarcha cives sunt, neque monarchiam rejicere neque ad libertatem naturae relabi... jure possunt"(可以对比瓦兹奎兹的相反材料,前文,页196:"ei renunciare atque ab ea recedere (转下页)

人的最高权力,公民就会重返绝对的自然自由"。①但是,最为重要的是,他们仍继续留在公民状态中。②

接下来在行文中,笔者希望说明,霍布斯的"自然自由"主要是法学家所谓的自然自由(naturalis libertas)。它是指一个人做他所愿之事的自然能力,是霍布斯所定义的自然的权利,而且它主要就是法学家所谓的灵魂能力(facultas animi)。它是确切表达一个人的恰当意志,运用一个人具有的与那种意志相符的权力的可能性,而且仅仅运用力量并不能完全使之消除。笔者相信我们可以证明,在几乎每个使用"自然自由"或"自然的自由"的地方,霍布斯心中想着就是这样一个概念:他对这个概念的调用受到它在法学话语中扮演的角色的影响。就它是霍布斯的论证中的一个关键概念而言,这个论证在根本上属于[211]法学传统,并且引入了法学上的两项区分,一个是自由和自然的区分,另一个是奴役(servitus)和技艺(artificium)的区分。

然而,霍布斯的文本还包含另一个论证。这是一个关于本质上的"自由"('liberty' per se)而不是一个关于"自然自由"的论证。这是霍布斯定义为物理运动不存在外部阻碍的那种自由,而且正如斯金纳最近指出的那样,它在霍布斯那里变得愈发重

(接上页注⑥)[subditis] liberum esse par est, sicque ab ea subjectione poterunt se in suam laxitatem recipere")。英文版的《利维坦》写道:"they that are subjects to a Monarch, cannot without his leave cast off Mornachy, and return to the confusion of a disunited Multitude" (Lev., p. 122)(可译为"一个君主的臣民,不得到君主的允许,便不能抛弃君主政体、返回乌合之众的混乱状态");此处与许多地方一样,拉丁文著作揭示了霍布斯思想当中属于法学传统的元素,是一个拉丁文的对话。

① 《利维坦》,拉丁文版,页169:"Si monarcha summae potestati pro se et haeredibus suis renuntiet, redeunt cives ad libertatem naturae absolutam."。
② 《利维坦》,页146—147。亦可参见后文。笔者对霍布斯坚持这点的理解在很大程度上受惠于斯金纳的近期文章,《托马斯·霍布斯论自由的本意》"Thomas Hobbes on the proper signification of liberty",载于 Transactions of the Royal Historical Society (1992),页121—151。

要。①这个定义将自由视为一种躯体能力(facultas corporis)而非灵魂能力。这并不是一个源于法学传统的概念——笔者将会指出,霍布斯也不是特别确定,这个概念如何能够与他从自然自由传统引入的那个概念相契合。最终的结果是,一方面区分自然的与物理的,另一方面区分人为的与意志的。但是,这个二分法与法学家的那个二分法并不一致。笔者将证明,霍布斯政治理论当中有关自由的那些难题——在《利维坦》第21章这个著名章节体现得最为明显——源自霍布斯的这两条论证路线的不相容。

《法律原本》给出了对霍布斯的自由、义务和权利概念最清晰的基本解释。这是霍布斯对自己的政治论证的首次且(正如此书标题所示)最具法学意味的概述。在这个书中,我们最先在他解释我们怎样决定自己是做这个行为还是那个行为时,遇到了自由这个概念:

> 在我们掌握着做或不做的整个行为期间,嗜欲与恐惧二念交相攻伐,我们称之为斟酌(DELIBERATION)。赋予它这个名称是因为定义的那个成分,只要它在持续,我们所斟酌的行为就处于我们的掌握之中;只要我们有做或不做的自由:斟酌预示着自由的剥夺。②

按照霍布斯的说法,只要一个行为既非已完成亦非做不到,那么它就处在我们做或不做的权力中。③自由在形式上被定义为

---

① Skinner,《托马斯·霍布斯论自由的本意》。
② 《法律原本》,页61。关于自由(和义务)在霍布斯理论中的地位还有另外一种解释,它同样把霍布斯有关意志的斟酌的解释置于优先地位,参见W. von Leyden,《霍布斯与洛克:自由与义务的政治学》(Hobbes and Locke: The politics of freedom and obligation, London, 1982)。
③ 《法律原本》,页61:"直到那个行为要么已经完成,要么某个偶因的介入使其不可能之时。"

做或不做那个行为的自由。而且,在我们做出决定的过程中,我们往往会终止自己的自由。这种斟酌过程——解除我们自己的自由——最终止于意志:"斟酌时的最后嗜欲,[212]以及最后恐惧,谓之意志(WILL)。即是说,去做的最后嗜欲,不去做或不作为的最后恐惧。"①因此,意志是回溯性地通过行为的产物来定义的:一个不附随行为的"意志"不是意志,而仅仅是一个倾向,因为很显然,鉴于此人还没有做出相关的行为,相关个体仍有做或不做的自由。②意志是斟酌的终点,自由的最后消失,因为从定义上说,意志直接产生一个行为,一个"做",意志无法做或不做的自由并存。因此,"其实是一个东西……意志和最后的意志:因为尽管一个人以语言或文字表达了有关处理自己物品的当前倾向和嗜欲;然而,这不能被视为他的意志,因为他仍然享有另做处置的自由;但是,当死亡夺走了那种自由时,这就是他的意志了"。③

因此,做或不做的自由是那种尚未对此作出斟酌的状态,尚未形成一个意志的状态。奇怪的是,把意志视为斟酌终了的嗜欲,霍布斯在最先表述这个观念时本应受到对立遗嘱人自由的思考的激发。正如我们在上一章所见,激进自由的法律词汇的发展恰恰受到这个问题的极大激发,"任何人都不能针对他自己的意志,制定一条他无法合法退出的法律"这句格言——原本用来描述立遗嘱人的自由——在瓦兹奎兹的国家解体理论中找到了政治上的用武之地。这是一个有关任意自由的传统:按照自己的一时兴致(ad libitum)行动的可能性。

霍布斯不认为这个意志具有实体性存在(substantive being),

---

① 《法律原本》,页61:"直到那个行为要么已经完成,要么某个偶因的介入使其不可能之时。"
② 参见《利维坦》,页45。
③ 《法律原本》,页61—62。

故而不能用自由(freedom)来指称它，因为霍布斯认为自由(liberty)仅仅属于身体。就此而言，霍布斯的构思当然不同于法学家。因此，一个人的自由——这个人通过意欲一个东西而不是另一个东西终结这个自由——不是意志的自由，而是那个人(此人尚未做出意欲)的自由。这个自由是自由决断(liberum arbitrium)："自由决断……不是那个意志的自由，而是属于正在意欲的那个人的自由。"①霍布斯坚持认为，说意志本身是自愿的——我不能意欲去意欲(I cannot will to will)——毫无意义，而且说激情是意志也没有任何意义。②因此，不可能存在这样一种自由的定义，它假定某个人可以[213]以意欲这个或那个："当我们说某个人有做这或做那的自由决断时，永远都应结合"如果他意欲的话"(if he will)这个条件来理解；因为下述说法是荒谬的，即：无论他意欲与否，此人都有做这或做那的自由决断。"③自由即是做一个人想做之事的自由。④

在定义了自由和意志的后，霍布斯接着深入思考什么样的行为可以被说成是自愿的行为或者"在意志中具有起点"：

---

① 《利维坦》拉丁文版，页160："Liberum denique arbitrium, non voluntatis libertas sed volentis est."。
② 《法律原本》，页63。
③ Thomas Hobbes,《论人》(De homine)，收录于 *Opera philosophica quae latine scripsit omnia*，卷2, G. Molesworth编订(London 1839)，第11章，页95："Quando dicimus liberum esse alicui arbitrium hoc vel illud faciendi vel non faciendi, simper intelligendum est cum apposite conditione hac, si voluerit; nam ut quis liberum arbitrium habeat faciendi hoc vel illud utrum velit necne, absurde dicitur." (italics in the original)。
④ 对自由和意志的这种态度是霍布斯最为强烈和一以贯之的哲学立场之一。它根源于霍布斯的唯物主义的哲学前提。然而，霍布斯的整个著作都打算把意志当作具有实体性存在的东西——当他把臣服立约定义为呈交个体意志和判断于主权者的意志和判断(前文页205，以及后文页228)。当他以这种方式讨论时，应当把他理解为是在以"意志"指涉所有动物斟酌自身的能力，即，终结他们自身的自由；而且，这就是笔者在阐明霍布斯文本使用"意志"这一术语所具有的意义。

第六章 下一世纪的自然自由:以霍布斯为例

自愿,例如一个人凭嗜欲或恐惧而行为;不自愿,例如他依自然的必然性而行为,例如当他被推或坠落,从而有助于他人或伤害了他人时;混合的情况,例如二者兼而有之……他的一个例子是把自己的货物从船上扔进海里挽救他自己。这完全是一项自愿行为:因为这里没有任何不自愿,只有选择的艰难,而这并不是他的行为,而是风的行为;与逃离危险绝不违背他的意志(他没有其他保存自己性命的手段)相比,他的所作所为没有更违背自己的意志。①

文中讨论的"例子"来自亚里士多德,②但是,恐惧是否削弱了意志这个问题是罗马法评注者频繁触及的话题。德西乌斯(Philip Decius或者Filippo Decio,1454—1535)这位16世纪最具影响力的《法律规则》(Regulae iuris)评注者是这样论证的:

被强迫的意志仍然可称为意志,倘若暴力其实并未施加,而是附条件的:例如,除非你这么做,否则我会杀了你。因为在这种情况下,那个人选择那样做而不是去死,他的意志是存在的……下述情况就不一样了,即:某人被迫去做某事,因为那时他没有以任何方式表示同意:因为毋宁说他是在遭罪,而非在采取行动。③

---

① 《法律原本》,页63。
② 《尼各马可伦理学》,1110a。
③ Philippus Decius, In tit. ff. de regulis iuris (Lyons 1553), Reg. iur., iv, n. 6: "voluntas coacta voluntas dicitur, quando violentia praecise non infertur, sed est conditionalis: puta: nisi sic feceris, te interficiam. In eo enim quod elegit ita facere potius quam mori, eius voluntas est... Secus quando quis praecise cogitur aliquid facere, quia tunc nullo modo consentire videtur: quia potius dicitur pati, quam agree."。关于《法律规则》在文艺复兴时期的使用情况,参见P. Stein,《法律规则:从权利义务规则到法律格言》(Edinburgh 1966),第9章,关于Decius,同上,页162。

[214]"被强迫的意志仍然是意志"这是一个被广泛使用的法律格言。然而,德西乌斯接着限定了自己的说法。在他看来,一个被强迫的意志不是一个自发的(spontaneous)意志(取决于"自发"的含义是什么)。因此,被强迫的意志,尽管无疑也是意志,但还是与没有任何强迫的情况有所不同。①但是,威瑟姆贝克在他的《论强迫》(Paratitla)当中给出了一个更加强硬的解释。他在一个讨论当中区分了强力(vis)与恐惧(metus),这个讨论(在旁注处)提请读者参阅亚里士多德的阐述:

> 强迫是一个比较大的物的攻击,无法抵制它:这就像,保证金、货币等被从一个人那里通过不可避免的暴力被夺走一样……因为当某个东西被暴力扭曲时,行为的根源就来自于另一个地方,是来自外部的:也不能说它发生在受难者的意志那里,就像不能说船只因风暴而撞上了岩石是水手的意志一样。但是,倘若某件事是因为惧怕即将发生的暴力或危险而发生,例如,给予、交付或者承认某个东西,那么行为的根源就在受难者之内:这个行为来自一个没有受到阻碍的判断,也来自一个选择较小的恶的意志。在这种情况下,事实上,一个被强迫的意志仍是意志,在法律的严格意义上具有约束力。②

---

① Philippus Decius, In tit. ff. de regulis iuris (Lyons 1553), Reg. iur., iv, n. 6: "voluntas coacta voluntas dicitur, quando violentia praecise non infertur, sed est conditionalis: puta: nisi sic feceris, te interficiam. In eo enim quod elegit ita facere potius quam mori, eius voluntas est... Secus quando quis praecise cogitur aliquid facere, quia tunc nullo modo consentire videtur: quia potius dicitur pati, quam agree."。关于《法律规则》在文艺复兴时期的使用情况,参见P. Stein,《法律规则:从权利义务规则到法律格言》(Edinburgh 1966),第9章,关于Decius,同上,页162。
② Wesembecius,《论强迫》(Paratitla),页143 (on D. 4, 2, 'Quod metus causa gestum erit'): "Quod metus causa gestum erit'): 'Vis est maioris rei impetus, qui repelli non potest: ut cum inevitabili violentia chirographum, pecunia etc. alicui (转下页)

第六章　下一世纪的自然自由：以霍布斯为例

威瑟姆贝克没有区分直接的意志(voluntas simpliciter)和自发的意志(voluntas spontanea)。简而言之，一个意志就是一个意志——并且具有约束力。①

因此，霍布斯《法律原本》第12章的论证的精髓是，一切来自斟酌这个活动的行为都是自愿行为。而且，所有这类行为都是有自由做或不做的那个个体的行为：因为如果没有那种自由，斟酌就无法理解。

我们接着遇到的是第14章的自由概念，[215]讨论"我们的本性把我们置于何种安全状态"。霍布斯论证说，"人们将运用自己的自然力量和能力称为权利，或'jus'，或无可非议的自由，并不违背理性。因此，这是一项自然的权利：每个人都可以运用自己的所有力量，保存他自己的生命和肢体。"②以任何方式确保实现这个目的自由或权利，产生了对所有一切必要手段的权利；③但是，这种对所有一切的权利不过是针对所有一切的行动自由："每个人都自然地享有对所有一切的权利，这就是说，针对他愿意针对的人做他愿意做的任何事，去占有、使用和享受他所能占有、使用和享受的一切东西。"④这种状态是"自然自由"，⑤其中每个个体都"有自由做，不做，斟酌，只要他愿意他就进行斟酌；每个肢体都服从整个人的意志；那种自由不过是他的自然权

（接上页注②）eripitur... Cum enim violentia quid extorquetur, principium actionis aliunde et extrinsecus venit: nec magis dici id potest voluntate patientis fieri, quam volente sit nauta, cum tempestate ad scopulum navis alliditur. At ubi impendentis violentiae periculive metu quid fit, puta datur, trahitur, conceditur, tum intus in patiente existit actionis origo: quae a indicio nequaquam impedito, et voluntate minus malum eligente proficiscitur. Quo casu verum est quod dicitur, voluntatem coactem esse voluntatem, et iuris rigore obligare."。

① 参见后文，页216。
② 《法律原本》，页70。
③ 同上，页71。
④ 同上。
⑤ 同上，页72："人在这种自然自由中的状态是战争状态。"

力，如果没有它，此人就不过是一个无灵魂的造物，无法帮助自己"。①因此，自然自由就是我们在第12章看到的那种自由，它是这样一种状态，人们尚未斟酌自己将以何种方式运用自己的力量。它是"自然业已赋予(一个人)的自由，以其自身的意志和权力统治自己的自由"。②

纵观霍布斯对自由的阐述，着重点在于个体自身的意志，即他自己就是他的斟酌的来源这个事实。一切有生命的东西(隐含)共有的(commune omnibus animantibu)就是法学家所讲的自然自由或者自然的自由自在(naturalis laxitas)。它的反面是正在被斟酌的状态，或者具有一个意志(having a will)的状态。然而，与我们所看到的法律传统不同，霍布斯没有把自然自由状态视为一个无罪故而和平的黄金时代。在霍布斯看来，自然自由状态是一个战争状态，因为每个个体的自由都与其他人的自由冲突。如果我是自己的任性斟酌者，那么我的意欲很可能与你的意欲不相容，从而导致个体之间的争吵。③因此，脱离[216]自然的战争状态的方式在于一定的斟酌，从而协调若非如此则会相互冲突的诸多意志。换言之，个体处于这样一个自由处境中，他们回应意志冲突的自然而然且首要的方式是企图损害他人：具体来说是损害他人的身体；接着会意识到来自他人相似反应对他们自身身体福祉的威胁。霍布斯整个政治理论基于下述观念，即：个体如此关

---

① 《法律原本》，页116。
② 同上，页79。
③ 限于篇幅，这里无法讨论是什么使得霍布斯的自然状态产生冲突的各种解释，只需指出霍布斯暗示主宰的欲望是原因之一就足够了，例如，在《利维坦》，章17，页117："人类(他们天生爱好自由和主宰他人)在引入那种对自身的束缚时(我们看到他们生活在国家之中)，是预想要通过这样的方式保全自己……也就是说，要使自己脱离战争的悲惨状况……这种战争状况便是人类自然激情的必然结果"(强调是笔者添加的)这里所说的"悲惨状况"是一个与瓦兹奎兹在时代堕落当中所看到的并无二致的状态，那时人类像以前一样拥有相同的自由(libertas)和自在(laxitas)，但却企图用它主宰他人，于是就产生了战争。

切不让他人伤害自己的身体,以至于改而打算允许他们进入自己的意志。意志的这个决定构成了霍布斯的义务观。①

霍布斯在《法律原本》中指出,一个个体既可以被法律约束,也可以被自己订立的信约(covenants)约束。所有这些——正如我们本应从自然自由的对立面所期待的——都可以影响个体意志:但是,两者以不同的方式来影响。一个信约是契约的一个具体类型,个体通过它同意放弃自己的极端自由(或者说,对一切东西的权利)的一个部分,换取有利于自己的东西。不管个体是完全放弃那种权利,还是把它转移给接受它的另一个具体个体,他所做的都是宣告他的意志:要么是"不再去做那种行为,那是他此前有权做的",要么是"不去根据那种他在转移它之前享有的权利,抵抗或者阻碍(特定的他人)"。② 一个信约就像斟酌的最后一个行为,意欲以某种方式而不是另一种方式行为,因此类似于在那个行为上结束自然自由。霍布斯清楚地表示,尽管契约通常从权利交换的角度予以表达,重要的是谨记,受到影响的是每个个体做或不做的自然自由:"因为,鉴于每个人自然地享有对一切东西的权利,一个人不可能向另一个人转移任何他此前不享有的权利。所以,一个人在转移权利时所做的一切都不过是宣告意志,忍受他,那个他向其转移了自己权利的人,使其受益,不去干扰。"③

在霍布斯看来(威瑟姆贝克也一样),意志的宣告产生[217]了义务。负有一项义务即是具有一个意志。霍布斯在同一章探讨信约时指出:

---

① 因此,义务总是而且按照定义仅仅是为着肉体生命和自由之故。倘若肉体生命和自由受到威胁,义务就荡然无存。也可以参见Malcolm,《霍布斯与意志论神学》,页160—164,在他看来立约的"道德"义务植根于自我保存的审慎诫命。
② 《法律原本》,页75—76。
③ 同上,页76。

在所有存在信托(trust)的契约中，被信托人的允诺被称为信约。尽管这只是一个允诺，着眼于将来，但当时间到来时，它将转移权利，不亚于一个真实的捐赠。因为它是一个明显的标志，表示他确实会履行，被理解为信托人的意志，也会履行它。因此，允诺，基于互惠的考量，是意志的信约和标志，或者说是斟酌的最后一个行为，由此，允诺或不允诺的自由就被剥夺了，义务随之产生。自由停止的地方就是义务开始的地方。①

当我立约时，我就对另一个人做出我的意志表示，在未来的某一时刻实施一个特定的行为。信约就是宣示我的意志；但是，构成了我的义务的是具有意志本身，而不是我业已立约这个事实。信约只是我的斟酌的标志。②因此，我在一个信约中约束自己，就像我在达成任何决定时约束自己一样。此外，与威瑟姆贝克一样，霍布斯并不认为恐惧使得信约无效："它并不因为被恐惧所扭曲而无效。因为没有任何理由说我们依恐惧而行为应当比我们为贪婪而行为更不确定。因为，对于二者来说，双方的行为都是自愿的。"③

霍布斯认为，任何类型的契约都不同于馈赠(free gift)。契约是以某种互惠利益作为回报的权利转让；至于馈赠，权利作为恩惠被转让，不要求任何回报。就后者而言，对意图的言语宣告——允诺——并不等同于对意志的宣告："他给出了允诺，没有做出斟酌而只有情感罢了，只要他还未给出允诺的东西，他就

---

① 《法律原本》，页78。
② 格劳秀斯在《论战争与和平法》II, xi, 4, 2—3提到契约的行为是"灵魂斟酌的标志"(signum deliberate animi)。然而，与霍布斯不同，他没有给出什么是这个"灵魂自由"(libertas animi)的解释，它以意志的行为结束。
③ 《法律原本》，页79。

仍在斟酌,取决于他的情感动机继续发挥作用或者降低影响;而且正在斟酌的他尚未开始意欲,因为意志是他的斟酌的最后一个行为。"① 从某个层面来说,下述这点难以理解,即:为何斟酌相应利益会如此影响行动的宣告:不管一个人是否坚持从中获益,他难道不都同样是在意欲吗?但是,如果我们谨记订立契约的目标,这里的要害很清楚了。通过契约——个体走出自然状态的途径——[218]个体试图进入他无法在自然状态中控制的那个东西:另一个人的意志,即这个人的自由。原因在于,在自然状态中,无论个体可能对另一个人占有的物品或者甚至对他这个人做什么,他都无法剥夺这个人的自然自由,这个人的权利,即做自己所欲之事的自由。馈赠就像自由动作(free action),它并不把改变另一人的自然自由或权利作为目标。因此,直到一个人实际给出允诺的东西之前,他所意欲的整个允诺都仅仅只是他想去这么做的持续欲望的表达,这当然不会以任何方式影响他的自由。契约则不同,因为在这种情况下,相关个体打算进入另一个人的意志,此人的自由,而只有当他允许他人也进入他自己的意志时,他才能做到这点。因此,在这些情况下,对另一个人宣告意图就是在宣告意志,标志着一个人已经斟酌过了并因此受到约束。这也解释为何霍布斯认为"所有义务都可以通过义务履行方的意志来决定"。② 这不仅仅是因为个体通过斟酌结束自己的自由,就像他在任何自由行为中做出决定那样。而是说,他允许另一个人计入他的自由,如其所愿地终结或不终结他的自由。一项信约与一个行动决定存在差别。在前一种情况下,相关个体并非单纯地约束自己以某个特定方式行动:他针对另一个人(即订约人)约束自己。

---

① 《法律原本》,页77。
② 同上,页79。

霍布斯对这一点的坚持是人所共知的：在普遍战争的状态中，个体基于相互信任的信约的履行没有任何保障，故而这些订约是无效的。因此，个体在那种条件下试图进入另一个体的自然自由的努力会失败，他们仍有可能遭到攻击和"本质的毁灭"。因此，如果他们想要维持生存，那么一大群个体必须形成一个支配一切的联合，"它被定义为……在一个人或一个议事会……的意志中包含或囊括许多人的意志"。① "形成联合在于，每个人都通过信约，针对同一个人或同一个议事会，约束自己……去做个人或这个议事会命令他们去做的行为；不去做他或他们禁止或者命令他们不去做的行为。"② 人与人之间的联合通过义务实现。它是非自然的——"人与人之间的和睦是人为的，并且通过信约实现"③——正如[219]上一章的那些法学家所说的，"没有任何奴役具有自然原因"。每个个体都必须订立的普遍信约具有悖论性：它是意志宣告让自己这个意志被另一个人宣告。义务，即接受另一个人的意志，就是法律。但是，那种义务仅因为一个先前的立约——即宣告自己的意志——才是一个义务："无论对于一个人来说法律是什么，都必须尊重另一个人的意志，并尊重此人的意志宣告。但是，一个信约是宣告一个人自己的意志。因此，法律不同于立约。尽管它们都具有义务性而且法律不过是凭借某种受制于某个信约的订约人来约束人，但是它们是通过多种允诺实现约束。"④ 按照奥克肖特（Michael Oakeshott）的说法，这种所有义务都由自己主动承担的观点是"霍布斯关于道德责任的最深刻的信念"。⑤

---

① 《法律原本》，页103。
② 同上。
③ 同上，页102—103。
④ 同上，页185。
⑤ M. Oakeshott,《霍布斯笔下的道德生活》（"The moral life in the (转下页)

第六章 下一世纪的自然自由：以霍布斯为例   283

有人反对霍布斯的理论说，这个理论意味着，倘若一个人意欲守法，他就可以自由地守法。① 但事实并非如此。霍布斯把意志定义为行动之前的最后一个嗜欲。一个自由动作是一个意志行为的直接结果。但是，守法行为却不是这样，因为相关的意志行为是"尊重另一个人的意志"从而将其视为法律的原始信约。法律家在评论《法律规范》时通常会讨论自由与法律之间的这个关系："服从父亲或主人的命令的人不被认为可以意欲（to will）"。16世纪的评注者在这里讨论了某个人因约束或被迫去这么做而服从的情况。因此，德西乌斯写到：

> 请注意：一个按照父亲或主人的指令去做一个行为的人，不被认为可以意欲；尽管他可能并没有真地被强迫服从，因为即使当主人发出了指令，奴隶还是能够拒绝实施……然而，通过服从做出的那个行为并不被称为自愿的行为……因为恰当地和真实地，他不被认为可以意欲；那个行为似乎也不是自愿的……因为自愿行为被说成是出于意志，来自心智的一个自由判断。②

哲罗姆表示同意：

> 更为一般地，德西乌斯对此的理解是，源自心智的自由判

（接上页注⑤）writings of Thomas Hobbes"），重印于M. Oakeshott,《霍布斯论公民联合》(*Hobbes on Civil Association*, Oxford, 1975)，页75—131，此处位于页112。

① 参见M. M. Goldsmith,《霍布斯论自由》("Hobbes on liberty"), 载于*Hobbes Studies* 2 (1989)，页23—39，此处位于页29。

② Decius, In tit. ff. de regulis iuris, Reg. iv, n. 1: "Nota quod non reputatur velle ille qui actum facit ex iussu patris vel domini: licet enim praecise non cogatur obedire, quia etiam iubente domino servus potest nolle adire... Tamen obtemperando actus ille non dicitur voluntarius... quia proprie et vere non dicitur velle: nec actus voluntarius videtur... quia ex voluntate fieri dicitur, quod ex libero mentis arbitrio proficiscitur."

断的东西可以被恰当说成是自愿发生的……[然而]我们并不能认为,服从父亲或主人命令的儿子或奴隶可以意欲:原因在于,存在限制他们的那种服从,他们没有意欲的自由……受到一个命令强制而发生的东西不能被说成是自发的。①

这恰恰是霍布斯在义务问题上的立场:意志被固定下来,因而心智趋向一系列选项的自由就被终结了。因此,以下质疑对于霍布斯无效:他的理论使得一个人可以自由地服从法律但却不可以自由地不服从法律。霍布斯式的臣民不是自由地服从法律,因为他们已经做出了斟酌。

《法律原本》给出的政治构造是一个依靠义务形成的意志构造。它是人为的构造,而自由则是自然的。这个理论的根基是当时的正统法学。霍布斯的难题不在于对义务的阐明,而在于如何解释对这些义务的违背。霍布斯意识到,在人类的自然处境中,某个立约人非常有可能违约——退出他的义务,表示不同的意志,采取其他行为。这种违背义务的行为取消了信约。②然而,按照霍布斯的阐述,个体被假定业已放弃了这么做的自由。因此,霍布斯就将违约——伤害或不公的实质内容——比作术语矛盾,比作一种悖谬:"因为,由于他否定自己之前坚持的声明,他就被认为陷入悖谬;那么,他通过激情做或不做那种他在立约之前允诺不做或做的事情,就被说成是行了不义……他违背信约,同

---

① Hieronymus Cagnolus, Omnium legume tituli ff. de regulis iuris copiosa interpretatio (Lyons 1546), 页32: "Dec. intelligit generalius quod voluntarie fieri proprie illud dicitur quod ex libero mentis arbitrio proficscitur... non [autem] creditur, velle filius vel servus qui patris dominique obsequuntur imperio: quia liberum non habent velle propter obedientiam cui astricti sunt... quod enim cogente imperio fit not potest dici sponte fieri."

② 《法律原本》,页79。

时既意欲做和不做一件事,这是一个显而易见的矛盾。"①因此,[221]"正如悖谬是辩论中的不公,伤害是交往的悖谬"。②但是,交往中的不义或悖谬是一个事实。这个事实消解所有义务并把某人带回自然自由:更为准确地说,这个事实就是这种消解。

交往或社会必然要面对多数自洽或只具有最低程度自洽(self-consistent)的人,他们常常解除自己的义务。正是在这里,恐惧发挥了作用。联合的信约必然包含一个不抵抗主权者的信约,确立针对所有臣民的"强制权"。③对这种权力的恐惧将驱使大多数人守护联合的信约并遵守法律:"无论是正义者还是不正义者都畏惧犯罪,但原因有所不同;不正义者因惧怕惩罚而放弃伤害他人,这就清楚地表明,他行为的正义性取决于产生惩罚的市民法;否则根据这些行为所由来的源头,它们在自然状态下就是不正义的。"④若没有强制力,建立国家的那项信约就是无效的,而且国家的法律"会把人仍旧留在自然状态和敌意状态。原因在于,如果看到大多数人的意志仅受恐惧支配,而且不存在强制力,那就没有恐惧了;大多数人的意志将服从他们的激情,诸如贪婪、肉欲、愤怒之类。他们打破那些信约,其余那些原本会守护信约的人也会处于自由状态,除了他们自己不存在任何法律。"⑤霍布斯的说法似乎表明,因恐惧而守法的个体也脱离了自然状态。但是,我们应当记得,霍布斯不遗余力地强调,恐惧并不影响自由,那种自由是自然自由或灵魂自由,所有生物的自由决断。隐含之意是,缔结了契约并仅仅因恐惧而遵守契约的人

---

① 《法律原本》,页82。
② 同上。
③ 同上,页111。在《法律原本》当中,霍布斯并未明确地说联盟的立约就是不抵抗的立约。
④ 同上,页83。
⑤ 同上。

仍然拥有自然自由：因为他守信的行为是恐惧引发的直接意志的结果。霍布斯的政治理论主要是关于这个恐惧机制，它促使人们遵守自己的义务。但是，按照他自己的原则，恐惧并未改变自然状态。到创作《利维坦》之际，霍布斯已经意识到，任何强度的恐怖都永不可能稳固公民社会避免重返自然——因为恐惧所导致的行为即是自然。①

在《论公民》中，自然自由(libertas naturalis)和自然权利(ius naturale)这两个术语的用法似乎遵从《法律原本》确立的风格。自然权利是"自由，每个人所享有的按照正确理性运用他的自然能力的自由"。②霍布斯的拉丁文措辞清楚地表明，这个概念来自法学家的自然自由(libertas naturalis)：它是私权(ius primaevum)，③凭借这种权利，"在纯粹的自然状态，或者在人们以任何信约相互约束自身之前，每个人对任何人做任何他想做的事都是合法的"。④正如霍布斯在第14章思考法律和协议时所言，"权利是自然自由，不是由法律构成而是由法律预留出来的东西"。⑤

在这后面一章，霍布斯设想了一种逐步被一系列法律限制的原初自然自由。"拿掉法律，自由就是完整的；它首先被自然法和神法限制；市民法进一步限制剩下的；市民法留下的又被特定的市镇和社团的章程限制。因此，在法律和权利之间存在巨大的分割；因为法律是约束，而权利是自由，他们作为对立面是不同

---

① 《利维坦》，页232。
② 《论公民》(*De cive*)，H. Warrender编订 (Oxford 1983)，页94。
③ 同上，页130："quamdiu cautio ab invasione aliorum non habetur, cavendi sibi quibus-cunque modis voluerit & potuerit, unicuique manere Ius primaevum."。
④ 同上，页95："in statu merè naturali, sive antequam homines ullis pactis sese invicem obstrinxissent, unicuique licebat facere quaecunque & in quoscunque libebat' 'naturalis facultas quod cuique facere libet."。
⑤ 同上，页207："Est autem ius, libertas naturalis, à legibus non constituta, sed relicta."。

的。"① 因此，公民享有的自由是自然自由的残余，他们斟酌自身的自然自由，而不是被法律斟酌的自然自由。正如《法律原本》所讲的，自然自由被协议和法律终止：但是法律还是仅仅通过一个在先的应服从的信约而约束人。② 因此，就像在《法律原本》中的一样，义务仍然主要在于个体自愿赞同限制自己的自由。

但是，霍布斯第一次将他的法学语言与另一种自由论证融合是在《论公民》中。我们可以看到，在《法律原本》当中，他是何等想说，如果x是某人斟酌的直接结果，那么此人就具有去做或不做x的自由，故而是自愿的。一个人根据自然，自然而然地，处于自由状态：这是他作为一个活物（animate）而非一个死物（inanimate）享有的自然权利。义务[223]与自由相反，因而是人为的。尽管霍布斯在那里把物理链条（physical chains）视为"自然纽带"③——这意味着，他可能把信托的义务或纽带视为人为的纽带——但是重要的是，他只是想说，这些纽带是人为的：它们不是基于人为自由而是基于自然自由的纽带。与之并行，霍布斯在《法律原本》中从未把"自然自由"这个短语作为"自然纽带"的对立面使用：它们的对立面直接是"自由"，而自由不是这么定义的。

霍布斯在《论公民》第9章引入了他有关本质上的自由（liberty per se）的论证。他这么做的动机似乎可以从他对这个主题的介绍中清晰地看到："通常来说，如果能够按照我们一时的兴致去做任何事情而又不受惩罚，这就被认为是自由；否则就

---

① 《论公民》，页207: "Remotis enim legibus, libertas integra est; hanc primo restringit naturalis lex, & divina; residuam restringunt leges civiles; & quae lege civili superest, restringi rursus potest, à conslitutiobus particularium urbium & societatum. Multum ergo interest inter legem, & ius; lex enim vinculum, ius libertas est, differuntque ut contraria."
② 同上，页206。
③ 《法律原本》，页128。

是奴役:这在文明社会中不可能发生,不可能在维持人类和平的情况下发生,因为没有命令的权力和强制的权利,就没有文明社会。"①也就是说,倘若人民大众坚持某种特定的关于自由是什么的信念,那么他们就总会抱怨说自己没有自由。因此,需要把自由重新定义为"不外乎是运动之阻碍的缺乏,那么,容器所装之水并非自由,因为容器是水的流动的一个阻碍,但是一旦容器被打破,水就获得了自由。而且,任何东西都或多或少拥有自由,这取决于它具有多大的运动空间。因此,某个被羁押在较大牢房的人比被羁押在较小牢房的人拥有更多的自由。"②按照这个定义,自由是纯粹的身体状态,可以指称任何具有身体的东西,而且霍布斯指出,"在这个意义上,所有奴隶和臣民都是自由的,他们并未被带上镣铐或被监禁"。

作为一种可以指称任何具有身体的东西的自由,身体自由(corporeal liberty)明显不等同于自然自由或自然的权利。然而也有迹象表明,当霍布斯为了政治理论竭力引入新要素时,他就开始放弃自然自由的法学概念。在讨论被缚的奴隶和未被缚的奴隶的差别时——[224]对应《法律原本》讨论"自然纽带"和"自由"的段落——霍布斯在《论公民》的第8章似乎把"身体自由"等同于"自然自由"。"并非每个在战争中被捕获,其生命被宽宥的人,都被认为与他的主人订立了一份协定:因为不是每个人都赢得了主人的信任,留给他那么多的自然自由,他可能会逃跑,或者可能怠于履行职责,或者只要他愿意就可以密谋伤害他的

---

① 《论公民》,页167:"Vulgo omnia nostro arbitratu facere, atque id impunè, libertas; id non posse, servitus iudicatur; quod in civitate, & cum pace humani generis fieri non potest; quia civitas sine imperio & iure coërcendi nulla est."。
② 同上:"nihil aliud est quam absentia impedimentorum motûs; ut auqa vase conclusa, ideò non est libera, quia vas impedimentum est ne effluat, quae fracto vase liberatur. Et est cuique libertas maior vel minor, prout plus vel minus spatij est in quo versatur; ut maiorem habeat libertatem qui in amplo carcere, quam qui in angusto custoditur."。

第六章　下一世纪的自然自由：以霍布斯为例

主人或给他造成损失。"①相反，一个订立了服役协定的俘虏赢得了他的主人的信任，"据此，主人给予他身体自由。除非有义务和协定的纽带介入，否则他不仅不可以逃走，也不可以杀死他的主人"。②在这些相邻段落中，霍布斯以相同方式使用"自然自由"和"身体自由"："自然自由"被理解为这样一种自然自由，而这里的"自然"等同于"身体"。

　　回到第9章有关自由的定义，霍布斯在这里继续坚持说：运动只能被"外部和绝对的"障碍之外的其他障碍阻止，即"任意的"障碍，它们只是因为我们的选择活动才被算作障碍：没有什么能够阻止我们跳下船舱，除非我们无法希望这么去做。③在多大程度上缺少这些障碍，就在多大程度上自由：但是，自由蕴含着只指称拥有意志的东西。"而且，公民自由即在于此。因为没有哪个人，不管他是臣民、儿子还是奴隶，受到国家、父亲或主人提出的刑罚的阻碍，无论这些刑罚多么严厉，以至于他完全无法做……那些为保护他的生活和健康所必需的事情。"④

　　因此，这里的公民自由是这样一个领域，人们在其中可以任意行为而不担心被惩罚。而且，霍布斯的要点——对那些抱怨缺乏这种自由的人的答复——在于，无论何种统治，总是有空间使

---

① 《论公民》，页160—161："Non omnis bello captus, cuius vitæ parcitum est, pacisci cum domino intelligitur, quia non omni ita creditur, ut relinquatur ei tantum libertatis naturalis, ut vel aufugere, vel ministerium detrectare, vel machinari domino malum aut damnum aliquod, si cupiat, possit. Et serviunt quidem hi, sed intra ergastula, vel compedibus vincti."。
② 同上，页161："[fiducia] qua Dominus eum in libertate corporali relinquit, ita ut nisi intervenissent obligatio, & vincula pactitia, non modo aufugere, sed etiam Dominum... vitâ spoliare possit."。
③ 同上，页167。
④ 同上："Atque in hoc consistit libertas civilis; nemo enim sive subditus, sive filius familias, sive servus, ita civitatis vel patris vel Domini sui, utcunque severi, poenis propositis impeditur, quin omnia facere... possit, quae ad vitam et sanitatem suam tuendam sunt necessaria."。

臣民去［225］过一种人应当过的生活。这种自由既不是身体自由，也不是法学家所讲的自然自由的残余。原因在于，如我们之前所见，霍布斯的一个核心信条是，那些影响我们斟酌的因素，即导致我们以某种方式而非另外一种方式意欲的因素（此处，刑罚与特定行为相连），并没有限制自然自由，即被斟酌终结的那种自由。

《论公民》对自由的讨论以两种方式混淆了有关自然自由的法学理解。一方面，尽管霍布斯在这部作品当中从未直接称身体自由为"自然自由"，但有迹象表明，他确实可能把身体自由视为"自然的"自由。至于自然自由是身体自由还是做一个人意欲之事的自由，霍布斯颇为踌躇。另一方面，霍布斯还进一步把免于惩罚的威胁这个额外的元素加入到做一个人意欲之事这个观念之中。这个做法与法学传统以及霍布斯根据这个传统对意志行为的解释截然相反。我们可以看到，霍布斯在《利维坦》中没有在任何意义上，将免于惩罚的自由作为自由的一个元素。但是，《利维坦》延续了《论公民》对自然自由和身体自由之关系的混淆。

《利维坦》这部著作包含了霍布斯对自由概念的最直接的陈述。最近斯金纳令人信服地论证，英格兰的相关事件使霍布斯强化了《论公民》已经明确提出的反古典的自由定义，以便决定性地介入针对残缺议会统治的合法性的争论。① 霍布斯逐步将"自由的恰当含义"简化为外部阻碍的缺乏，以表明对残缺议会的质疑——把英格兰降低到在国王之下所经历过的奴役状态——是错误的。奴役，自由的缺乏，是那种在身体上被锁链锁住或者被强力拖住的状态。显然，残缺议会并未使英格兰民众处于这种状态。

纵然《利维坦》是霍布斯最侧重自由且态度最为鲜明的作

---

① Skinner,《托马斯·霍布斯论自由的本意》。

品,这本书也在霍布斯是如何理解这个术语的问题上,给我们带来了最大的困惑。从根本上来说,问题在于,尽管霍布斯似乎[226]纯粹以身体的角度界定自由——就如《论公民》中所做的那样,将其界定为身体运动之阻碍的缺乏——他却似乎允许那些针对自由的非物理性阻碍:具体来说,法律和信约。①

霍布斯在《利维坦》中给出了与《法律原本》和《论人》(De homine)相同的有关斟酌的解释:我们起初有这样一个自由的定义,它是指某人在即刻做出自愿行为之前的那个状态。然而,我们首先在第14章"论初级和次级自然法以及论契约"当中遇到了一个"自由"定义。在那里,自由与自然权利的定义并置:

> 自然权利,作家们通常称之为"Jus Naturale",是每个人都享有的自由,使用他自身的权力,如其所愿,为了保存他自身的自然;也就是说保存他自己的生命;因此做任何事情,只要是根据他自己的判断和理性,他认为是最适合实现那些的手段。
>
> 自由,根据这个词的恰当含义,它被理解为外部阻碍的缺乏;这些阻碍往往会夺走一个人去做他愿之事的部分权力;但是无法阻止他使用留给他的权力,按照他的判断,理性会指示他。②

---

① 例如,参见J. Roland Pennock的分析,《霍布斯的混乱的"清晰":以"自由"为例》("Hobbes' confusing 'clarity' – the case of 'liberty'"),载K. C. Brown主编,《霍布斯研究》(Hobbes studies, Oxford, 1965),页101—116。同一卷A. C. Wernham,《霍布斯理论中的自由和义务》("Liberty and obligation in Hobbes"),页117—139,论证了霍布斯不同"自由"含义之间的区分,还有D. D. Raphael,《论霍布斯》("Hobbes"),载于Z. Pelczynski和J. Gray主编,《政治哲学中的自由观》(Conceptions of Liberty in Political Philosophy, London, 1984),页27—38。
② 《利维坦》,页91。

这一段初看起来似乎是在表明,自然权利即是恰当含义上的自由。然而,仔细观察却会发现,这两个概念并不重合,而且作者并不打算将两者重合。自然权利是按照一个人的意愿使用他的权力——即去行为或去做——的自由。恰当地说,自由是外部阻碍的缺乏,它们之所以(隐含地)是阻碍,是因为它们减少了权力。但是,霍布斯接着说,这些阻碍的出现并不妨碍人们"使用留给他的权力,按照他的判断,理性会指示他"——这种自由正是自然权利。因此,物理阻碍并没有在本质上破坏自由(也就是自然权利)。因此,比方说,在自然状态中,一个被他人绑起来的人并没有失去挣扎和[227]逃跑的自由(自然权利),如果他能做到的话。他仍然能够依自己所愿地使用留给他的权力——自然权利,自然自由,正如我们在《法律原本》和《论公民》中遇到的那种,以及正如我们在《利维坦》第26章中遇到的:"自然权利,亦即人的自然自由"。① 这是自我斟酌的能力,它并向强力让步。在自然状况下,"每个人享有对一切东西的权利,甚至对彼此的身体";② 但并非"甚至对彼此的意志"。如吕克拉玛所言,"战争浩劫陷灵魂自由于危难,却没有彻底摧毁它"。任何数量的身体强力都无法把人带出自然状况:因为自然状况恰恰是这样一种状况,在其中,强力是我们的唯一依赖。

说明了这点后,霍布斯接着描述脱离自然状态的途径。他采取的方式与《法律原本》和《论公民》相同:不是通过限制身体,而是通过立约的斟酌,特别是建立主权者和国家的首要信约。他对建国的解释证实了身体自由与自然自由或自然权利的区别。在以力取得的国家(Common-wealth by Acquisition)的情况下,即"在主权权力以力取得的地方",人们单独地或集体地把他们自

---

① 《利维坦》,页185。
② 同上,页91。

己交给"那个人或大会,把他们的生命和自由置于其权力之下",因为恐惧。①这里并不是"胜利赋予了对被征服者的所有权,而是他自己的立约。也不是因为他是被征服的受到约束,而是因为他迁就并服从了战胜者。"②义务是因为被征服者的自我斟酌,那种改变意志自由的意志行为,而不是因为征服者对被征服者的身体实施的任何强力行为。被征服者立约服从——他强迫自己被约束——以换取"自己的生命,以及他的身体的自由"。③换言之,他赞同对自己意志的限制,以换取身体的安全和自由。就征服而言,这种安全和自由取决于征服者的权力,就像他的意志自由在相同程度上不取决于征服者的权力。倘若征服者不允许被征服者享有身体的安全和自由,那么,那些被征服者"不承担任何义务,可以打破他们的束缚,或者越狱;杀死,或者带走他们的主人的俘虏,正义地"。④ [228] 所有这些都不超出瓦兹奎兹和吕克拉玛在这个主题上必然持有的立场,而且取决于自然自由与身体自由的区分。

按约建立的国家(Common-wealth by Institution)同样揭示了,依赖自我斟酌来结束相关群众(multitude)的自我斟酌:

> 当一群人(a multitude of men)确实达成协议,并且每个人都与其他个人相互订立信约,不论大多数人把代表全体的人格的权利授与任何个人或许多人组成的大会时……赞成和反对的每一个人都将以同一方式对这个人或这个大会为了在自己之间过和平生活并防御外人的目的所做的一切行为和判断授权,就像是自己的行为和判断一样。这时国家就

---

① 《利维坦》,第20章,"论宗法和专制的所有权",页139。
② 同上,页141。
③ 同上。
④ 同上。

称为按约建立了。①

他们这么做就"承认这个人或这个大会，并放弃我统治自己的权利，把它授与这人或这个大会，但条件是你也把自己的权利拿出来授与他，并以同样的方式承认他的一切行为。"②一个与其同胞立约建立一个主权者的个体，放弃了随心所欲地运用他本人的权力的自然自由或权利——统治自身的权利——以实现一个特定的目的，他的自保：正如在思考《法律原本》的学说时，我们看到一切契约或信约——意志的限制——都是为了实现保护和促进肉体的生命这个目的。

因此，总的来说，臣民是那些业已放弃了他们的"自然自由"或"自然的自由"的人。这一点被以下事实所证实：霍布斯把那些失去他们的臣属的人视为回到了"自然的自由"。③但是，霍布斯却在第21章"论臣民的自由"，用了一个章节再次谈论自由这个主题，他仔细地解释臣民可以说享有什么自由。他的目的是对比"词语本义上的自由"与"臣民的自由"。总的观点是，服从一个共同权力并未减损词语本义上的自由。

霍布斯首先指出：

> 自由，"Liberty"或"Freedom"，就其本义说来，指的是没有阻碍的状况，我所谓的阻碍，指的是运动的外界障碍，对无理性与无生命的造物和对于有理性的造物同样可以适用。[229]不论任何事物，如果由于受束缚或被包围而只能在一定的空间之内运动、而这一空间又由某种外在物体的障

---

① 《利维坦》，页121。限于篇幅，笔者这里无法思考整个霍布斯的人格和授权学说。
② 同上，页120，强调为原著所有。
③ 参见前文，页210，注释19。

第六章　下一世纪的自然自由：以霍布斯为例　　295

碍决定时，我们就说它没有越出这一空间的自由。……但当运动的障碍存在于事物本身的构成之中时，我们往往就不说它缺乏运动的自由，而只说它缺乏运动的力量，像静止的石头和卧病的人便都是这样。①

他接着说："根据这种恰当的、公认的含义来说，*自由人*指的是在其力量和智慧所能办到的事物中，可以不受阻碍地做他所愿意做的事情的人。"②尽管评论者有些担心这种把有意志运动和无意志运动的自由囊括在一个分析中的做法，但笔者尚未觉得有什么问题。霍布斯是在论证，如果某个行为存在一个身体方面的阻碍（要是没有这个阻碍，这个行为本可以发生），那么此物就是不自由的。对于无生命物来说，就是无法自己采取那个行为；对于有生命物来说，那个行为是他的意志行为的结果。但是，这似乎并不影响这里涉及的自由概念。而且，实际上霍布斯明显渴望强调不会产生影响。

然而，应当指出的是，霍布斯在为无生命物和有生命物设定一个自由概念时，他预设了有生命物处于自然状态——具体而言，人处于自然状态（其他动物从未离开自然状态，因为它们无法订立契约）。如果按照霍布斯以这个方式来界定人的自由，那么，只有当外在受阻或不受阻的行为是意志或斟酌（这个状态就是自然自由）的结果时，人——包括任何有生命物，因为霍布斯坚持认为野兽也像人一样具有意志③——才在自由或者不自由上与水或石头具有可比性。但是，这不是一种身体上的状态。霍布斯其实将恰当含义上的自由——身体自由——视为伴随（或不伴随，视

---

① 《利维坦》，页145—146。
② 同上，斜体强调均为原著所有。
③ 同上，页44。

情况而定)自然自由的内部状况,故而伴随(或不伴随)斟酌或意志形成的能力而发生。

自然自由——直接意欲的能力——被法律和信约阻塞。身体自由——恰当含义上的自由——被外部物理阻碍阻塞,这些阻碍针对某个身体在自然条件下的运动,就有生命物而言,就是某种被意欲的运动(willed motion)。两者区别很明显:但是我们可以看到,[230]就有生命物而言,二者可能出现混淆,因为自然自由和身体自由都是有生命物的自由(词语本义上的自由)行为的条件。有生命物在词语本义上的自由与它享有自然自由有关。霍布斯稍后接着称这种自由,"只有它才能被恰当地称为'自然自由'"——即词语本义上的自由,身体自由:他在《利维坦》的任何其他地方,都用"自然自由"这个术语来指灵魂的自由(libertas animi),这种自由在进入文明社会之即就丧失了。在这一章中,霍布斯走出其法学论证的局限后,马上又陷入了"自然自由"中的"自然"究竟是何含义的混乱。这一点解释了他给出自由人的定义之后的那个令人困惑的段落。尽管他宣称,自己的工作是证明自由是一个纯粹身体方面的条件,他却在这里谈及被法律和信约限制的自由:"因此,举个例子来讲,当我们说一条道路是自由的这句话时,指的并不是这条道路本身的自由,而只是指在这条道路上行走的人不受阻碍。当我们说赠与是自由的时候,所指的决不是赠与物的自由,而只是赠与者的自由,即在赠与上他不受任何法律或信约的约束。同样的道理,当我们能自由地说话时,这也不是声音的自由或吐字的自由,而是指说话的人没有法律限制他以旁的方式说话。"①

---

① 《利维坦》,页146。笔者会证明这些都是自由被法律阻塞的例子,甚至第一个例子,鉴于在法律文献中对"道路自由"(viae liberae)的讨论(正如我们在上一章所见)总是涉及"自由能力"(libera facultas)或者"自然自由"(naturalis libertas),那是"灵魂能力"(facultas animi)。然而,即使打算把相关的"停止"(stop)视为身体的,这仍然支持霍布斯此处混乱的观点。

接着,霍布斯重复了他关于恐惧与自由之关系的观点:它们是一致的(恐惧并不阻塞自由):

> 恐惧与自由是相容的。例如一个人因为害怕船只沉没而将货物抛到海中时,他是十分情愿地这样做的。假如愿意的话,也可以不这样做。因之,这便是有自由的人的行为。同样的道理,人们有时仅只是因为害怕监禁而还债,同时由于并没有人阻拦他不还债,所以这便是有自由的人的行为。一般说来,人们在国家之内由于恐惧法律而做的一切行为都是行为者有自由不做的行为。①

正如我们所见,在《法律原本》中,霍布斯是联系自然自由来提出上述这个论点的,即:恐惧——斟酌的一个要素——没有以任何方式减损斟酌的能力。基于恐惧而行为的人必然一直拥有自然自由或[231]自然权利。此人无法对此提出反驳。在《利维坦》第21章这里,霍布斯在谈及身体自由时提出了这点:我恐惧入狱或者恐惧法律并没有使我更加不自由,因为它并不构成身体和外部阻碍。他将这点作为某个论证的部分内容以证明,人民仍然处于自由状态——恰当含义上的自由——即使他们已经臣服于一个国家并放弃了自然自由或自然权利。但是,正如他对于自己论点的首次阐述所表明的,某人直接意欲恐惧指示的行为这个事实仍然是他解释为何恐惧不减损自由的一部分:"他还是极为自愿地做这件事的"。如此一来,他的下述暗示就再次破坏了自己的论证,即:出于恐惧而遵守法律的国家臣民仍然拥有自然自由或自然权利——不仅仅具有仅限于身体方面的自由。

接着有关"身体"自由的说明,霍布斯阐述了"臣民的自

---

① 《利维坦》,页146。

由"。①身体的自由仅受有形束缚的限制——运动的外部阻碍——臣民的自由则受制于"被称为国法的若干人为的锁链,并通过相互订立的信约将锁链的一端系于他们赋与主权的个人或议会的嘴唇,另一端则系于自己的耳朵"。②因此,臣民的自由"只有在主权者未对其行为加以规定的事物中才存在"。③这种表述方式呼应了《论公民》,霍布斯在那里论及对原初自由的逐步限制,分别是自然法、神法和市民法:此处的自由是法学家所讲的自然自由,灵魂自由,它被法律和信约限制。它也预示了《利维坦》的第26章"论市民法"中的说法:"自然权利,即人的自然自由,则可以由市民法加以剥夺和限制,甚至可以说,制订法律的目的就是要限制这种自由,否则就不可能有任何和平存在。"④因此,市民法(对意志的限制)限制了斟酌的自由这个意义上的自然自由。这个限制是人为的,但是剩余的自由不是人为的,而是自然的。臣民一直在这样一些行为上保留自然自由的稳固内核,即使主权者针对它们提出命令,直接威胁他们的身体[232]安全或自由:为了确保它们,他们当初订立原始信约——进入他们的意志——就是为了保障这些行为。⑤若非如此,剩余的那些自然自由就将受制于主权者的自由裁量。

第21章的总目标是清晰的。霍布斯想要证明,臣民完全拥有自己的身体自由,并且针对法律没有明示的诸多行为,保留着他们的自然自由,即调整自己的权利,以他们觉得合适的方式使用自己的权力的权利。换言之,他想要证明,即使臣民们业已丧失了他们做某些事情的自然自由,他们仍然保留着做这些行为的身

---

① 《利维坦》,页147。
② 同上。
③ 同上,页148。
④ 同上,页185。
⑤ 同上,页150—152。

体自由(这是他们珍视的)。但是,他的论证是混乱的,因为他有关词语本义上的自由的定义与这个论证相冲突。要使这个论证有效,他就必须保持《论公民》对(本质上的)自由的定义,它指的是任何类型运动(无论是否是直接意欲的行为)的物理障碍的纯粹缺乏。但是,这个定义缺乏《利维坦》当中的那个定义的修辞吸引力。霍布斯想要表明,臣民在文明社会没有丧失恰当含义上的自由,而且这是他们珍视并确认为自由的东西(霍布斯强调他正在讨论的是"这个词的这个恰当的、一般被接受的含义")。普通人不一定需要被下述论证说服,即:即使处于大号的监狱中,他们也享有他们承认和珍视的相当程度上的自由。霍布斯的用语暗示,他所关心的普通人可能把自由定义为让某人做他所欲之事,并且这种自由是珍贵的。如此一来,霍布斯就通过把意志因素包括在内,从而模糊了他有关词语本义上的自由的论证。正是这一点允许他慢慢把"自然自由"这个术语用作"词语本义上的自由",并且把与他有关恐惧的有力论证,从用来说明斟酌自由的问题转到了从来说明词语本义上的自由或"身体的"自由。

然而,霍布斯完全未能区分身体自由和自然自由,导致他在《利维坦》中阐明政治义务时必然会遇到《法律原本》最初在阐述这个问题时所遇到的同一个难题。霍布斯在《利维坦》中坚信,尽管臣民被法律或"人为锁链(bonds)"所强制,[233]但大多数人会仅仅出于恐惧而守法:"这些锁链就其本质说来是脆弱,它们之所以得以维持,虽然并不在于它们难以被折断,而在于折断后所将发生的危险。"[①]如果没有明显的危险,就非常有可能出现"强人"(potent men)"打破他们国家的法网":[②]也就是,以他们自己意愿的方式使用自身的权力,或者自行其是。根

---

① 《利维坦》,页147。
② 同上,页204。

据第21章的显白论证,对此的解释是,尽管他们不拥有自然自由,但他们却保有身体自由。但是,如果他们真的已经放弃了自然自由,那么他们就已经在斟酌守法了。那些仅仅出于恐惧才守法的人或者违反法律的霍布斯式臣民仍然拥有自己的自然自由,因为他们仍然拥有自我斟酌的自由。如果市民法的力量仅仅来自对惩罚的恐惧,那么不管霍布斯怎么说,法律也不是任何意义上的锁链(甚至不是"脆弱的"锁链):它们不是身体上的锁链。这是霍布斯在第21章想要提出的论点;而且它们也不构成义务。如果霍布斯的国家只能基于恐惧运行,那么这国家就是一个自然自由状态。

事实上,霍布斯坚持认为,如果强力是驱使人民守法的唯一因素,那么没有任何国家能够防止重返自然。主权权利的根据:

> 需要经常确实地教示给人民,因为它们无法通过任何市民法或法律惩罚的恐怖加以维持。因为应当禁止叛乱的市民法……(作为市民法)不是任何义务,而是仅仅凭借自然法禁止背离信仰;倘若人们不知道自然义务,他们就无法知道主权者制定的任何法律的权利。至于惩罚,他们就会完全把它当成一种敌对行为;当他们认为自己具有足够的力量时,就会力图以敌对行为来规避这种敌对行为。①

必须使臣民们意识到,他们已经因为同意建立文明社会的条件而丧失了自己的自然自由。因此,对于某些事项——国家法律规定的某些事项——他们必须意识到,他们作为那个国家的臣民已经做出相应斟酌了。正是这种承认将把他们带出了自然状态。遭到恐吓的臣民误把国家权力视作敌人,重新陷入了自然自

---

① 《利维坦》,页232。

由。他们好似处于自然状态般进行斟酌。

[234]因此,最终,正如霍布斯本人所承认的,强调恐惧是维持国家的手段被证明是搬起石头砸自己的脚。相反,人民必须被教导自然法的内容,也就是正义。在讨论正义之人与非正义之人间的差别时,霍布斯指出:

> 义人不会由于一两次因感情冲动或是弄错了人或事所导致的不义行为而失去那种名号;不义之徒也不会因为他基于恐惧所做或不做的这些行为而失去自己的品性,因为他的意志不是根据正义、而是根据他所要做的事情的明显效益形成的。使人们的行为具有正义色彩的是一种罕见的高贵品质或侠义的勇敢精神。这种精神下,人们耻于让人看到自己为了生活的满足而进行欺诈或背信。①

不义之人基于恐惧"做或不做":这个做或不做的计算公式包括在自然权利或自然自由的定义中。②这里涉及的意志是直接产生行为的意志行为,而且这个意志行为意味着不义之人拥有自然自由。对于写作《利维坦》的霍布斯来说,只有当使得臣民承认自己受到信约的约束,并基于下述理由而去遵守它们,即承认这种信约是对他们的自然自由的限制,从而公正地行为时,一个

---

① 《利维坦》,页104。这些是霍布斯思想当中无可否认的"义务论"方面,它们在 A. E. Taylor 的经典文章中得到了澄清,《霍布斯的伦理学说》("The ethical doctrine of Hobbes"),载于 *Philosophy* 13(1938),页406—424,尽管他所说的那种含义被他的命题与 Howard Warrender 的命题的不完全恰当的联系所扭曲了。但是,霍布斯的道德理论有一个"义务论"的方面,这并不意味着存在一个"康德主义"的方面:因为正如我们已经看到的,霍布斯极为谨慎地把义务观念与通过嗜欲,进而通过人类自我保存的动物性预期的思考过程联系起来。参见 David-Vail 的评论,《霍布斯与道德德性的科学》(*Thomas Hobbes and the Science of Moral Virtue*, Cambridge, 1994),页92—114。

② 同上,页91。

国家才能完全抵制这种自然。但是，这是德性，一旦臣民拥有或开始拥有，霍布斯式主权者的根据就消失了。①在这一点上，与瓦兹奎兹一样的人会欢迎重回公民英雄的黄金时代，终结政治臣服纯粹偶然的必要性。

尽管霍布斯与瓦兹奎兹之间存在着诸多差异，但他们都属于同一个主观权利传统。这种权利首先是[235]一个人做他意欲之事的自然自由：国家或政治权力的发明会限制这种自由，但不会将其完全消除。对于这二位作家来说，这种权利属于有生命自然物（与无生命自然物相对）的本质。因此瓦兹奎兹完全拒绝称自然状态的自由为权利：它毋宁是一个事实。他对元首和管辖的兴起的解释证明了，仅仅在人与人之间，自由的事实何以演变为有限的所有权之权利。但是，这种自由的根本事实属性反映在下述事实中，即它的存在的自由的，不受权利调整，而且它与元首的权力处于对立，后者是人为的，是对自然的限制。霍布斯的自然自由类似于这个绝对权，意志的自由能力。与瓦兹奎兹的自然自由一样，它的一部分屈从于一个国家，一个提供人造秩序是一个"人造人"。两种理论都展示了这种类型的自然权利理论的甄别标识，展示了其特有的对政治结构与人之自然的分割。正是这点使它不同于晚期亚里士多德传统的自然权利理论。在后一种理论中，权利被整合进人类生活的目的论。对这种人类生活而言，城邦是其一部分。城邦的权利吸收公民的权利达到了这样一种程度：公民身份本身实现了人性。就其无法实现人性的那部分而言，城邦必须容忍公民拥有自己恰当的权利和恰当的自由。但是，那种自由永不会受到来自真正的政治国家的威胁，因为它是

---

① 参见R. E. Ewin，《德性与权利：霍布斯的道德哲学》(*Virtues and rights: The moral philosophy of Thomas Hobbes*, Boulder, Colo. And Oxford, 1991)，他证明从根本上来说霍布斯是一位德性理论家，并且得出结论：倘若人民充分具有霍布斯式的德性，就无需霍布斯式的主权者。

政制自然促进的那种人性的一部分。相反,一个国家的公民身份不仅不会实现反倒会限制霍布斯式人的自然,即他的权利或者自然自由。

因此,本项研究的结论是,早在16世纪中叶,两种极为不同的自然权利话语就已经成型。它们将有不同的命运。瓦兹奎兹传统在霍布斯之后止步不前,并总是在广义的自由主义脉络的政治理论家那里得到较为不同的反响。但是,这个传统与众不同的魅力从未被人忽视。与之相反,晚期亚里士多德主义传统则通过苏亚雷斯及其他人的著作继续在17世纪发展,但却被现代政治的亚里士多德主义者拒绝。这些人依然反对权利语言以及正义的优先性。或许是时候重新唤醒对索托等思想家的亚里士多德主义政治学的热情了。对于这些思想家而言,个体与国家之间的关系问题只能是一个"正义和权利"问题。

参考文献

一手文献

Almain, Jacques, *Aurea opuscula*. Paris 1518.
    Clarissimi doctoris… Iacobi Almain… a decimaquarta distinctione questiones Scoti
    Profitentis, perutilis admodum lectura. Paris 1526 *[In IV Sent.]*.
    Quaestio resumptiva agitata in vesperiis… de dominio naturali, civili et ecclesiastico, in Ellies du Pin (ed.), *Joannis Gersonis opera omnia*. Vol. II, cols. 961—76. Antwerp 1706.
    Tractatus de auctoritate ecclesiae et conciliorum generalium adversus Thomam de Vio, in Ellies du Pin (ed.), *Joannis Gersonis opera omnia*. Vol. II, cols. 976—1012. Antwerp 1706.
Angelus de Clavasio, *Summa angelica*. Nuremberg 1488.
Antoninus Florentinus, *Summa [Antonina]*. Basel 1518.
Aquinas, Thomas, *De perfectione spiritualis vitae*, ed. in *Sancti Thomae de Aquino*.
    Opera omnia iusse Leonis XIII P. M. edita, cura et studio Fratrum Praedicatorum. Vol. XLI, parts B—C, 67—III. Rome 1969.
    Sententia libri ethicorum, in *Sancti Thomae de Aquino. Opera omnia iussu Leonis XIII P. M. edita, cura et studio Fratrum Praedicatorum*. Vol. XLVII. Rome 1969.
    Summa theologiae, Editio altera romana (Leonina). Rome 1894 *[ST]*.
Aristotle, *Categoriae et liber de Interpretatione*, de. by L.Minuo-Paluello.

Oxford 1949.
Ethica Nicomachea, ed. by I. Bywater. Oxford 1894 [*NE*].
Politica, ed. by W.D. Ross. Oxford 1957.
Astesanus de Asti, *Summa de casibus conscientiae*. Nuremberg 1482.
St Augustine, *De trinitate libri XV*, ed. by W. J. Mountain. Vol. I, Books I—XII.Turnholt 1968.
Aureol, Peter. 'Le Quolibet de Nicholas a Lyre, OFM', ed. by E. Longpré (falsely attributed to Nicholas of Lyra), *Archivum Franciscanum Historicum* 23 (1930), 42—56.
Balbus, Johannes Franciscus, *Tractatus de praescriptionibus*. Cologne 1573.
Barbazza, Andrea, *Consilia*. N.p. 1517.
Bartolus of Sassoferrato, *In universum ius civile commentaria*. Vol. II. Basel 1562.
Bertachinus, Johannes, *Lexicon utriusque iuris*. Venice 1518—19.
Boemus, Johann, *Omnium genitum mores, leges et ritus*. Paris 1538.
Bonagratia de Bergamo, *Tractatus de paupertate Christi et apostolorum*, ed. by L. Oliger, *Archivum Franciscanum Historicum* 22 (1929), 292—335 and 487—511.
St Bonaventure, *Apologia pauperum*, in *Opera omnia edita cura et studio pp. collegii a S. Bonaventura*. Vol. VII, Opusculum XI. Quaracchi 1897.
In secundum sententiarum commentarius, in Opera omnia edita cura et studio pp. Collegii a S. Bonaventura. VOL.II. Quaracchi 1882.
Buridan, John, *Questiones super decem libros ethicorum Aritotelis ad Nicomachum*.Paris 1513.
Cagnolus, Hieronymus, *In constitutiones et leges primi, secundi, quinti et duodecimi Pandectarum... aurearum enarrationum Liber primus*. Venice 1561.
Omnium legum tituli ff. de regulis iuris copiosa interpretatio. Lyons 1546.
Cajetanus, Thomas de Vio, *Quaestiones quodlibetales cum aliquot assertionibus contra Lutheranos*. Paris 1530.
Secunda secundae summae theologiae cum commentariis Thomae de Vio Caietani O. P. Venice 1593.
Capreolus, Johannes, *Defensiones theologiae divi Thomae Aquinatis*, ed. by C. Paban and T. Pègues. Vol. II. Tours 1900. Reprinted Frankfurt a. M. 1967.
Coke, Roger, *Justice vindicated from the False Fucus put upon it, by T. White Gent., Mr. T. Hobbs, and H. Grotius*. As also *Elements of power and subjection*. London 1660.

Covarruvias (y Leyva), Diego de, *De Regula possessoria malae fidei*, in *Opera omnia*. Vol. I. Frankfurt 1592.

Practicarum quaestionum liber unus, in *Opera omnia*. Vol. II. Frankfurt 1592.

Cravetta, Aymon de, *Tractatus de antiquitate temporis*. Venice 1549.

Decius, Philippus, *In tit. ff. de regulis iuris*. Lyons 1553.

Durandus a Sancto Porciano, *In quattuor sententiarum libros questiones*. Paris 1508.

Fitzralph, Richard, *De pauperize salvatoris I—IV*, ed. by R. Lane Poole as Appendix to Wyclif, *De dominio divino*.

St Francis of Assisi, *Regula II Fratrum minorum (Regula bullata)*, in *Opuscula sancti patris Francisci Assisiensis. Edita cura et studio P.P. collegii St. Bonaventurae*, 63—74. Quaracchi 1904.

Gallensis, Johannes, *Communiloquium sive summa collationum*. Wakefield 1964. Original edn, Jordanns de Quedlinburg, Strasburg 1489.

Garcia, Fortunius, *De ultimo fine iuris canonici et civilis*, ed. in *Tractatus illustrium iurisconsultorum*. Vol. I, fols. 105r—132v. Venice 1584—6.

Gerson, Fortunius, *De passionibus animae*, in Jean Gerson. *Oeuvres complètes*, ed. by P. Glorieux. Vol. IX, 1—25. Paris 1973.

De potestate ecclesiastica, in Jean Gerson. *Oeuvres complètes*, ed. by P. Glorieux. Vol. VI, 210—50. Paris 1965 [*DPE*].

De vita spirituali animae, in Jean Gerson. *Oeuvres complètes*, ed. by P. Glorieux. Vol. III, II3—202. Paris 1956 [*DVSA*].

Definitiones terminorum theologiae moralis, in Jean Gerson. *Oeuvres complètes*, ed. by P. Glorieux. Vol. IX, 133—42. Paris 1973.

Godfrey of Fontaines, *Quodlibet V*, ed. in M. de Wulf and J. Hoffmans, *Les quodlibets cinq, six et sept de Godefroid de Fontaines*. Louvain 1914.

Grotius, Hugo, *De iure belli ac pacis libri tres*. Paris 1625.

De iure praedae commentarius, trans. by G. L. Williams. Oxford 1950.

Guerrero, Alphonsus, *Thesaurus christianae religionis*. Venice 1559.

Henry of Gorkum, *Questiones in Sanctum Thomam*. Esslingen n.d. *Tractatus consultatorii*. Cologne 1503.

Henry Totting of Oyta, *Tractatus de contracibus*. Paris 1506.

Hobbes, Thomas, *De cive*, ed. by H. Warrender. Oxford 1983.

De homine, in *Opera philosophica quae latine scripsit omnia*, ed. by W. Molesworth. Vol. II. London 1839.

The Elements of Law, ed. by F. Tönnies, 2nd edn with introduction by M. M. Goldsmith. London 1969 [*EL*].

Leviathan, in *Opera philosophica quae latine scripsit omnia*, ed. by W. Molesworth. Vol. III. London 1841 [*Lev. latine*].

Leviathan, ed. by R. Tuck. Cambridge 1991 [*Lev.*].

Isidore of Seville, *Etymologiarum libri*. 2 vols. Vol. I, I—X, ed. by W. M. Lindsay. Oxford 1911.

Jandun, John of, Super libros Aristotelis de anima. Venice 1561.

Javellus, Chrysostomus, *Opera philosophica*. Lyons 1580.

Köllin, Konrad, *Quodlibeta*. Cologne 1523.

Ledesma, Martin, *Secunda quartae*. Coimbra 1560.

Liber de causis, ed. by A. Pattin, *Tijdschrift voor Filosofie* 28 (1966), 90—203.

Lycklama, Marcus, *Membranarum iuris libri septem*. Leuwaarden 1644.

Mair, John, *In quartum Sententiarum*. Paris 1519.

Marino da Caramanico, Proem to the *Liber constitutionum* of Frederick II, ed. as Appendix to F. Calasso, *I glossatori e la teoria della sovranit*à. 3rd edn, Milan 1957.

Marsilius of Padua, *Defensor pacis*, ed. by R. Scholz. Hanover 1932.

Maynus, Jason, *In primam (secundam) Infortiati partem commentaria*. Lyons 1542.

Mazzolini da Prierio, Sylvester, *Summa summarum quae sylvestrina nuncupatur*. Strasburg 1518.

Nédellec, Hervé de, *De paupertate Christi et apostolorum*, ed. by J. G. Sikes, *Archives d'histoire doctrinale et littéraire du moyen âge II* (1937—8), 209—97.

Ockham, William of, *Opus nonaginta dierum*, in J. G. Sikes and H. S. Offler (eds.), *Guillelmi de Ockham. Opera politica*. Vols. I—II. 2nd edn, Manchester 1963 [*OND*].

Quaestiones in II librum Sententiarum I—XX, in *Opera philosophica et theologica: Opera theologica V*. St Bonaventure, N. Y. 1981.

Quaestiones in librum tertium Sententiarum (Reportatio), in *Opera philosophica et theologica: Opera theologica VI*. St Bonaventure, N. Y. 1982.

Quodlibeta septem, in *Opera philosophica et theologica: Opera theologica IX*. St Bonaventure, N. Y. 1980.

Odo, Ceraldus, *Sententia et expositio cum questionibus... super libros ethicorum Aristoielis cum textu eiusdem*. ?Venice? 1500.

Olivi, Peter John. *Quaestio quid ponat ius vel dominium*, ed. by F. Delorme, in 'Question de P. J. Olivi, *Quid ponat ius vel dominium* ou encore *De signis voluntariis*', *Antonianum* 20 (1945), 309—30.

Palacios, Miguel de, *Praxis theological de contractibus et restitutionibus*. Salamanca 1585.

Paris de Puteo, *Tractatus de syndicatu omnium officialium*, in *Tractatus universiiuris*. Vol. II, fols. 335—445. Lyons 1549.

Pecham, John, *Tractatus pauperis*, ed. by A. G. Little, in C. L. Kingsford, A. G. Little, F. Tocco (eds.), *Pecham de paupertate*, 13—90. Aberdeen 1910.

Raymund of Peñafort, *Summa de poenitentia et matrimonio cum glossis Ioannis de Friburgo*. Farnborough, Hants., 1967. Facsimile of Rome 1603 edn.

Rijkel, Denis (Carthusianus), *Creaturarum in ordine ad Deum consideratio theologica*, in *Opera omnia*. Vol. xxxiv, 99—221. Montreuil 1896—1913.

Summa de vitiis et virtutibus, in *Opera omnia*. Vol. xxxix, 7—242. Montreuil 1896—1913.

Scotus, Johannes Duns, *Opera omnia editio nova.Juxta editionem Waddingi... a patribus franciscanis de observantia accurate recognita*. Vols. X, xii and xviii. Paris 1893—4.

Quaestiones super libris Aristotelis de anima, ed. by H. Cavellus. Lyons 1625.

Soto, Domingo de, *De iustitia et iure libri decem*. Madrid 1967. Facsimile of Salamanca 1556.

In quartum sententiarum librum commentarii. Salamanca 1566—79.

Summenhart, Conrad, *Septipertitum opus de contractibus pro foro conscientie atque theologico*. Hagenau 1515.

Tiraqueau, André, *Tractatus de praesciptionibus*, in *Opera omnia*. Vol. vi, 52—80. Frankfurt 1616.

Tudeschis, Nicolaus de, *Super tertio decretalium*. Lyons 1534.

Vázquez de Menchaca, Fernando, *Controversiarum illiustrium usuque frequentium libri tres*. Frankfurt 1572.

De successionibus et ultimis voluntatibus. Frankfurt 1610.

Virgil, *Georgics*, in *P. Vergili Maronis Opera*, ed. by R. A. B. Mynors. Oxford 1969.

Vitoria, Francisco de, *Comentario al Tratado de la Ley (I—II, 90—108)*, ed. by V. Beltrán de Heredia. Madrid 1952.

Comentarios a la secunda secundae de Santo Tomás, ed. by V. Beltrán de Heredia. Salamanca 1934 [*Comm ST* (V)].

Francisco de Vitoria: Political writings, ed. by A. Pagden and J. Lawrance. Cambridge 1991.

Relectio De potestate civili, ed. in T. Urdanoz, Obras de Francisco de Vitoria, 149—95. Madrid 1960.

Wesembecius, Matthaeus, *Paratitla in Pandectas iuris civilis*. Basel 1568.

Wyclif, John, *De civili dominio*, ed. by R. Lane Poole. London 1885.

De dominio divino libri tres, ed. by R. Lane Poole. London 1890.

Zanardus, Michael, O. P., *Commentaria cum quaestionibus in tres libros Aristotelis de anima*. Venice 1616.

二手文献

André-Vincent, P., *Droit des indiens et développement en Amérique latine*. Paris 1971.

Aubert, J.-M., *Le droit romain dans l'oeuvre de saint Thomas*. Paris 1955.

Auge, G., 'Compte rendu de P. André-Vincent, "Droit des indiens et développement en Amérique latine" ', *Archives de la philosophie du droit* 18 (1973), 438—43.

Barcia Trelles, C. 'Fernando Vázquez de Menchaca. L'école espagnole du droit international du XVIe siècle', *Recueil des Cours* 1 (1939), 433—533.

Barry, B., 'Warrender and his critics', in J. Lively and A. Reeve (eds.), *Modern political theory from Hobbes to Marx: Key debates*, 40—62. London and New York 1982. Originally published in Philosophy 42 (1968).

Bastit, M., La naissance de la loi moderne. La pensée de la loi de saint Thomas à Suárez. Paris 1990.

Beer, M., *Dionysius des Kartäusers Lehre vom desiderium naturale des Menschen nach der Gottesschau*. Munich 1963.

Beltrán de Heredia, V., 'El maestro Domingo de Soto, Catedrático de Vísperas en la Universidad de Salamanca', *Ciencia tomista* 57 (1938), 38—67, 281—302.

'El maestro Domingo de Soto en la controversia de Las Casas con Sepúlveda', *Ciencia tomista* 45 (1932), 35—49.

'El maestro Domingo (Francisco) de Soto en la Universidad de Alcalá', *Ciencia tomista* 43 (1931), 357—573; 44 (1931), 28—51.

Bergfeld, C., 'Katholische Moraltheologie und Naturrechtslehre', in H. Coing (ed.), *Handbuch der Quellen und Literatur der neueren europäischen*

Privatrechtsgeschichte. Vol. II/I, 999—1033. Munich 1977.

Bierbaum, M., *Bettelorden und Weltgeistlichkeit an der Universität Paris. Texte und Untersuchungen zum literarischen Armuts-und Exemtionsstreit des 13. Jahrhun-derts (1255—1272).* Münster i. W. 1920.

Black, A., *Guilds and civil society in European political thought from the twelfth century to the present.* London 1984.

'The individual and society', in J. H. Burns (ed.), *The Cambridge history of medieval political thought, c. 350—c. 1450,* 588—606. Cambridge 1988.

Boonin-Vail, D., *Thomas Hobbes and the science of moral virtue.* Cambridge 1994.

Borschberg, P., *Hugo Grotius' Commentarius in Theses XI': An early treatise on sovereignty, the just war, and the legitimacy of the Dutch Revolt.* Bern 1994.

Bösl, K.,'Potens und pauper. Begriffsgeschichtliche Studien zur gesellschaftlichen Differenzierung im frühen Mittelalter und zum "Pauperismus" des Hochmittelalters', in *Alteuropa und die moderne Gesellschaft. Festschrift für Otto Brünner,* 60—87. Göttingen 1963.

Bourke, V. J., 'The Nicomachean Ethics and Thomas Aquinas', in A. A. Maurer (ed.-in-chief), *St Thomas Aquinas, 1274—1974: Commemorative studies,* 2 vols., vol. 1, 239—59. Toronto 1974.

Boyle, L. E., 'The *Summa confessorum* of John of Freiburg and the popularization of the moral teaching of St Thomas Aquinas and some of his contemporaries', in A. A. Maurer (ed.-in-chief), *St Thomas Aquinas, 1274—1974: Commemorative studies,* 2 vols., vol. II, 245—68. Toronto 1974.

'Summae confessorum', in *Les genres littéraires dans les sources théologiques et philosophiques médiévales. Actes du Colloque international de Louvain-la-Neuve, 25—7 mai 1981,* 227—37. Louvain-la-Neuve 1982.

Bréjon, J., *André Tiraqueau (1488—1558).* Paris 1937.

Broc, N., *La géographie de la renaissance, 1420—1560.* Paris 1986.

Brown, D. C., *Pastor and laity in the theology of Jean Gerson.* Cambridge 1987.

Brufau Prats, *La escuela de Salamanca ante el descubrimiento del nuevo mundo.* Salamanca 1989.

'La noción analógica del *dominium* en Santo Tomás, Francisco de Vitoria y Domingo de Soto', *Salmanticensis* 4 (1957), 96—136. Now reprinted in Brufau Prats, *La escuela de Salamanca,* 11—47.

El pensamiento político de Domingo de soto y concepción de poder. Salamanca 1960.

'La revisión de la primera generacón de la escuela', in *La ética en la conquista de América: Francisco de Vitoria y la Escuela de Salamanca*, 383—412. Madrid 1984.

Burger, C., *Aedificatio, fructus, utilitas: Johannes Gerson als Professor und Kanzler der Universität Paris*. Tübingen 1986.

Burns, J. H., 'Jacques Almain on Dominium: A neglected text', in A. E. Bakos (ed.), *Politics, ideology and law in early modern Europe: Essays in honor of J. H. M. Salmon*, 149—58. Rochester, N. Y. 1994.

'*Jus gladii* and *jurisdictio*: Jacques Almain and John Locke, Historical Journal 26, 2 (1983), 369—74.

Lordship, kingship and empire: The idea of monarchy, 1400—1525. Oxford 1992.

'Scholasticism: Suivival and revival', in Burns (ed.), *The Cambridge history of political thought, 1450—1700*, 132—55. Cambridge 1991.

Burr, D., 'Poverty as a constituent element in Olivi's thought', in D. Flood (ed.), *Poverty in the middle ages*, 71—8. Werl i.W. 1975.

Burrows, M. S., *Jean Gerson and 'De consolatione theologiae' (1418)*. Tübingen 1991

Calasso, F., *I glossatori e la teoria della sovranità*. 3rd edn, Milan 1957.

Capitani, O. (ed.), *Una economia politica nel medioevo*. Bologna 1987.

Carro, V., *Domingo de Soto y su doctrina Jurídica*. Madrid 1943.

La Teología y los teólogos-juristas españoles ante de la conquista de América. Madrid 1944.

Castilla Urbano, F., *El pensamiento de Francisco de Vitoria. Filosofía política e indio americano.* Barcelona *1992*.

Coing, H., 'Zur Eigentumslehre des Bartolus', *Zeitschrift der Savigny-Stiftung für Rechtsgeschichte* (Römische Abteilung) 70 (1953), 348—71.

'Zur Geschichte des Begriffs "subjektives Recht"', in Coing, F. H. Lawson and K. Grönfors (eds.), *Das subjektives Recht und der Rechtschutz der Persönlichkeit*. Frankfurt a. M. 1959.

Coleman, J., 'Property and poverty', in J. H. Burns (ed.), *The Cambridge history of medieval political though, c. 350—c. 1450*, 607—48. Cambridge 1988.

Combes, A., Jean Gerson commentateur dionysien. Les 'Notulae super quaedam verba Dionysii de Caelesti hierarchia.' *Texte inédit*. Paris 1940.

Congar, Y., 'Aspects ecclésiologiques de la querelle entre mendiants et séculiers dans la seconde moitié du XIIIe siècle et le début du XIVe', *Archives d'histoire dotrinale et littéraire du Moyen Age* 36 (1961—2).

Connolly, J. L., *Jean Gerson: Reformer and mystic*. Louvain 1928.
Courtenay, W. J., 'Nominalism and late medieval religion', in Trinkaus and Oberman, *Pursuit of holiness*, 26—59.
'Nominalism and late medieval thought', in Courtenay (ed.), *Covenant and causality in medieval thought, essay xii*. London 1984.
Couvreur, G., 'Les pauvres ont-ils des droits? Recherches sur le vol en cas d'extrême nécessité depuis la Concordia de Gratien (1140) jusqu' à Guillaume d'Auxerre (?1231)', *Analecta gregoriana* 111. Rome 1961.
Crowe, M. B., *The changing profile of natural law*. The Hague 1977.
'St Thomas and Ulpian's natural law', in A. A. Maurer (ed.-in-chief), *St Thomas Aquinas, 1274—1974: Commenorative studies*, 2 vol., vol. 1, 261—82. Toronto 1974.
Dagger, R., 'Rights', in T. Ball, J. Farr and R. Hanson (eds.), *Political innovation and conceptual change*, 292—308. Cambridge 1989.
Damiata, M., *Guglielmo d'Ockham. Povertà e potere*. Vol. 1, *Il problema della povertà evangelica e francescana nel secolo XIII e XIV. Origine del pensiero politico di Guglielmo d'Ockham*. Florence 1978.
Darwall, S., *The British moralists and the internal ought: 1640—1740*. Cambridge 1995.
Dawson, J. D., 'Richard Fitzralph and the fourteenth-century poverty controversies', *Journal of Ecclesiastical History* 34 (1983), 315—44.
Deckers, D., *Gerechtigkeit und Recht. Eine historisch-kritische Untersuchung der Gerechtigkeitslehre des Francisco de Vitoria (1483—1546)*, Freiburg, 1992.
Dekkers, R., *Bibliotheca belgica juridica*. Brussels 1951.
Dietterle, J., 'Die Summae confessorum (sive de casibus conscientiae) von ihren Anfangen bis zu Silvester Prierias', *Zeitschrift für Kirchengeschichte* 24 (1903), 353—74, 520—48; 25 (1904), 248—72; 26 (1905), 59—81; 27 (1906), 70—83, 166—88; 28 (1907), 401—31.
Dumont, L., *Essays on individualism*. Chicago 1986.
Ehrle, F., *Der Sentenzenkommentar Peters von Candia des Pisaner Papstes Alexanders V.* Münster i. W., 1925.
Eßer, K., 'Die Armutsauffassung des Hl. Franziskus', in D. Flood (ed.), *Poverty in the middle ages*, 60—70. Wern i. W. 1975.
Ewin, R., *Virtues and rights: The moral philosophy of Thomas Hobbes*. Boulder, Colo. and Oxford 1991.

Farrell, W., O. P., *The natural moral law according to St Thomas and Suárez*. Ditchling 1930.

Feenstra, R., 'Der Eigentumsbegriff bei Hugo Grotius im Licht einiger mittelalterlicher und spätscholastiker Quellen', in O. Behrendes (ed.), *Festschrift für Franz Wieacker zum 70. Geburtstag,* Göttingen 1978.

Fernández-Santamariz, J. A., *The state, war and peace: Spanish political thought in the Renaissance, 1516—1559*. Cambridge 1977.

Ferraro, D., *Itinerari del volontarismo. Teologia e politica al tempo di Luis de León*. Milan 1995.

Finnis, J., *Natural law and natural rights*, Oxford 1980.

'Un ouvrage récent sur Bentham', *Archives de la philosophie du droit* 17 (1972), 423—7.

Finnis, J. (ed.), *Natural law*. Aldershot, Hants. 1991.

Finnis, J. and G. Grisez, 'The basic principles of natural law: A reply to Ralph McInerny', reprinted in Finnis, Natural law Vol. I, 341—51. Originall published in *American Journal of Jurisprudence* 26 (1981), 21—31.

Gágner, S., 'Vorbemerkungen zum Thema "dominium" bei Ockham, in *Antiqui et moderni. Traditionsbewußstein im späten Mittelater*, 293—327. Berlin and New York 1974.

Gauthier, R. A. and J. Y. Jolif, *L'Ethique à Nicomaque. Introduction, traduction et commentaire*. Vol. 1. Louvain 1958.

Gerz-von Büren, V. *La tradition de l' oeuvre de Jean Gerson chez les Chartreux. La Chartreuse de Bâle*. Paris 1973.

Gilbert, N. W., 'Ockham, Wyclif and the "Via moderna"', in *Antiqui et moderni. Traditionsbewußstein und Fortschrittsbewußstein im späten Mittelater, 85— 125*. Berlin and New York 1974.

Gilson, E., *Jean Duns Scot. Introduction à ses positions fondamentales. Paris 1952. La philosophie au moyen âge*. 2nd edn, Paris *1944*.

Glorieux, P., 'Les polémiques "contra Geraldinos"': Les pièces du dossier, *Recherches de théologie ancienne et médiévale* 6 (1934): 5—41.

Goldsmith, M. M., 'Hobbes on liberty', *Hobbes Studies* 2 (1989), 23—39.

Grabmann, M., 'Einzelgestalten aus der mittelalterlichen Dominikanerund Thomistenschule. 6: Die Stellung des Kardinals Cajetan in der Geschichte des Thomismus und der Thomismus und der Thomistenschule', in Grabmann, *Mittelalterliches Geistesleben*. Vol. ii, 602—13. Munich 1936.

'Das Naturrecht in der Scholastik von Gratian bis Thomas von Aquin', in Grabmann, *Mittelalterliches Geistesleben*. Vol. 1, 65—103. Munich 1926.

Grossi, P., 'La proprietà nel sistema privatistico della seconda scolastica', in Grossi (ed.), *La seconda scolastica nella formazione del diritto private moderno. Incontro di studi*, 117—222. Milan 1973.

'Usus facti. La nozione di proprietà nell'inaugurazione dell'età nuova', *Quaderni fiorentini* 1 (1972), 287—355.

Gwynn, A., *The English Austin friars in the time of Wycliff*. Oxford 1940.

Hamilton, B., *Political thought in sixteenth-century Spain: A study of the political ideas of Vitoria, De Soto, Suárez and Molina*. Oxford 1963.

Hart, H. L. A., 'Are there any natural rights?', in A. Quinton (ed.), *Political philosophy*. Oxford 1967, 53—66; also in *Philosophical Review* 64 (1955), 175—91.

Heysse, A., 'Ubertini de Casali opusculum "super tribus sceleribus" ', *Archivum Franciscanum Historicum* 10 (1917), 103—74.

Hohfeld, W. N., *Fundamental legal conceptions*. New Haven 1919.

Jaffa, H. V., *Thomism and Aristotelianism: A study of the commentary by Thomas Aquinas on the 'Nicomachean Ethics'*. Chicago 1952.

Jedin, H., *A history of the Council of Trent*, trans. by E. Graf. 2 vols. London 1957—61.

Jolowicz, H. F. and B. Nicholas, *A historical introduction to the study of the Roman law*. 3rd edn, Cambridge 1972.

Junghans, H., *Ockham im Lichte der neueren Forschung*. Berlin and Hamburg 1968.

Kalinowski, G., 'Le fondement objectif du droit d'après la "Somme théologique" de saint Thomas d'Aquin', *Archives de la philosophie du droit* 18 (1973), 59—75.

'Sur l'emploi métonymique de terme "ius" par Thomas d'Aquin', *Archives de la philosophie du droit* 18 (1973), 331—9.

Kelley, D., *Foundations of modern historical scholarship: Language, law and history in the French renaissance*. New York and London 1970.

Kenny, A., *Wyclif*. Oxford 1985.

Kölmel, W., 'Das Naturrecht bei Wilhelm Ockham', *Franziskanische Studien* 35 (1953), 39—85.

'Von Ockham zu Gabriel Biel. Zur Naturrechtslehre des 14. und 15. Jhdts', *Franziskanische Studien* 37 (1955), 219—59.

Korolec, J., 'Free will and free choice', in N. Kretzmann, A. Kenny and J.Pinborg (eds.), *The Cambridge history of later medieval philosophy: From the rediscovery of Aristotle to the disintegration of scholasticism, 1100—1600*, 629—41. Cambridge 1982.

Krempel, A., *La doctrine de la relation chez saint Thomas*. Paris 1952.

Kristeller, P. O., *Le thomisme et la pensée italienne de la renaissance*. Montreal 1967.

Lagarde, G. de, *La naissance de l'esprit laïque au déclin du moyen âge*. Vol. VI, *Ockham: La morale et le droit. 1st edn, Paris 1946*.

Lambert, M. D., *Franciscan poverty*. London 1961.

Lang, A., *Heinrich Totting von Oyta. Ein Beitrag zur Entstehungsgechichte der ersten deutschen Universitäten und zur Problemgeschichte der Spätscholastik*. Münster i. W. 1937.

Leff, G., *The dissolution of the medieval outlook: An essay on intellectual change in the fourteenth century*. New York 1976.

Heresy in the later middle ages. 2 vols. Manchester 1967.

Richard Fitzralph, Commentator of the Sentences: A study in theological orthodoxy. Manchester 1963.

Von Leyden, W., *Hobbes and Locke: The politics of freedom and obligation*. London 1982.

Little, A. G., *The grey friars at Oxford*. Oxford 1892.

Little, L. K., *Religious poverty and the profit economy in medieval Europe*. London 1978.

Lottin, O., *Psychologie et morale au XIIe et XIIIe siècles*. Vol. 11, *Problèmes de morale*, Louvain, 1948.

Lyons, D., 'The correlativity of rights and duties', *Nous* 4 (1970), 45—55.

McGrade, A. S., 'Ockham and the birth of individual rights', in P. Linehan and B. Tierney (eds.), *Authority and power: Studies in medieval law and thought presented to Walter Ullmann on his seventieth birthday, 149—60*. Cambridge 1980.

The political thought of William of Ockham. Cambridge 1974.

MacIntyre, A., *Three rival versions of moral enquiry: Encyclopaedia, genealogy and tradition*. London 1990.

Maginot, N., *Der actus humanus moralis unter dem Einfluss des heiligen Geistes nach Dionysius Carthusianus*. Munich, 1968.

Malcolm, Noel, 'Thomas Hobbes and voluntarist theology', unpublished Ph.D dissertation, Cambridge 1983.

Margiotta Broglio, F., 'Ideali pauperistici e strutture temporali nella canonistica del secolo XIV. Notazioni ed appunti per una edizione del "Liber Minoritarum" di Giovanni da Legano', *Studia gratiana* 14 (1967), 369—436.

Meynial, E., 'Note sur la formation de la théorie du domaine divisé (domaine direct et domaine utile) du XIIe au XIVe siècles dans les romanistes', *in Mélanges Fitting,* 409—60. Montpellier 1908.

Miaja de la Muela, A., *Internacionalistas españoles del siglo XVI. Fernando Vázquez de Menchaca, 1512—1569,* Valladolid, 1932.

Michaud-Quantin, P., *Sommes de casuistique et Manuels de confession au moyen âge (XIIème XVIème siècles),* Louvain, 1962.

Miethke, J., *Ockhams Weg Zur Sozialphilosophie.* Berlin 1969.

Miller, F. D., *Nature, justice and rights in Aristotle's 'Politics'.* Oxford 1995.

Morrall, J. B., *Gerson and the great schism.* Manchester 1960.

'Some notes on a recent interpretation of William of Ockham's political philosophy', *Franciscan Studies* 9 (1949), 335—69.

Oakeshott, M., *Hobbes on civil association.* Oxford 1975.

Oakley, F., *Natural law, conciliarism and consent in the later middle ages.* London 1984.

Oberman, H. A., *The harvest of medieval theology.* Cambridge, Mass. 1963.

O'Connor, D. J., *Aquinas and natural law.* London 1967.

Offler, H. S., 'The "influence" of Ockham's political thinking', in W. Vossenkuhl and R. Schönberger (eds.), *Die Gegenwart Ockhams,* 338—65. Weinheim 1990.

'The three modes of natural law in Ockham: A revision of the text', *Franciscan Studies* 37 (1977), 207—18.

Otte, G., *Das Privatrecht bei Francisco de Vitoria.* Cologne and Graz 1964.

Ozment, S., *Homo spiritualis: A comparative study of the anthropology of Johannes Tauler, Jean Gerson and Martin Luther.* Leiden 1969.

Pagden, A. R. D., *The fall of natural man: The American Indian and the origins of comparative ethnology.* Cambridge 1982.

Lords of all the world: Ideologies of empire in Spain, Britain and France, c. 1500-c. 1800. New Haven and London 1995.

Pascoe, L. B., *Jean Gerson: Principles of church reform.* Leiden 1973.

Paulus, N., *Die deutschen Dominikaner im Kampfe gegen Luther.* Freiburg 1903.

Pennock, J. R., 'Hobbes' confusing "clarity" – the case of "liberty" ', in K. C. Brown (ed.), *Hobbes studies,* 101—16. Oxford 1965.

Pereña Vicente, L., *La universidad de Salamanca, forja del pensamiento político espanol en el siglo XVI,* Salamanca 1954.

Perry, D., 'Parides de Puteo: A fifteenth-century civilian's concept of papal sovereignty', in D. Wood (ed.), *The church and sovereignty, c. 590—1918: Essays in honour of Michael Wilks*, 369—92. Oxford 1991.

Pocock, J. G. A., 'The concept of a language and the *métier d'historien*: Some considerations on practice', in A. Pagden (ed.), *The languages of political theory in early modern Europe*, 19—28. Cambridge 1987.

Pugliese, G., ' "Res corporals", "res incorporales" e il problema del diritto soggettivo', in *Studi in onore di V. Arangio-Ruiz*. Vol. 111, 223—60. Naples 1953.

Raphael, D. D., 'Hobbes', in Z. Pelczynski and J. Gray (eds.), *Conceptions of liberty in political philosophy*, 27—38. London 1984.

'Human rights', *Aristotelian Society Supplements* 39 (1965), 205—18.

'Obligations and rights in Hobbes', *Philosophy* 37 (1962), 345—52.

Reibstein, E., *Die Anfänge des neueren Natur- und Völkerrecht*. Bern 1949.

Renaudet, A., *Préréforme et humanisme à Paris pendant les guerres d'Italie (1494—1517)*, Paris, 1916; 2nd edn, paris 1953.

de Roover, R., *San Bernardino of Siena and Sant'Antonino of Florence: The two great economic thinker of the middle ages*. Boston, Mass. 1967.

Schwab, J. B., *Johannes Gerson, Professor der Theologie und Kanzler der Universität Paris*. Würzburg 18581

Seelmann, K., *Die Lehre des Fernando Vázquez de Menchaca vom 'dominium'*. Cologne and graz 1979.

Serrano Serrano, J. M., 'Las ideas políticas de Fernando Vázquez de Menchaca,' Revista de estudios políticos 206—7 (1976), 249—302.

Skinner, Q. R. D., *The foundations of modern political thought*. 2 vols. Cambridge 1978.

'Thomas Hobbes on the proper signification of liberty, *Transactions of the Royal Historical Society* (1992), 121—51.

Söllner, A., 'Die Literatur zum gemeinen und partikularen Recht in Deutschland, Österreich, den Niederlanden und der Schweiz', in H. Coing (ed.) *Handbuch der Quellen und Literatur der neueren europäischen Privatrechtsgeschichte*. Vol. II/I, 501—614. Munich 1977.

Spicciani, A., 'Sant' Antonino, San Bernardino e Pier di Giovanni Olivi nel pensiero economico medievale', in O. Capitani (ed.), *Una economia politica nel medioevo*, 93—120. Bologna 1987.

Stadter, E. *Psychologie und Metaphysik der menschlichen Freiheit. Die ideengeschichtliche Entwicklung zwischen Bonaventura und Duns Scotus*, Munich, Paderborn and Vienna 1971.

Stein, P., *Regulae iuris*. Edinburgh 1966.

Taylor, A. E., 'The ethical doctrine of Hobbes', *Philosophy* 13 (1938), 406—24.

Teetaert, A., 'Deux questions inédites de Gérard d'Abbeville en faveur du clergé séculier', in *Mélanges Auguste Pelzer*, 347—87. Louvain 1947.

'Pierre Auriol', in Dictionnaire de théologie catholique 12 (Paris 1933), 1809—1881.

Theiner, J., *Die Entwicklung der Moraltheologie zur eigenständigen Disziplin*, Regensburg 1970.

Tierney, B., 'Aristotle and the American Indians – again: Two critical discussions', *Cristianesimo nella storia* 12 (1991), 295—322.

'Conciliarism, corporatism and individualism: The doctrine of individual rights in Gerson', *Cristianesimo nella storia* 9 (1988), 81—111.

'Ius and metonymy in Rufinus', in R. Castillo Lara (ed.), *Studia in honorem eminentissimi Cardinalis Alphonsi M. Stickler*, 549—58. Rome 1992.

'"Ius dictum est a iure possidendo ": Law and rights in Decretales 5. 40 12', in D. Wood (ed.), *The church and sovereignty, c. 590—1918: Essays in honour of Michael Wilks*, 457—66. Oxford 1991.

'Ockham, the conciliar theory and the canonists', *Journal of the History of Ideas* 15 (1954), 40—70.

'The origins of natural rights language: Texts and contexts, 1150—1250', *History of Political Thought* 10 (1989), 615—46.

'Tuck on rights: Some medieval problems', *History of Political Thought* 4 (1983), 429—41.

'Villey, Ockham and the origin of individual rights', in J. Witte and F. S. Alexander (eds.), *The weightier matters of the law: Essays on law and religion*, 1—31. Atlanta 1988.

Todeschini, G.,'"Oecomomica franciscana". Proposte di una nuova lettura delle fonti dell'etica economica medievale', *Rivista di storia e letteratura religiosa* 12 (1976), 15—77 and 13 (1977), 461—94.

Un trattato di economia politica francescana: Il 'De emptionibus et venditionibus, de usuris, de restitutionibus' di Pietro di Giovanni Olivi. Rome 1980.

Trinkaus, C. and H. A. Oberman (eds.), *The pursuit of holiness in late medieval and renaissance religion*. Leiden 1974.

Tuck, R., *Natural rights theories: Their origin and development*. Cambridge 1979. Philosophy and government, 1572—1651. Cambridge 1993.

Tully, J., *An approach to political philosophy: Locke in contexts*. Cambridge 1993.

A discourse on property: John Locke and his adversaries. Cambridge 1980.

Ullmann, W., *Mediaeval papalism: The political theories of the mediaeval canonists*. London 1949.

Van Overbeke, P. M., 'Saint Thomas et le droit. Commentaire de la IIa—II, q. 57', *Revue thomiste* 55 (1955), 519—64.

Villey, M., 'La genèse du droit subjectif chez Guillaume d'Ockham', *Archives de la philosophie du droit* N.S. 9 (1964), 97—127.

Leçons d'histoire de la philosophie du droit. 2nd edn, Paris 1962.

'La promotion de la loi et du droit subjectif dans la seconde scolastique', in P. Grossi, *La seconda scolastica nella formazione del diritto privato moderno. Incontro di studi*, 53—71. Milan 1973.

'Si la théorie générale du droit, pour saint Thomas, est une théorie de la loi', *Archive de la philosophie du droit* 17 (1972), 427—31.

'Sur les essais d'application de la logique déonotologique au droit', *Archives de la philosophie du droit* 17 (1972), 407—12.

Villoslada, R. G., *La universidad de Paris durante los estudios de Francisco de Vitoria* (1507—1522). Rome 1938.

Viora, M., 'La "Summa angelica" ', *Bollettino storico-bibliografico subalpino* 38 (1936), 443—51.

Walsh, J. J., 'Some relationships between Gerald Odo's and John Buridan's commentaries on Aristotle's "Ethics" ', *Franciscan Studies* N. S. 35 (1975), 237—75.

Walsh, K., *A fourteenth-century scholar and primate: Richard Fitzralph in Oxford, Avignon and Armagh*. Oxford 1981.

Waterlow, S., *Nature, change and agency in Aristotle's 'Physics': A philosophical study*. Oxford 1982.

Weiler, A. G., *Heinrich von Gorkum (+1431). Seine Stellung in der Philosophie und der Theologie des Spätmittelalters,* Zurich and Cologne, 1962.

Wernham, A. G., 'Liberty and obligation in Hobbes', in K. C. Brown (ed.), *Hobbes studies*, 117—39. Oxford 1965.

Wieland, G., 'The reception and interpretation of Aristotle's Ethics', in N. Kretzmann, A. Kenny and J. Pinborg (eds.), *The Cambridge history of later* medieval philosophy: From the rediscovery of Aristotle to the disintegration of scholasticism, 1100—1600, 657—72. Cambridge 1982.

Wilks, M., 'Predestination, property and power: Wyclif's theory of dominion and grace', in G. J. Cuming (ed.), *Studies in church history*. Vol. ii, 220—36. London and Edinburgh 1965.

The problem of sovereignty in the later middle ages: The papal monarchy with Augustinus Triumphus and the publicists. Cambridge 1963.

Wirszubski, Ch., *Libertas as a political idea at Rome during the late republic and early principate*. Cambridge 1960.

Wolter, A., *Duns Scotus on the will and morality*. Washington, D. C. 1986.

Zuckerman, C., 'The relationship of theories of universals to theories of church government in the middle ages: A critique of previous views', *Journal of the History of Ideas* 36 (1975), 579—94.

Zumkeller, A., 'Die Augustinerschule des Mittelalters: Vertreter and philosophisch- theologische Lehre', *Analecta augustiniana* 27—8 (1964 5), 167—262.

索 引

d'Ailly, Pierre, 阿伊的皮埃尔, 35, 76, 77, 84
Albert the Great, 大阿尔伯特
    commentary on Aristotle, Nicomachean Ethics, 评注亚里士多德的《尼各马可伦理学》, 89, 104
    as source for Gerson, 作为热尔松的材料来源, 78, 84—85
Albertism, 阿尔伯特主义, 104
Alcalá, University of, 阿尔卡拉大学, 139, 141
Alexander of Hales, 黑尔斯的亚历山大, 27
Almain, Jacques, 雅克·阿尔曼, 8, 116—122, 140, 157
    Aquinas, use of, 对阿奎那理论的运用, 117—119
    and conciliarism, 与教会会议至上主义, 117
    "Gersonian" understanding of right and dominium, 权利与所有权的"热尔松式"理解, 119—122
    and Vitoria, 与维多利亚, 124—125, 135—136
Angelus de Clavasio, 盎格鲁斯·德·克拉瓦西奥, 28—29, 46
    Summa angelica, 《天使大全》, 28—29, 45—46, 47
antiqui, 古, 4, 25, 126—127
Antoninus Florentinus, 安东尼诺·弗洛伦提努斯, 107—111, 127—128
    Aquinas, use of, 对阿奎那理论的运用, 107—108
    and right, subjective, 与主观权利, 108—111
Aquinas, Thomas, 托马斯·阿奎那, 1, 3—4, 6, 24—25, 48, 88, 90—97, 101, 114—116, 123, 138
    as source for Almain, 作为阿尔曼的材料来源, 117—119

and Antoninus, 以及安东尼诺的材料来源, 107—108, 111
and Cajetan's commentary, 卡耶旦的评注, 112
and fifteenth-century Thomism, 15世纪的托马斯主义, 103, 104—105, 107
as source for Gerson, 作为热尔松的材料来源, 76, 82
and law, 以及法律, 95—97
cited by Mazzolini, 被马佐里尼援引, 45, 45 n. 102
and Odo, 以及奥多, 98—99
and poverty controversy, 关于贫洁的争议, 13—14, 17
and right, 与权利, 90—95
and right, natural, 与自然权利, 93—95
and Soto, 与索托, 141—149
and Vitoria's commentary, 与维多利亚的评注, 125—134, 136 n. 40
Aristotelianism, 亚里士多德主义, 1, 58, 87, 105, 112, 115, 123, 126, 154, 156—157, 157 n. 106, 203, 235
Aristotle, 亚里士多德, 1, 3—4, 75, 79, 115, 126 n. 8, 138, 143, 174 n. 20, 213
    De anima, 《灵魂论》, 39—40
    Categories, 范畴, 12 n. 8
    economic theory, 经济理论, 33
    Nicomachean Ethics, 尼各马可伦理学, 3, 59, 88—90, 96
    Physics, 《物理学》, 135, 141, 157 n. 106
    and right, natural, 自然权利, 93, 115
    and right, objective, 客观权利, 3, 59, 88—90, 96
artifice, 184, 188, 191, 204, 205, 218, 235
Astesanus d'Asti, 阿斯蒂的阿斯特萨努斯, 27—8
Augustine, St, 圣·奥古斯丁, 14, 17, 30 n. 57, 32, 75, 76
Augustinianism, 奥古斯丁主义, 31—2, 50, 68, 76, 79, 80, 175, 203
Aureol, Peter, 彼得·奥瑞奥尔, 19
Avignon, 阿维尼翁, 52, 68
Baldus, de Ubaldis, 巴托鲁斯·德·乌巴尔蒂斯, 171 n. 15, 117 n. 24 以及 27, 178, 191 n. 80
Balbus, Johannes Franciscus, 约翰尼斯·弗朗西斯库斯·巴尔布斯, 187 n. 84, 189 n. 71, 193 n. 87, n. 89, n. 92
Bañez, Domingo, 多明戈·瓦涅萨, 137 n. 41
Barbazza, Andrea, 安德里亚·巴巴萨, 193 n. 90
Bartolus of Sassoferrato, 萨索菲那多的巴托鲁斯, 21—2, 27—8, 177 n. 27,

178, 185 n. 62, 187 n. 64, 189 n. 71, 190 n. 75
Bertachinus, Johannes, 约翰尼斯·贝尔塔奇努斯, 177 n. 27, 190 n. 75
Black, Antony, 安东尼·布莱克, 103
Boemus, Johann, 约翰·贝姆斯, 170, 170 n. 14, 185 n. 61
Bonagratia, of Bergamo, 贝加莫的波纳格拉提亚, 19, 20 n. 34, 56
Bonaventure, St, 圣·波那文都拉
  and dominium, 与所有权, 16
  and liberum arbitrium, 与自由意志, 15
  on poverty, 论贫洁, 18—19
Buridan, John, 约翰·布里丹, analysis of right, 权利分析, 99—102, 114, 116
Burns, James, 詹姆斯·伯恩斯, 103
Cagnolus, Hieronymus, 哲罗姆, 181 n. 44, 220
Cajetanus, Thomas de Vio, 托马斯·卡耶旦, 111—13, 115—16, 117, 122, 124, 162 n. 122, 163
Capreolus, Johannes, 约翰尼斯·卡普雷奥鲁斯, 106
Castro, Paulus de, 卡斯特罗的保罗, 188 n. 67
Charles V, 查理五世, Holy Roman Emperor, 神圣罗马帝国, 139
Cicero, 西塞罗, 126 n. 7, n. 9, 147, 172—3, 187 n. 64
Ciceronianism, 西塞罗主义, 166, 170, 172—3, 175, 177, 179, 202—203
city (civitas), 城邦
  as artificial, 人造的, 218, 235
  as complex of dominia distincta, 作为差异所有权的复合体, 25, 31, 32, 41, 43
  founded in nature, 基于自然, 135—136, 154—155
  founded on original consent, 基于原初同意, 131—132
  and human good, 与人类善, 93, 96, 156, 159
  opposed to natural liberty, 与自然自由相对, 205
  organic metaphor, 有机体的隐喻, 118, 135, 155—158
  and right, objective, 与客观权利, 93
  see also jurisdiction; imperium, 亦可参见管辖, 最高统治权
Coke, Roger, 罗杰·柯克, 206—207
Cologne, University of, 科隆大学, 103, 104—105, 111
Combes, Andre, 安德雷·库姆斯, 78, 84
Cravetta, Aymon de, 埃蒙·德·克拉维塔, 187 n. 64, 193 n. 88
Crockaert, Pierre, 皮埃尔·克洛凯尔特, 124—125

Decius, Philip, 菲利普·德西乌斯, 213—214, 219
Dominican Order, 多米尼克修会
  and Aristotelianism, 与亚里士多德主义, 123
  and city-state, 与城邦国家, 107
  and School of Salamanca, 与萨拉曼卡学派, 123
  and summae confessorum, 与《告解大全》, 24—25
  teaching of moral theology, 道德神学的教义, 102—104, 124—125
dominium, 所有权
  as absolute right, 作为绝对权利, 194—195
  in casuistry of conscience, 良心决疑术中的, 25—26
  in category of 'relation', "关系"范畴中的, 12 n. 8, 72, 109
  credited to irrationals, 赋予非理性存在物, 40
  denied to irrationals, 拒绝赋予非理性存在物, 15, 129, 150—151
  directum and utile, 直接的与用益的, 20—22, 100
  equated with liberty, 与自由等值, 180, 195
  equated with right, 与权利等值, see under right, 参见"权利"
  subjective, 主观的, equated with dominium, 与所有权等值
  founded in grace, 基于恩典, 73—74
  founded in right, 基于权利, 72—73
  iuris and facti, 法律上的与事实上的, 45—47
  as obligatory, 强制性的, 120—121
  of proper acts, 专有行为的, 129, 151
  of proper will, 专有意志的, 13—16, 151
  rejected by Franciscans, 被方济各修士拒绝, 18
  and right, objective, 与客观权利, 100
  of rights, 权利的, 22, 26—29, 33—34, 185 n. 62
  in Roman law tradition, 罗马法传统中, 20—22
  as a species of rights, 作为权利的一个种, 63, 70—71
Durand de St Pourçain, 圣布尔善的杜兰杜斯, 15—16
Exiit qui seminat, 《播种者已出发》, 19, 52
Finnis, John, 约翰·菲尼斯, 94
Fitzralph, Richard, 理查德·菲茨拉尔夫, 6, 68—71, 119
  and Gerson, 与热尔松, 79, 84
  critique of Ockham, 对奥卡姆的批判, 69—70
  and Wyclif, 与威克里夫, 75—76
Florentinus, jurist, 法学家弗洛伦提努斯, 181

Francis of Asissi, St, 阿西西的圣方济各, 11—12
Franciscan Order, 方济各修会, 11, 24, 107
Gallensis, Johannes, 约翰尼斯·盖仑西斯, 31 n. 60
Gerson, Jean de, 让·德·热尔松, 6—7, 68, 76—87, 105, 107, 116, 185 n. 62
  as source for Almain, 作为阿尔曼的材料来源, 117, 119—122
  and Aristotelianism, 与亚里士多德主义, 78—79
  and Augustinianism, 与奥古斯丁主义, 76, 79—80
  criticised by Soto, 为索托所援引, 149—150
  and eclecticism, 折中主义, 77
  and law, divine, 神圣法, 80
  and law, natural, 与自然法, 86
  and mysticism, 与神秘主义, 78—79
  and right, as faculty, 与被理解为"能力"的权利, 81—87
  and right, natural, 与自然权利, 86, 86 n. 142
  and Scotus, 司各脱, 82
  seen as equating right with dominium, 被视为坚持权利与所有权等值, 10
  and Summenhart, 与苏门哈特, 35—36, 38, 40
Giles, of Rome, 罗马的伊莱斯, 69, 76
Godfrey of Fontaines, 方丹的古德斐尔, 32—34
Grosseteste, R., 格罗斯泰特, 89, 89 n. 2
Grotius, Hugo, 雨果·格劳秀斯, 165, 165 n. 1, 190 n. 77, 204, 205, 208, 217 n. 49
Guerrero, Alphonus, 阿尔方努斯·格雷罗, 171 n. 15
Henry of Gorkum, 高尔库姆的亨利, 104, 107, 111, 113
Hobbes, Thomas, 托马斯·霍布斯, 1, 8, 204, 205—235
  and artificial union, 与人造联盟, 218, 220
  and deliberation, 与斟酌, 211—212
  and law, 与法律, 206 n. 4, 219, 222—223, 230—231
  and liberty, corporeal, 与身体自由, 211, 222—225, 226—231
  and liberty, natural, 与自然自由, 209—210, 211—213, 215—216, 221—222, 226—227
  and liberty, of subjects, 与臣民自由, 224, 231—233
  and obligation, 与义务, 216—219
  and voluntary, 与自愿的, 213—214
  and will, 与意志, 212

Hohfeld, W. N., 霍菲尔德, 2
Hus, Jan, 扬・胡斯, 76
Imola, Johannes ab, 约翰尼斯・伊莫拉, 178
imperium, 最高统治权, 157, 180, 197, 202
    as ius, 作为权利, 100
    as jurisdiction, 作为管辖, 171, 172 n. 16
    does not connote liberty, 不意指自由, 177
Isidor of Seville, St, 塞维利的圣伊西多尔, 91
Javelli, Crisostomo, 克里索斯托莫・贾维里, 123
Jesuit Order, 耶稣会, 123
John XXII, Pope, 教皇约翰二十二世
    and Nédellec, 与奈德莱克, 56, 57—60
    and Quia uir reprobus, 与《彼邪恶者》, 52—55
John of Freiburg, 弗莱堡的约翰, 90
John of Jandun, 简登的约翰, 39—40
jurisdiction, 管辖, 171—172, 199
    as artificial, 作为人造的, 184—185
    as servitude, 作为奴役, 184
Köllin, Konrad, 康拉德・库林, 113—116, 122, 128, 134
Las Casas, Bartolomé de, 巴托洛缪的拉斯卡萨斯, 139
law, 法律
    as contract, 作为契约, 198—201
    determines right, 限定权利, 4—5, 87, 102, 108, 115—116, 128, 141
    purely ostensive, 纯粹明示的, 99
    as 'rationale' of right, 作为权利的"根据", 94—95
    rationalist conception, 理性主义观, 95—97, 141—143
    voluntarist conception, 意志论观, 4—6, 206 n. 4
law, civil, 市民法
    in casuistry of conscience, 良心决疑术中, 25, 31, 41
    in Hobbes, 霍布斯理论中, 222—223, 230—231
    in Soto, 索托理论中, 156—159
    in Vazquez, 瓦兹奎兹理论中, 199—200
law, divine, in Gerson, 热尔松理论中的神圣法, 80
law, eternal, 永恒法
    in Aquinas, 阿奎那理论中的, 96
    in Soto, 索托理论中的, 141—142

law, natural, 自然法,
   in Almain, 阿尔曼理论中的, 120—121,
   in Aquinas, 阿奎那理论中的, 94, 96—97
   in Gerson, 热尔松理论中的, 86, 86 n.142
   in Ockham, 奥卡姆理论中的, 58
   in Sctous, 司各脱理论中的, 30
   in Soto, 索托理论中的, 142—147, 155
   in Vitoria, 维多利亚理论中的, 131
law, of peoples, in Vazquez, 瓦兹奎兹理论中的万民法, 181—182, 184—185, 189—190, 192, 200
law, Roman, 罗马法, 3, 4, 20—22, 26—29, 36, 42, 47, 92, 94, 115, 158, 166, 177—181, 196, 207, 208, 213, 219
Liber de causis, 《原因论》, 14
liberty, 自由
   as distinct from right, 区别于权利, 87
   as dominium of externals, 作为对外部事物的所有权, 16—18
   as dominium facti, 作为事实上的所有权, 46
   as dominium of proper actions, 作为专有行为的所有权, 129, 151
   as laxitas, 作为自在, 183, 196—197, 207—209
   liberrima facultas, 最大自由能力, 180—181, 194—195
   Roman law definition of, 罗马法上的定义, 42, 180—181
   see also under Hobbes, 亦可参见"霍布斯"
Lombard, Peter, 彼得·伦巴德, 16, 23, 126, 141
Luther, Martin, 马丁·路德, 47, 111
Lycklama, Marcus, of Nijeholt, 马库斯·吕克拉玛, 208—209
McGrade, A. S., 麦克格雷德, 51
Mair, John, 约翰·梅尔, 43—45, 117, 122, 124, 127, 140, 185 n. 62
Marino da Caramanico, 卡拉玛尼科的马里诺, 21
Marsilius, of Padua, 帕多瓦的马西利乌斯, 63 n. 43, 69
Maynus, Jason, 詹森·梅努斯, 177—179, 180 n. 37
Mazzolini da Prierio, Sylvester, 西尔维斯特·普里埃利奥的马佐里尼, 25, 45—47, 100, 109, 133, 179 n. 36
   and Gerson, 与热尔松, 86
   and Summa angelica, 与《天使大全》, 45—46
   and Summenhart, 与苏门哈特, 45—47
Michael of Cesena, 切塞纳的迈克尔, 52—54, 55, 60, 98

moderni, 今, 4, 10, 25, 35, 123, 126
nature, 自然
    Aristotelian understanding of, 亚里士多德对自然的理解, 58, 138, 141
    contrasted with spirit, 与精神对照, 15—16
    depends on grace (human nature), 依赖于恩典（人性）, 71, 73, 79
    excluded from dominium, 排除于所有权之外, 15—16
    in flux, 流动中, 167, 191, 196, 205
    free, 自由的, 166—167, 174, 183, 204, 205, 208—209
    goodness of, 自然之善, 61 n. 35, 74—75, 80
    inclination of, 自然的倾向, 95—97, 112—113, 142—147, 154, 155—156
    as series of dominia, 一连串的所有权, 40, 48, 72
    yields right, 产生权利, 83—84, 89
Nédellec, Herve de, 埃尔维·德·奈德莱克, 54—56
Nicholas III, Pope, 教皇尼古拉斯三世, and Exiit qui seminat, 与《播种者已出发》, 19
Nicolaus de Tudeschis (Panormitanus), 尼古拉斯·德·图德西斯（帕瑙尔弥塔努斯）, 46 n. 106, 179 n. 36
'nominalism', 唯名论, 24—25, 103, 123—124
    and Almain, 与阿尔曼, 122
    and Gerson, 与热尔松, 77
    and Mair, 与梅尔, 43—44
    and Ockham, 与奥卡姆, 49—50
    and right, subjective, 与主观权利, 3, 7
Oakeshott, Michael, 迈克尔·奥克肖特, 219
Oakley, Francis, 弗朗西斯·奥克利, 103
Oberman, H. A., 奥伯曼, 103
Ockham, William of, 威廉的奥卡姆, 44 n. 99, 50—68
    confusion over natural right, 自然权利上的混乱, 64—68
    and dominium, as species of right, 与作为权利的一个种的所有权, 63
    and Fitzralph's criticism, 与菲茨拉尔夫的批判, 70, 76, 80, 110, 116, 117, 119
    and 'origin of subjective right', 与"主观权利的起源", 4, 4 n. 11, 7, 49—52
    and right, as power, 62—3
    and Scotist moral theory, 与司各脱主义道德理论, 59, 61—62
    seen as equating right with dominium, 被视为坚持"权利"与"所有权"等值, 10

and usus facti, 与事实上的使用, 58—59, 62
Odo, Gerald, 杰拉尔德·奥多, 97—102, 114
Olivi, Peter John, 彼得·约翰·奥利维, 12, 124
Oxford, University of, 牛津大学, 29, 31 n. 60
Palacios, Miguel de, 帕拉西奥斯的米格尔, 153
Paridis, de Puteo, 帕瑞蒂斯·德·普泰奥, 172 n. 16
Paris, University of, 巴黎大学, 11 n. 3, 32, 35, 103, 122, 123
   Collège de Montaigu, 蒙泰居学院, 43, 117
   Collège de Saint-Jacques, 圣雅各学院, 124—125, 139
Pecham, John, 约翰·佩卡姆, and Franciscan poverty, 与方济各贫洁, 13—14, 17—19
Peter, of Spain, 西班牙的彼得, 141
Pomponazzi, Pietro, 彼得罗·彭波那齐, 123
poverty, 贫洁, 5
   in Exiit qui seminat,《播种者已出发》中, 19—20
   vis-à-vis externals, 外部事物上的, 16—19
   'of the spirit', "精神上的", 13—16
   in Rule of St Francis, 圣方济各规则中, 11—12
   thirteenth-century controversy, 13世纪的争论, 11 n. 3, 13—18
prescription, 时效取得, 186—197
principate, 最高权力, see jurisdiction, 参见管辖
property, 所有
   and equation of dominium and right, 与权利与所有权的等值, 10, 18—19, 128
   as paradigm of subjective right, 作为主观权利的范例, 5—6
Ps.-Denys, 托名狄奥尼修斯, 78, 80
rationalism, and objective right, 理性主义与客观权利, 3
Raymund of Peñafort, 佩纳弗特的雷蒙德, 26—27
Realism, 唯实论, 7, 24, 49—50
restitution, 返还, as necessary for satisfaction, 作为清偿之必要, 23, 23 n. 45, 29, 126—129
right, objective, 客观权利, 1
   in Aquinas, 阿奎那理论中, 3, 4, 90—94
   in Aristotle, 亚里士多德理论中, 3—4, 89—90
   at Cologne, 在科隆, 104—107
   outside Thomist tradition, 托马斯主义传统之外, 97—103
   in Roman law, 罗马法中, 3, 4

in Soto, 索托理论中, 147—148, 153
in Vitoria, 维多利亚理论中, 125—126, 128
right, subjective, 主观权利
'idea' of, 主观权利的"观念", 3
in modern usage, 现代用法中, 2
and voluntarism, 与意志论, 4—6, 206 n. 4
right, subjective, equated with dominium, 与所有权等值的主观权利, 5, 7, 10—48, 127—129
in casuistry of conscience, 良心决疑术中, 11, 22—26, 45—48
in commentary on Roman law, 罗马法的评注中, 20—22, 185 n. 62
in contract literature, 论契约的文献中, 29—34
in Mair, 梅尔理论中, 43—45
in poverty literature, 论贫洁的文献中, 11—20
in Summae confessorum, 《告解大全》中, 26—29, 45—47
and Summenhart, 与苏门哈特, 34—43
in Vitoria, 维多利亚理论中, 47—48, 127—129
right, subjective, as faculty or power, 被理解为"能力"或"权力"的主观权利, 4—5, 49—87, 109—111, 116—121, 152—154, 157—158, 163—164
in Almain, 阿尔曼理论中, 116—121
in Antoninus, 安东尼诺斯理论中, 109—111
in Fitzralph, 菲茨拉尔夫理论中, 68—71
in Gerson, 热尔松理论中, 81—87, 105
in Ockham, 奥卡姆理论中, 50—68
in Soto, 索托理论中, 150, 152—154, 155, 157—158, 163—164
in Vitoria, 维多利亚理论中, 135—136
in Wyclif, 威克里夫理论中, 72—76
right, subjective, and liberty, 主观权利与自由
absolute right, 绝对权利, 194—195, 204, 205
in Hobbes, 霍布斯理论中, 215—216, 222, 226
in Vitoria, 维多利亚理论中, 132—134
Rijkel, Denis (Carthusianus), 丹尼斯·里克尔(卡图西阿努斯), 105—107
Salamanca, University of, 萨拉曼卡大学, 1 n. 1, 139, 167
Salamanca, School of, 萨拉曼卡学派, 1—2, 6, 8, 35
and Parisian milieu, 与巴黎的氛围, 122
theory of right, 权利理论, 123—124
Scotus, Johannes Duns, 约翰尼斯·敦司·司各脱, 24, 29—31, 127

and Almain, 与阿尔曼, 121—122
and Gerson, 与热尔松, 76, 80, 82, 85
moral theory, 道德理论, 60—62, 61 n. 35
and Summenhart, 与苏门哈特, 42
source for Vitoria, 维多利亚的材料来源, 129—131
and Wyclif, 与威克里夫, 74
Selden, John, 约翰·塞尔登, 205
Sepúlveda, Juan Ginés de, 胡安·希内斯·德·塞普尔韦达, 139
Seyssel, Claude de, 克劳德·德·塞瑟尔 187 n. 64
Sicily, kingdom of, 西西里王国, 21
Skinner, Q. R. D., 斯金纳, 225
Soto, Domingo de, 多明戈·德·索托, 8, 116, 122, 123, 137—164, 235
  critique of Gerson, 对热尔松的批判, 77, 148—150
  critique of Summenhart, 对苏门哈特的批判, 148—150
  and dominium, 与所有权, 148—150
  and law, eternal, 与永恒法, 141—142
  and law, natural, 与自然法, 142—147
  life and writings, 生平与著作, 139—141
  and political power, 与政治权力, 154—156, 157—159, 160—164
  and right, objective, 与客观权利, 147—148
  and right, subjective, 与主观权利, 148—150, 152—153
  and Vazquez, 与瓦兹奎兹, 166, 173—174, 176, 202, 202 n.125
Suárez, Francisco, 弗朗西斯科·苏亚雷斯, 1 n. 1, 235
Summae confessorum, 《告解大全》, 23—29
Summenhart, Conrad, 康拉德·苏门哈特, 6, 34—43, 109, 133, 185 n. 62
  and Almain, 与阿尔曼, 119—120
  and commentary on De anima, 与《灵魂论》评注, 38—40
  criticised by Soto, 被索托批判, 149
  and dominium, equated with right, 坚持所有权与权利等值, 36—38
  and Gerson, 与热尔松, 35—36, 38, 88, 86
  and liberty, 与自由
  source for Mair and Mazzolini, 梅尔和马佐里尼的材料来源, 43—47
  source for Vitoria, 维多利亚的材料来源, 128—129
synderesis, 良知, 83, 86 n. 142, 97
theft, 盗窃
  against others than proprietors, 违背所有人之外的他人, 27—28

as general category for all injustice, 作为指代一切不义的一般范畴, 25

supports equivalence of dominium and right, 支持所有权与权利等值, 38, 44, 129

Thomism, 托马斯主义, 1

in the fifteenth century, 15世纪的, 102—104

in the early sixteenth century, 16世纪早期的, 111—113, 125, 137—138, 203

and rationalism, 与理性主义, 3, 8, 87, 88—89

Tierney, Brian, 布莱恩·蒂尔尼, 3, 103

Tiraqueau, André, 安德雷·提拉科, 187 n. 64, 192, 192n. 83

Totting, Henry, of Oyta, 奥耶塔的亨利·陶庭, 31—34

Trent, Council of, 特兰托会议, 139—140, 167, 168

Tübingen, University of, 图宾根大学, 34

Tully, James, 詹姆斯·塔利, 3

Ubertino of Casale, 卡塞利的尤博迪诺, 55

Ulpian, jurist, 法学家乌尔比安, 94, 208

Ulrich of Strasburg, 斯特拉斯堡的乌尔里希, 104

usus facti, 事实上的使用, 19

in Ockham, 奥卡姆理论中, 58—59, 62

usus pauper, 贫洁使用, 52, 52 n. 12, 55, 58—59

Vázquez de Menchaca, Fernando, 费尔南多·瓦兹奎兹·德·门查卡, 8—9, 165—204, 234—5

and dominium, as liberty, 与作为自由的所有权, 180—181

and ephemerality of right, 与权利的短命, 169—171

and Hobbes, 与霍布斯, 205, 207, 209—210

and law, civil, 与市民法, 198—201

and law, of peoples, 与万民法, 181—183

and liberty, natural, 与自然自由, 183—184

merum imperium, 纯粹的最高统治权, 177

prescription, 时效取得, 186—96

prescription of liberty, 自由的时效取得, 196—197

and principate, 与最高权力, 172—173, 176—177, 184—185, 201—203

and School of Salamanca, 与萨拉曼卡学派, 165—166

Vienna, University of, 维也纳大学, 31

Villey, M., 维莱, 63, 94, 102

Virgil, 维吉尔, 187

Vitoria, Francisco de, 弗朗西斯科·德·维多利亚, 8, 47—48, 116, 122,

　　　　124—137

and Antonina, 与安东尼诺, 127—128

and Crockaert, 与克罗凯尔特, 124—125

and dominium, as right, 与作为权利的所有权, 128—129

and dominium, original, 与原初的所有权, 129—131

and liberty, 与自由, 132—133

and political power, 与政治权力, 131—132, 134—136, 138, 140

and restitution, 与返还, 127—129

and right, objective, 与客观权利, 125—126

and Scotus, 与司各脱, 129—131

and Soto, 与索托, 147—149, 154, 157, 163, 164

and Summenhart, 与苏门哈特, 128—129

voluntarism, and subjective right, 意志论与主观权利, 3, 5—6, 7, 24, 122, 123—124

Wesembeck, Matthew, 马修·威瑟姆贝克, 194—195, 194 n. 95, 208, 214, 216—217

William, of Cremona, 克雷莫纳的威廉, 69

Wyclif, John, 约翰·威克里夫, 6, 71, 72—76

and dominium, distinguished from right, 与区别于权利的所有权, 72—73

and dominium, and founded in grace, 与基于恩典的所有权, 73—74

and Gerson, 与热尔松, 79, 84

and Scotism, 与司各脱主义, 74

译后记

这是一份早已提上日程却迟迟动笔的后记。写作这份后记只因有几件必须交代之事，延宕数月则归咎于疫情笼罩之下写作热情的减退和工作氛围的丧失。现在终有机会接续年前的工作，完成先已定下的目标。

已记不清当初选译这部著作的动机了，似乎与"语境中的观念"(Ideas in Context)和"晚期经院主义思想"(Later Scholastic Thought)这些标签有关。"语境中的观念"是著名思想史家、"剑桥学派"代表性人物斯金纳(Quentin Skinner)教授担任总主编的大型系列丛书，其中包含众多非常杰出的作品，有些甚至是特定思想领域研究的必读书目。布蕾特的这部著作是这个系列的第44本。译者多年前曾译过这个系列的第58本，即霍赫斯特拉瑟(Hochstrasser T. J.)的《早期启蒙的自然法理论》(Natural Law Theories in Early Enlightenment)，所以对这个系列的风格有所了解。"晚期经院派"则是译者一直以来都比较关注的思想流派，这个学派最为重要的贡献与其说是对传统经院哲学的传承，毋宁说是对早期现代思想形成的奠基。阅读他们的作品，翻译研究他们的作品，有助于深入发掘那段时期的思想价值。

译后记

或许早就应该译出布蕾特的这部著作了，至少在译出《早期启蒙的自然法理论》之后就应一鼓作气。前者讨论的是从阿奎那到霍布斯这段时期的一个主题，而后者探究的是从普芬道夫到康德这一阶段的相近主题。把研究相互衔接时段思想传统兴起的这两部著作联系起来，可以较好地看出从中世纪盛期到启蒙这段时间欧洲思想界在关注和讨论什么。总体来看，这两部著作都极为出色地完成了"讨论思想传统的兴起""形成观念在其具体语境之中发展的新图景"的目标。当然，又或许应该晚一点译出，等到译者更加胜任这份工作，或者干脆让它等待更好的译者。

翻译过程充满挑战。作者有着出色的语言能力，这点是译者无法匹配的。每每绞尽脑汁不得要领之时都只好向作者求助，布蕾特教授总是非常及时地为译者答疑解惑，甚至不惜修改、简化原文以成全译文。书名原为"*Liberty, Right and Nature: Individual Rights in Later Scholastic Thought*"（《自由、权利和自然——晚期经院主义思想中的个人权利》），在向作者讨教"right"和"rights"的译法时，她提议把书名改为"*Between Liberty and Nature: Individual Rights in Later Scholastic Thought*"（《在自由与自然之间——晚期经院主义思想中的个人权利》）。这样一方面可以避免书名翻译当中的一些难题，另一方面也可以更好地表达晚期经院派那些思想家们理解"权利"的方式。另外，在翻译书中所援引的众多一手文献方面，布蕾特教授同样提供了切实的帮助，其中有些对于她们而言约定俗成的东西之于我们却尚为陌生。

除了感谢布蕾特教授的指点，还要感谢李慧女士、汪梦女士在古典和现代语言方面的帮助。王恒阅读了译稿，提出了内容方面的建议（当然，他表示在理解霍布斯上更赞成塔克的理论进路);王涛校对了全文,更正了译者的一些理解上的偏差。还有,这是与责编彭文曼女士的第二次合作,她的工作一如既往地出色。最后,特别感谢周尚君教授,他为译者提供了极为稀缺的办公环境。

2020年对于每个人来说都将是艰难的一年,祝愿大家平安顺遂!

杨天江

2020年4月6日于沐心苑

图书在版编目(CIP)数据

在自由与自然之间：晚期经院主义思想中的个人权利/(英)布蕾特著；杨天江译. --上海：华东师范大学出版社，2020
ISBN 978-7-5675-9993-2

I.①在… II.①布… ②杨… III.①权利－研究 IV.①D90

中国版本图书馆CIP数据核字(2020)第018890号

华东师范大学出版社六点分社
企划人　倪为国

本书著作权、版式和装帧设计受世界版权公约和中华人民共和国著作权法保护

在自由与自然之间
——晚期经院主义思想中的个人权利

著　者	[英]布蕾特
译　者	杨天江
校　者	王　涛
责任编辑	彭文曼
责任校对	王寅军
封面设计	刘怡霖
出版发行	华东师范大学出版社
社　址	上海市中山北路3663号　邮编　200062
网　址	www.ecnupress.com.cn
电　话	021-60821666　行政传真　021-62572105
客服电话	021-62865537　门市(邮购)电话　021-62869887
地　址	上海市中山北路3663号华东师范大学校内先锋路口
网　店	http://hdsdcbs.tmall.com
印刷者	上海盛隆印务有限公司
开　本	890×1240　1/32
印　张	10.75
字　数	255千字
版　次	2020年9月第1版
印　次	2020年9月第1次
书　号	ISBN 978-7-5675-9993-2
定　价	68.00元
出版人	王　焰

(如发现本版图书有印订质量问题，请寄回本社客服中心调换或电话021-62865537联系)

Liberty, Right and Nature: Individual Rights in Later Scholastic Thought
by Annabel S. Brett
ISBN-13: 978-0521543408
© Cambridge University Press, 2003

This Chinese simplified language edition for the People's Republic of China (excluding Hong Kong, Macau and Taiwan) is published by arrangement with the Press Syndicate of the University of Cambridge, Cambridge, United Kingdom.

© Cambridge University Press and East China Normal University Press Ltd, 2020

This Chinese simplified language edition is authorized for sale in the People's Republic of China (excluding Hong Kong, Macau and Taiwan) only. Unauthorised export of this Chinese simplified language edition is a violation of the Copyright Act. No part of this publication may be reproduced or distributed by any means, or stored in a database or retrieval system, without the prior written permission of Cambridge University Press and East China Normal University Press Ltd.
All rights reserved.
此版本仅限在中华人民共和国境内(不包括香港、澳门特别行政区及台湾省)销售。
本书封面贴有Cambridge University Press防伪标签,无标签者不得销售。

上海市版权局著作权合同登记　图字:09-2019-058号